国家出版基金项目
NATIONAL PUBLICATION FOUNDATION

GZC 高校主题出版
GAOXIAO ZHUTI CHUBAN

"一带一路"系列丛书

"一带一路"国别概览

埃及

李向阳　总主编
李绍先　主　编

郑已东　摆永刚　编著　　刘振堂　审定

大连海事大学出版社

ⓒ 郑已东 摆永刚 2019

图书在版编目(CIP)数据

埃及 / 郑已东,摆永刚编著. — 大连 : 大连海事
大学出版社,2019.12
("一带一路"国别概览 / 李向阳总主编)
国家出版基金项目
ISBN 978-7-5632-3906-1

Ⅰ.①埃… Ⅱ.①郑… ②摆… Ⅲ.①埃及-概况
Ⅳ.①K941.1-49

中国版本图书馆CIP数据核字(2019)第295365号

大连海事大学出版社出版

地址:大连市凌海路1号 邮编:116026 电话:0411-84728394 传真:0411-84727996
http:press.dlmu.edu.cn E-mail:dmupress@dlmu.edu.cn

大连海大印刷有限公司印装   大连海事大学出版社发行

2019年12月第1版   2019年12月第1次印刷
幅面尺寸:155 mm × 235 mm   印数:1 ~ 3000册
印张:20.75   字数:313千

出 版 人:余锡荣   项目策划:徐华东
责任编辑:张来胜   责任校对:宋彩霞 刘若实
                    装帧设计:孟 冀 解瑶瑶 张爱妮

ISBN 978-7-5632-3906-1   定价:104.00元

"一带一路"国别概览

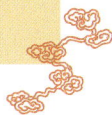

丛书编委会

总序

　　2013年秋，国家主席习近平在哈萨克斯坦和印度尼西亚出访期间，先后提出共建"丝绸之路经济带"和"21世纪海上丝绸之路"的倡议，倡导共商、共建、共享理念，得到国际社会广泛关注和积极响应。"一带一路"倡议旨在积极发展与沿线国家的经济合作伙伴关系，共同打造政治互信、经济融合、文化包容的利益共同体、命运共同体和责任共同体。

　　"一带一路"倡议源自中国，更属于世界，它面向全球、陆海兼具、目的明确、路径清晰、参与方众、反响热烈。五年间，"一带一路"倡议从理念转化为行动，从愿景转变为现实，在顶层设计、政策沟通、设施联通、贸易畅通、资金融通、民心相通等方面都取得了显著的成果，为实现世界共同发展繁荣注入推动力量、增添不竭动力。目前，我国已与100多个国家和国际组织签署了共建"一带一路"合作文件。共建"一带一路"倡议及其核心理念被纳入联合国、二十国集团、亚太经合组织、上合组织等重要国际组织成果文件。

　　"一带一路"沿线国家地理地貌、风俗人情、经济发展、投资环境各不相同，极有必要对其进行系统的介绍和分析。此外，目前针对"一带一路"沿线国家的研究仍不够深入，缺少系统、整体的研究资料。大连海事大学出版社组织策划的"'一带一路'国别概览"丛书（首批65卷）适逢"一带一路"倡议提出五年后下一个阶段深入推进的需要之时，也填补了国内系统地介绍"一带一路"沿线国家国情的学术专著的空白，获得了国家出版基金项目资助，并入选教育部全国高校出版社主题出版选题。

　　"'一带一路'国别概览"丛书（首批65卷）联合中国社会科学院、北京大学、山东大学、宁夏大学、广西民族大学、上海对外经贸大学、黑龙江大学等多家高校及研究机构编写，并组织驻"一带一路"沿线65个国家的前大使对相关书稿进行审定。本套丛书不仅涵盖了各国地理、简史、政治、军事、文化、社会、外交、经济等方面的内容，突出了各国与丝绸之路或海上丝绸之路的历史渊源，力争为读者提供全景式的国情介绍，还从"一带一路"政策出发，引用实际案例详细阐述了中国与各国贸易情况及各国的投资环境，旨在为"一带一路"的推进提供强大的智力支持，加快科技成果转化，促进合作人才培养，帮助我国"走出去"的企业有效地防控风险，从而全方位地助推"一带一路"建设。

"'一带一路'国别概览"丛书（首批65卷）的顺利出版得益于大连海事大学出版社的精心策划和组织，也凝聚着百余位相关领域专家学者的心血，在此深表感谢。

国家主席习近平曾深情地说："'一带一路'建设承载着我们对美好生活的向往，将把每个国家、每个百姓的梦想凝结为共同愿望，让理想变为现实，让人民幸福安康。"我们也希望本套丛书可以为"一带一路"建设架起一座沟通的桥梁，推动"一带一路"倡议在沿线国家向更深远和平稳的方向发展。

"'一带一路'国别概览"丛书编委会
2018年6月

前言

阿拉伯埃及共和国，简称"埃及"，位于非洲东北部，地处亚、非、欧三大洲的交通要冲，是大西洋与印度洋之间航线的捷径上的重要节点。埃及地理上南接苏丹，西连利比亚，东临红海，与巴勒斯坦、以色列接壤，北经地中海与欧洲隔海相通，东南与约旦和沙特阿拉伯相望。埃及的官方语言是阿拉伯语，科普特人使用由古埃及语演变而来的科普特语，由于历史的原因，英语、法语也被广泛使用。

古埃及是世界四大文明古国之一，也是世界上最早的王国，他们建造了闻名世界的金字塔和帝王谷。公元前3200年古埃及人建立统一的奴隶制国家。公元前525年属波斯帝国，公元前30年开始被罗马统治。640年遭阿拉伯帝国入侵，1517年成为奥斯曼帝国行省。1798—1801年受法国统治，1882年成为英国殖民地。1922年埃及获得独立。1952年纳赛尔推翻法鲁克王朝。1953年埃及共和国成立。1956年纳赛尔宣布将苏伊士运河收归国有。1958年埃及曾和叙利亚组成阿拉伯联合共和国，1971年改为现国名。

埃及人口为9 842万左右（2018年数据），是非洲人口第二、中东人口最多的国家，在经济、科技领域长期处于非洲领先地位。埃及是非洲大陆第三大经济体，各项重要产业，如旅游业、农业、工业和服务业，有着几乎同等的发展地位。埃及也被认为是一个中等强国，在北非、中东地区事务中具有重要的影响力，一度被视为是阿拉伯国家的"领头羊"，在伊斯兰世界尤其具有广泛的影响力。

埃及是最早承认并与中华人民共和国建立外交关系的阿拉伯、非洲国家。两国于1956年5月30日建交，此后两国友好关系不断发展，在政治、经济、文化、军事、科技、教育、体育等主要领域展开了频繁交流。两国城市和民间友好往来迅速发展，高层领导互访频繁，如穆巴拉克总统在职期间曾7次访问中国（1976、1980、1983、

1990、1992、1994和1999年，前两次为副总统），其中4次是在20世纪90年代。

1999年4月，中埃两国建立战略合作关系。2006年5月，两国外交部建立战略对话机制。2006年6月，两国签署关于深化战略合作关系的实施纲要。2007年5月，中国全国人民代表大会和埃及人民议会建立定期交流机制。自2007年1月27日起，中埃两国互免持中国外交和公务护照、埃及外交和特别护照人员签证。2014年12月，埃及总统塞西成功访华，中埃关系在两国元首的共同推动下，升级为全面战略合作伙伴关系。2016年恰逢中埃两国建交60周年，中国国家主席习近平1月19日—23日对沙特阿拉伯、埃及、伊朗进行国事访问。这是中共十八大之后习近平首次访问埃及，也是中国最高领导人时隔12年后再次踏上埃及的土地。

历史上，四大文明古国因丝绸之路而相识相知。阿拉伯语中，古代中国被称为"隋"，这一称谓沿用至今。考古学家相信，早在公元前1070年，古中国与古埃及就已在丝绸之路上相遇。斗转星移，3000多年后的今天，"一带一路"再次成为联系两个文明古国的纽带。

海洋是各国经贸文化交流的天然纽带。新形势下，中国提出了共建"21世纪海上丝绸之路"的倡议构想，希望通过以点带线、以线带面的方式，增进同沿线国家和地区的经贸合作与友好往来。这对于促进区域经济一体化、增强中国的战略安全具有深远意义。

经历了"中东变局"的伊斯兰国家认识到，当务之急是把国家建设好。它们现在的转型发展，首要目标是实现国家的工业化和现代化，其次是探索适合自身的国家发展模式。放眼当今世界，再没有其他国家能像中国这样把精力集中于改革和发展了。因此阿拉伯国家无论如何都不会忽视与中国的合作交往，"向东看"势所必然。在这种情况下，同为文明古国和发展中国家的中国引起了伊斯兰国家的注意，中国发展的经验值得借鉴。

经过数年动荡，埃及目前正处于"由乱到治"的转型期，塞西政府着手发展经济，百废待兴，同中国合作的需求较为迫切。中国提出"一带一路"倡议后，埃及表现出极大的兴趣。塞西首次访华就表示，"一带一路"倡议为埃及的复兴提供了重要契机，埃方愿意积极参与并支持。埃及位于亚、非、欧三大洲的结合部，是"一带一路"重要的途经国，从这个意义上讲，埃及是"一带一路"建设天然的合作伙伴。

埃及希望学习中国的先进经验和技术，增进彼此间的文化交流。埃中两国在投资、技术领域的合作前景非常广阔。埃及是非洲的大门，埃方将通过与中国在"一带一路"框架下的合作，把握发展良机。

国之交在于民相亲，民相亲在于心相通。作为世界上两大文明古国，在政治互信、经贸互利之外，中国和埃及之间的文化交流也为两国"心相通"搭建起一个精彩的舞台。

大连海事大学出版社组织策划的《"一带一路"国别概览·埃及》正是两国文化交流的重要举措。

本卷遵循丛书体例分为上、下两篇，由石河子大学外国语学院东方语言文化系阿拉伯语教研室承担编写。上篇为埃及共和国的总体国情介绍，下篇集中在该国最新的发展战略，以及在"一带一路"倡议背景下，埃及与中国在人文和经贸等领域的关系发展情况介绍，或者对未来的发展展望。全书共11章。前言，上篇第二章简史、第三章政治、第七章外交由郑已东编写；上篇第一章地理、第六章社会由孜力汗编写；上篇第四章军事、第五章文化由王洋编写；上篇第八章经济，下篇第九章塞西政府的经济战略、第十一章中埃经贸合作由李喜娟编写；下篇第十章中埃人文交流由摆永刚编写。

本卷的初稿在各章编者加工的基础上，由郑已东、摆永刚两位主编进行全书统稿，并由郑已东进行最后的加工。宁夏大学阿拉伯研究院李绍先教授，石河子大学外国语学院院长陈荣泉教授也提供了大量的帮助和指导。大连海事大学出版社的杨淼、张来胜两位编辑在全书的编写过程中给予了关心、督促并提出了宝贵意见。我们一并在此致以诚挚的谢意。

由于时间紧迫和编者水平所限，诚恳希望读者和同行专家对本书的不足和缺点提出批评和帮助。

编　者
2019年9月

目录

上篇

第一章 地理

埃及位于亚、非、欧三大洲的交汇处，濒临红海和地中海，邻近苏伊士湾和亚喀巴湾，国际航运水道苏伊士运河在此贯穿而过。"埃及的命脉"尼罗河滋养着这片土地，它在埃及人民心中有着举足轻重的地位。

埃及地处亚、非两洲的交通要道，凭借得天独厚的地理位置，无论在战争时期还是和平时期都对国际或区域政治格局发挥着重要作用，长期以来在中东地区扮演着重要的角色。

第一节 地理位置

埃及位于北纬22°~31.45°、东经24.5°~36.54°之间，地跨亚、非两大洲，主要国土位于非洲东北部，其东部的西奈半岛属亚洲的一部分。苏伊士运河和红海将两大洲分开。

埃及北临地中海，东濒红海，南部与苏丹接壤，西部与利比亚相邻。东北部与以色列的西南部和巴勒斯坦的加沙地带交界。

埃及地处亚、非、欧三大洲的交汇处。它与欧洲隔海相望；与西亚陆路相通；越过红海，与印度洋紧密相连。它是连接阿拉伯东部和西部的桥梁，又是通往非洲内陆的北大门。埃及的国土大部分在非洲，古往今来其主要活动区域却在亚洲。埃及是古代东西方贸易的必经之地。

第二节　气候

受地理位置和地形等因素的影响，除北部地中海沿岸属亚热带地中海气候，埃及大部分地区属于热带沙漠气候。

地中海对埃及气候的影响仅限于沿岸40千米的范围内，而红海由于沿岸有高原阻隔，对内陆的调节作用较小，因此，埃及气候南北差异很大。尼罗河三角洲地区的年平均气温为20℃，最低为7℃，夏季湿热，昼夜温差较小，冬季多雨，年降水量为100~200毫米。上埃及的年平均气温为25℃，最低为17℃，最热时白天气温可达40~50℃，冬夏昼夜温差大，酷热干燥，年降水量在100毫米以下，沙漠地区甚至常年无雨。每年四五月间，低气压从埃及北部经过，燥热的南风不断地从撒哈拉沙漠地带吹来。这种恶劣的天气要持续50天左右，俗称"五旬风"。5月过后，地中海上空的气压高于埃及境内的气压，凉爽的北风从地中海吹来，起到调节气温的作用，因此，埃及人的房屋多为坐南朝北，房门向北开，这样的设计既可以减轻干热的沙漠风暴的侵扰，又能吸收来自地中海的凉风。

第三节　地形

埃及的国土面积为100.2万平方千米，南北长1 024千米，东西宽1 240千米，版图略呈正方形。它地处撒哈拉沙漠，96%以上的土地为沙漠、半沙漠，只有3.5%的土地（约35 000平方千米）为耕地和居民区。埃及地形分为4个自然区：尼罗河河谷和三角洲、西部沙漠、东部沙漠、西奈半岛。

尼罗河从苏丹边境城镇瓦迪哈勒法流入埃及，穿越陡峭河谷。在阿斯旺以北，河谷渐宽，但坡度仍很大。到了艾斯尤特，河面骤然开阔，河床纵坡锐减，流速变慢。尼罗河迤逦北上，伸展至开罗南郊。这一段千余千米长的河道属平原河流，全程水位落差在91米以下。两岸覆盖着冲积土，东岸受河水的冲刷，耕地一般少于西岸。这条宽3~16千米的狭长河谷被称为尼罗河河谷，又名上埃及。在远古时代，现今开罗近郊的穆盖塔姆山麓是尼罗河的入海口。经过长时间的海陆变迁，由此往北渐渐形成一片广袤的冲积平原，其南北长约160千米，沿海最宽处约250千米，面积约2.2万平方千米，地势平坦，河渠纵横交错。这一平原呈扇形，故名三角洲，又名下埃及。尼罗河每年7—8月间开始定期泛滥，河水盈溢，流入田间，积水深1~2米。每年10—11月汛期过后，河水退去，洪水中夹杂着的含有丰富矿物质的冲积物沉淀在表层，犹如年复一年地天然施肥。因此在上古时期，尼罗河河谷特别是三角洲成为世界上最富庶的地区之一。河谷的冲积层平均厚9米，三角洲则厚达15~23米，对植物的生长极为有利。这里到处郁郁葱葱，充满生机，是古埃及文明的发祥地。古埃及人把上、下埃及统一后的国土喻为一朵白睡莲，尼罗河河谷似茎，三角洲似花朵，法尤姆绿洲似花蕾，这一比喻十分贴切。阿斯旺高坝的落成驯服了桀骜不驯的尼罗河，在阿斯旺以南形成了一块宽20千米的泛滥平原，但同时也拦截了大量冲积物，使埃及每年丧失了1 070万吨天然肥。由于地中海海水倒灌，淹没了大片土地，三角洲的地下水位上升，土壤渐渐碱化。

西部沙漠位于尼罗河西侧，属利比亚沙漠的一部分，面积约70万平方千米，约占全国国土面积的2/3。整个地区是一片连绵不断的基岩，上面覆盖有倾角平缓的水平沉积层，无干涸河道，地势南高北低。南部平均海拔为350~500米，大吉勒夫高原海拔高度为700~1 000米。中部和北部地势较为平坦，海拔高度为100~150米。西部沙漠中由北往南有7块洼地，最大的一块是北部的盖塔拉洼地，面积约1.95万平方千米，地势低洼，大部分在海平面以下，最低处在海平面以下133米。洼地内没有生命，被视为"恶魔之地"。其他6块洼地素有"绿洲"之称，它们是法尤姆绿洲、锡瓦绿洲、拜哈里耶绿洲、费拉菲拉绿洲、达赫莱绿洲和哈里杰绿洲。法尤姆绿洲在开罗以南60千米，面积为4 549平方千米，由于优素福河将尼罗河水引入该地区，加之本地有天然的加龙湖和丰富的地下水，因而成为重要的农耕区。锡瓦绿洲接近西北部边境，东西长70千米，南北最宽处约20千米，自古以来靠泉水维持生机，几乎与世隔绝，以旖旎的风光、著名的古迹和淳朴的民风久享盛名，有"沙漠的天堂"之称。其他绿洲面积较小，交通不便，人烟稀少。

东部沙漠属西亚阿拉伯沙漠的一部分，面积为22万平方千米，约占全国国土面积的1/4。其地形与西部沙漠迥然不同，由与非洲大裂谷有关的上升结晶岩岩基组成，多崎岖山峦和干涸河道。红海高地沿东海岸由南往北绵延千里，直抵苏伊士湾，平均海拔约800米。省会古尔代盖西南侧的沙伊卜巴纳特山海拔2 187米。红海高地岩石裸露，草木不生。它由东向西倾斜，受注入尼罗河和红海的间歇河流的切割，东侧为陡峻崖壁，西侧缓缓向尼罗河谷延伸，形成一条条干涸的河道和河谷，覆有沙漠。东部沙漠没有可供人类生存的绿洲，除红海沿岸有若干提取地下水供给的城镇，无定居点分布。

西奈半岛是一个被切割的石灰岩高原，面积约6.11万平方千米。南部地形如同东部沙漠，山峦起伏，属红海高地的延伸，平均海拔在千米以上，其中的凯瑟琳山高达2 637米，是全国最高峰。中部是高原。北部为沿海平原，其地表除少数为石质沙漠外，大多由黏土和石灰石掺杂而成。西奈半岛上无常年流水的河流，唯有蜿蜒曲折的间歇河伸展至北部平原，从而使贝都因人得以生存。

第四节　水文

埃及境内有1条河流、1个天然湖、1个人工湖、4个潟湖，以及苏伊士运河等海水和淡水运河。

尼罗河全长6 694千米，流经多国，流域面积为287万平方千米，是世界第一长河。其上游为3条湍流不息的河流，即发源于乌干达境内维多利亚湖的白尼罗河、源头在埃塞俄比亚北部的青尼罗河和阿特巴拉河。白尼罗河和青尼罗河在苏丹首都喀土穆相汇，形成尼罗河主流。阿特巴拉河则在喀土穆以北的尼罗河第五、六瀑布处汇入。这三条河流向埃及境内的尼罗河提供的水量分别占总水量的28%、58%和14%。白尼罗河水量较为稳定。青尼罗河和阿特巴拉河则反复无常，流量随季节变化，夏季大雨滂沱，山洪暴发，倾泻奔流；冬季干旱无雨，水位下落。阿特巴拉河还经常断流。正因为如此，埃及境内的尼罗河从三条河所获水量在不同季节差异甚大。每到汛期，青尼罗河和阿特巴拉河是埃及境内尼罗河的主要水源，分别提供68%和22%的水量，白尼罗河仅提供10%的水量；枯水期间却相反，白尼罗河成了主要水源，提供80%的水量，青尼罗河和阿特巴拉河只分别提供17%和3%的水量。

由三条河流汇合而成的尼罗河奔腾汹涌，在喀土穆以北受地形的影响，形成水流湍急、呈阶梯分布的六大瀑布。它进入埃及后，纵贯南北，流入地中海，全长1 532千米。尼罗河下游在古代曾有7条支流，到12世纪尚有6条，后在开罗以北23千米处一分为二，仅剩东西两条支流。东侧称杜姆亚特河，长240千米；西侧称拉西德河，长235千米。尼罗河为干旱少雨的埃及提供了丰沛的水源，使这里的居民得以繁衍生息。因此，古希腊著名历史学家希罗多德十分贴切地称"埃及是尼罗河的馈赠"。

尼罗河水量不是很稳定，1879年多达1 510亿立方米，1913年少至420亿立方米。20世纪平均水量为840亿立方米，其中300亿立方米集中在每年8-9月汛期高峰期间，但大多白白流入大海。阿斯旺水坝建成后，大坝上方是波光粼粼的大水库，库区从埃及南部一直延伸到苏丹北部，形成一个水域相连的巨大的人工湖。该湖长500千米，平均宽10千米，面积为6 500平方千米，可蓄水1 640亿立方米，其中活库容量970亿立方米，死库容量300亿立方米，防洪库容量370亿立方米。此湖是世界第二大的人工淡水湖，它既能引水灌溉，又能扩大耕地面积，还可发电，一举三得。为纪念已故总统纳赛尔的功绩，该湖被命名为纳赛尔湖。

加龙湖位于法尤姆省，是上埃及艾斯尤特市附近的尼罗河支流优素福河流入该省后形成的天然淡水湖。水面约230平方千米，比古时缩小了四分之三。由于气候炎热，蒸发量大，湖水略带咸味，但无碍于饮用和灌溉。1989年起埃及开始将加龙湖周围方圆1 155平方千米的地区开辟成自然保护区。

在下埃及东西两侧沿海地区有4个潟湖：迈尔尤特湖、伊德库湖、布鲁卢斯湖和曼扎拉湖。三角洲纵横交错的排水沟渠与这些潟湖相接。由于各潟湖缺乏开阔的出海口，湖水含盐量较高，这里便成了鱼类养殖、鸟类繁衍和晒盐之地。一些潟湖湖面因种种原因日渐缩小。曼扎拉湖的面积已由原先的75万费丹（注：埃及面积单位，1费丹=1.038英亩≈4 200平方米）减至现今的12万费丹。此外，三角洲东侧就是举世闻名的苏伊士运河，小苦湖、大苦湖和提姆萨湖位于其中，成为运河不可分割的一部分。埃及地下蕴藏着丰富的水资源。据公共工程和水资源部部长称，埃及有两个"地下水库"，一个在尼罗河三角洲，库容量约5 000亿立方米；另一个在西部沙漠。目前，埃及每年地下水开采量约为60亿立方米。

第五节　自然资源

❖ 一、矿物

　　埃及矿产资源种类较多，但储量较大的矿藏屈指可数，主要有石油、天然气和磷酸盐三种。

　　埃及的石油储量虽与周边阿拉伯产油国相比黯然失色，却又是世界上多数国家望尘莫及的。1973—1996年的23年间，埃及已开采石油82 950万吨，年均2 513万吨。石油出口一度跃升为国家最大的外汇收入来源。目前已探明的石油储量尚余37亿桶（约合5.06亿吨），待发现储量31.18亿桶。近年来，石油年开采量保持在3 000万吨以上，新发现的油田大致能弥补石油储量的减少。2003年5月，在苏伊士湾发现了储量约为8 000万桶的萨卡拉大油田。埃及的油田过去集中在苏伊士湾，随着勘探的遍及，如今30%的油井分布在西部沙漠和东部沙漠地区。苏伊士湾的陆上油田主要有穆尔加油田（油层厚300多米，储量约1.5亿吨），萨卡拉油田也在它的附近；其次是白拉伊姆油田和加里卜油田。苏伊士湾的海底油田有白拉伊姆海底油田、阿米尔油田、阿迈勒油田、加拉油田和赖迈丹油田。

　　埃及天然气储量可观。1979—1996年间已开采10 840万吨，近年来年产量超过2 000万吨。由于扩大勘探和不断发现新气田，储量由1999年的36.5万亿立方英尺（约合1.03万亿立方米）增加到2004年年底的66万亿立方英尺（约合1.87万亿立方米），估计尚未探明的储量达100万亿立方英尺（约合2.83万亿立方米），在世界已探明天然气储量的102个国家中居第18位。主要气田有三角洲北部的阿布玛迪气田、亚历山大东部的阿布基尔气田、西部沙漠的阿布腊迪克气田、西奈半岛的萨都特气田，以及在马特鲁西南新发现的凯斯尔气田。

埃及磷酸盐储量约为15亿吨，分布在红海沿岸的塞法杰港和古赛尔以西、上埃及的伊斯纳和伊德富之间，以及西部沙漠的拜哈里耶绿洲和达赫莱绿洲，特别是两绿洲之间的艾布·泰尔图尔。目前已开采的磷矿有多处，年产量约为300万吨。

埃及金属矿产多数为伴生矿，储量有限。目前已探明铁矿储量为3.41亿吨，其中1.33亿吨在阿斯旺，2.55亿吨在拜哈里耶绿洲，5 300万吨在东部沙漠。西奈半岛自古以来就以产铜闻名。西奈半岛的马格哈拉地区是埃及唯一的产煤区，储量达5 180万吨，其中2 700万吨目前可供开采。此外，还有金、银、钽、铌、钨、锌、锶、铀、钼、锡、二氧化硅、钛铁等矿藏，以及发展陶瓷和玻璃等工业所需的瓷土、石英、重晶石和霞石等原料。

❀ 二、植物

埃及土壤膏腴，河水充盈，日照时间长，适宜植物的生长。由于气候干燥少雨，这里没有丰美的草原和茂密的森林。在古代的法老时期，谷物以大麦为主，小麦为辅。亚麻是织布原料。蔬菜有卷心菜、萝卜、葱、蒜、蚕豆、小扁豆、鹰嘴豆等。果品包括葡萄、椰枣、无花果、石榴等。新王国时期引进了苹果、橄榄、西瓜、甜菜等新产品。托勒密王朝时期，小麦已成为主要的农作物。内陆湖和沼泽地曾布满了纸莎草、芦苇、羊齿植物和柽柳植物。椰枣树比比皆是。睡莲以其洁白无瑕的花朵象征着真挚的亲情和友情，为古埃及人所珍爱。玫瑰等芳香植物被提炼成精油，用于制作木乃伊。随着对外交流的扩大，植物品种渐增。农作物有大米、玉米、黄玉米、高粱等谷物，以及芝麻、花生、向日葵、橄榄、亚麻等油料作物。棉花和甘蔗成了织布和制糖的主要原料。苜蓿则是上等的牧草和绿肥作物。蔬菜有土豆、洋葱、黄瓜、西红柿、生菜、茄子、胡萝卜、西葫芦、锦葵、芋头等。果品种类较多，以柑橘为主，还有杜果、柠檬、香蕉、杏、李子、桃、梨等。

值得一提的是，1820年一个埃及人家偶然发现了一棵作为花卉栽培的棉株，其纤维长，质地柔软，色泽光洁，拉力强。埃及统治者大力推广种植埃及棉，使其畅销各地，闻名于世，成为主要的出口商品。睡莲被选为埃及国花。如今它和纸莎草一样在当地已不多见。树木有枫树、槐树、白杨、黑杨、柽柳、阿拉伯胶树、柏树、棕榈树、榆树、桉树、爱神木等。此外，还有各色花草、灌木和仙人掌。但最常见的莫过于四季常青、耐旱性极强的椰枣树，全国有700多万株。它对于贝都因人来说，和骆驼一样是不可或缺的。椰枣树春华秋实，每年的9、10月份硕果累累。枣肉能食用或酿酒；枣核磨碎后做成圆饼，是骆驼的饲料；树皮和树叶用来可编织篮子等用具。据说，椰枣的用途有500多种。

❋ 三、动物

古埃及法老的墓室内有许多描绘动物的壁画和动物木乃伊。这些动物有的是作为神的化身被祭祀，如鹰、公羊、母牛、鳄鱼、朱鹭等；有的是家畜、家禽和狩猎物，供主人来世享用。家畜、家禽有牛、绵羊、猪、驴、鹅、鸭、鸽等；狩猎物包括红额羚、羚羊、狮子、豹等。这些飞禽走兽是古埃及动物的真实写照。

由于气候的变化，当年奔行在沼泽和沙漠中的狮子、豹、红额羚等大型动物现已绝迹。举世闻名的尼罗鳄如今大多在尼罗河上游苟且自保，在埃及境内已基本灭绝，偶尔在纳赛尔湖中可被发现。沙漠中的野生动物有小羚羊、狐狸、鬣狗、胡狼、野驴、野猪、跳鼠、蜥蜴、蝎子以及角蝰等毒蛇。鸟类品种繁多，大约有200多种候鸟和100种本地鸟，包括太阳鸟、鹬、琵鹭、苍鹭、白鹭、金鹭、戴胜、鹳、鹈鹕、鹌鹑、沙锥等。人们最喜爱的鸟是象征着凶猛、勇敢、刚毅品格的雕、猎鹰、秃鹫、隼、鸢。尼罗河和内陆湖中约有190多种鱼虾，如罗非鱼、板鱼、绿鳜鱼、鲻鱼、海鲈和虾等。地中海和红海的鱼类品种更多。埃及四处可见的动物是骆驼、水牛和驴。骆驼对牧民而言是不可缺少的。撒哈拉沙漠的骆驼大多是单峰的，身长2米左右，高3米以下，重500千克以上，可载重300千克，一昼夜行走40千米，冬天能连续33天不进食，是名副其实的"沙漠之舟"。骆驼全身都是宝，肉和奶可食用，毛能编织毛毯和地毯，粪可充当燃料，尿能治疗皮肤病。埃及全国现有骆驼约13.7万头。农民几乎家家户户饲养水牛和驴。水牛用于耕地和汲水，它的奶可制作黄油和干酪，供食用，多余部分出售。一头水牛年均产奶300埃磅（1埃磅=449.3克）。水牛奶含脂肪率较高，约10%；而黄牛产的奶含脂肪率较低，仅为3%。驴是埃及人驮载和代步的工具。

第六节　行政区划

　　埃及的行政区划分原为省、市、乡三级。1975年和1979年颁布法律，增设地区和城区两个行政级别，埃及的行政区划因此分为省、地区、市、城区、乡五级。各级有各自的辖区、行政机关和地方议会。省的建立、辖区的确定、名称的变更和取消，根据地方行政委员会的提议，由总统下令决定。绝大多数省包括若干地区、市、城区和乡。少数省为城市省，一般划分为几个城区，不设地区和乡。亚历山大省例外，下设一个地区。省行政机关所在地为省会。省长由总统任免。地区通常由若干个市、城区、乡组成，其地位在省之下、市之上。地区公署所在地被称为"地区市"。市隶属于地区、省或中央。大城市和重要城市分城区和乡。一般城市不分城区，只有乡。城区是大城市和重要城市的基层行政单位。地区、市和城区的建立，辖区的确定，名称的变更和取消，经省议会批准，由总理下令决定。乡是农村的基层行政单位，由若干个村组成，这些村被称作"下属村"。有的村不归乡领导，而是由直属市、地区乃至省管辖。

　　埃及共有26个省和1个省级市。下分177个地区、213个市、1 273个乡、4 245个下属村和71个直辖乡。在27个省和省级市中，下埃及有14个省，上埃及有7个省和1个省级市，另有5个边境省。现介绍如下：

❧ 一、下埃及诸省

1.开罗省（属城市省）

　　开罗既是首都，又是省会。其面积为3 085平方千米，其中可使用面积（包括集中和分散的住宅地、公共设施和坟地、池塘和荒地、需纳税的农田、无须纳税的垦荒地）190.42平方千米，约占全省面积的6.2%。人口749.7万，人口密度为2 430人/平方千米。该省分东南西北4个地区，下设29个城区。

2. 吉萨省

省会吉萨,面积为13 184平方千米,其中可使用面积为1 191平方千米,占全市面积的9%。人口542.6万,人口密度为411.5人/平方千米。该省分9个地区、11个市、7个城区、52个乡和170个下属村。

3. 盖勒尤卜省

省会本哈,面积为1 124平方千米,其中可使用面积为1 072.72平方千米,占全省面积的95.4%。人口371.1万,人口密度为3 301人/平方千米,是全国面积最小、人口密度最大的省份。该省分7个地区、9个市、2个城区、46个乡、195个下属村。

4. 亚历山大省(属城市省)

省会亚历山大,面积为2 300平方千米,其中可使用面积为1 675.5平方千米,占全省面积的72.8%。人口369.1万,人口密度为1 604人/平方千米。该省分1个地区、1个市、6个城区、3个乡、5个下属村和4个直辖村。

5. 伊斯梅利亚省

省会伊斯梅利亚,面积为5 067平方千米,其中可使用面积为5 066.96平方千米,占全省面积的100%。人口82.5万,人口密度为163人/平方千米。该省分5个地区、7个市、3个城区、17个乡和25个下属村。

6. 苏伊士省(属城市省)

省会苏伊士,面积为9 002.21平方千米,其中可使用面积为9 002.21平方千米,占全省面积的100%。人口46.9万,人口密度为52人/平方千米。该省分1个市、4个城区。

7. 塞得港省(属城市省)

省会塞得港,面积为1 351.14平方千米,其中可使用面积为1 351.14平方千米,占全省面积的100%。人口52万,人口密度为385人/平方千米。该省分1个市、6个城区。

8. 杜姆亚特省

省会杜姆亚特,面积为910平方千米,其中可使用面积为668.87平方千米,占全省面积的73.5%。人口135万,人口密度为1 484人/平方千米。该省分4个地区、10个市、38个乡、73个下属村和5个直辖村。

9. 米努夫省

省会希宾库姆，面积为 2 499 平方千米，其中可使用面积为 2 435.93 平方千米，占全省面积的97.5%。人口 278 万，人口密度为 1 200人/平方千米。该省分9个地区、10个市、69个乡和312个下属村。

10. 东部省

省会宰加济格，面积为 4 911 平方千米，其中可使用面积为 4 764.3 平方千米，占全省面积的97%。人口 490.6 万，人口密度为 999 人/平方千米。该省分 13 个地区、15 个市、2 个城区、85 个乡、492 个下属村和2个直辖村。

11. 代盖赫利耶省

省会曼苏拉，面积为 3 716 平方千米，其中可使用面积为 3 471 平方千米，占全省面积的93.4%。人口 474.6 万，人口密度为 1 291 人/平方千米。该省分15 个地区、18 个市、2 个城区、113 个乡、462 个下属村和2个直辖村。

12. 谢赫村省

省会谢赫村，面积为 3 748 平方千米，其中可使用面积为 3 743.25 平方千米，约占全省面积的100%。人口 249.2 万，人口密度为 665 人/平方千米。该省分 10 个地区、10 个市、44 个乡和206 个下属村。

13. 西部省

省会坦塔，面积为 1 947.53 平方千米，其中可使用面积为 1 947.53 平方千米，约占全省面积的100%。人口 379 万，人口密度为 1 946 人/平方千米。该省分8 个地区、8 个市、4 个城区、53 个乡、317 个下属村和1个直辖村。

14. 布海拉省

省会达曼胡尔，面积为 9 826 平方千米，其中可使用面积为 6 943.62 平方千米，占全省面积的70.7%。人口 451.5 万，人口密度为 458 人/平方千米。该省分14 个地区、14 个市、80 个乡、475 个下属村和6个直辖村。

二、上埃及诸省

1. 法尤姆省

省会法尤姆，面积为 6 068 平方千米，其中可使用面积为 1 856 平方千米，占全省面积的30.6%。人口232万，人口密度为382人/平方千米。该省分5个地区、5个市、48个乡和159个下属村。

2. 贝尼苏韦夫省

省会贝尼苏韦夫，面积为10 954平方千米，其中可使用面积为1 369.41平方千米，占全省面积的12.5%。人口216.1万，人口密度为197人/平方千米。该省分7个地区、7个市、38个乡、217个下属村和3个直辖村。

3. 明亚省

省会明亚，面积为32 279平方千米，其中可使用面积为2 411.65平方千米，占全省面积的7.5%。该省分9个地区、9个市、57个乡和346个下属村。

4. 艾斯尤特省

省会艾斯尤特，面积为25 926平方千米，其中可使用面积为1 574平方千米，占全省面积的6.1%。人口328万，人口密度为127人/平方千米。该省分11个地区、11个市、2个城区、52个乡、235个下属村和1个直辖村。

5. 索哈杰省

省会索哈杰，面积为11 022平方千米，其中可使用面积为1 593.92平方千米，占全省面积的14.5%。人口365.4万，人口密度为332人/平方千米。该省分11个地区、11个市、3个城区、51个乡、264个下属村和6个直辖村。

6. 基纳省

省会基纳，面积为10 798平方千米，其中可使用面积为1 740.72平方千米，占全省面积的16.1%。人口282万，人口密度为261人/平方千米。该省分11个地区、11个市、51个乡和187个下属村。

7. 阿斯旺省

省会阿斯旺，面积为62 726平方千米，其中可使用面积为1 004.77平方千米，占全省面积的1.6%。人口177万，人口密度为28人/平方千米。该省分5个地区、10个市、30个乡和97个下属村。

8. 卢克索市

省级市，面积为2 410平方千米，其中可使用面积为226.73平方千米，占全市面积的9.4%。人口40.6万，人口密度为168人/平方千米。

该市分1个地区、2个市、8个乡和15个下属村。

❧ 三、边境省

1. 北西奈省

省会阿里什，面积27 564平方千米，其中可使用面积为1 564.73平方千米，占全省面积的5.7%。人口29.4万，人口密度为11人/平方千米。该省分6个地区、6个市、82个乡和82个下属村。

2. 南西奈省

省会图尔，面积31 272平方千米，其中可使用面积为16 791平方千米，占全省面积的54%。人口6.2万，人口密度为2人/平方千米。该省分5个地区、8个市、9个乡和9个下属村。

3. 红海省

省会古尔代盖，面积119 099平方千米，其中可使用面积为71.13平方千米，占全省面积的0.1%，人口17.8万，人口密度为1.5人/平方千米。该省分6个市、11个乡、11个下属村和2个直辖村。

4. 马特鲁省

省会马特鲁港，面积166 563平方千米，其中可使用面积为1 716.41平方千米，占全省面积的1.03%。人口25.4万，人口密度为1.5人/平方千米。该省分8个地区、8个市、56个乡、59个下属村和39个直辖村。

5. 新河谷省

省会哈里杰，面积440 098平方千米，其中可使用面积为1 082.24平方千米，占全省面积的0.2%。人口16.2万，人口密度为0.37人/平方千米，是全国面积最大、人口密度最小的省份。该省分3个地区、3个市、18个乡和38个下属村。

第二章　简史

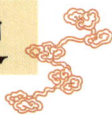

第一节　上古时期

　　古埃及文明起源于东北非，地理上包括上埃及和下埃及两个地区。上埃及境内多山，邻近努比亚（今苏丹）；下埃及主要包括尼罗河三角洲，面向地中海，并通过西奈半岛与亚洲相连。埃及位于亚非大陆的连接处，邻近东南欧，从而为与三大洲的文明交往创造了条件。埃及在地理上相对封闭，东边的红海、北边的地中海、西南面的撒哈拉沙漠构成地理障碍，使得外敌入侵相对困难。早期的外敌主要来自利比亚和努比亚，还有经西奈半岛入境的亚细亚民族。

　　上古埃及大致处于前4000—前2000年间，一般分为前王朝时期、古王国时期、中王国时期、新王国时期和后王朝时期五个时期。

❖ 一、前王朝时期

　　前王朝时期（前3100—前2686年）埃及已实现统一。托勒密王朝的希腊祭司马涅托认为，上埃及的美尼斯（希腊语名称）首次统一埃及，建立了第一王朝，并在三角洲南端建立了都城孟菲斯。也有学者根据考古发现，认为最早称霸埃及的应该是纳尔迈，这一时期上埃及有16个州，下埃及有10个州。各州为争夺人口、牲畜和财富，兵戈不断，并形成了联盟。同时，埃及也对努比亚、利比亚用兵，并远征西奈半岛。第五任国王登第一次采用表示上、下埃及统一的红白双冠，第十任国王哈谢海姆威真正完成了统一，首次采用了代表上、下埃及的"荷鲁斯和塞特"的双重王衔，前王朝的王权逐步完善，王位实现了世袭。

二、古王国时期

古王国（前2686—前2181年，第三王朝至第六王朝）实现了大一统，这一时期以建造金字塔而闻名。王国首次征服努比亚，创建海军，开辟了通往叙利亚的海上通道，舰队曾访问蓬特（索马里或埃塞俄比亚）和巴勒斯坦。王权的神化明显加强，国王拉杰德夫首次自封为"拉之子"，胡夫则留下了宏大的金字塔作为王权象征。然而，祭司集团的实力日益上升，并最终建立了第五王朝。随着王权的衰落和人民反抗的加强，古王国结束，第一中间期开始，包括第七王朝至第十王朝共4个王朝。这一时期的主要特征是中央政权严重瘫痪，小国林立，战乱频仍，宗教信仰受到冲击，人民起义、贵族叛乱和贝都因人入侵震撼着政权。最终，崛起于底比斯的第十王朝征服了定都赫拉克利奥波里斯的第九王朝，统一了全国。

三、中王国时期

中王国（前2040—前1786年，第十一王朝中后期至第十二王朝）虽恢复了埃及的统一，但中央集权已遭到削弱。依靠新兴的中小奴隶主阶层"涅杰斯"的支持，国王加强了对贵族的斗争和控制，禁止他们收税和建立军队。在对外方面，中王国把南方边界逐步推进到第二与第三瀑布之间，并在南方边境和西奈修建堡垒和城墙。第十二王朝末期，国家再度陷入混乱，第二中间期（约前1786—前1567年）开始。这一时期先后出现了几个地方王朝（第十三王朝至第十七王朝），国家四分五裂，爆发了大规模的贫民奴隶起义，社会秩序极度混乱，著名的《伊普味陈辞》对此做了生动描述。

来自西亚的游牧民族喜克索斯人在此期间入侵埃及，建立了第十五王朝和第十六王朝。他们基本维持了埃及原有的政治制度和行政机构，全盘吸收了埃及文化。喜克索斯人的统治是外族第一次统治埃及，它促进了埃及军事制度的变革，加强了埃及与西亚的联系。前1553年，崛起于底比斯的第十七王朝将喜克索斯人驱逐出境，建立新王国。

✿ 四、 新王国时期

新王国（前1567—前1085年）是古埃及最为辉煌的时期，包括第十八王朝至第二十王朝，首都为底比斯。帝国吸取了喜克索斯人入侵的教训，致力于控制通往埃及的叙利亚。图特摩斯二世时，埃及的力量达到顶峰，其军队粉碎了叙利亚联军和米坦尼军队，埃及领土扩大到幼发拉底河以东，古巴比伦和赫梯先后向埃及称臣纳贡。在南方，多由王子担任的库什总督受命统治努比亚。新王朝的中央集权也发展到极致。法老（原意为"大房子"，为埃及臣民对君主的称呼）的意志就是法律，他任命所有重要官吏，后者包括：两位维齐尔（宰相），他们分别统治上埃及、努比亚和下埃及、西亚；库什总督；阿蒙第一先知，管理宗教事务，权力仅次于维齐。新王国的军事机器也很发达，它拥有强大的陆海军，陆军的主要兵种有步兵和战车兵。

新王国的建立使底比斯的太阳神阿蒙成为埃及的最高神，统治者将其与太阳神拉合并，称为"阿蒙–拉"。阿蒙祭司集团获得大量土地、奴隶及其他财富，地位迅速上升。因此，法老开始宣传古老的日盘神阿吞，阿蒙霍特普四世（前1379—前1362年）更是以阿吞代替阿蒙，自称阿吞之子，改名"埃赫那吞"（阿吞的侍者），关闭阿蒙神庙，并营建新都阿玛尔那，结果遭到阿蒙祭司的强烈反对。埃赫那吞去世后继位的图坦卡蒙恢复了阿蒙信仰，还都底比斯，宣布从建筑物上抹去所有"阿吞"和"埃赫那吞"的字样。此后继位的拉美西斯二世（前1304—前1237年）再次发动大规模对外扩张，与赫梯争夺叙利亚。长期的内乱外争，加上前13世纪末海上民族的入侵，使新王国逐渐衰落。新王国崩溃后，埃及进入后王朝时期。

✿ 五、后王朝时期

第三中间期始于祭司集团建立的第二十一王朝，此时作为雇佣军的利比亚人实力日增，先后建立了第二十二王朝和第二十三王朝。此后，努比亚人发动入侵，攻灭第二十二、第二十三、第二十四王朝，建立第二十五王朝，即努比亚王朝。前664年，利比亚人的第二十六王朝（舍易斯王朝）建立，为后期埃及时代。此时的埃及出现复兴，驱逐了亚述人，并与犹太国结成了对抗新巴比伦的联盟。在后王朝时期，地方贵族势力的分裂活动破坏了中央集权统治。所以在整个后王朝时期，除了第二十六王朝的短暂复兴外，埃及帝国处于四分五裂和外族侵占的衰落状态。前526年，冈比西斯二世率波斯大军攻入埃及，建立了第二十七王朝，延续至前402年。前341年，波斯帝国第二次征服埃及，仅统治了8年，波斯帝国为马其顿所灭，埃及成为波斯送给亚历山大大帝的"嫁衣裳"。前332年，亚历山大大帝入驻孟菲斯，成为埃及新国王，历时2718年的法老时代宣告结束。前305年，埃及总督、亚历山大部将托勒密自封埃及王，开创了托勒密王朝在埃及的统治（前305—前30年）。

前30年，罗马的屋大维东征埃及，在亚克兴战役中取得大胜，埃及女王克里奥帕特拉七世自杀，埃及成为罗马帝国的行省。395年，罗马帝国分裂，埃及成为拜占庭帝国的一部分。在拜占庭帝国的统治下，在奴隶制继续保存的情况下，埃及开启了封建化的进程。

埃及上古文明史的独特性可以总结如下：

第一，悠久而独特的文明起源。

多数学者认为，古埃及人属于非洲人种，即尼格罗人种。从语言学上看，古埃及人是非洲的含米特语系的部落与亚洲的闪米特语系的部落长期融合而成的，其语言属于闪含语系。埃及文明的起源只比两河流域稍晚，学者认为，尼罗河流域很可能也是世界上农业的起源地区之一，曾发现过人工栽培的大麦和小麦，并有驯化的牛和绵羊。约前4500年，即前王朝，埃及进入铜石并用时期，尼罗河流域逐步迈入文明的"门槛"。巴达里文化（约前4500—前4000年）属于农牧业混合型文化，这一时期的主要成就是铜器的使用，西奈半岛可能是世界上最早炼铜的地方。涅伽达文化Ⅰ期（约前4000—前3500年）已有发达的燧石工业，社会处于氏族公社末期，出现了私有制和王权的萌芽。涅伽达文化Ⅱ期（约前3500—前3100年）是氏族制度解体、国家逐步确立的时期，出现了城邦（希腊人称为"诺姆"，汉译为"州"），此时象形文字逐步形成。生活在前3150年前后的蝎王，是迄今世界历史上第一位已知姓名的国王。不过，一些学者认为，埃及早期历史上不存在城市，这是其文明起源的重要特点之一。

第二，中央集权国家形成早，统一与分裂、宗教与世俗矛盾构成政治发展的主旋律。

尽管文明起源稍迟，但相对封闭的外部环境、由尼罗河构成的顺畅的国内交通系统、相对单一的民族成分等因素促成了中央集权国家的早熟。英国历史学家汤因比甚至认为埃及从历史的开端便实现了国家统一，而不类似从城邦最终走向大一统的希腊。

第三，社会经济的发达。

古希腊历史学家希罗多德（约前484—前425）曾感慨说"埃及是尼罗河的馈赠"。尼罗河一年一度的稳定洪泛，肥沃的土壤，便捷的航运，国家的统一和与西亚、非洲、欧洲的密切联系为埃及经济的发展提供了有利条件。古王国时期，土地的灌溉面积不断扩大，并逐步普及了犁耕，园艺业发展迅速。到中王国时期，埃及摆脱了第一中间期的混乱，水利系统逐步恢复，尤其是在法尤姆修建了大型引排水工程，将大片荒地变为良田。新王国时期采用了轮种制，广泛使用梯形犁和骡马等畜力，并将新发明的"沙杜夫"用于生产，大大提高了灌溉效率，促进了农业发展。到舍易斯王朝时，埃及进入铁器时代。

埃及的手工业也很发达，包括纺织、冶金、五金、首饰、建筑等许多部门。青铜器出现于第三王朝末、第四王朝初，到中王国时期开始流行。中王国时期，埃及建立了世界上最早的玻璃作坊，并发明了卧式织布机。新王国时期出现了单人操作的立式织布机和使用脚踏风箱的青铜熔炉，发明了青铜铸造工艺，金银首饰制作工艺达到了令人惊叹的水平。

建筑业的发展突出反映在金字塔建筑上。早王朝的王陵为长方形的"马斯塔巴"，在地下墓室中安置国王的木乃伊。到古王国乔塞尔王时期出现了由一层层马斯塔巴构成的阶梯形金字塔。此后则出现了角锥体的金字塔，以吉萨金字塔群为代表，其中胡夫金字塔是世界上最大的金字塔，原高146.5米，基座边长230米，由230万块平均重2.5吨的石块建成，最大的石块重15吨，而且石块之间不施灰泥，却严丝合缝。中王国的法老开始修建崖窟墓，新王国时发展为岩窟墓，形成著名的"帝王谷""王后谷"。此外，由方尖碑、柱厅和圣湖等组成的神庙和法老葬祭庙也是很有特色的建筑，著名的有卡尔纳克神庙、卢克索神庙和阿布辛贝的拉美西斯二世神庙。

早在古王国时期，法老的远征即带有商业性，他们班师回国时常常带回海外的各种特产，如蓬特和巴勒斯坦的药材、宝石和木材。中王国与努比亚、叙利亚、巴勒斯坦、希腊和两河流域等地区均保持着密切的商业往来。新王国的内外贸易有进一步的发展，并以金、银、铜和谷物作为交换媒介。

第四，独具特色的文化体系。

象形文字是埃及文化的基础。最早的埃及文字是图画文字，至少在前3400年以后演变为象形文字，后者包括近千个基本的图形符号，由表意、表音和限定符号组成。在漫长的实践中，书吏发明了祭祀体文字，至第十二王朝时已脱离了象形特征。前700年以后，又出现了一种字体简单、便于书写的世俗体，除宗教、官方和司法用途外，也在商业和民间使用。埃及人主要的书写材料是纸草，它取材于尼罗河中的一种水生植物，并且通行于地中海地区，西方语言中的词汇"纸"即起源于"纸草"。

埃及的文学作品形式多样。早在古王国之前，就产生了歌谣、神话、戏剧、传记等多种体裁；中王国时开始出现小说、散文、教谕文学（国王或贵族对后代、大臣的教诲）；新王国则以诗歌为代表，包括宗教赞美诗和爱情诗，埃赫那吞宗教改革时期更是形成了现实主义的文学风格，产生了一批优秀作品。埃及的雕塑和绘画艺术带有浓厚的宗教氛围，同时对来世的希冀又表现出现实主义的风格。

埃及人的天文知识丰富，他们掌握了日月及行星运行的规律，并熟悉43个星座，发明了测定星体位置的天文仪器。通过观察天象和季节、昼夜的变化规律，他们可以准确地预测尼罗河泛滥的日期。埃及的历法由早期的阴历发展到后期通行的阳历，阳历每年为365天，每天24小时。埃及的数学亦很发达，掌握了十进位和分数概念，并创立了几何学，可以计算三角形、矩形、梯形、圆形的面积和角锥体、圆柱体的体积。制作木乃伊的经验也使埃及的医学十分先进，医生较为全面地掌握了人的生理结构及各种器官的功能，并有高超的牙科、外科、美容技术。

在埃及民间，有利于农业和航运的自然环境催生了一种乐观心态，加上当地干燥的气候使尸体干而不腐，从而产生了有关来世和复活的思想。古埃及人认为，人有灵魂，人死后可以复活，但前提是完好地保存尸体，由此形成了制作木乃伊的习俗。另外，人死后也要进入阴间，接受死而复生的植物之神、冥王奥西里斯和其他神灵的审判，行恶之人的灵魂将被魔怪吞食。所以，追求永生成为法老不懈努力的目标，体现为修筑金字塔的热潮。埃及的原始宗教是典型的自然崇拜，牛、山羊、鳄鱼、鹰等动物均成为神祇，而随着国家的统一，太阳神拉和阿蒙成为主宰的神灵。英国学者缪勒认为，埃及后期出现了单一主神教，即有固定主神的多神教。埃赫那吞的宗教改革尤其体现了创立一神教的目标。

第二节　中古时期

6世纪末，拜占庭帝国在埃及的统治内外交困。埃及人民的不断起义，国际形势的持续恶化，使得拜占庭帝国的统治者焦头烂额。一方面，波斯和拜占庭对埃及展开了争夺；另一方面，阿拉伯人的崛起改变了中东的局势。阿拉伯人进军埃及标志着古代埃及历史的终结。

一、阿拉伯帝国时期

610年穆罕默德创传伊斯兰教后，平息了阿拉伯部落间连绵不绝的血亲复仇战争，统一了阿拉伯半岛，在麦地那建立起突破血缘关系的新型社团。632年，穆罕默德去世，632—634年经协商产生了四大正统哈里发。而后兴起了世袭的倭马亚王朝（661—750年）和阿拔斯王朝（750—1258年）。这段历史被称为阿拉伯帝国史。

二、图伦王朝和伊赫希德王朝（868—969年）时期

阿拔斯王朝哈里发穆耳台绥木（833—842年在位）执政后，大肆起用突厥人。此后，继任者大权旁落，帝国权力以及土地等资源多被突厥族出身的将领控制。这些将领在封地培养个人势力，拥兵自重，直至武装割据。因此，在埃及不可避免地出现了一系列独立或半独立的王朝，如图伦王朝和伊赫希德王朝。

图伦王朝的创始人艾哈迈德·伊本·图伦（868—884年在位）是中亚突厥族人。图伦的父亲原为阿拔斯王朝哈里发拥有的马穆鲁克，后擢升为哈里发的卫队长，868年出任埃及总督。图伦骁勇强悍，长于骑射，自幼习文，谙熟《古兰经》和伊斯兰教法。图伦有政治抱

负，利用阿拔斯王朝衰落之际顺势崛起，统治埃及和沙姆地区30年。土伦死后，王朝迅速崩溃。

伊赫希德王朝的崛起、衰落、崩溃与图伦王朝有许多相似之处。伊赫希德王朝兴起于阿拔斯王朝统治内外交困之际。王朝奠基人是阿拔斯王朝统治期间先后出任埃及豪夫地区长官和沙姆地区总督的突厥将领穆罕默德·伊本·土厄吉（935—946年在位）。935年他出任埃及总督。在位期间，他拥兵自重，独霸埃及和沙姆地区。迫于压力，阿拔斯王朝哈里发加封他为麦加和麦地那总督，赋予他及其后裔统治埃及30年的权力。946年穆罕默德·伊本·土厄吉去世，王朝出现了君弱臣强的局面，托孤大臣卡夫尔（946—965年当政，965—968年在位）拥权自重，965年废掉幼主后自立为王。三年后，卡夫尔去世，王朝倾覆。

🌰 三、法蒂玛王朝时期

909年，自诩为使者穆罕默德之女法蒂玛的子孙和什叶派第七代"隐遁伊玛目"[①]伊斯玛仪的后裔奥贝德拉（909—934年在位），依靠柏柏尔人[②]的支持，自称哈里发，在突尼斯建立了法蒂玛王朝，统一了马哥里布地区，渡海攻占了西西里岛。969年哈里发穆仪兹（952—975年在位）令大将昭海里领兵攻陷埃及，灭伊赫希德王朝。不久，汉志和沙姆地区南部也先后并入王朝版图。昭海里在埃及旧都以北建立新城，取名嘎西赖（al-Qahirah），意为战胜者，后来威尼斯人将它译为开罗（Cario）。973年穆仪兹迁都于此。哈里发阿齐兹（975—996年在位）统治期间，国力盛极一时。法蒂玛王朝不仅与阿拔斯王朝和西班牙科尔多瓦的后倭马亚王朝对峙，而且是三足鼎立中的最强者。阿齐兹野心勃勃，一边窥视巴格达，一边觊觎科尔多瓦，梦想统一天下，成为伊斯兰世界的主宰。奥贝德拉、穆仪兹和阿齐兹三位哈里发被尊为王朝的三位明君，其后国势渐衰。王朝后半期陷入"幼主弱，权臣强"的内忧外患局面。1168年，十字军进攻埃及，逼近开罗。哈

---

① 伊斯兰教什叶派有"隐遁伊玛目和马赫迪思想"。伊本·哈乃斐叶于700年去世后，凯萨尼派提出他并没有死，而是隐遁于麦地那以东的一座山中，在将来某个时候将以马赫迪救世主的身份重现人间。

② 柏柏尔人是西北非洲的一个说闪含语系柏柏尔语的民族。

里发求助于努尔丁国王。努尔丁国王派大将希尔库率军将十字军赶出埃及。希尔库趁机自立为法蒂玛王朝宰相，但不久病逝，其侄撒拉丁接替宰相职位，1171年灭法蒂玛王朝。

四、阿尤布王朝和马穆鲁克王朝时期

撒拉丁（1171—1193年在位）是库尔德人，生于今伊拉克北部的提克里特城。1171年灭掉法蒂玛王朝，建立阿尤布王朝，自称苏丹（意思是强大的统治者或独立的皇帝）。在位期间，他进行了一系列改革。在政治方面，他重新向阿拔斯王朝哈里发纳贡，以增强王朝的政治合法性；在外交方面，1174年断绝了与努尔丁王朝的臣属关系，正式宣告独立；在宗教方面，竭力恢复逊尼派正道，消除什叶派影响；军事方面，用武力收复和攻占拜占庭、努比亚、苏丹和也门，后又消灭努尔丁王国，将叙利亚、伊拉克北部和汉志地区纳入版图，完成从东西两侧夹击十字军的部署。在其统治期间，王朝国力渐盛，对十字军的作战胜利，更是为撒拉丁赢得了不朽的声名。

1249年王室内讧，苏丹被杀，太后继位。3个月后她被迫嫁给马穆鲁克头领艾伊贝克，阿尤布王朝随之消亡。

马穆鲁克王朝统治者也自称苏丹。王朝按苏丹的族别分为前后两朝。前朝（1250—1383年）苏丹多为突厥族人，统治埃及一百多年，王朝达到鼎盛时期。其间先后出现了古突兹（1259—1260年在位）、拜伯尔斯（1260—1277年在位）、盖拉温（1279—1290年在位）和纳绥尔（1293—1294、1298—1308/1309—1340年在位）等著名的苏丹。后朝（1383—1517年）苏丹大多是彻尔克斯族人，统治时间与前朝接近，但王朝开始走向衰落。

五、奥斯曼帝国统治时期

1517年埃及沦为奥斯曼帝国的一个行省。帝国苏丹将埃及政权交给三股势力，即总督（亦称帕夏）、近卫军和马穆鲁克，并使之相互制约，以便保证帝国在埃及的统治。总督是当地最高行政长官，负责执行苏丹的敕令，平时负责收缴国税，战时派兵作战。近卫军共计七支，近万人之众，其中以直属苏丹的一支实力最大。近卫军负责戍守边疆、维护地方治安，此外协助收税和监督地方长官。第三股势力是被击溃的马穆鲁克。苏丹不仅要求他们辅助总督和近卫军，而且还依靠他们的力量制约地方总督，所以允许他们独自组建一支近卫军。马穆鲁克的首领出任开罗的行政长官，地位很高，仅次于总督。

后来，事态的发展与苏丹的初衷相去甚远。17世纪末至18世纪初，马穆鲁克实力超过了总督和近卫军，成为当地的实际统治者。马穆鲁克内部派系林立、关系复杂，为争权夺利互相攻伐，内战不断，加上苏丹和近卫军的反夺权，18世纪的埃及社会纷乱扰攘、兵祸连绵。

奥斯曼帝国征服埃及之后，实行了严酷的土地、税收、商业和手工业制度，严重破坏了农业和手工业生产。为此，衰微破败的埃及注定成为西方殖民主义者的觊觎之地，遭受他们野蛮的入侵和统治。

第三节　近代

❖ 一、法国的入侵

18世纪下半期起埃及沦为英法两国的角逐之地。英国不满足于垄断经好望角的新航线，还力图控制从红海经由埃及至地中海的航道。法国在拿破仑的鼓动下，梦想从尼罗河河畔到印度河边建立一个庞大的东方帝国，决心与英国一战，夺回世界霸权。

1798年7月拿破仑率领三万五千人的舰队开赴埃及，未遇多大抵抗，就占领了开罗和下埃及。不久，法国舰队在亚历山大港附近遭遇英国舰队并被彻底摧毁。失去国内援助的拿破仑，为解决部队给养，便倾心竭力搜刮当地民财，引发了开罗当地人民的反抗。开罗人民首举义旗，翻开了埃及近代反抗外来侵略、反对殖民主义斗争的第一页。

❖ 二、穆罕默德·阿里时期

埃及被入侵和占领，导致埃及传统政治势力的急剧衰落和尼罗河流域的权力进入真空状态，进而客观上为穆罕默德·阿里家族政权的崛起创造了重要的条件。穆罕默德·阿里是阿尔巴尼亚人，出生于马其顿，1801年起随奥斯曼帝国军队征战各地，屡立军功，得以升迁。

他有政治抱负，精通权术，善于把握时机。他利用法军撤退后形成的权力真空状态，借助于埃及的宗教学者（欧莱玛）、土著乡绅和地方民众对于苏丹任命的帕夏以及马穆鲁克的不满情绪，在欧莱玛和贵族乡绅的支持下，逐渐确立起自己在尼罗河流域的统治地位。他采取了一系列措施逐步扩大自己的势力范围，提升自己的统治地位。首先，穆罕默德·阿里利用马穆鲁克的势力削弱奥斯曼帝国的军队，继而又利用马穆鲁克的内部矛盾令其自相残杀，此后借助欧莱玛、商人和贵族的支持排斥马穆鲁克，直至控制开罗，迫使奥斯曼帝国苏丹于1805年承认其在尼罗河流域的统治地位，赐封其为埃及的帕夏，统治埃及长达43年（1805—1848年在位）。[1]

出任埃及省督后，阿里继续采取一系列措施和手段巩固自己在埃及的地位。穆罕默德·阿里基本上肃清了马穆鲁克的残余势力，将其领地全部收归国有。同时，又强行没收了大批违规（无土地证件、证件不全或实际拥有量与登记数量不符）的宗教地产，为他个人和家族所占有，埃及旧的封建地主由此被消灭。穆罕默德·阿里以王室领地、边缘地、村长地、酋长地、乌西叶地（以前的包税人占地）等形式，把全国一半以上的土地分封给王亲国戚、新政府的各级官吏和地方豪绅——这些人构成了埃及的新地主，成为其统治的基础；另外不足一半分成小块租给无地的农民耕种，农民承担缴租义务，但规定不得转让、抵押和租赁，也不可传给子孙后代。

穆罕默德·阿里还改革了埃及的行政机构，以实现家族统治。他建立并完善了埃及的行政区划，将埃及行政单位分为省、专区、区三级，亲自任命各级行政长官。各级行政长官完全听命于他，穆罕默德·阿里虽然名义上是奥斯曼帝国苏丹任命的埃及总督，但拥有无限的权力。他的儿孙以及家族成员也都担任重要的军事和行政职务。这样，穆罕默德·阿里统治下的埃及已然是个实际独立的新的封建王国了。[2]1849年阿里去世，阿巴斯（1848—1854在位）、赛义德（1854—1863年在位）和伊斯梅尔（1863—1879年在位）相继在位。

---

① 哈全安：《中东史：610—2000》（下），天津人民出版社2010年版，第495页。

② 彭树智主编，雷钰、苏瑞林著：《中东国家通史·埃及卷》，商务印书馆2003年版，第192-193页。

阿巴斯主张废弃阿里时期的一切改革，在奥斯曼帝国苏丹的庇护下，保持埃及的自治。这种闭关锁国、封闭自守的政策进一步削弱了埃及的国力，使得埃及在西方保守势力面前坐以待毙。

赛义德推崇自由经济和门户开放，希望借助西方力量来恢复和发展本国经济。赛义德推行的政策，固然对活跃埃及经济、促进对外贸易有一定影响，但是它在更大程度上迎合了欧洲殖民列强对外扩张的需要，在客观上为它们对埃及进行较大规模的经济渗透开了绿灯。在他统治的9年间，埃及的主权遭到践踏。特别是他把苏伊士运河的开凿权租让给前法国领事、投机商人费迪南·莱塞普斯，为外国资本奴役埃及埋下了祸根。1861年设立特别会议，负责审理涉及外国侨民的事务，允许有关国家的领事或代表列席审判，破坏了埃及司法权的独立。

伊斯梅尔倾心西方，醉心欧化，一心想在短时间内把埃及建成一个欧洲式的国家。为此，他在政治、经济、法制、军事、文化教育等方面采取了一些有利于扩大埃及自主权和促进国民经济的改革措施。伊斯梅尔的"欧化"改革，令埃及面貌焕然一新，呈现出一派大发展、大繁荣的局面，其经济水平不仅超过了所有非洲国家，而且超过了其宗主国奥斯曼帝国，并且开始走上资本主义道路。这个古老的东方国家似乎在一夜之间就赶上了近代欧洲国家的发展步伐。然而，这一切只是一场梦，很快就破灭了。由于改革完全脱离埃及国内实力，盲目建设，大举借债，最终导致财政破产，国家主权丧失。

伊斯梅尔统治下的埃及出现了严重危机。双重监督制和欧洲内阁的建立，为西方势力的大肆渗透打开了方便之门。埃及主权的逐步丧失，不仅严重损害了埃及社会各阶层的利益，而且也深深刺伤了埃及人民的民族感情。1879年，埃及出现了一个政治组织——民族协会。它的领袖是开罗卫戍部队司令艾哈迈德·奥拉比上校，其主要成员是知识分子、埃及土著军官、青年学生和开明议员。协会主张国家独立，维护民族主权，实行宪政，反对欧洲内阁，决心"把国家从屈辱、贫困、痛苦的深渊中拯救出来"，并鲜明地提出了"埃及是埃及人的埃及"的口号。民族协会的成立，标志着埃及民族主义运动开始兴起。

1881年9月奥拉比率领开罗卫戍部队举行起义。起义者包围了赫迪夫王宫，解散反动政府，制定宪法，召开国会，组建新政府，实施一系列改革。

新政府的改革触犯了英国在埃及的殖民利益，引起了英国的不满。英国先是干预，进而于1882年武装入侵并占领埃及。在英军的占领之下，埃及成为英国事实上而非名义上的殖民地。

❧ 三、第一次世界大战后

英国占领埃及之后，政治上推行所谓的"英国人的智慧，埃及人的手"的方针。第一次世界大战期间，英国乘奥斯曼帝国加入同盟国之机，宣布结束奥斯曼帝国对埃及拥有的近四百年的宗主权，变埃及为英国的保护地；废黜亲土耳其的赫低威，扶持一傀儡上台，并唆使他改称苏丹，以示与土耳其决裂。自此，埃及正式沦为英国殖民地。

埃及人民深受英国殖民统治之苦，第一次世界大战更是加重了埃及人民的负担。总之，埃及各阶层人民的反英情绪空前高涨。结束英国"保护"、争取埃及独立，成了埃及人民共同的呼声。

第一次世界大战结束后，埃及人民的自决要求遭到殖民当局的拒绝。巴黎和会召开，埃及代表团欲赴巴黎参会，遭到英国殖民当局阻挠，代表团的4位领导人被捕并被流放。这一事件引发了1919年起义。迫于压力，英国殖民当局允许埃及代表团参加巴黎和会。

1919年6月巴黎和会通过《凡尔赛和约》，承认英国为埃及的保护国。

埃及人民为赢得民族独立继续展开不懈的斗争。为了摆脱困境和维护在埃及的根本利益，1922年2月28日英国政府发表声明，单方面宣布结束保护，承认埃及独立。

❧ 四、自由宪政时期

1922年3月15日，埃及宣告独立，苏丹改称国王。1923年4月，埃及颁布宪法，确立二元君主立宪制政体，进入君主立宪时期。埃及的独立是在"四点保留"的基础上取得的，所以埃及不过是由殖民地变为半殖民地，英国殖民势力的影响有所减弱。埃及获得了关税自主权，废除了外国人在埃及的特权，财政税收政策获得自由，商业银行体系得到发展。埃及人工业强国的意识进一步加强，加上国内外环境的改善，有力地推动了国民经济的发展。

工业化进程的启动，无疑导致了埃及传统经济社会秩序的深刻变革。然而，自由主义时代，埃及的现代民族工业步履维艰，包括资产阶级和产业工人在内的新兴社会阶层势单力薄，尚无力与地主阶级在政治舞台上分庭抗礼。

20世纪初，民主、科学和工业化成为民众追逐的时尚和潮流，埃及社会呼唤政治的变革。以西方的自由主义取代埃及传统的宗教保守主义和政治极权主义，以代议制政府取代君主独裁，被视作建立现代国家的历史选择。宪政、民主、人权的政治理念从西方传入埃及，由此开始了埃及政治发展的崭新阶段——"自由宪政"的阶段，埃及政治现代化随之进入现代政治模式与传统政治模式激烈斗争的历史时代。

政党在1907年开始组建。英军枪杀埃及村民的"丹沙维事件"导致了埃及人反英情绪的大爆发。在反英运动中，一批由旧统治阶级组建的政党出现了，他们举起民族主义的大旗。此后，埃及国家独立，民族振兴进入第二个阶段，即"自由宪政"的阶段。宪法制定和议会的召开构成宪政制度的重要外在形式。

独立后，国王福阿德一世宣布埃及为君主立宪国，确立了所有埃及人在法律面前一律平等的原则，国王、上议院和下议院均拥有立法权。此后埃及在君主立宪实践中，尽管一直受到英国的干涉和二战的冲击，存在着当选执政的华夫脱党同国王的权力冲突，但君主立宪的框架没有动摇。埃及君主立宪最终失败的主要原因是末代君主法鲁克一世昏庸无能，社会矛盾激化到失控地步，为试图建立新体制的自由军官组织提供了变革的土壤和成功的机会。

❀ 五、埃及共和国成立

1922年埃及独立后，君主立宪制在埃及确立。此后埃及在君主立宪的实践中蹒跚前行。

根据自由军官组织既定的计划，原应在1954年夺取政权。由于国王试图加强对军队的控制，双方矛盾激化，革命提前于1952年7月爆发。7月22日晚，自由军官们率领部队发动革命，行动异常顺利。革命部队控制了陆军总司令部，占据了机场、火车站、电台、电信局、大桥和某些政府部门等重要目标。7月23日凌晨，自由军官组织完全控制开罗。上午7点，自由军官组织创建委员会发表声明，宣告革命成功，阐述政变动因。7月24日，发表第二份声明，要求群众支持军队的革命行动。开罗的局势逐渐平静和明朗。7月25日，军队包围王宫，废黜法鲁克一世，拥护王储艾哈迈德·福阿德（即福阿德二世）即位。

革命成功后，自由军官组织成立革命指挥委员会，代行议会和内阁职权，穆罕默德·纳吉布出任革命指挥委员会主席、内阁总理、国防部长和武装部队总司令。1954年11月，纳赛尔担任总统。至此，君主制被废除，革命成功，埃及进入共和国时期。

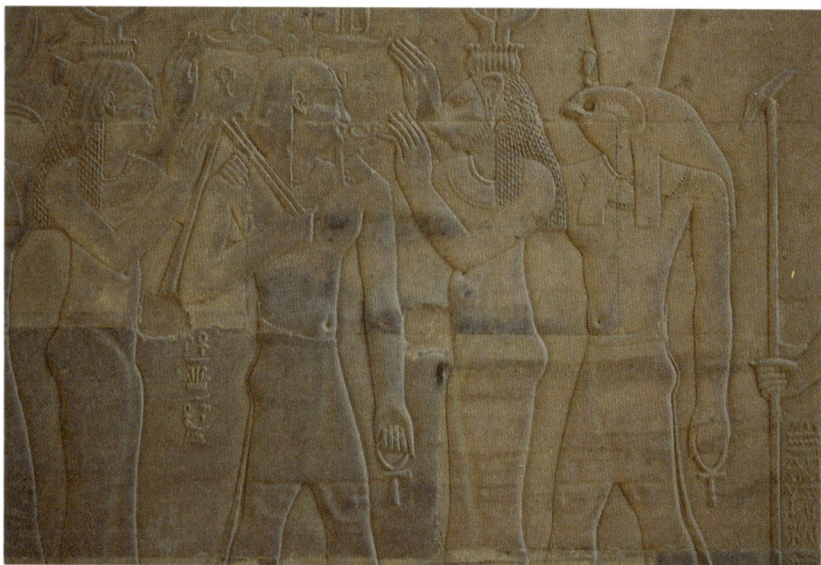

第三章 政治

20世纪40年代末，埃及民族矛盾和阶级矛盾相互交织、空前激化，政局动荡不安。1952年7月22日晚，埃及自由军官组织发动"七月革命"。革命成功后，自由军官组织成立革命指挥委员会，开始了"疾风骤雨"般的政治变革，埃及进入共和国时期。纳赛尔等人对政变成功后的国家体制问题，并无深思熟虑，经过短暂的纠结，最终走上了军人专制的道路。纳赛尔之后，埃及的政治发展道路才逐渐趋于明朗。

第一节　国家标志

一、国旗

埃及国旗呈长方形，长与宽之比为3∶2。自上而下由红、白、黑三个平行相等的横长方形组成，红色象征革命，白色象征纯洁和光明前途，黑色象征埃及过去的黑暗岁月，白色部分中间有国徽图案。

❖ 二、国徽

埃及国徽为一只金色的埃及鹰，称撒拉丁雄鹰。金鹰昂首挺立、舒展双翼，象征胜利、勇敢和忠诚，它是埃及人民不畏烈日风暴、在高空自由飞翔的化身。鹰胸前为盾形的红、白、黑三色国旗图案，底部基座饰带上用阿拉伯文写着"阿拉伯埃及共和国"。

❖ 三、国歌

埃及国歌是《我的祖国》，塞义德·达尔维士作词作曲。歌词为：

"我的祖国，我的爱和我的心属于你。埃及！啊，众国土之母，我的希望和我的抱负。怎么能够一次算清楚，尼罗河给人间的祝福？我的祖国，我的爱和我的心属于你。

我的祖国，我的爱和我的心属于你。埃及！最珍贵的珠宝，永远在额头光芒闪耀！啊，我的祖国自由永保，任何仇敌也侵犯不了。我的祖国，我的爱和我的心属于你。

我的祖国，我的爱和我的心属于你。埃及！你高贵的孩子，忠诚地保卫埃及国土！这是我们崇高的使命，让你团结统一到永远。我的祖国，我的爱和我的心属于你。

我的祖国，我的爱和我的心属于你。埃及！这宽广的土地，以你辉煌的历史为荣！击退敌人——我们的宗旨，真主——我们的信仰依靠。我的祖国，我的爱和我的心属于你。"

第二节　宪法、国体、政体

❖ 一、纳赛尔时代

1952—1970年，埃及的政权机构和政治组织虽几经演变，但政治体制的基本模式始终未改，即军人执政，总统集权，一党独大。[1]

----

[1] 彭树智主编，雷钰、苏瑞林著：《中东国家通史·埃及卷》，商务印书馆2003年版，第305页。

"七月革命"后，自由军官组织废除了1923年宪法，解散了议会，接着宣布进入过渡时期。在过渡时期，禁止政党活动，由革命指导委员会代行议会职权，实行军事统治。尽管纳赛尔和新政权的其他领导人一再表明，他们期待民主，无意长期搞军人执政，但在他们的心目中，新政权唯一可依靠的力量就是军队，尤其以自由军官为核心的中下级爱国军官，更是被视为埃及革命的"忠实监护人"和"群众的先锋队"。

三年过渡期满后，1957年7月，埃及举行革命后的第一次立法机关即国民议会的选举。国民议会产生后，革命指导委员会即行解散。事实上，第一届国民议会仅仅存在了8个月，并未发挥实际作用。1958年埃及与叙利亚合并后成立的第二届国民议会则根本没有经过选举，400名埃及议员都是由总统任命的。

纳赛尔时代历届政府的组成也体现出军人掌权的特点。在1953—1970年的16届内阁中，从内阁总理到实权部门的部长多由自由军官担任。几个专业性很强的部门，即便由技术官员负责，但这些官员的权力也有限，不仅要受总统、副总统的领导，而且还要受到其助手和下属的制约。

纳赛尔时代埃及政治体制的另一特点是总统高度集权。自纳吉布下台后，总统一职一直由纳赛尔担任。在他执政期间，参照美国宪法先后颁布了三部宪法[①]。这些宪法规定埃及实行总统制和三权分立原则，但它赋予总统的权力要比美国总统的权力更大。鉴于总统权力过大可能导致个人独裁，根据1962年《民族宪章》的要求，专门设立了国家最高权力机构——总统委员会，作为恢复集体领导的一个步骤。但委员会成员的构成由总统一人定夺，因而总统权力并未受太大的制约。

纳赛尔时代埃及政治体制的第三个特点是一党制。尽管纳赛尔一再声称他反对任何形式的政党制度，无论是一党制还是多党制，但为了拓宽他的政治基础，在取缔了原有政党后，他又先后建立了三个政治组织，即解放大会、民族联盟和阿拉伯社会主义联盟。三个组织都有比较完备的组织系统，还有明确的政治纲领，那就是自由军官组织

---

① 1956年宪法、1958年宪法和1964年宪法。

的基本原则以及纳赛尔的民族主义和社会主义。三个组织的最高领导人，除纳吉布短暂地担任过解放大会主席外，一直由纳赛尔担任。就其作用而言，它们实际上充当了纳赛尔政权的工具。

客观地说，纳赛尔时代以军人为核心的中央集权式政治体制对于巩固新生政权、稳定政局、团结人民实现民族革命和经济发展的目标起到十分重要的作用，这在政权初创时期是完全必要的。但它的缺陷也是显而易见的：权力过分集中、缺少民主、机构臃肿、效率低下、腐败滋生。其消极影响越到后来越明显，严重削弱了新政权的政治合法性。

二、萨达特时代

（一）萨达特上台

纳赛尔去世后，继任总统人选成为民众瞩目的斗争焦点。权力斗争主要在萨达特与萨布里之间展开。根据1964年临时宪法规定，在共和国总统去世之际，副总统代任总统60天，然后进行公民投票，选出继任人。1970年10月15日，萨达特以90.04%的选票正式当选埃及总统。

萨达特上台时，埃及经济衰退，国土沦丧，人民对政府当局怨声载道，统治集团内部政见分歧，派系林立，萨达特面临严峻的考验。[1]

（二）巩固权力

上台之初，根基未稳，萨达特一边保持政策的连续性，继续走纳赛尔的道路，一边筹划改弦易辙，为埃及的发展重新定向。[2]

由于纳赛尔派即萨布里集团势力强大，控制着几乎所有的权力机构，萨达特决定越过这些权力机构，实行总统独断。萨达特的第一个独断行动是未经中央委员会推荐，于10月20日直接任命马哈茂德·法

---

[1] 彭树智主编，雷钰、苏瑞林著：《中东国家通史·埃及卷》，商务印书馆2003年版，第327页。

[2] 同上，第329–330页。

齐为总理。[1]接着，12月28日，萨达特未经任何集体讨论，个人决定取消国家对私人财产的监管。[2]外交上，萨达特于1971年2月4日在议会上提出对以政策的三点倡议。

萨达特的独断专行遭到了萨布里集团的强烈反对。双方下一回合的较量是在1971年4月份，埃及、叙利亚和利比亚三国元首签订建立"阿拉伯共和国联邦"的协议问题上展开的。在萨布里集团的妥协下，三国联邦协议稍做修改后，终获议会和内阁批准。

这一回合的公开较量，使萨达特信心大增，他决心和萨布里集团最后摊牌，铲除这一权力中心。萨布里集团积极策划反击萨达特。他们窃听总统电话，刺探总统动向，四处散发传单和声明，煽动群众造反，甚至试图暗杀萨达特。

五一劳动节当天，萨达特发表讲话，公开向萨布里集团宣战。次日，萨达特决定免去萨布里副总统和总统空军事务助理的职务，并于当晚通过广播通告全国。5月11日，内务部监听总统电话的事实泄露，萨布里集团陷入被动。

萨布里集团决定集体辞职，以造成政府瘫痪、宪法崩溃的局面，迫使萨达特屈服。萨达特毫不犹豫地接受了他们的辞职，并下令将所有辞职人员全部软禁起来。出乎萨布里集团的意料，他们的辞职没有造成任何危机：军队非常平静，也无人举行示威游行。

次日，萨达特宣布，将以阴谋颠覆政权罪对萨布里集团进行审判。接着，他全面改组了内阁、社盟、议会和省政府，建立了自己的政权体系。

（三）1971年宪法

萨达特成为真正的总统，他将按照自己的意志领导埃及走上一条新的道路，同时他的政权的合法性也需要得到确认。基于以上考虑，

---

[1] 杨灏城、江淳著：《纳赛尔和萨达特时代的埃及》，商务印书馆1997年版，第273页。

[2] 监管制始于1961年，监管的对象为法鲁克时代上流社会头面人物的私人财产，其人数约为600~700人。参见杨灏城、江淳著：《纳赛尔和萨达特时代的埃及》，商务印书馆1997年版，第274页。

萨达特于1971年9月颁布了一部新宪法。与纳赛尔时期颁布的三部临时宪法不同，这是一部永久性的宪法。

1971年宪法肯定了自"七二三"革命以来的埃及权力结构，即总统独大，议会弱小，总统不是向人民议会负责，而是直接向几千万人民直接负责。宪法也没有规定任何机构有权监督总统。

新宪法规定了议会的权限；确认了司法相对独立原则；强调新闻自由；规定了埃及国体，埃及为"民主和社会主义制度的国家"；确定了经济制度，埃及实行国家、合作社和私人三种所有制，禁止对私人财产没收和国有化。

这部宪法为萨达特实行政治和经济改革提供了法律依据。但改革开放没有立即开始，因为还有更紧迫的问题，即收复失地问题需要解决。这将为他要建立的"尊严、安宁、稳定和富裕"社会创造一个和平安宁的国际环境。

（四）政治开放

政治开放目标是建立一个民主与法治的社会，主要措施是改革政党制度和取消新闻监督。

在政党制度改革方面，萨达特起初并不想从根本上改变埃及现存的政党制度，只是打算对社盟做些改革。1974年8月9日，萨达特以社盟主席的名义提出了《发展社盟方案》，建议社盟向左、中、右各派开放，方案还规定，社盟今后不再握有政治权力，其任务只是"忠实地表达民意"。

1975年8月，社盟第三次全国代表大会决定，在社盟内部设立基于"共同利益"的众多论坛。鉴于论坛数量过多，政治背景复杂，当局深感不安，萨达特也担心政治失控，于是在1976年3月经改组，社盟内成立左、中、右三个固定论坛，几天后又改为三个组织。不久，议会和社盟中央委员会正式批准建立三个组织，即中派的"埃及阿拉伯社会主义组织"、右派的"自由社会主义者组织"和左派的"民族进步统一联盟"。

同年10月，三个组织投入议会选举，中派独大。鉴于三个组织在竞选中事实上与三个政党无异，而且中派完全在自己的掌握之中，于是萨达特在1976年11月又宣布将三个组织改为三个独立的政党，但社盟仍将存在，其职责限于监督政党活动和控制政党收入。埃及自此进入了多党制阶段。但多党制刚开始，就因发生了1977年1月的全国性骚乱而受到限制。1977年6月，萨达特颁布《政党组织法》。该法不仅为政党的建立设置了障碍，而且使执政党掌握了反对党的生杀大权。更有甚者，该法案的临时条款还规定，在本届议会期满前各政党的创始人中至少要有20名议员。这一条款无异于将现有反对党完全扼杀，因为它们没有一个在议会内拥有20个议席。

1978年6月1日，议会通过《保护国内战线和社会安宁法》，进一步限制和打压执政党以外其他政党的政治活动。

1978年7月下旬，萨达特提出新的政治方案，决定终止社盟的作用，确立"完全的多党民主制"，随后成立了以他为主席的新党——民族民主党，大批原执政党议员和部分自由党议员纷纷加入。同年10月，自由党同民族民主党联合。在这种情况下，多党制在形式上已经徒有其名。

《戴维营协议》和《埃以和约》签署后，以联盟党为首的反对党再次发起对萨达特政权的攻击。萨达特非常恼火，于1980年5月颁布所谓的《耻辱法》，压制反对派的批评，禁止反对党报刊发声，逮捕反对党领导人，反对党再度陷入瘫痪或瓦解，多党制名存实亡。

萨达特政治开放的另一个内容是宣布新闻自由，允许媒体对国内外政策发表不同意见，批评政府工作。1971年"五一五"纠偏运动后，埃及记者首次获准成立记者协会，自由选举协会领导班子，以后又允许反对党办报，取消新闻检查。记者们原以为埃及从此进入"新闻自由"时代，但事后证明，这种自由是十分有限的，一旦他们触动当局重大利益，自由便被剥夺。1972年学生们集会游行，反对萨达特的对以政策，记者们予以支持，结果协会领导机构的半数委员和近百名记者被开除，记者协会被迫终止活动。1977年1月动乱发生后，一些著名记者被捕。三个反对党的党报经常被禁止发行，其中两家最终被查封。萨达特还以法律形式限制新闻自由，1978年的《保护国内战线和社会安宁法》和1980年的《耻辱法》均含有严格限制新闻自由的条款。

尽管萨达特的政治开放并没有形成一个政治民主的埃及，他的多党制仍带有纳赛尔时代个人专制的印记，他的新闻自由也很难称得上名实相副，但总体上来看，在萨达特时代，个人无疑享有比纳赛尔时代更多的自由，政治气氛相对宽松，这是不争的事实。

1981年10月6日，萨达特在开罗胜利广场阅兵典礼上遇刺身亡。

三、穆巴拉克时代

萨达特遇刺身亡后，副总统穆巴拉克成为埃及第三任总统。此时，埃及政治体系的合法性和制度化的问题仍然很尖锐，经济体系仍然处于严重的不平衡状态，社会进入高度紧张状态。埃及正在寻求一条可以使统治者权力和公众权力达到平衡的政治道路。

（一）治国纲领

摆在穆巴拉克面前的是一个烂摊子：国内暴力恐怖事件频发、滞涨严重、治安恶化、贪污盛行；国际方面，因1979年埃以签订和平协议及随后两国建交，埃及被开除出阿拉伯联盟，在阿拉伯世界中陷入孤立。尽管穆巴拉克高票当选总统，但没有多少人看好他的执政前景。为此，在当选当日，他就发表电视讲话，首先就国内政治这道难题给出了他的答案。

穆巴拉克的这篇讲话，阐述了内政方面的施政纲领，其基本目标是在保持国内稳定的基础上扩大民主。讲话中所提到的民主与法治、安定与统一、真理与正义以及爱国与奉献等原则表明，穆巴拉克的治国道路不同于萨达特，也不同于纳赛尔，而是自己的独特道路。

（二）短暂的稳定

穆巴拉克上任后，安全部门迅速逮捕宗教激进分子，坚决镇压包括"新圣战组织"和"赎罪与迁徙组织"等激进组织。这些镇压措施虽然没有彻底根除宗教极端势力，但有效地遏制了他们的暴力活动，使他们在80年代前期相对沉寂。

在严厉打击激进组织的同时，穆巴拉克实行了政治解禁，释放反对派领导人，表达与各党合作、共同推进政治民主的愿望。之后，一百多名反对党议员进入了人民议会，一些新的政党被允许建立。穆巴拉克还经常会见反对党领袖，同他们就经济改革、民主进程、外交关系等问题广泛交换意见。

在穆巴拉克的统治下，新闻界也有了更多的自由气象，被捕的记者重新回到报社，被停刊物复刊，当局也能容忍批评的声音。与反对派的历史性和解，不仅大大缓和了埃及的政治紧张气氛，穆巴拉克本人也在国际上树立了"民主总统"的形象。

埃及司法部门积极审理民愤极大的三大经济案，惩处涉案官员，这在一定程度上化解了民怨。1982年初，穆巴拉克任命了一届新政府，赋予了科普特人在中央政府的参政权。

80年代前半期，埃及社会呈现出很久未有的政治安定局面。

（三）政治暴力的回潮

80年代中后期，埃及经济陷入严重危机，蛰伏了数年的宗教激进势力乘机兴风作浪，政治暴力迅速回潮，发生了1986年2月开罗中央卫戍部队哗变和其他城市部队的暴动事件。当局不得不出动军队镇压，流血冲突持续七天，损失惨重。

士兵哗变平息后，宗教激进分子成为政治暴力的主角，他们打着改变"丑恶的社会"的旗号，采用破坏、暗杀乃至武力对抗等手段公然向政府当局和世俗社会发起挑战。1988年，政治暴力继续升级，导致人民议会通过一项议案，把自萨达特遇刺以来实行的国家紧急状态延长到1991年。

进入90年代后，伊斯兰激进组织与当局的对抗发生了质的变化，即从游击战和民众暴力发展为半内战。伊斯兰激进组织不仅同政府军队公开对抗，还策划谋杀国家要员。1991年国家开始实施"私有化"，导致了90年代前半期埃及政治暴力的突然升级。"私有化"计划宣布后，工人担心自己在国有企业私有化后会被解雇，或者工资降低，因而举行罢工、静坐或游行示威向政府施加压力。劳工骚动为宗教激进势力制造暴力事件制造了条件。

随着经济改革的稳步推进，到90年代中后期，埃及经济恢复元气，摆脱了近十年之久的经济衰退，伊斯兰激进组织的暴力战略越来越失去支持者和同情者，激进组织内部也出现了分裂，宗教暴力落下帷幕。

（四）多元政治体制的完善

从名义上说，随着1971年宪法的颁布和1976年多党制的实行，埃及已形成多元民主的政治体制。然而在萨达特时代，埃及民主制只不过是徒有虚名而已。穆巴拉克上台后，迅速与反对党和解，为埃及真正实现多元民主政治带来了希望。

在相对宽松的政治气氛里，1984年埃及举行了议会选举。选举是在比例代表制的基础上进行的。这是一次自由的选举，包括执政的民主党、新华夫脱党、联盟党、社会主义工人党和自由党等政党在35年里第一次参加了相对公开的、无约束的竞选；人民议会终于有了一个可以辨认的反对派——新华夫脱党，它获得了15.47%的选票。

新闻自由恢复后，一些过去在纳赛尔时代受过政治迫害的人士开始对纳赛尔口诛笔伐。反对派还攻击政府处理经济不当、政府无能、效率低下。对于这些有损当局形象的言论，当局都予以容忍。20年间政党数目也增加了3倍。

穆巴拉克时代的多党制仍是有限的，不仅政党法、选举法为反对党设置了许多障碍，而且执政的民族民主党也能够得到政府机构的有力支持，从而造成执政党一党独大、反对党脆弱不堪的局面。另外，议会选举中屡屡发生的暴力事件和贿选丑闻，也表明它与真正的议会民主制仍有很大距离。

如果说穆巴拉克治下的多党制议会制尚不完善的话，那么司法相对独立则可称为当代埃及政治生活的闪光点。在纳赛尔和萨达特时代，司法权被置于行政权之下，政府可随意撤换检察官。1984年的35号法重建了由最高法院院长担任主席的最高司法委员会，以保护检察官，非经该委员会同意，司法部长不得任命、晋升、调动检察官。该法在一定程度上维护了司法独立。在埃及的政治生活中，司法机构也较充分地发挥了它的维护社会公正、捍卫人权的独特作用。司法机构所做的判决，在一定程度上制约了行政部门和执政党违反民主、滥用权力的行为，保障了多元民主政治体制的运行。

当然，迄今为止，埃及的多元民主制还是一个蹒跚而行、不太稳定、不够完善的体制。对这一体制构成威胁的不仅有激进主义的挑战，严重的经济和社会问题，还有国家首脑即共和国总统事实上的终身制，这在埃及这样一个有着专制传统的国家会助长领袖崇拜。但只要多元民主制存在，埃及人就有机会参与政治。经过几代人的努力之后，埃及必将进入真正的民主时代。

❀ 四、后穆巴拉克时代

进入21世纪以来，埃及在政治、经济、社会和文化等领域皆出现了一些变化。最大的"变与不变"发生在政治生活中，其焦点在于总统选举。根据以往埃及的选举法，总统候选人只有一个，由议会推举，无连任限制。在执政的民族民主党控制了议会多数席位的情况下，穆巴拉克担任了五届总统，并在2002年将自己的儿子扶植为民族民主党副总书记，形成"穆巴拉克王朝"的雏形。此举受到广泛批评。

2005年是埃及变革的一个转折点。面对国内外压力，特别是在美国"大中东民主改造"的冲击下，穆巴拉克被迫在当年2月修改宪法，允许多人竞选总统。埃及总统选举制的变革基本完成，其规则延续至今。2005年9月，埃及首次总统竞选如期举行，共有10位候选人参选，穆巴拉克得票率为88.5%，开始了新一届六年的总统任期。

但是，由于执政党过于强势，利益集团盘根错节，反对党不断受到各种限制和刁难，埃及2010年的议会选举出现了民主倒退。

在2011年的"阿拉伯之春"运动中，示威者提出埃及总统穆巴拉克下台、军队结束戒严、终止紧急状态法、获得自由和正义的权利等要求。2011年2月11日，埃及副总统奥马尔·苏莱曼通过国家电视台宣布，穆巴拉克已经辞去总统职务并将权力移交给埃及武装部队最高委员会。

在军方的主导下，埃及先后建立过渡政府，修改宪法，确定议会和总统选举时间表，试图进行政治重建，基本上避免了政治失控。

2012年6月17日，埃及穆斯林兄弟会（以下简称穆兄会）的领导人穆罕默德·穆尔西在总统选举中获胜，当选埃及首任民选非军人总统。

2013年7月3日晚间，军方首脑阿卜杜勒·法塔赫·塞西将军宣布暂停宪法，推翻穆尔西统治，并成立过渡政权。[①]2014年6月3日，塞西当选总统，6月8日宣誓就职。

第三节　　行政机关

不同时期颁布的四部埃及宪法逐步完善了处理行政机关、立法机关、司法机关关系的总原则，确定了埃及总统制共和政体。

一、总统

根据1971年宪法，埃及总统既是国家元首，"承担和行使执行权"，是实际上的行政首脑，又是武装部队的最高统帅、国防委员会主席和警察最高长官，也是全国司法机构最高委员会主席。

1971年以来的宪法对总统竞选条件、承担职责、权力、接替与弹劾等做出了详细的规定，虽有变化与调整，但总体上保持了基本的原则。

1953年6月纳吉布担任首任总统，但大权仍掌握在以纳赛尔为首的革命指导委员会手中。其后历任总统为：纳赛尔（1956年6月—1970年9月）、萨达特(1970年10月—1981年10月)、穆巴拉克（1981年11月—2011年2月）、穆尔西（2012年6月—2013年7月）和塞西（2014年6月至今）。

二、内阁

（一）总理和部长

埃及宪法规定，政府是国家最高执行和行政机构，由总理、副总理、部长和副部长组成。总理主持政府日常工作。部长会议和总统一起制定国家总政策；指导、协调、检查各部及其下属机关以及公共团体和协会的工作；根据法律和决议，做出行政决定和执行决定，并监

---

①　"Morsy out in Egypt coup"，CNN. 2013-7-3. http://edition.cnn.com/ 2013/ 07/03/ world/meast/ egypt-protests/ index.html.

督执行之；拟定法律草案和决议草案；制定国家预算方案；制定国家总规划草案；根据宪法举借贷款和赠予贷款；关注执法，维护国家安全，保障公民权利和国家利益。部长是各部最高行政长官，在国家总政策的范围内负责制定各部的政策，并监督执行之。宪法规定了总理至各部部长、副部长的任职条件。

（二）部长会议和总统

埃及的总统制不同于世界上其他总统制国家，它有其自己的特色。在埃及总统制框架下，设有以总理为首的内阁。宪法在规定"政府是国家最高执行和行政机构"[①]，部长会议和总统一起制定国家总政策的同时，又强调其职责是根据总统颁布的法令，检查总政策的执行情况。总统除了有权任免所有内阁成员，召集、出席、主持部长会议，还可以不受约束地自己出任总理。内阁成员任职前须向总统宣誓。部长在履行公务期间犯罪或因履行公务而犯罪，总统和议会有权将他送交法院受审。可见，总统是最高行政长官，内阁是他的执行机构，总理相当于"首席部长"，所有内阁成员须服从和执行总统的旨意，否则即被革职。

1952年革命后四任总统与内阁的关系取决于总统所处的年代及总统的个性强弱。总统府是一个独立机构，下设总统办公室、秘书处和总统卫队。

（三）现任内阁

2014年6月塞西就任总统以来，埃及多次更换内阁。谢里夫·伊斯梅尔是埃及现任总理。2015年9月12日，埃及总理马赫莱卜向总统塞西提出辞职。塞西接受他的请辞，并任命石油部长谢里夫·伊斯梅尔为新总理。

塞西挑选谢里夫·伊斯梅尔担任新总理，主要看重他在部长任上的业绩。伊斯梅尔2013年7月出任石油部长。在他担任部长期间，石油部同外国公司签署了56项合作协议。更重要的是，他同埃及有关部门积极协调，有效化解能源危机，解决了困扰动埃及多年的"电荒"

---

① 文献整理和微胶卷中心：《1805—1971年宪法汇编》，第384页。

难题。伊斯梅尔履历完整，知人善任，工作思路清晰。2015年9月，埃及总统塞西指定谢里夫·伊斯梅尔组建新内阁。谢里夫·伊斯梅尔于2015年9月13日开始组阁。同月19日，新内阁向总统宣誓就职。

第四节　立法机构

人民议会是立法机构，拥有立法权。宪法规定，议员人数不得少于350人，议员经普选直接产生，任期五年，在任期间不得担任政府行政职务；议会成员的半数应为工人和农民；共和国总统可以任命10名议员。

立法是人民议会的主要任务。所有议员均有权提出议案。有关立法议案将提交议会下属的专门委员会审议，并负责向议会提交其审核意见。如果总统反对议会通过的决议草案，应在议会通过的30日内提交议会重新审议；在2/3多数议员通过的情况下，将成为正式立法并予颁布。法律规定，人民议会负责审议社会经济发展计划。总预算至少在新的财政年度开始前的两个月送交议会审议，总预算将在议会被逐条通过，然后以法律形式颁布。预算执行报告和中央审计局的年度报告将一并送交人民议会审核。所有议员均有权向总理、副总理、各部部长就有关问题提出质询。议会将与行政管理、执行机构等有关机构组成专门的委员会落实、检查议案执行情况。

目前人民议会下设的委员会主要有：立法委员会、计划和预算委员会、农业委员会、工业委员会、经济委员会、地方政府委员会、阿拉伯事务委员会、对外关系委员会、交通委员会、文化委员会、教育委员会、新闻委员会、国家安全委员会、人力资源委员会、卫生委员会、青年委员会、建议和申诉委员会、宗教事务委员会等。协商会议与人民议会并存，是议政机构。其主要职能是就修改宪法条款、宪法的补充条款、社会经济发展计划、涉及国家领土完整和主权的有关条约，有关民族团结、社会稳定、维护民主，以及外交政策等重大问题提出咨询意见和建议。

❀ 一、议会的产生

埃及人民议会建于1886年。1923年颁布宪法，首次采取三权分立和内阁向议会负责的原则，次年成立了两院制的议会。法鲁克王朝被推翻后，1956年颁布新宪法，1957年成立国民议会。1971年颁布永久宪法，国民议会改为人民议会。

埃及人民议会是埃及两院制议会的下议院，现有503个议席。在2012年1月21日举行的埃及人民议会选举中，埃及自由与正义党赢得人民议会503个议席中的235席，成为人民议会第一大党。

（一）1971年宪法

《阿拉伯埃及共和国宪法》是1971年5月萨达特总统提出制定的，同年9月11日经公民投票通过实行。1971年宪法确定了埃及的政治体制和经济所有制。

1980年5月、2005年5月经全民公投两次修改，并于2007年3月又一次经全民公投通过宪法修正案。此修正案是根据总统穆巴拉克向人民议会提出的建议，要求修改现行宪法中的34个条款，内容涉及选举制度、议会政党组成、增加女性议员以及禁止以任何宗教名义建立政党等。

（二）政体

埃及宪法规定，埃及政治制度由立法、行政、司法、新闻、政党、地方管理和民间社会团体等几部分构成。共和国以劳动人民力量联盟为基础，实行社会主义民主制度；阿拉伯语为官方语言；埃及人民是阿拉伯民族的一部分，为阿拉伯民族的统一而努力；伊斯兰教为国教，其教规是共和国立法的主要来源。

（三）经济所有制

共和国经济包括国营经济、合作社和私营三种所有制，以国营经济为主导。国民经济的发展统一由国家制订计划进行。国家保护私人财产，并为公民提供各种社会保险。

二、埃及人民议会

埃及人民议会在埃及政治生活中扮演着重要角色，是最高立法机构，主要职权有：主持制定和修改宪法，决定国家总政策，批准经济和社会发展计划及国家预算、决算，并对政府工作进行监督。议会对国家元首负责。议会与国家元首、政府、最高司法机关、宪法监督等机构之间保持良好的沟通和互动关系。一般情况下，总统每年都要到议会发表两次讲话，一次是议会会议开幕式，一次是议会会议闭幕式。政府总理、各内阁成员也经常到议会做报告或接受质询。议会与最高司法机关、宪法监督等机构之间保持沟通和联系，听取对立法、执法、监督等方面的意见和建议。人民议会议员有权对政府总理和部长提出质询，10名议员联名就可提出对总理或部长的"撤销信任"案。

三、议员选举与议会的产生

埃及宪法规定了选民资格、议员候选人资格、议员候选人产生办法、政党名单比例代表制与个人选举制相结合的选举制度以及议会的任期等。

四、埃及人民议会组织结构

人民议会选举议长1人和副议长2人，组成议会办公室，主持大会，领导议会工作。每年议会的议长和副议长人选还须选举确认。议长有权提名副议长和各专门委员会主席、副主席及议会各办事机构的领导人选，但副议长和各专门委员会主席、副主席须经议会投票表决通过。议会下设19个专门委员会，通过其执行议会立法和监督等权力。此外，议会还设有总务委员会和4个秘书处，即：委员会事务秘书处，会议事务秘书处，对外关系秘书处，财政、行政事务秘书处。

五、会议制度

根据宪法规定，议会每年会期不少于7个月，即从当年11月份的第二个周四前召开年会至次年6月底，实行夏季休会制度。如果有必要或根据大多数议员的要求，总统有权要求议会召开非常会议，也有权宣布取消非常会议。议会的例会一般是公开的，如果总统、或政府、或议长、或20名议员以上要求召开闭门会议，议会将根据提出的内容决定召开闭门会议或公开会议。议会召开会议，由议长或副议长主持，法定出席人数为2/3以上议员。议会做出决议，必须以绝对多数票通过方可生效。会议审议草案时逐章表决，如果赞成和反对的意见较接近时，草案就不能通过。各专门委员会召开会议，由主席或副主席主持，议长视情况出席。

六、立法程序

　　根据宪法规定，总统、政府和每个议员都有权提出议案。具体做法是，如某个政府部门提出一项议案，首先是根据议案内容，提交到议会的一个专门委员会进行审核，并由该专门委员会对草案提出意见和建议，上交议会办公室，最后由议会办公室决定是否立案（立法）。如果需要，将此案退回原办案的专门委员会进行讨论、修改，完成法律草案后，先送交协商会议讨论、提出意见和建议（协商会议无修改权），在协商会议通过后，将草案退回议会专门委员会，再次做必要的审核和修改，最后提请议会大会讨论、审议。讨论、审议时，草案原件和修改件同时放在议员面前进行对照，如有必要还可修改，最后表决通过。国家层面的法律须由总统签署、发布。如法案送交一个月，总统未签署，法律无效，退回议会。总统提出的议案，如议会一个月内不做出答复，则自动生效。一般性法律、法规立法后立即生效。

七、议员制度

　　宪法对议员上任后履职情况做了详细的规定，赋予议会对议员的资格、品德、品行做出鉴定的权力，并由最高法院进行调查、核定。宪法还规定了议员享有的权利、身份获得、保有和被撤销的具体条件。

八、党团组织

各党派在议会派驻代表，但在议会内不开展党团会议，不设党团委员会等组织。

九、办事机构

议会的办事机构主要有：除议会下设的委员会事务秘书处，对外关系秘书处，财政、行政事务秘书处外，还设有议长办公室秘书处、两位副议长办公室秘书处、礼宾司、翻译室、法律事务研究室、人事处、工程处等机构。议员本身没有助手，但各专门委员会会聘任本专业领域的若干专家和顾问，协助各专门委员会开展工作。

十、对外交往

埃及人民议会积极开展对外交流活动，是各国议会联盟、伊斯兰议会组织、非洲议联、阿拉伯各国议会联盟等国际议会组织的成员，与各国议会组织保持交往与合作。议会活动经费的主要来源是财政预算，具体数额不详。人民议会与所有建交国家的议会建立友好小组，友好小组是按地区划分的，每个小组分管多个国家。埃及议会只与中国全国人民代表大会、意大利议会建立了定期交流机制。

第五节　　司法机构

埃及是受西方法律体系和司法制度影响较早的国家之一，其法律体系的主要渊源是罗马法、拿破仑法典和伊斯兰教法。埃及司法机构是独立的，各级司法机构根据相关法律规定运作。现行司法机构主要由以下各部分组成：最高宪法法院设在开罗，系一独立机构，负责维护宪法尊严，对宪法条款做出解释，对违宪行为做出裁决。法院主要分为三级，即初审法院、上诉法院、最高法院，负责审理各种民事、商务、税务、劳资的纠纷以及刑事犯罪案件等，并做出判决。行政法院负责审理涉及国家和行政机构的诉讼案件，并对行政管辖纠纷和违纪行为做出裁决。检察机构与各级法院相应而设，主要负责维护社会安全和政治制度、维护人民群众的权利。最高法院院长和总检察长经最高司法委员会推荐，由总统任命，任期不限。

❖ 一、司法机构、原则及其职能

埃及司法机构分为普通司法机构、行政司法机构和国家委员会。最高司法委员会主席由终审法院院长担任，这是埃及的最高普通司法单位，由总统任命。国家委员会主席由委员会中的高级顾问或资深顾问担任，经委员会法官提名后，由总统任命。埃及最高法院是终审法院，也是埃及最高级别的法院，由资深法官任院长，设有多名副院长。埃及最高宪法法院负责解释法律法规的宪法性质，法院院长担任共和国总统选举最高委员会主席。在紧急情况下，由执法机构组织军事法庭。

司法独立是资本主义国家司法制度的一个重要原则，司法机关对行政机关和立法机关起重要的制衡作用。此外，公正审判是司法独立原则的反映，也是司法独立的最终目标。公正审判包括公正的法院、公正的诉讼程序和公正的惩罚三方面的内容。

司法机构是独立的政治机构，由各类各级法院负责司法工作，依法做出判决，判决效力依法而定。任何司法部门或机构都应执行其职权范围内的各项工作，拥有独立财政预算权，可依照法律规定对相关司法法规提出意见。

法官是独立的，不得拒绝裁判，享有法定的裁定权，享有平等的权利和义务。

宪法规定，司法机构具有以下职能：

法院负责判决除专门司法单位外的所有纠纷和犯罪行为，对内部司法人员纠纷案件予以回避。

检察院是司法机关不可分割的一部分，在法律规定范围内负责刑事案件的侦查和诉讼，法律也对检察院的其他职权做出了规定。检察院检察长从最高上诉法院院长、上诉法院领导和检察长助理中选出，经最高司法委员会提名，由总统任命，任期四年或至退休为止（以时间在前者为准），不可连任。

国家委员会是法院的第三分支，是独立的司法机构，专门负责所有的行政纠纷和相关判决的执行纠纷，负责纪律处分程序，依法对有关部门的法律问题下判语，审查并起草移交本院的法律草案和决议，核查本国签订的合同等。

最高宪法法院是独立的司法机构，总部位于开罗，负责判决法律、法规是否合宪，并依法履行其他职责、执行其他程序。最高宪法法院由1名院长和10名成员组成，是法律规定推荐候选人的司法机构和部门，法律规定其任职条件和任命方式，任职决议由总统发布。

❧ 二、法院组织

埃及法院组织主要分普通法院和行政法院两大系统。

普通法院系统分简易法院、初级法院、上诉法院和最高法院四级。

行政法院有权废除政府官员颁布的非法的、随心所欲的、滥用职权的政令，有权审理行政机关之间的纠纷和公民对行政机关的指控。宪法规定，国家委员会是最高行政司法机关。它是一个独立的司法机构，专门审理行政纠纷和违纪案件。其下设四级法院：违纪法院、行政法院、行政司法法院和最高行政法院。

埃及除了上述两大法院系统外，还设有最高宪法法院、国家安全法院和军事法院三个并行的系统。国家安全法院和军事法院一起审理危及国家安全的罪犯，其判决须得到总统的认可方能生效。被告不服判决，不得上诉，只能向作为武装部队最高统帅的总统申诉。总统有权改变或取消判决。

普通法院、行政法院、国家安全法院和军事法院设有各自独立的检察院，名称不尽相同，有普通检察院、行政检察院、国家安全检察院和军事检察院之分。此外，宪法特设社会主义总检察长一职，主要负责政治案件。他有权宣布对破坏革命的敌对分子及其家属的人身和财产进行监管；提议解散某个政党，没收其财产，终止其活动；阻止某人担任领导职务和可能影响公众舆论的高级职务；反对某人参加竞选或加入政党、从事政治活动。

在上述五个法院系统之上还设有两个组织：一个是全国司法机构最高委员会，由总统领导，负责监督全国司法机构的事务；另一个是全国司法最高委员会，由司法部部长领导，负责监督全国司法工作。

根据1972年第46号令，总统有权任命和晋升包括国家委员会成员在内的所有法官，但普通法院和行政法院的法官由全国司法最高委员会推荐；最高宪法法院的法官由全国司法机构最高委员会举荐；国家安全法院和军事法院的法官分别由司法部部长和国防部部长推举。社会主义总检察长人选由总统提名，议会批准。

2003年6月，议会根据民族民主党的提议，通过了取消国家安全法院和强迫犯人服苦役的决议。

❖ 三、司法机关功能的变化

穆巴拉克执政后，进一步指出法律至上和司法独立的重要性。他重组了全国司法最高委员会，改为由最高法院院长领导，并扩大了它的权力，规定司法部部长所做的关于任命、晋升、调动、委派、借调普通检察官的决定须经全国司法最高委员会的同意，而后又赋予国家委员会、国家要案局和行政监察局以更大的独立性和更多的豁免权。正因为如此，最高宪法法院、最高行政法院和国家安全法院在政治生活中的作用明显增强。总之，穆巴拉克时代的司法机构享有一定的独立性，作用显然增强。虽然这种独立性是相对的和有限的，但在埃及司法史上是史无前例的。

随着经济体制的转型、多党制的逐步发展、伊斯兰激进势力的沉沦起伏、法治思想的日渐普及，各种诉讼案件层见叠出，民事和刑事案件数量急剧上升。民告官，官告官，埃及成了世界上诉讼案件最多的国家之一。

第六节　　**政党制度**

自1952年埃及共和国建立以来，埃及政党制度经历了一个因时而变的过程。1952年革命后，埃及曾禁止党派活动并解散了一切政党。1957年5月，根据临时宪法，纳赛尔成立了民族联盟。1962年10月宣布成立了代表埃及各种政治力量的阿拉伯社会主义联盟。1970年萨达特执政后逐步开放党禁。1975年先是在当时唯一的政治组织阿拉伯社会主义联盟内成立了三个政治派别，后又发展成政党。1977年埃及颁布了关于政党政治组织的第40号法令，此后各政治党派纷纷登上了政治舞台。在埃及社会政治生活中，从纳赛尔政府到萨达特政府，再到穆巴拉克政府，政党类型具有鲜明的时代特征。

❀ 一、纳赛尔时代

1952年革命前埃及实行多党制。1953年1月以纳赛尔为首的自由军官组织解散了除穆斯林兄弟会以外的所有政党，1954年宣布穆斯林兄弟会为非法。1953年、1957年和1962年相继成立了三个政治组织——解放大会、民族联盟和阿拉伯社会主义联盟。纳赛尔一再声明，这三个组织都不是政党，而是"体现人民意志的联盟"。事实上，它们是具有一切政党要素且先后在埃及政坛上活动的政党。因此，自1953年起，埃及的多党制已被废除，代之以一党制。

❀ 二、萨达特时代

萨达特继任埃及总统后，推行政治开放政策，在1976年恢复了多党制。1977年埃及制定了《政党法》，组成了政党事务委员会。《政党法》规定了政党的性质与价值取向、建党基础、原则与目标、活动方式、参政议政途径、政党创始人的构成阶层等，此外，还规定了各政党均不得有悖于伊斯兰教法、1952年"七二三"革命原则和1971年"五一五"革命原则。只有符合上述种种规定，才可以提出组党申请。政党事务委员会由阿拉伯社会主义联盟中央委员会第一书记（1980年改为协商会议主席）、司法部部长、内政部部长、内阁事务部部长以及由社盟中央委员会主席下令精选的3名前司法机构无党派领导人组成。其职责是在接受建党申请的3个月内决定是否批准成立新党。此外，1923年颁布的《集会和游行法》一直沿用至今。根据该法，各政党须提前24小时将举行集会和游行的地点、时间和内容通知给安全部门，获准后方可举行，否则被视为非法。自1981年实施至今的《紧急状态法》使安全部门在未经司法部门许可的情况下就有权拘捕任何人，并绕过普通法院将犯罪嫌疑人直接提交国家安全法院或军事法院审判。这些法律规定无疑限制了反对党的活动自由。

萨达特在纳赛尔时代成立的上述三个政党的基础上先后组建了执政的埃及阿拉伯社会主义党和民族民主党，同意社会主义自由者党、民族进步统一集团党和新华夫脱党的建立，还亲自扶植了社会主义工党的创立。《政党法》虽几经修改，但上述限制条款仍然得以保留。政党事务委员会拒绝了绝大多数建党申请。总之，从民主进程看，萨达特采取多党制无疑较军人统治下的一党制是向前迈进了一步，但这种多党制的作用在当时对民主进程的发展是十分有限的。

❖ 三、穆巴拉克时代

穆巴拉克担任总统的30年间是埃及政党制度向较为宽松的多党制转变的时期。在这个期间，政党活动仍受限制，但与萨达特时代相比情况明显好转：首先，政党数量由萨达特时期的4个增加到2005年第一季度的20个。它们是20世纪70年代创建的民族民主、社会主义自由者党、民族进步统一集团党和社会主义工党，80年代恢复和新建的新华夫脱党、乌玛党和埃及阿拉伯社会主义党，90年代建立的埃及绿党、民主联合党、青年埃及党、阿拉伯民主纳赛尔主义党、民主人民党、社会正义党、相互支持党和民族和睦党，以及21世纪初建立的2000年埃及党、民主一代党、明日党、自由社会立宪党和埃及青年党。二十世纪八九十年代起恢复和新建的10多个政党，至少有10个是在其申请遭到政党事务委员会的否决后，向最高行政法院提出申诉，由后者批准成立的。其次是放宽新闻自由，减少对政党活动的限制。政府对司法机关批准成立的众多政党予以承认，对司法机关做出的裁决大多予以执行。

穆巴拉克既没有像其前任萨达特那样任意压制反对党，也没有迎合反对派的要求一下子敞开大门，而是采取有步骤地放宽民主尺度。

他懂得为了实现经济稳步增长，不断改善人民生活，就必须处理好安定、发展、民主三者的关系。穆巴拉克再三强调，民主是生活的道路，是通过有效参与公共事业使人们过上美好生活的保证，所以必须"深化民主"。同时，他清醒地认识到，安定是民主发展的前提，没有安定，任何人都享受不到真正的民主，也谈不上参政；没有安定，就没有发展。他告诫人们："我们要达到（西方国家）的民主水准，但不能在一夜之间完成"，"我们正在提供与我们的吞服能力相适应的民主剂量"，否则将适得其反、后患无穷。

❀ 四、后穆巴拉克时代

2011年穆巴拉克在"一·二五"革命中下台，埃及进入"政治过渡期"，在武装部队最高委员会的主持下，制定了过渡时期路线图。据此，埃及先后建立过渡政府，修改宪法，确定议会和总统选举时间表，开启政治重建，基本上避免了政治失控。[①]

但是，"一·二五"革命的冲击和影响还将长期继续存在，埃及的政局远未恢复稳定。"一·二五"革命后，各派政治力量为了攫取权力和利益，竞相角逐，游行示威时有发生，各种冲突持续不断。埃及面临着内政、外交转型的巨大压力。

随着军方过渡期路线图的公布，各派政治势力的斗争趋于明朗化和白热化，形成了几大政治势力，为即将到来的两大选举做准备，以谋求未来国家重建的主导权。这三大政治势力分别是由原来执政的民族民主党改组的新民族党，由穆兄会组建的自由和正义党，由各种分散、多元的力量构成的"自由派"。埃及政治重建的焦点是"去穆巴拉克化"，其核心是修改宪法、举行议会和总统选举。

当然，与上述各派势力相比，军方无疑是过渡时期最具影响力的一支力量。穆巴拉克辞职后，军方接掌政权并建立过渡政府，采取了一系列措施改善民生，初步稳定了社会局势，赢得了社会认同。

2012年6月17日，埃及穆兄会的领导人穆罕默德·穆尔西击败了

---

① 刘中民，张卫婷：《"阿拉伯之春"后的埃及》，《社会观察》，2011年第6期，第60页。

世俗派人物艾哈迈德·沙菲克，当选埃及首任民选非军人总统。穆尔西当选后，致力于推动埃及走向伊斯兰主义，这就与整个埃及社会长期以来的历史走向发生了根本性的冲突。

埃及的伊斯兰派与自由派之间存在的分歧造成社会分裂和局势不稳。2013年7月3日晚间，军方首脑阿卜杜勒·法塔赫·塞西将军宣布暂停宪法，推翻穆尔西统治，并成立过渡政权。[1]在埃及军方设置的48小时解决危机最后期限到期后的数小时，埃及军方与反对派举行了会晤。2013年7月4日，埃及军方宣布进行政治过渡，罢黜穆尔西。[2]穆尔西随后遭到军方软禁。[3]

埃及军方禁止总统穆尔西及其所属的埃及穆兄会数名高层出国，埃及警方下令逮捕300名穆兄会领导人及成员。10月9日，埃及穆兄会被埃及当局正式解散。[4]2014年6月3日，塞西当选总统，6月8日宣誓就职。穆斯林兄弟会受到持续打压，禁止参与国家政治生活。

第七节 政党和社团组织

一、现有合法政党

自20世纪70年代萨达特开放党禁以来，埃及政坛上先后活跃着二十几个大大小小的政党，分别是执政的民族民主党，主要的反对党如新华夫脱党、社会主义工党、社会主义自由者党、民族进步统一集团党、阿拉伯民主纳赛尔主义党，其他反对党如乌玛党、埃及阿拉伯社会主义党、青年埃及党、民主联合党、埃及绿党、民主人民党、社会

---

[1]　"Morsy out in Egypt coup"，CNN. 2013-7-3. http://edition.cnn.com/2013/07/03/world/meast/egypt-protests/index.html.

[2]　"埃及军方推翻穆尔西政权"，华尔街日报.2013年7月4日. http://cn.wsj.com/gb/20130704/BAF073529.asp.

[3]　"埃及临时总统就职，穆尔西被软禁"，华尔街日报.2013年7月5日 http://cn.wsj.com/gb/20130705/baf080208.asp.

[4]　"埃及宣布解散穆兄会注册的非政府组织"，新华网. 2013-10-09. http://news.163.com/13/1009/17/9AOTBBG20001121M.html.

正义党、相互支持党、民族和睦党、2000年埃及党、民主一代党、明日党、自由社会立宪党、埃及青年党等。

❀ 二、穆斯林兄弟会（穆兄会）

穆兄会成立于1928年，创始人是哈桑·班纳。穆兄会目前在法律上处于被禁状况，实际上处于半公开、半合法地位。它不是现代意义上的政党，而是一个"政治、宗教和社会"组织，具有较广泛的群众基础，实力超过现有的反对党，事实上是埃及最大的反对派组织。其内部组织严密，人数不详。穆兄会的喉舌是《宣教月刊》。历任总训导师为哈桑·班纳（1928—1948年）、哈桑·胡代比（1951—1976年）、欧默尔·泰勒迈萨尼（1976—1986年）、哈米德·艾布·纳斯尔（1986—1996年）、穆斯塔法·曼什胡尔（1996—2002年）、马蒙·胡代比（2002—2004年1月）。现任总训导师是穆罕默德·马赫迪·阿基夫。

进入21世纪以来，穆兄会继续向合法政党转型。2005年，其赢得议会88个席位，成为最大的反对派组织。2010年，穆兄会在议会选举中一票未得，议会被指舞弊。2012年6月，穆兄会下属的自由与正义党主席穆罕默德·穆尔西当选为埃及第五任总统，穆兄会正式在埃及政坛公开露面。2013年6月，百万埃及民众示威要求穆尔西下台。2013年7月4日，穆尔西在大规模的抗议活动爆发后，被埃及军方罢黜。穆兄会多数领导人因被指控煽动暴力而被捕。关于穆尔西的案件已被移交给法庭。2013年9月6日，埃及政府决定解散穆兄会。2013年10月9日，埃及宣布正式解散穆兄会注册的非政府组织，禁止其在埃及的一切活动并没收其全部资产。2013年12月24日，埃及过渡政府总理贝卜拉维宣布穆兄会为恐怖组织，称穆兄会在制造流血事件、扰乱国家安全之后，"暴露了其作为恐怖组织的丑恶嘴脸"。2013年穆尔西总统被埃及军方赶下台后，穆兄会转入地下。2013年12月，埃及军方支持的开罗政府将穆兄会列为恐怖组织。2014年3月8日，沙特阿拉伯内政部发布声明，将埃及穆兄会等组织列入恐怖组织名单，并要求在国外进行所谓"圣战"的沙特人在15日内回国自首。2014年3月24日，据埃及国家电视台报道，埃及刑事法院当天做出裁决，判处528名穆兄会成员死刑，罪名是冲击警察局并致人死亡。2014年8月10日，埃及最高行政法院宣布解散穆兄会下属政党的自由与正义党，同时裁定没收该党全部党产。这一裁定是最终判决，不可上诉。

三、埃及共产党

埃及共产党的前身是1921年成立的埃及社会党，1922年加入共产国际，改称埃及共产党，后分裂。1942—1952年在开罗和亚历山大出现了几个自称共产主义的秘密组织，其中以1947年5月由"埃及民族解放运动"和"星火"联合而成的"民族解放民主运动"影响最大。第二次世界大战后，这些组织积极领导学生、工人运动，力主英国撤军，主张废除1936年的《英埃同盟条约》和1899年的《英埃共管苏丹协定》，实现埃及的完全独立。1952年埃及革命爆发后，它们曾全力支持纳赛尔政权将苏伊士运河收归国有，积极参加反对英、法、以三国入侵的人民抵抗运动。1957年它们渐渐统一成埃及共产党，不久后再度分裂，并遭镇压。1964年，埃及共产党和民族解放民主阵线宣布自行解散。1976年恢复多党制以来，埃及共产党依然处于合法状态，他们中的一些人或加入集团党，或在它的名义下开展活动。

2011年2月11日，穆巴拉克的统治被推翻后，埃及共产党得以重新公开活动。2011年5月10日，埃及共产党和四个埃及左翼团体（革命社会党、人民民主联盟党、埃及社会党、工人民主党）组成了"社会主义力量联盟"。

四、社会团体

埃及主要的社团组织有埃及工会、同业工会和工商协会等。宪法规定："在民主基础上，建立工会、同业公会及联合会是受法律保护的权利。"民间组织的职责是"参与执行社会计划和纲要，提高成员的素质和水准，加强他们的社会主义行为，保护他们的财产"。这些社团组织均在此框架内开展活动。

此外，埃及还存在一批非政府组织。非政府组织，又称民间团体或志愿组织。1881年埃及成立了第一个民间团体——亚历山大希腊人协会。19世纪先后建立了埃及学院协会（1859年）、知识协会（1868年）、地理协会（1876年）、伊斯兰福利协会（1878年）和科普特昌盛协会（1891年）。1964年政府颁布《民间团体法》，规定民间团体必须具备的条件，社会事务部有权监督协会活动和解散协会理事会。从20世纪70年代起，民间协会迅猛发展，会员人数迅速增加。

民间组织的传统形式是福利协会，其宗旨是为需求者提供服务，如建清真寺和办诊所等。近些年来，民间组织的活动范围扩大到其他领域，采取多种形式，如成立埃及人权组织、开罗人权中心、埃及保护环境协会和弘扬自由主义学说的新召唤协会。目前，绝大多数民间组织属社会福利性的。

第八节　伊斯兰复兴运动、激进组织与暴力恐怖活动

一、赛义德·库特卜与埃及伊斯兰激进组织

1951年，赛义德·库特卜（1906—1966）加入穆兄会，次年擢升为训导局委员，1954年被捕后被判处15年徒刑。在狱中，他目睹穆兄会成员遭受种种酷刑，加之深受以毛杜迪为代表的激进的伊斯兰主义思潮的影响，他的心态扭曲变形，以极端仇视和憎恶的目光审视周围的一切，包括埃及、其他伊斯兰国家乃至整个世界。1964年他因病提前获释。1965年又因阴谋颠覆国家罪再次被捕，翌年被处以绞刑。他的主要观点如下：

一是统治权和受膜拜权归安拉所有。这一信条是毛杜迪首先提出的，后经库特卜的渲染，成为激进思想的基石。二是社会蒙昧主义。库特卜把当今世界指责为"蒙昧主义"，是他的一大"创新"，以激起伊斯兰主义者对现政府的愤懑。三是强调"圣战"的必要性和重要性。库特卜同所有伊斯兰激进主义者一样，将"圣战"放在首位，列为每个穆斯林应尽的义务之一。

　　从1962年起，库特卜在狱中将这些思想汇编在《路标》一书中，借以和总训导师哈桑·胡代比为代表的穆兄会元老派在思想上分道扬镳。穆兄会内部由此分裂。未完成的书稿在狱内外一些年轻的穆兄会成员中传阅，这些人把他尊为"精神领袖"。1964年他出狱后，若干秘密小组随之诞生。当年，《路标》一书正式出版，半年内再版5次。这本书是迄今一切敌视当局的好战的伊斯兰激进主义者分析当今社会的思想武器，是所有伊斯兰激进组织的行动指南，也是领导伊斯兰"乌玛"（意即社团）复兴的"先锋队"的总纲。

　　在库特卜及其著述《路标》的误导下，自20世纪70年代起，相继出现了不少秘密的伊斯兰激进组织。70年代颇具影响的主要有3个：穆罕默德青年集团、赎罪和迁徙集团、圣战集团。这三个组织都是因对穆兄会元老派温和路线的不满而从中分裂出来的，或是与它有干系的。由于受库特卜的影响，它们有许多共同之处；同时，由于对库特卜炮制的社会蒙昧主义和建立先锋队等观点理解不一，又有一些不同之处。

　　相同之处是宣布现有的一切伊斯兰国家政权都是叛教政权，把它们斥为西方的附庸；排拒西方的政治制度、教育制度和不同信徒相互平等的价值观；突出"圣战"的重要性，矛头由近及远，先指向伊斯兰国家"叛教"的统治者，再向帝国主义宣战，解放耶路撒冷。

　　不同之处有以下两点：一是关于个人和社会叛教问题。穆罕默德青年集团和圣战集团确信国家是叛教的，社会不都是叛教的，把叛教者的范围局限于统治集团及其忠实支持者。赎罪和迁徙集团则不然，不仅相信国家是叛教者，而且认为整个社会，包括统治者和被统治者都是叛教的。对于叛教者，这三个组织都主张夫妻离异，杀死本人。二是关于圣战策略。穆罕默德青年集团和圣战集团采取进攻性的圣战方针，企图渗透军警和政府部门，通过政变和暗杀，一举夺权。赎罪和迁徙集团则主张应首先着重宣教，发展成员，继而效仿先知穆罕默德，迁出蒙昧主义社会，建立自己的伊斯兰社会、训练骑马和剑术；最后再发起"圣战"，建立伊斯兰国家。

　　二十世纪八九十年代是伊斯兰组织不断分化组合的岁月，伊斯兰集团、圣战集团、艾哈迈德·优素福集团、绍基集团、救出火狱集团、塔哈·塞玛维集团等组织从赎罪和迁徙集团分裂出来，其领导人试图整合圣战集团在开罗和吉萨的分支机构，未果。

这6个组织在库特卜《路标》的指引下，继续推行激进路线，仅在两个枝节问题上有分歧。一是关于圣战策略。萨达特遇刺后，伊斯兰集团感到客观条件有变，不允许立即恢复"圣战"，应改为公开活动和秘密行动相结合，力争吸收新成员。而圣战集团等组织表示恢复武装斗争刻不容缓，一切活动严守秘密，绝不公开。二是关于愚昧是否情有可原。伊斯兰集团和圣战集团相信普通穆斯林因愚昧无知而触犯教律，情有可原，不能被宣判为叛教者，只有那些明知故犯者才是叛教者。而其他组织认为所有穆斯林，只要触犯教法，哪怕是愚昧无知，也不能原宥，同样是叛教者。

✿ 二、暴力恐怖活动

萨达特时代，由于经济和政治处于转型期，社会矛盾凸显，伊斯兰极端主义势力迅速抬头，暴力恐怖活动频仍，矛头直指国家政权机关。在短短11年间主要发生了3起重大事件，包括1974年4月19日穆罕默德青年集团攻击开罗军事技术学院事件、1977年7月赎罪和迁徙集团劫持宗教基金部长穆罕默德·宰海比事件和1981年10月6日圣战集团枪杀萨达特总统事件。

这些恶性事件产生的原因，首先归咎于萨达特本人采取错误的宗教政策。他放虎归山，怂恿伊斯兰激进主义者复出，借以打击纳赛尔主义者和进步人士，结果是养虎为患，等他觉醒时，为时已晚，不仅自身丧命，而且播下了政治不稳定的种子，暴力恐怖活动成了埃及社会的赘瘤。其次是萨达特时期实行经济、政治、文化全面开放，虽然经济得到了发展，民主化进程向前迈进了一步，但埃及社会受急速转型的巨大冲击，通货膨胀，失业率上升，贫富悬殊，腐败盛行，社会价值观被扭曲，政治参与渠道许多环节受堵。这一切仅仅为那些自命不凡的激进的伊斯兰主义者提供了动力和借口。但这不是导因，即使这些因素不存在，他们在极端思想的驱使下也会发起"武装圣战"。

穆巴拉克当政后双管齐下，一方面重拳出击伊斯兰极端势力，在全国搜捕圣战集团、伊斯兰集团、赎罪和迁徙集团、绍基集团、塔哈·塞玛维集团等非法组织成员，使它们遭受重创；另一方面释放了1981年9月被萨达特下令逮捕的包括穆兄会领导人在内的千余名政治犯，放宽了自由尺度，允许反对党恢复活动，默认穆兄会和反对党结盟参加大选，以示当局愿同反对派达成和解的诚意。再者，1981—1985年经济增长的势头不减，人民生活水平有了不同程度的提高。

1981—1986年，被镇压的激进组织特别是伊斯兰集团和圣战集团仍多次组织成员或煽动学生和民众举行游行示威活动，同保安部队发生冲突以及组织暴力恐怖事件。但是，毕竟没有发生20世纪70年代那样震惊全国、危及当局的政治事件。因为严重受挫的伊斯兰激进组织处于潜伏期和恢复期，不可能与政府正面对抗，只能策划局部性的破坏活动。因此，这个时期的暴力活动处于相对平静阶段。从1987年起，暴力恐怖活动再度升级，1992—1995年达到顶点。其祸首是伊斯兰集团，它不断扩张势力，由上埃及的艾斯尤特、明亚、贝尼苏韦夫、曼费卢特、基纳等地扩展到开罗、吉萨和尼罗河三角洲其他地区，特别是布海拉省。二十世纪八九十年代在埃及各地散发和张贴的各种反政府的宣传物，90%由它印制。这期间发生的一系列暴力恐怖活动大多与它有关，诸如策划暗杀前内政部部长扎基·巴德尔（1989年）、杀害议长里法特·马哈古卜（1990年）、阴谋行刺总统穆巴拉克（1995年）等政要；发动武装暴动，袭击警察局和安全机关；组织示威游行，同保安部队发生流血冲突；捣毁酒吧、夜总会、影剧院、录像厅，冲击学校举办的联谊会、毕业晚会和音乐会，甚至干扰百姓的婚庆典礼等。更有甚者，还焚烧科普特人的教堂、药房和商店，殴打科普特学生，破坏民族团结；在艾斯尤特、明亚和索哈杰，同穆兄会对垒，争夺清真寺；恣意破坏苏非派参拜的一些圣陵及其在圣人诞辰日举办的宗教礼仪。可见，伊斯兰集团不仅与政府为敌，而且借口"允许用暴力改变人们的恶行"，把矛头指向基督徒、苏非派和一般穆斯林。此外，伊斯兰集团还效仿穆兄会，进行公开的教育、宣传、社会服务和对外联络活动，其工作重点在大学和清真寺，并在明亚、艾斯尤特、开罗和吉萨的贫民区获得同情，吸纳了不少成员。

圣战集团竭力吸收新成员，扩大组织，在法尤姆沙漠地区进行军事训练；挑衅警察，暴力抗法；策划暗杀事件，实施暴恐袭击。圣战集团还策划了炸毁埃及驻巴基斯坦大使馆（1995年）。其他伊斯兰激进组织大多存在时间不长，被政府镇压，但破坏力相当大，制造了许多起暴力恐怖事件。此外，一批埃及和其他阿拉伯国家的著名作家被激进组织列入黑名单，把他们列为从肉体上消灭的对象，罪名是他们在作品中亵渎了伊斯兰教。

从1987年起，暴力恐怖活动之所以甚嚣尘上，与当时埃及的社会环境是分不开的。1986年经济改革和结构调整的进行，使中下层人民生活水平恶化。二十世纪七八十年代，激进组织成员大多是大学毕业生和在校大学生，他们大部分出生在农村，毕业后生活在城市的边缘区。到了90年代，成员结构发生了明显变化，他们大多是居住在农村、小城镇和大城市棚户区的穷困潦倒的小青年，文化水平较低。如果说七八十年代相当一部分激进分子的暴力活动主要是受宗教激进思想驱使的话，那么90年代的一些青年走上极端道路最初是生活贫困逼迫所致。

❧ 三、政府对策与成效

激进组织和穆兄会的存在对埃及社会的稳定构成了严重威胁。政府从"两害相权取其轻"的原则出发，制定了不同对策。由于激进组织无视宪法和法律，通过制度外渠道进行暴力对抗，政府无法通过政治制度化将它们吸纳到正常的政治渠道进行对话，相互沟通。它们制造的暴力恐怖活动危害性极大，破坏了社会稳定，损害了民族团结，阻碍了经济发展。政府不得不坚决镇压。1992年政府通过了《反恐法》，加大了打击的力度，但仍留有余地，对犯罪嫌疑人抓的多，判的很少，处死的更少，对其中确有悔改者，允许其家属探监，同意他本人回家奔丧、在狱中结婚生子乃至报考函授大学。穆兄会则代表温和、折中势力，愿意在宪法范围内进行和平、合法的活动。如果把它和激进组织同等对待，将增强激进组织的势力，对反恐不利；如果承认它的合法性，允许其自由参加竞选，将危及民族民主党一党独大的地位。政府处于两难境地，经过深思熟虑，决定对穆兄会采取既安抚又限制的方针，即一方面允许它在特定的条件下公开活动，享有言论、集会和出版自由，另一方面又多次拒绝它要求重新审议其合法性的诉讼和建党申请，使之在法律上处于非法地位。政府制定的这一方针，目的在于拉拢穆兄会，孤立激进组织，并通过穆兄会来影响和感化暴力恐怖分子，以达到分化、瓦解伊斯兰极端势力的目的。

同时，政府深知对伊斯兰教教义的歪曲理解是暴力活动产生的思想根源，于是使用宣传手段，通过各种方式组织各界人士讨论何谓伊斯兰教的真谛，痛斥激进组织热衷于制造暴力恐怖活动的罪恶行径有悖于伊斯兰教教义，用在暴力活动中无辜百姓丧命的血淋淋事实揭露激进组织的残暴性和虚伪性。在国际上，穆巴拉克政府利用一切场合阐明恐怖主义的反人类性和普遍的危害性，争取国际社会对埃及政府打击恐怖主义的理解与支持，并寻求在联合国框架内重新制定一个反对、遏止恐怖主义的全面协议。他坦诚地告诫一些西方国家不要向一些在逃的恐怖分子提供政治庇护，否则迟早会自食其果，为此付出代价。深孚众望的艾资哈尔教长和埃及穆夫提以及著名宗教学者和世俗学者踊跃参加了这场讨论，同伊斯兰主义的代表人物和思想家进行了对话，这对于明辨是非起了不可估量的作用。

政府知悉贫困和失业是社会动乱的根源，贫民窟是暴力活动的滋生地，只有消除贫困，才能结束暴力。为此，一方面，自20世纪90年代起，埃及历届政府在进行经济改革、发展生产的同时，注意控制通货膨胀，降低失业率，照顾低收入者，保留基本生活必需品的价格补贴，扩大和完善保障体系，改善广大农村和棚户区居民的生活设施。另一方面，加强对宗教事务的管理和整顿，扶持合法清真寺的发展，支持合法宗教活动；裁撤非法宗教场所，严厉禁止非法传教活动。正本清源，当局还改组了穆兄会等伊斯兰组织在一些省份创办的伊斯兰学校，为它们任命了一批新的校长和教员，并规定任何人不得取消和更改经教育部审定的宗教教材。

由于政府采取标本兼治的方针，通过坚持不懈的努力，伊斯兰主义的"武装圣战"思想越来越不得人心，大批无辜百姓死于非命的悲惨情景使广大人民对恐怖活动深恶痛绝。伊斯兰激进组织的支持者和同情者日益减少。政府加大对激进组织的打击力度，激进组织在保安部队的全力围剿下损失惨重。

在此情况下，20世纪90年代埃及最大的激进组织伊斯兰集团被关押在狱中的创始人和协商会议委员，经过多年的争论和思索，于1997年7月5日以协商会议主席凯尔姆·祖赫迪等6个领导人的名义发表声明，宣布伊斯兰集团决定采取主动，单方面无条件地停止在国内外一切反对国家的军事行动，停止发表一切煽动反对国家的声明。据称，这一决定得到在美国狱中服刑的其精神领袖欧默尔·阿卜杜·拉赫曼的支持。1999年3月24日伊斯兰集团协商会议正式批准了主动停止暴力的声明。伊斯兰集团一直以来的错误思想主要表现在对国家、社会、统治者、科普特人、穿戴伊斯兰服饰和把尸体葬在石棺中所持的极端立场上。

伊斯兰集团领导人还采取了一些行动，表明他们放弃暴力是真心实意的。他们宣布伊斯兰集团的军事组织业已解散，反对停止暴力的协商会议委员里法伊·塔哈已被革职；对伊斯兰集团成员于1997年年底制造的卢克索事件加以谴责；拒绝加入圣战集团和本·拉登拼凑的世界伊斯兰反对犹太人与十字军圣战战线。在当局的安排下，这些领导人在狱中与被关押的一些骨干和普通成员会面，劝说他们接受停止暴力活动的决定。2003年他们将会面的内容写成书，取名为《回忆的长河》。在书中，他们供认，由于伊斯兰集团的暴力活动，"埃及社会各阶层人民——我们是其中的一小部分——曾过着严峻的日子，在伊斯兰民族面临伟大事业特别是巴勒斯坦的共同敌人时，（埃及国内）却血流成河、精力分散和四分五裂"。正是这长达多年的痛苦实践使他们改弦易辙，放弃暴力。伊斯兰集团主要领导人的思想转变，虽然遇到了一些阻力，但放弃暴力，改为从事和平合法的活动已是大势所趋，为多数领导人和成员所认同。伊斯兰集团的转变如同一声惊雷，使另一个较大的激进组织圣战集团内部分裂。2000年2月5日，在德国避难的该集团领导人乌沙曼·艾尤布号召其战友停止在埃及的军事行动，以便积聚力量解放耶路撒冷。当年，包括奈比勒·马格里比在内的被关押的12名领导人表示支持。但该集团在狱中和国外的其他许多领导人，特别是艾曼·扎瓦希里坚决反对。他们通过圣战集团在海外的喉舌《战士报》，指示其成员恢复军事行动，拒绝和平方针，诡称一些人发表停止暴力声明是受压力所致。不久，奈比勒·马格里比反驳道，他们是经过多年研究自愿做出主动停止暴力决定的。据报道，目前圣战集团前领袖阿布德·祖姆莱正在狱中和一些领导人进行如同伊斯兰集团那样的反思。

政府对伊斯兰集团的转变和圣战集团内部微妙的变化持谨慎的鼓励态度，并做出一定的回应：改善狱中的生活条件，废除鞭刑，停止大批抓人，释放了几名一般成员、支持者和同情者以及个别刑期已满的领导人。同时，政府继续在国内外追捕逃犯，将在国外落网的罪犯引渡回国受审，将企图恢复一切极端活动的嫌疑犯予以严惩。2003年10月，当局在相信伊斯兰集团确有改邪归正之心之后，下令释放了包括其头领凯尔姆·祖赫迪在内的近千名成员。

尽管恐怖活动在埃及尚未完全平息，但总的说来，埃及国内安全局势经过四分之一个世纪的腥风血雨后已明显好转，恐怖活动已大大减少，埃及局势虽然平静，但是不能忽视一些恐怖源头进行的活动，应加以警惕。

2004年10月、2005年4月和7月在塔巴、开罗和沙姆沙伊赫相继发生了几起爆炸事件。这些事件均属自发性的团伙行动。这些自发性团伙人数不多，来无踪，去无影，难以捕捉。他们与国内外恐怖组织没有联系，自觉地认同"武装圣战"思想，有的甘愿采取自杀性行动来"为主道而奋斗"。他们行动诡秘，制造的突发事件难以预料，从而使反恐斗争变得异常复杂和艰难。他们袭击的对象主要是以色列和美国等国游客，企图借此向杀害巴勒斯坦人的以色列和入侵阿富汗、伊拉克的美国复仇。但沙姆沙伊赫事件的矛头是指向现政权的，借以诋毁它的政治声誉，破坏国家的旅游业，使人民怀疑政府在维护社会安宁和稳定方面的能力。其实，这伙肇事者的举动是十分愚蠢的。在长期饱尝恐怖主义之苦的埃及，用汽车炸弹或人体炸弹杀害大批无辜平民和外来游客只会激起广大民众的无比愤恨，对躲藏在阴暗角落里的恐怖主义者来说无异于一种自杀行为，将使他们成为过街老鼠，人人喊打。埃及各界人民痛斥这类暴行，并自发地组织反恐示威游行；穆兄会、伊斯兰集团和在狱中的圣战集团领导人也发表声明，加以谴责，便是明证。另一方面，这些事件又说明埃及国内极端思想的源头尚未堵住：众多的伊斯兰主义者仍以学者、长老、教授等身份在社会上进行公开或秘密的活动；库特卜之流的著作和录音带在书店里和清真寺旁堂而皇之地出售；穆兄会的报刊和书籍照常发行。埃及所在的中东地区是当代以伊斯兰教为名的种种极端思想和恐怖活动的主要中心，这些思想和活动通过媒体日复一日、年复一年地传入埃及，不可能不在当地极少数人心中产生共鸣和回应。特别是以本·拉登和艾曼·扎瓦希里为首的"基地"组织对坚持反恐的埃及政府恨之入骨，把它诬为"美国人的走卒"，千方百计地进行诽谤和渗透。在此情况下，埃及欲独自在国内肃清极端思想是不可能的。埃及在今后相当长的时间内再度发生孤立和突发的恐怖事件是难以避免的。这种恐怖事件很有可能演变为有组织、有纲领的恐怖主义，但在可以预见的将来，不大可能发展成20世纪最后四分之一世纪那样规模大、频率高、打击面广的恐怖主义。

尽管如此，埃及在反恐斗争中取得的成就举世瞩目，还应归功于埃及政府正确的对策和各界人士长期艰辛的努力。面临严峻反恐形势的世界各国政府和人民，从埃及的反恐经历中可以吸取有益的经验和教训。

第四章　军事

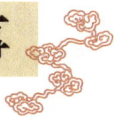

基于得天独厚的地理位置以及庞大的人口数量等多方面因素，埃及无论是在军队管理还是在军事理念方面，都一直处在阿拉伯世界的前列。埃及军队自古以来就是南地中海沿岸实力最强大、历史最悠久的军队之一，它在捍卫本民族领土、保护本民族文明、抵抗敌对势力入侵等方面发挥着巨大作用。在2019年世界各国军力排名中，埃及位居世界第十二位，军事实力不容小觑。

第一节　概述

近代埃及，穆罕默德·阿里进行了一系列的军事改革，例如创办以军事工业为主的埃及第一批近代工业；参照西方，废除雇佣军制度，实行征兵制，扩建军营，加紧征兵；积极扩建埃及陆军，创办陆军学校，并聘请外国教官进行教学，培养本国军官；创建近代海军，建成海军舰队等。多项军事改革政策使埃及在19世纪30年代末成为地中海东部强国，遏制了西方殖民主义的入侵。

现代埃及军队组建于英国殖民时期，虽然1922年埃及宣告独立，但其军队仍由英国军官控制。1936年起，埃及军官开始逐步取代英国官员。由纳赛尔组建成立的自由军官组织在1952年发动军事政变，推翻了法鲁克王朝，成立了革命指导委员会，掌握了国家政权，使埃及成为以军人为核心的集权政治统治的国家，埃及军方成为国家发展的基石。

一、国防体制

国防是国家为防备和抵抗侵略，保卫国家的主权、统一、领土完整和安全而进行的军事及与军事有关的一系列活动。维护国家安全利益是国防的根本职能；捍卫国家主权、领土完整和防止外来侵略，是国防的主要任务。埃及国防部是国家的军事工作部门，它的基本职能是：统一管理全国武装力量的建设工作，如人民武装力量的征集、编制、装备、训练、军事科研等。

埃及自1953年起实行共和国体制，最高安全和军事决策机构为最高安全委员会和国防委员会，主席由总统兼任，总统同时兼任武装部队最高统帅。总统下设武装部队总司令，由国防部部长兼任。埃及武装部队最高委员会由20~25名成员组成，由总司令（国防部部长）指挥，副手是武装部队参谋长。最高统帅和总司令通过总参谋部指挥全军。现代埃及军队由正规军和准军事部队组成。正规军分陆、海、空和防空军4个军种。准军事部队包括国民警卫队、边防军、公安部队、海岸警卫队等。

二、国防预算

20世纪70年代末，为了支持埃及和以色列的和解，美国承诺对这两个国家提供长期的经济和军事援助。从1975年开始的28年里，美国每年批准向埃及提供约8.15亿美元的经济援助，共计255亿美元。在2001年"9·11"事件发生以前，埃及和以色列一直是每年获得美国经济援助最多的两个国家。因此，可以说埃及的军费很大程度上来源于军队的隐形收入以及美国的军事援助。表4-1是2005—2012年埃及军费支出所占GDP的比重。

表4-1　2005—2012年埃及军费支出所占GDP的比重

年份	占GDP百分比
2005	2.9%
2006	2.7%
2007	2.5%
2008	2.3%
2009	2.1%
2010	2.0%
2011	1.9%
2012	1.7%

在2013—2014财年，埃及军队的国家预算拨款达到约44亿美元。根据埃及2013—2014年舒拉委员会（埃及议会的上院，有立法权）公布的数据，军事拨款占总GDP的3%~4%，其中大约60%的军事预算拨款用于支付工资，其余的用于购买备件和军火。

BMI在2014年统计显示，埃及的军费开支达到52亿美元，并且埃及的国防开支将在未来五年以每年9.51%的速度增长，2019年达到85亿美元。

时至今日，大多数公布的资料显示，埃及的年度军事开支占国民生产总值的7%~10%，对官方公布的埃及军费开支数字的粗略回顾表明，埃及长达十年的军备增长与其正式编制的年度国防预算之间不相匹配。

第二节　国防政策、军事训练与兵役制度

埃及的国防政策主要包括从事国防建设和使用国防力量的目的、方针、重点、体制、途径等。

一、军事院校与军官培养

埃及军事院校种类繁多，其培养目标、培养方式、培养规模也不尽相同，其中著名的军事院校有：

（一）纳赛尔高等军事学院

该学院于1965年1月18日批准获建，由以埃及武装部队参谋长为首的学院最高委员会领导。建立之初仅设有战争学院，1966年9月增设国防学院。但是从1967年夏天到1973年10月，其间由于战事准备，战争学院暂停正常上课，改为高级军官短训班。1992年增设战略研究中心。

入学条件：军人军衔不得低于上校，文化程度为研究生（或具有同等学力），年龄不超过44岁。政府官员不低于二级官员，研究生学历，年龄不超过50岁。

学院的院训是：思想、信念、胜利。

学院的培养目标是：

（1）培训部队高级指挥官，提高学员在其战略和行动方面担任高级领导职位的能力和技能。

（2）培训埃及高级军官和政府高级官员。

（3）为武装部队军事科研活动出谋划策。

（4）加强同阿拉伯国家以及国际上有类似学院设置的机构在文化和学术水平上的交流。

（二）埃及指挥和参谋学院

该学院在穆罕默德·阿里的号召下始建于1825年，当时被命名为埃及军事学院，学制三年。1855—1938年期间停止招生。1936年埃及独立后，学院于1938年以"英国皇家军事学院"的名义重新开放，1975年更名为埃及指挥和参谋学院。

该学院致力于培养具有领导能力的高水平军官，毕业生被授予军事科学硕士学位。纳赛尔就毕业于此校。

学院的院训是：机智、指挥、警觉。

（三）埃及军事学院（陆军）

埃及军事学院是埃及最大的军事教育机构之一，致力于为军方培养军事指挥人才，在埃及乃至整个非洲久负盛名。凡是符合国防部相关要求的高中毕业生均可填报该校。学制四年，实行"3+1"模式，即前三年在学校进行常规教育，最后一年根据所学专业分配到军方下属部门进行实地学习。毕业后享受军官待遇，供职于军方相关部门。除此之外，军方也特招地方院校不同专业的毕业生，例如医学、工程等专业，培养时间为一年，毕业后授以特需军官待遇。

该校毕业的著名校友包括穆罕默德·纳吉布、加麦尔·阿卜杜勒·纳赛尔、穆罕默德·胡斯尼·穆巴拉克、穆罕默德·侯赛因·坦塔维、阿卜杜勒·法塔赫·塞西等。

（四）埃及海军军事学院

埃及海军军事学院隶属于埃及海军，于1946年建于埃及亚历山大。该学院办学之初仅招收50人，学制两年。1965年，更改学制为四年。该学院在校生根据埃及海军的要求和规定组织活动，进行军事训练，意在为埃及乃至非洲各国海军培养高水平的海军军官，储备高级干部，学员毕业后被授予学士学位并享受军官待遇。

学院的口号是：荣誉、知识、赎回。

（五）埃及空军军事学院

埃及空军军事学院隶属于埃及空军，1951年建于埃及东部省，目的是为空军培养不同机种的飞行员及相关领域的高水平军官。该学院主要招收入学年龄不超过21岁的优秀高中毕业生。该学院学制三年，学员毕业后被授予学士学位并享受军官待遇。优秀毕业生可以继续深造至博士毕业。

学院的口号是：信念、牺牲、荣誉。

（六）埃及防空学院

埃及防空学院于1974年成立于埃及亚历山大省，直接隶属于埃及防空指挥部，下设导弹、雷达等多个专业。现学制为"4+1"模式，学员学习四年，毕业后被授予军事科学学士学位，随后需在工程学院加役一年，并在加役结束后被授予工程学学士学位。

学院的院训是：信念、意志、荣誉。

（七）埃及军事技术学院

该学院于1957年成立于埃及开罗，是埃及最大的工程类院校，设有本科、硕士、博士三级学位点，下设电气工程、化学工程、土木建筑工程、机械工程、基础工程科学、航空航天工程等主要专业。本科学制为五年，第一年为预科，统一进行公共课程学习，第二年则开始分专业教学。此外，该学院也接收一定数量的来自其他国家的留学生。

学院的院训是：信仰、科学、工作。

除上述著名军事院校外，埃及还有预备军官学院、军事医学院、武装部队医学院、武装部队技术研究所、武装部队健康研究所等军事院校和研究机构。

❦ 二、兵役制度

埃及武装部队训练委员会是埃及武装部队的机构之一，也是唯一负责训练武装部队军人的机构。其主要职责是组织军官、士兵参与全军所有机关和部门的军事理论教育和作战技能训练。

埃及的征兵制度以1948年的《国家征兵法》为基础，经过多次修订，当今的埃及实行全民义务兵役制和以志愿兵为基础的强制性的征兵制度，由武装部队征兵和动员部门负责。

义务兵征兵对象为年龄在18~30岁，身体健康、无残疾，已经完成一个阶段的学习，家中有兄弟姐妹的埃及国籍的男性，以及部分女性。不符合条件者可以免除服役。

通常征兵义务期为12~36个月，随后是9年的保留义务期（预备役）。当有战争需要时，埃及实施全国征兵动员，征兵年龄上限扩大到50岁。大学毕业生在服役期满之后可自愿选择是否留在军队，如果留在军队将授予一定职位的军职。

应征入伍者根据个人情况分配到海、陆、空等各军种单位。对于那些不适合在武装部队任何分支机构服役的人，则必须在中央安全部队履行36个月的服兵役义务。

埃及军官服役年限规定为20年，退役后加服3年后备役。列兵和士官队伍基本上从文化水平低的农民中征召，有文化的义务兵则在部队中直接培训，个别特别优秀的士官可以升任军官，授中尉军衔。普通军官培训机构是军校和地方大学军事教研室，对高级军官的培训主要在纳赛尔高等军事学院实施。

第三节 军种和兵种

埃及的现代军队在穆罕默德·阿里时期开始建立。1952年埃及革命后，军队经过重新组建，发展到今天，其构成已相对成熟，在国内外享有极高的声誉，赢得世界各国人民的尊重。当今的埃及军队由正规军和准军事部队组成。其中陆军、海军、空军和防空部队统称为埃及的正规军。

❖ 一、陆军

当代埃及陆军于1964年纳赛尔执政时期重组建立，被认为是目前中东和非洲地区规模最大的陆军。阿卜杜勒·穆赫辛·穆尔塔吉是第一任陆军领导人。

作为埃及武装部队的主要军种之一，埃及陆军参与过多次战争，例如数次中东战争、也门内战。

❧ 二、海军

当代埃及海军重组于1959年。海军军官均毕业于埃及海军军事学院。每年的10月27日为海军纪念日。

埃及海军多与空军进行联合作战，依靠空军进行海上侦察、潜艇保护、空中保卫、后勤补给、航空运输和海上救援任务等。其主要职责是负责维护埃及红海和地中海沿岸的2 000多千米的海岸线地区的安全与稳定，确保苏伊士运河以及其他港口和海上目标的安全和正常运转。

❧ 三、空军

1928年埃及议会提出组建埃及空军的想法被采纳后，埃及政府便着手开始准备。1932年，三名学成归来的埃及军官在两名英国飞行员的协同配合下在开罗东北部的阿尔马萨空军基地进行试飞，这也被认为是埃及空军作为一个独立的军种的开始。1937年之前，埃及空军的主要任务集中在打击毒品贸易和地理勘测两个方面。主要的空军基地是阿尔马萨空军基地。1937年，法鲁克国王将空军从埃及陆军军队中分离出来，作为真正独立的新军种，被命名为"埃及皇家空军"。

❧ 四、防空部队

埃及防空部队是埃及武装部队的主要组成部分之一，于1968年批准组建。其主要职责是负责保护埃及领空不受任何敌对势力的空袭，配合空军进行联合作战。防空部队自组建起，在维护国家安全与稳定及领土完整方面发挥了不可替代的作用。防空部队的军官均毕业于位于开罗的埃及防空学院，每年的6月30日是其纪念日。

第四节　中东战争

美国前国务卿基辛格曾说："在中东，没有埃及就没有战争。"埃及作为阿拉伯世界的军事大国以及阿拉伯联盟的第一任"大哥"，凭借其独特的地理位置、综合国力等，曾率领联军参加过多次地区性战争，具有强大的号召力，其中以同以色列进行的多次中东战争最为著名。

一、巴勒斯坦战争

巴勒斯坦战争即第一次中东战争，起因于联合国的分治决议。该决议规定英国对巴勒斯坦的委任统治于1948年8月结束，随后在巴勒斯坦地区成立阿拉伯国和犹太国，即在巴勒斯坦地区成立以色列国。该决议遭到了阿拉伯国家的一致反对，为了争夺巴勒斯坦地区，以色列和埃及、约旦、叙利亚等7个阿拉伯联盟国家爆发了大规模的战争。

战争的结果是以色列成为彻底独立的国家，国家政权得到巩固，划定"巴以停火线"；同时，巴勒斯坦英国托管地的剩余地区分别由埃及和外约旦控制。

巴勒斯坦作为此次战争中唯一的输家，大量的巴勒斯坦人沦为难民，部分人口分散在约旦河西岸、加沙地带和其地阿拉伯国家的难民营中，成了没有国家的被占领区的居民。

二、苏伊士运河战争

1956年10月由英、法及以色列三国发动的苏伊士运河战争，又称为第二次中东战争，起因是埃及为了维护民族主权宣布将苏伊士运河收归国有，并且联合国安理会否决了英、法要求埃及接受"国际管理"制度的提案。随即英、法两国决定以武力解决问题，以此来获得苏伊士运河的使用权。同时，以色列为了获得苏伊士运河及蒂朗海峡的航行权，在英、法两国的邀请下，也参与了这场战争并一度占领了加沙地带和西奈半岛。

在埃及全国上下的共同努力，美、苏两国的帮助以及国际社会的普遍谴责下，英、法两国在11月选择停火并撤军。以色列军队于1957年3月从西奈撤出全部军队，退到1949年停战线后，遗有争议的加沙地带和亚喀巴湾沿岸地区由"联合国军"暂时管理。

此次战争，虽然埃及在军事上遭受了失败，但是获得了政治上的胜利，不但收回了苏伊士运河的主权，而且获得了真正意义上的独立，一跃成为阿拉伯世界对抗以色列的主要力量，并发展成为泛阿拉伯民族主义的根据地。

三、六五战争

该战争又被称为第三次中东战争。自20世纪50年代开始,以色列与周边阿拉伯国家矛盾不断加剧,挑衅不断,埃及封锁亚喀巴湾是此次战争的直接导火索。

1967年6月5日,在经过许久的精密筹划之后,以色列空军于6月5日清晨对埃及实行了紧密、集中、准确的空中打击,摧毁了埃及空军的大量飞机和武器装备,迅速地掌握了战争的主动权,随后以色列空军又对约旦、叙利亚发起进攻。因为战争仅为期六天,所以又被称为"六日战争"。

虽然"六五战争"是以色列与其他阿拉伯国家之间持续时间最短的一次战争,但是该战争造成的影响和后果却无法用语言来形容。例如该战争导致约旦河西岸、叙利亚的戈兰高地以及埃及的西奈半岛及其控制的加沙地带和耶路撒冷旧城被以色列占领,以色列在这些地区建立了大量的犹太人定居点,侵吞这些地区巴勒斯坦人的财产、土地,并镇压迫害巴勒斯坦人民,迫使居住在该地区的巴勒斯坦人成为难民,同时"六五战争"导致法以同盟破裂,美以关系得到进一步的发展。

四、十月战争

自"六五战争"结束后,埃及和以色列的小规模冲突就一直没有停止。1968—1970年,埃及主动对以色列发起多次消耗战争,后来双方在美国的干预下同意接受"罗杰斯计划",消耗战争结束,但是最后出于双方的利益冲突,此计划没有最终实现。

"十月战争"即第四次中东战争,因发生于犹太人的假日——赎罪日,所以又被称为"赎罪日战争"或"斋月战争",该战争是阿以冲突的延续。

萨达特自继任埃及总统以来,一直在建军备战,谋划通过战争手段夺回被以色列占领的领土,但是由于萨达特多次只说不行动的行为激发了埃及民众及国际社会的不满,于是在1973年10月6日(犹太人的赎罪日期间)埃及和叙利亚联合对以色列发动了区域性战争,主要集中在苏伊士运河西岸和戈兰高地附近。埃及首战告捷，成功突破了以军的巴列夫防线，但是战争前前后后共持续了十几天。10月24日，在联合国的施压下，埃及、叙利亚、以色列遵守了安理会的第338号停火协议，战争终告结束。

该战争导致参战各国均损失惨重，以色列每战必胜的神话被打破，开始正视阿拉伯各国，谋求和平解决阿以问题的途径，同时阿拉伯诸国也意识到通过武力消灭以色列是不现实的。第四次中东战争使得中东关系发生了新的变化。

❦ 五、也门战争

1934年英国占领了也门南部，使得也门被彻底割裂为南、北两个部分。北也门常年在巴德尔封建君主王朝的统治之下，社会环境恶劣，人民生活困苦不堪。埃及自由军官组织夺取政权胜利让也门有志之士看到了希望，于是他们仿照埃及于1961年建立了自己的自由军官组织机构，并于1962年，在埃及总统纳赛尔的支持下，策划并发动政变，推翻了巴德尔封建君主王朝，建立了阿拉伯也门共和国，立伊斯兰教为国教。由于这场战争侵犯了以巴德尔为首的君主派以及英国殖民主义者的利益，所以也门就此开始了长达八年的内战。

也门内战爆发后，作为阿拉伯地区强有力的大国，埃及积极参与了支持也门共和国的斗争。其间在纳塞尔的指挥下，埃及向也门提供了大量的人力、物力、财力的帮助。由于埃及对也门共和国的支持触犯了以沙特阿拉伯为首的支持巴德尔君主派国家的利益，埃及与这些阿拉伯国家也展开了军事对抗。1970年沙特承认也门共和国，两国建交，也门八年内战结束。埃及在这次也门内战中出力不讨好，不但使得本国陷入危机，影响到第三次中东战争，而且使得埃及同沙特和约旦等阿拉伯国家关系恶化。

南部也门在1967年摆脱了英国殖民统治后成立也门民主人民共和国，实行社会主义制度。在南、北也门相继独立自治后，双方人民致力于实现南、北也门的统一。1972年南北也门政府代表在开罗签署了《开罗协议》，同意将南、北也门合并成也门共和国。但是由于南、北也门之间政治制度和意识形态方面的差异，不但使得南北统一迟迟未能完成，反而导致双方关系不断恶化。1994年5月，也门内战爆发。

随后以美国、埃及为首的国际社会各国纷纷对也门内战进行调解，7月内战结束，南方军队失败，也门重归统一。

六、海湾战争

海湾战争是由美国领导、阿拉伯国家多国参与，为了维护科威特主权完整，实现民族独立，反对伊拉克的战争。

1991年1月17日，美国空袭伊拉克，拉开了海湾战争的序幕。该战争中有三个非常著名的军事行动，即沙漠盾牌行动、沙漠风暴行动和海上拦截行动。1991年2月28日，在美国占领伊拉克部分土地及伊拉克撤离科威特后，美国宣布停火，战争结束。

在此次战争中，穆巴拉克领导的埃及曾多次表达要求伊拉克撤出科威特的鲜明立场，并且一直进行积极的外交努力，呼吁通过和平方式解决海湾危机。埃及在此次海湾战争中积极的外交处理方式，使得它在阿拉伯世界得到了更多的支持，阿拉伯国家联盟的中心再一次从突尼斯转回埃及开罗。

海湾战争后阿拉伯世界格局重新整合，形成了以埃及、叙利亚为核心，海湾六国为辅助的新的政治经济集团，埃及再次以中东大国的身份重返阿拉伯世界，继续发挥着它的大国影响力。

七、反恐战争

埃及自独立以来各种大小恐怖活动不断，特别是塞西上任后，将众多伊斯兰政党和团体定义为恐怖组织。由于塞西政府对反对派进行镇压，各种武装冲突日益增多，在埃及参与的众多打击恐怖主义的行动中，以其对抗西奈半岛地区的恐怖行动最为突出。

西奈半岛地区的恐怖组织最开始成立于21世纪伊始，原名"认主独一与圣战组织"，在埃及1月25日革命后重新整合，成立"圣城支持者"。尽管埃及政府在2011年、2012年曾进行过例如"猎鹰行动""西奈行动"等打击恐怖主义的搜捕行动，但是西奈半岛地区的安全局势并未见好转。在2013年埃及军事政变后，西奈半岛地区的恐怖组织影响力进一步扩大，且随着近些年"伊斯兰国"的扩张，西奈半岛地区的"圣城支持者"于2014年宣布效忠于"伊斯兰国"，成为该恐怖组织在叙利亚和伊拉克之外的最大分支。激进组织活动方式也由原来的袭击油气管道和军事目标扩展到袭击政府官员和普通大众，给该地区乃至埃及其他省市带来更大的威胁。

虽然埃及特别是西奈半岛地区安全局势不容乐观，各种恐怖主义活动频发，但是塞西政府一直没有放弃打击恐怖组织的军事行动以控制西奈地区局势，确保埃及的安全。随着对西奈地区恐怖组织打击力度的加大，西奈地区的安全局势目前均在可控范围之内。

第五节　国防科技和国防工业

埃及的国防工业在阿拉伯世界占有重要地位，起步较早，约在19世纪初便陆续出现国防工业企业，其真正得到重视是在1952年的七月革命之后，当时规模较小，主要生产轻武器和弹药。第二次世界大战后，美苏两国开始了全领域的对抗，为了实现各自的全球战略，均向中东地区输出大量武器装备乃至军事技术，企图控制中东形势，在客观上促进了中东地区军事工业的发展。美苏的目的是称霸全球，与中东诸国的利益之间有众多冲突和矛盾。为了摆脱大国控制，维护本国国防和安全利益，1975年埃及、卡塔尔、沙特阿拉伯、阿拉伯联合酋长国四国共同创办了阿拉伯工业化组织，目的是发展阿拉伯国家自身的军事工业。但由于1979年埃及同以色列签订和平条约引发了包括卡塔尔、沙特阿拉伯、阿拉伯联合酋长国在内的绝大多数阿拉伯国家的不满，三国遂退出阿拉伯工业化组织，自此该组织仅属于埃及一国。

就目前资料可知，埃及共有两大军工生产系统，下设的所有部门都为国有。除了上述的阿拉伯工业化组织之外，另一个是国家军事工业组织。埃及的国家军事工业组织隶属于军工生产部，"其前身是埃及军工企业管理局，成立于1949年，到1957年才改为现名。1964年，该组织下属的每一个工厂只用代号命名，而今则使用所在地的名称或者按照企业的产品类型命名"[①]。2014年塞西上台以后，军工经商企业异军突起，目前主要由埃及军事生产部、埃及国防部、阿拉伯工业化组织三个机构管理。

---

① 应选光:《埃及的国防工业》,《现代兵器》,1986年第1期。

埃及被认为是中东地区的武器大国，当前拥有许多高级别杀伤性武器及专业技术人员和工程师。而埃及的几大军种中，武器装备最全的当属陆军。以下就几种代表性的武器装备做简单介绍。

（一）"法赫德"装甲车

1983年，为了满足埃及部队的特殊需要，埃及仿造德国TH390装甲车建造了首辆"法赫德"装甲车，于1986年正式投入使用，取代了原有的"瓦利德"装甲车，并出口到多国。服役期间，它经历了法赫德240、法赫德280-30等几代升级换代，而今被部队广泛使用的是法赫德300，其主要作用是运送步兵、武器弹药。

"法赫德"装甲车在道路上的机动性高，可达100千米/时，配备梅赛德斯-奔驰OM 366柴油发动机。车内配备空调，司机左侧驾驶，指挥官坐右侧。相比于其他装甲车，该车不仅车型更小、轻便灵活，而且造价更低。车内机舱采用焊接铠装制造而成，除了能够提升装甲车的速度和机动性，还可以根据不同的军事要求和目的灵活变通，车前的窗户遇险情时可覆盖防护盾，可以有效防御特定机枪的攻击，必要时掩护士兵从车侧撤离。现今，它除了在埃及使用外，还在苏丹、阿曼、科威特等阿拉伯国家及联合国维合部队中使用。

（二）K-8E战斗教练机

K系列战斗教练机主要用于飞行员训练和各种天气状况下的轻型攻击任务。K-8E是1999年由中国和埃及合作生产的新型教练机，中方提供工装设备、材料和技术服务并为埃及建立飞机研究发展中心。它是K-8P的升级改造版，升级后机身由铝合金制成，采用了新型驾驶舱玻璃，视野良好。该飞机配备了最先进的通信、导航、机舱通风系统以及先进的测量设备，操作系统为FPO电传操作系统，以满足高级培训计划的需要，涡轮增压喷气发动机使得它的燃油消耗率很低。

第六节　现当代军事外交

埃及自正式独立至今，其外交经历了纳赛尔、萨达特等多位总统，每位总统分别实行不同的外交政策，在军事交往方面更为明显。

❖ 一、埃及与美国的军事交往

受领导人和国际局势的影响，埃美两国军事交往断断续续，1976年美国向埃及提供第一批军事装备并通过培训埃及飞行员的提案被认为是两国军事交往的正式开始。自1978年《戴维营协议》签订后，两国交往趋于稳定，美国每年向埃及提供大量军事援助，以帮助埃及武装部队的发展，埃及成为中东地区继以色列之后的美国军事援助的第二大受援国，也是美国在中东地区的重要盟友国。自1987年开始，美国每年向埃及提供超过10亿美元的军事援助，用以购买武器或者完善自身军队建设。

"在军事援助方面，除了每年可以获得13亿美元外，埃及还可以从其他渠道获取美国的军事援助。例如，埃及每年可以从美国国防部接收价值数亿美元的美国过剩国防产品。美国还为埃及军官提供国际军事教育和培训项目，目的是加强美埃的长期军事合作；自2000年以来，埃及可以将军事援助资金存入纽约联邦储备银行的账户中并获取利息收入。埃及是仅有的几个享有这类特殊援助条款的国家之一。'9·11'事件后埃及积极响应美国的全球反恐行动，美国向埃及出售了'鱼叉'式反舰导弹、155毫米自行火炮等先进武器以吸引埃及参加反恐战争。两国还定期进行联合军事演习。"[1]

但是自2011年埃及爆发大规模的反政府示威活动以来，埃及局势的动荡使得美国对埃及的军事援助又呈现反复态度，陆续缩减了对埃及的资金及武器援助。随着塞西上任，埃及政治过渡逐步推进，美埃军事关系也趋于回暖。

❖ 二、埃及与俄罗斯（苏联）的军事交往

1943年8月26日，苏联与埃及建立了外交关系。双方在外交方面一直保持着良好的发展态势，特别是1970年3月始，苏联向埃及提供了大量的军事援助，尤其是向埃及派送了包括飞行员和导弹人员在内的大量军事人员。从援助内容看，苏联对导弹基地等关键设施都进行

---

[1] 沈鹏、周琪：《美国对以色列和埃及的援助：动因、现状与比较》，《美国研究》，2015年第2期。

了控制，其目的即为防止埃及擅自使用而带来中东局势的不可收拾。[①]
1970年约旦风波过后，苏埃签署了为期15年的友好互助条约，条约中
列举了苏联应当对埃及提供军事援助的条款规定。但是萨达特执政期
间，他曾多次向苏联寻求军事援助无果，苏埃关系出现反复。1973年
第四次中东战争爆发，战争期间苏联向埃及提供了船只及空中补给，
虽然为埃及延长作战时间提供了强有力的支持，但是并未满足埃及寻
求尖端进攻武器的要求。10月底，在美苏斡旋下阿以双方签订停火协
议，埃及虽然在此次战争中勉强取得胜利，却仍付出惨痛代价，萨达
特不满苏联在武器供应方面的不及时，使得这次战争成为双方军事外
交破裂的直接导火索。1976年年初，萨达特因苏联拒绝提供武器零配
件等问题而先后做出了废除1971年签订的《苏埃友好合作条约》、收
回苏联在埃及的港口使用权等决定，这标志着苏埃关系的彻底破裂。[②]

随着塞西上台，埃及和俄罗斯关系趋于缓和，并逐渐走向紧密。
以2019年为例，埃及同俄罗斯除签署了数十架苏–35多用途战机供应
合同外，还签署了包括卡–52直升机、米格–29M战斗机的多份现代化
军备供应合同。

三、埃及与欧盟的军事交往

欧盟成员国众多，其中英、法、德都拥有历史悠久的军事工业，
是阿拉伯国家的主要军火供应国。埃及早期作为英联邦的一员，起初
军队武器都以英制为主，后来因与英国发生矛盾，又逐步扩大同欧盟
其他国家之间的军事往来。法国和埃及的军事交往始于1798年拿破仑
入侵埃及。埃及现代军队的建立，法国军官的作用不容忽视。20世纪
70年代以来，埃法在军事领域签订了多项双边协议，双边军事关系更
加密切。进入21世纪以来，随着2005年法国国防部部长访问开罗，法
埃军事交往开启了新篇章。塞西上台以来，埃及政府在军购领域日趋
多元化，与法德等国频繁展开军备合作。2014年塞西访法期间，法国
传递了参与埃及军事现代化建设的信息。2015年两国签订协议，埃及
以59亿美元的总价从法国购入24架"阵风"战斗机以及1艘多用途护

①　刘合波：《论苏联对埃及的军事援助政策及其影响（1970—1974）》，
《山东师范大学学报》（人文社会科学版）2013年第1期，第100页。
②　刘竞、张士智、朱莉：《苏联中东关系史》，中国社会科学出版社，1987年。

卫舰"埃及万岁"号。2016年埃及购买2艘"西北风"级两栖攻击舰，同年在亚历山大港举行联合军演，旨在互相分享军事技能。2017年又加购3架"阵风"战斗机，同年在地中海和红海海域举行"克里奥帕特拉2017"联合军演，2018年又举行"克里奥帕特拉2018"联合海军演习，目的在于提升红海和地中海地区的安全。

德国和埃及的建交史可追溯至1864年，当时埃及阿里王朝和普鲁士王国建立领事级外交联系。埃及共和国建国初期，纳赛尔为了发展本国的军工事业，曾求助德国导弹专家协助埃及研发火箭和导弹技术，但是一直以来德埃关系较为平淡。21世纪初，埃及曾向德国购买多艘184级导弹快艇。而近些年来德埃军事外交领域最轰动的事件当属2011年，埃及和德国签署潜艇销售合同，耗资10亿美元购买德国生产的209型潜艇，其首艇已于2016年交付埃及。

❦ 四、埃及与阿拉伯国家的军事交往

1952年埃及共和国成立后，在纳赛尔的领导下一直扮演着阿拉伯国家"带头大哥"的角色，例如第四次中东战争期间，与多个阿拉伯国家协作对抗以色列；也门内战期间，埃及积极参与了反对君主派的斗争。埃阿关系在纳赛尔时期相对和谐。

但是第四次中东战争结束后，在萨达特执政期间，由于埃及同以色列签订军事脱离接触协议，埃及收复了西奈失地，埃以、埃美关系亲近，使得埃及同其他阿拉伯国家关系逐渐疏远甚至被排挤。

穆巴拉克上台后，开始修复同部分阿拉伯国家的关系，海湾战争使得埃及重新恢复了在阿拉伯世界的主导地位。1991年埃及同叙利亚、海湾六国发表《大马士革宣言》，宣布彼此间建立新型政治、军事、经济合作同盟。

塞西上台以来，非常重视同阿拉伯国家的军事外交，多次同沙特阿拉伯、科威特等国举行军事演习，多国间军事外交互动良好。

❦ 五、埃及与中国的军事交往

1956年中国同埃及建交，同年7月中国在埃及设立武官处标志着双边军事交往的正式开始。1956年第二次中东战争、1967年第三次中东战争期间，中国作为外交友好国，不遗余力地向埃及提供物资、医

疗等援助，坚决支持埃及的民族独立斗争。

中埃军贸往来开始于1980年前后。近些年来，埃及从中国购买的武器以无人机和反坦克导弹为主。

在舰艇制造领域，2013年中国船舶工业集团公司协助埃及在亚历山大港建设该国最大的修船和造船设施，便于埃及制造本国的民用和军用船舶。"一带一路"倡议提出以来，中埃军事往来更加密切。2015年，中国海军054A型护卫舰"益阳舰"与埃及海军"托什卡"号导弹护卫舰在地中海举行联合军演。2017年3月，"中国军事文化周"分别在开罗、亚历山大举行并引起强烈反响。

中埃之间，除了高层互访频繁之外，军事院校及团队交流也络绎不绝，每年埃及都会派送数名军官到中国接受培训。从建交至今，中埃两国军事交往相对稳固顺利。

第五章 文化

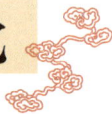

希罗多德曾这样形容过埃及文化："没有任何一个国家有这样多的令人惊异的事物，没有任何一个国家有这样多的非笔墨所能形容的巨大业绩。"埃及文化是具有非洲特色的阿拉伯文化，历史悠久、博大精深，其文字、文学、建筑艺术等不仅对古代许多国家特别是地中海沿岸国家产生过较大的影响，而且影响着当代欧洲、亚洲部分地区的艺术创作，是世界文化的重要构成部分。

第一节　语言和文字

古埃及语隶属于闪含语系，根据古埃及语言的发展历史，目前主要将其分为古埃及语（约前2700—前2100年）、中埃及语（约前2100—前1600年）和晚期埃及语（约前1600—1300年）三个阶段。古埃及语时期，文字主要用于撰写铭文，颂扬君主的丰功伟绩和良好品德；中埃及语时期，文字主要用于记录文学典籍，该时期的文字被认为是象形文字的最高形式，也是当今博物馆中纪念碑和其他文物最常见的形式；晚期埃及语时期，文字则主要用于政府治理文献记录和文学传播。

古埃及语的基本书写语言是象形文字（主要用于前3000年至1世纪），"纳尔迈调色板"（前3000年）被认为是有关埃及象形文字的最早文献，而前394年罗马皇帝提奥多西时期发现的一篇铭文被认为是迄今为止发现最晚的象形文字。

象形文字无特定的书写顺序，通常根据表示人或动物的符号的方向决定。书写体系分为圣书体和僧侣体，前者主要雕刻于石碑或建筑上，后者多书写于莎草纸或陶器上。由于书写方便，僧侣体是书写文件的常用字体。公元前1世纪前后，一种更为简便的书写体"世俗体"在僧侣体的基础上诞生。它因字符数量少且格式更为程式化而被广泛使用。古埃及象形文字的发明和发展为埃及文明的承载、传播做出了重要贡献。

当托勒密王国入侵埃及时，字母起源于埃及象形文字的希腊语影响了古埃及语并遍布埃及各地。到了罗马统治时期，基督教广泛传播，传教士们为了更好地传播基督教的思想，具有各地方言特色的科普特语产生，彼时的埃及大地上主要使用希腊语和科普特语两种语言。前者为当地的官方语言，并作为书写文字，后者为日常生活中人们所使用的语言。科普特语由22个希腊字母和少量世俗体象形文字的符号组成，习惯上从左往右书写，它代表着埃及语发展的最后阶段。当今的埃及，虽然科普特语不再是埃及人的常用语言，通常仅在教会使用，但是在埃及南部的某些村庄，科普特语流传下来的部分词汇仍夹在埃及人的日常生活用语中被大量使用。

7世纪，阿拉伯人入侵埃及，伴随着武力入侵之后的文化改革，他们开始在埃及强力推广阿拉伯语，传播伊斯兰教和阿拉伯文化。大约到伊斯兰历4世纪，阿拉伯语的普及化完成，取代科普特语成为埃及全民使用的语言，广泛用于书写和日常交流。

1798年拿破仑入侵埃及，在打开了埃及近代史的大门的同时带去了大量的先进思想和先进科技，使埃及人对欧洲的科技和文明充满向往。在穆罕默德·阿里统治埃及期间，他十分重视教育的发展，不仅向法国派出了大量的留学生，还于1835年在埃及建立了语言学校，培训法语译员，从事法语科技和历史类书籍的翻译工作，使得法语和法国文化对埃及产生了深远的影响。1882年英国占领埃及，埃及逐渐沦为英国的殖民地，英语作为通用语言开始广泛普及。随着民族意识的觉醒，埃及一大批有识之士开始意识到阿拉伯语面临着被外国语言侵蚀的威胁，采取了一系列的拯救措施。例如1932年开罗语言学会成立，目的在于开展语言规划，制定语言政策，维护阿拉伯语的地位和其完整性。进入21世纪，埃及宪法已经把阿拉伯语确立为官方语言，阿拉伯语成为国家机关、正式文件、法律裁决及国际交往等官方场合中使用的有效语言，同时也是书面媒体中使用最广泛的语言。在教育领域，英语是除了阿拉伯语之外的常用语言，特别是在高等教育阶段，为了培养更多的人才，理工科、商科多为英语或法语授课。

古埃及人书写材料丰富，最常见的书写材料有陶器碎片、石块、木头，但后期由于运输、传播、储存等因素，莎草纸成为最受欢迎的书写载体。古代埃及是唯一生产莎草纸的国家，然而，由于制造成本昂贵，所以它实际上主要用于宗教和政府文本。随着中国造纸术的发明及传播，莎草纸逐渐淡出埃及的历史舞台，所有现存的莎纸草都来自神庙、政府办公室或收藏家的个人收藏，莎草纸作为古埃及文明传播的重要媒介，在早期的文明传承中具有不可替代的作用。

值得一提的是，纸莎草除了可以制纸之外，还被广泛应用于古埃及人日常生活中的方方面面。例如它可以作为食物，类似马铃薯，可蒸煮或烤制；可以作为家居用品的原材料，制成凉鞋、窗帘；甚至由于它结实、轻便、防水且易于携带，而被制成绳索和小型渔船供渔民使用。

在宗教祭祀时，纸莎草经常被捆绑在一起形成十字架的样式，周围附以花束和植物叶子来供奉神灵。刻画在神庙或者纪念碑上的纸莎草符号象征着生命和永恒的来世，纸莎草丛象征着未知和混乱的力量。

第二节　　文学

❖ 一、埃及古代文学

埃及有史料记载的文学作品可以追溯至公元前3000年前的奴隶社会时期。古埃及文学由最初的歌谣、诗歌、散文逐渐发展出更加多样的文学体裁，内容也更加丰富。象形文字的产生和书写工具的发明，使得古埃及文学的传播有了更加便捷的途径，文学作品由最初的口口相传、凿刻在石壁上转变为纸质书保存。

古王国时期文学作品的表现形式多为碑铭，通常用以详细说明墓葬中的食物、其他祭品以及墓主人的个人自传、所行美德等内容，其书写模式类似于短诗。这种早期的自传书写形式催生了第5王朝和第6王朝时期的金字塔文本。金字塔文本刻画在法老陵墓的内壁上，内容多为法老生前的生活记录、个人功勋以及来世生活。可以说，金字塔文本是古埃及宗教文本的合集。目前流传下来的古王国时期的主要传记有《大臣乌尼传》《哈尔胡夫传》等。

中王国时期被认为是埃及文学的经典时代。该时期中央集权统治相对薄弱，社会环境相对轻松，在此期间出现了中埃及语脚本、故事、散文、教谕文学（智慧文学）等体裁的作品。例如故事《能言善辩的农夫》，通过一个机智善辩的农夫同劫匪斗争，正义最终战胜邪恶的故事，反映了当时的社会矛盾。散文《辛努亥的故事》、教谕文学《阿蒙尼姆赫特的教育》，在反映社会现实的同时教授人们做人的道理。

新王国时期，喜克索斯人入侵的记忆在埃及人的脑海中依然清晰，并反映在这一时期的政治政策和文学中。然而最能反映该时代特征的文学形式是诗歌，其内容涉及赞美、祷告、哲理、爱情，新王国时期的爱情诗主题在一定程度上与《圣经》中所罗门的歌类似。此外，该时期产生了包括许多篇章的《死者之书》（《亡灵书》），它是写在莎草纸长卷上的各种咒文、祈祷文、颂歌等的汇集。古埃及人相信，人死后要先经历一段冥国的生活和通过诸门的考验，之后才能获得重生的机会。贵人死后用香料涂抹尸体，制成木乃伊，用麻布包好后放在石棺里，还要放进供死者阅读的书。《死者之书》实际上就是死者去冥国的旅行指南，保护亡灵在冥国中生活幸福，避免各种困厄，顺利地应对审判，平安地到达"真理的殿堂"，可以在五谷丰登、凉风习习的上界与神同住，倘若得到机会，也可以像大神奥西里斯一样再生。《死者之书》包罗了古埃及人的思想信仰及其各种细节。从中也可以看到古埃及人酷爱生命、向往欢乐的生活，古埃及人的神学、他们的圣典以及关于来世的概念，都基于一种朴素的信念：以永久地活着的形象来表明永恒的生命。

总之，古埃及文学在题材或体裁上对古代希腊文学、科普特文学和中世纪的东方文学产生了深远的影响，为人类文明做出了可贵的贡献。[1]

---

① 邬裕池：《古老文明的历史见证——古埃及文学一瞥》，《国外文学》，1981年第1期，第98-105页。

❧ 二、埃及近现代文学

埃及近代文学是从拿破仑入侵开始的。19世纪中叶，随着民族解放运动的兴起、民众民族意识的觉醒以及新闻出版业的发展，阿拉伯文学的复兴运动兴起。阿拉伯民族文学与西方外来文化相互碰撞，埃及民族文学在传承、借鉴的基础上进行再次创作，新作品层出不穷，诗歌、散文、小说、戏剧均得到了蓬勃发展。

埃及的文学复兴运动首先开始于19世纪初的翻译运动。该运动试图通过宣传、教育等途径引进西方先进文化，以达到振兴埃及本民族文化的目的，其代表人物是塔哈塔维。塔哈塔维1801年出生于埃及的一个贫困农民家庭，1817年就读于开罗艾资哈尔大学，1826年赴法国留学，学成归国后担任语言学校校长，为埃及培养了一批优秀的翻译学者。此外，塔哈塔维还创办了《园地》《埃及实事报》等报刊，编译了《世界地理》《法国民法》等书籍，为埃及现代文学的发展增添了浓墨重彩的一笔。

诗歌方面，最初的复兴实际上是遵循古典诗歌的格律和语言风格，内容上贴合时代脉搏，力争将诗歌恢复到阿拔斯初期的风格，诗人巴鲁迪（1838—1904）是该时期的代表人物。他出生于开罗贵族家庭，曾参与1882年的反英斗争，革命失败后曾被流放至锡兰岛数年。巴鲁迪的诗歌在形式上沿袭古诗，思想上充满深厚的民族主义和爱国主义情感，并与现实生活紧密结合。在他之后的艾哈迈德·邵基（1868—1932），承袭了巴鲁迪传统派的思想，同样是诗歌复兴派的代表人物。同巴鲁迪一样，邵基出身于贵族，在青少年时期便显现出其文学天赋，留法归国后在宫廷供职，曾写了大量的颂诗来赞美王室。但后期因写诗表达对英国人另立新王的不满而被流放至西班牙。在西班牙期间邵基仿效古人，引经据典，创作了大量的民族诗歌，表达埃及人对民族复兴的愿望、对殖民主义压迫的反抗以及对美好生活的向往。其著作《尼罗河》便是其中之一，在该诗中，他尽情讴歌和赞美滋养了埃及人的尼罗河，表达了自己对故土的思念。可以说，流放西班牙是邵基诗歌风格转变的转折点。基于在诗歌史上的独特地位和卓越成就，他被后人尊称为"诗王"。

第一次世界大战之后，一批有志青年因不满传统派诗歌因循守旧、缺乏个性、无法宣泄内心疾苦和理想抱负的特点，再加上他们大量接触西方作品，受其影响较深，浪漫主义派别笛旺派、阿波罗诗社在埃及应运而生，浪漫派的产生拉开了埃及新旧诗派之间斗争的序幕，并在二十世纪三四十年代达到高峰。笛旺派主张诗歌内容上应遵循诗人本身的内心感受，抒发真实的内心世界，形式上不应因循守旧、一韵到底，其代表人物是艾哈迈德·拉赫曼·舒克里（1886—1958）、马齐尼（1889—1949）和阿卡德（1886—1964）。舒克里创作起始时间最早，被认为是埃及浪漫主义诗歌的带头人。阿波罗诗社成立于1932年，取名灵感来自古希腊神话中的阿波罗，首届主席是邵基，诗社秉持对不同的诗歌和流派采取兼容并蓄的态度，但诗社的主要倾向仍是浪漫主义。

第二次世界大战后，伴随着民族解放运动的进一步高涨，为了摆脱诗歌格律传统的束缚，在浪漫派的基础上，"自由体诗"于20世纪50年代嬗变而出。该流派主张诗歌创作形式、内容均不受限制，具有强烈的个性。阿卜杜·萨布尔（1931—1981）是这一派别的代表人物，著有《老骑士之梦》《夜行》等诗集，其诗歌表现了变革时期人们在追求自由、民主路上的心路历程。

当代的埃及诗坛传统诗和自由体诗歌并存，各流派争奇斗艳、和谐共存。

小说方面，随着民族独立运动的发展，文学家们的创作更加立足现实，紧跟时代潮流，反映社会现实的作品日益繁多。其中，侯赛因·海凯勒（1888—1956）的中篇小说《宰奈卜》（1914），描写了埃及农村青年男女惨遭迫害的封建婚姻悲剧，被认为是埃及历史上的第一部反封建的现实主义小说。埃及作家穆罕默德·台木尔（1892—1921）的作品《在火车上》，被认为是埃及乃至阿拉伯世界上文坛出现最早的短篇小说，其本人也被称为"短篇小说之父"。他的弟弟迈哈茂德·台木尔也被认为是埃及短篇小说的先驱之一，被称为"尼罗河畔的莫泊桑"。

20世纪初，"现代派"在埃及小说界崭露头角，到30年代时成为阿拉伯文学界的主要流派之一。"现代派"主张文学作品要反映现实生活，要能引发大众的民族认同感，激励大家投身于民族运动之中。作家塔哈·侯赛因（1889—1973）是该派的代表人物，也是阿拉伯文学界的泰斗，曾任埃及教育部部长。其自传体小说《日子》三部曲（1929、1939、1962），以主人公盲人塔哈的视角回忆其童年和青年时代的亲身经历和成长生活，真实地还原了20世纪初埃及的现实社会，反映了当时埃及具有新思想的知识分子们面临的问题，即如何觉醒、如何进步、如何要求民主和科学，以及如何同封建势力做斗争。其他代表人物，如易卜拉欣·马齐尼（1889—1949），其作品《作家易卜拉欣》通过主人公与女人间的情爱纠葛反映青年男女在当时旧社会所遭遇的矛盾、痛苦和压迫，是一部具有浪漫主义色彩的自传体小说。陶菲格·哈基姆（1898—1987）的长篇小说《灵魂归来》（1933），作为他的第一部现实主义小说，分为上下两部，以主人公穆赫辛的视角描绘了1919年埃及人民武装起义前后的埃及社会。该小说曾被总统纳赛尔极度赞美，被认为是20世纪初期最优秀的小说作品之一。

第二次世界大战之后，埃及小说进入另一个新的阶段，其作品反映的社会生活更加全面，批判的社会现实问题更加深刻。该时期成就最突出的当属诺贝尔文学奖获得者纳吉布·迈哈福兹（1911—2006）。他的长篇小说三部曲《宫间街》《思宫街》《甘露街》，以一个商人家庭三代人的生活为视角，为我们描绘了1917年至"五一二"革命前夕埃及社会的风云变幻，反映了大众同封建传统和保守势力斗争的过程。1957年的作品《我们街区的孩子们》是迈哈福兹跨入新现实主义的代表作品，也是20世纪寓言体小说的代表。该作品以史诗式的方式描写了街区开拓者杰巴拉维同其世代子孙们的救市故事。除此之外，阿卜杜·拉赫曼·舍尔加维（1920—1987）也是新现实主义小说的代表人物，其作品《土地》创作于1954年，重点描写了埃及当代农民问题，是研究埃及农村的典型作品。

戏剧方面，最早的埃及戏剧起源于法老时代的宗教剧。19世纪翻译运动兴起时期，欧斯曼·杰拉勒翻译了大量的西方戏剧，并进行实地演唱，例如莫里哀的《伪君子》《女学者》以及拉辛的《爱丝台尔》等，而且为了使戏剧更容易被埃及大众所接受，许多译作中的地名、人名、习俗等均做到了埃及本土化的改编。

晚年的邵基将戏剧引进埃及文坛，是该领域最有影响的代表人物之一。他曾创作了《安塔拉》《冈比西斯》等悲剧，是作者站在民族主义角度表达爱国情感的作品。陶菲格·哈基姆是埃及最著名的剧作家，其创作风格多变。例如他的哲理著作《洞中人》《山鲁佐德》《贤明的苏莱曼》取材自历史及神话传说，体现了他的均衡论哲学思想；《喂，上树的人》《人人有饭吃》则用传统的、理智的手法来反映荒诞的生活。1935年，其戏剧《洞中人》作为埃及国家剧院的首演作品在开罗成功上演。

此外，细观埃及的戏剧创作我们会发现，许多戏剧作品的作者其主业均是小说和诗歌创作。如诗人阿齐兹·阿巴扎、尤素福·伊德里斯、阿卜杜·拉赫曼·舍尔卡维，他们均创作了许多富有时代意义的各类戏剧，为埃及戏剧的发展书写了浓墨重彩的一笔。

第三节　艺术

❖ 一、建筑

几千年来，埃及的艺术作品令人着迷。埃及人民在建筑、音乐、舞蹈等艺术领域创造了历史上数不清的奇迹。

古埃及艺术产生于稳定、繁荣的尼罗河农业的基础上，长期稳定的社会形势使得古埃及人注重作品的实用性、平衡性、象征性和永恒性，这些艺术特性在世界艺术史上具有重要的地位，为后世的艺术发展奠定了良好的基础。

对于信仰神灵的古埃及人而言，艺术是其宗教信仰的外在表现，例如雕像存在的目的是作为精神或神灵的家园，护身符存在的目的是保护使用者本身，墓葬壁画存在的目的是记录死者的生前和祈盼进入来世的永生社会。

古王国时期是古埃及建筑文明的第一个发展高峰期，铜石并用文化达到繁盛，玛斯塔巴、金字塔的建造，生产技术的提高与艺术的精美使埃及文明进入世界古代文明的前列。金字塔是古埃及法老的陵墓，因外形类似于汉字"金"，所以取名"金字塔"。萨卡拉的昭塞尔金字塔是古埃及现存金字塔式陵墓的最早期代表，而现存于开罗西南部的吉萨金字塔群是古埃及金字塔陵墓成熟的标志。该金字塔群以胡夫、哈夫拉、门卡拉三座金字塔以及狮身人面像最为著名。以胡夫金字塔为例，该金字塔的塔身由打磨平整的石灰石石块垒叠而成，各个石块之间没有任何水泥之类的黏着物。金字塔的底座为四方形，每个侧面为三角形，整体遵循几何学的轴对称形式，体现了建筑美学中对称性、平衡性的特点。塔内设有走廊、墓室、庙堂，内壁装饰有各种雕刻和绘画。在19世纪初巴黎埃菲尔铁塔建造完成之前，胡夫金字塔一直位列世界最高建筑物之首，是世界古代七大奇迹之一。

　　经第一中间期到中王国时期，是古埃及建筑文明的第二个高峰期，埃及进入青铜时代。出于法老权力下降，首都底比斯地势陡峭、悬崖林立等原因，此时的法老们不再建造金字塔，而是开始尝试在山崖上开凿石窟墓穴作为陵墓，神庙建筑和岩窟墓因此流行。岩窟墓通常由祀庙、圣堂、墓室三部分组成。按照纵深系列布局，祀庙位于陡峭的悬崖之前，是祭祀的厅堂；圣堂是位于悬崖壁内的石窟，采用梁柱结构；墓室则开凿在悬崖的最深处。该时期著名的岩窟墓（石窟墓）有曼都赫特普三世墓、女王哈特谢普苏特墓，均位于今开罗南部尼罗河西岸的帝王谷中。

　　随着奴隶制的发展，皇权专制加强。到了新王国时期，专制制度的宗教观形成，神庙建筑大肆扩建，出现了为祭祀太阳神而建造的太阳神庙。太阳神即阿蒙神（阿蒙，原意为隐藏者），是新王国时期的国神，是卡尔纳克神庙区和卢克索神庙区供奉的主神。新王国时期被认为是埃及建筑艺术的黄金时期。

　　卡尔纳克神庙的布局遵循轴线对称的原则，呈南北方向延伸，顺序排列着法老巨像或方尖碑、塔门、带柱廊的内庭院、柱厅。方尖碑位于神庙入口处，面向尼罗河，为崇拜太阳的纪念碑，造型似巨型宝剑，一般以整块花岗岩雕琢而成，底座呈正方形，碑身呈正方柱体，四面均刻有象形文字。方尖碑自下而上逐渐缩小，顶部呈角锥体，常镀有合金。神庙柱厅内由分布密集的巨型圆柱构成，柱身装饰有表意丰富的浮雕，柱头形态各异，有莲花柱型、开花纸莎草型、竖茎纸莎草型等多种形式，通过这些植物造型，体现法老与神生命的永恒性。

　　希腊人统治埃及时期，埃及文化和希腊文化进一步融合。此时留下的罗塞塔石碑因有古埃及文与希腊文对照，从而成为法国学者商博良释读古埃及象形文字的钥匙。随着阿拉伯人的入侵，伊斯兰教在埃及广泛传播，清真寺作为伊斯兰时代的典型建筑在埃及拔地而起。阿穆尔清真寺是伊斯兰教在埃及生根、兴起的标志，是埃及乃至非洲最古老的清真寺之一，其后的艾资哈尔清真寺则是伊斯兰建筑艺术的瑰宝。

阿穆尔清真寺建于624年，以征服埃及的穆斯林将领阿穆尔的名字命名。这座清真寺的原始结构是用棕榈树干和树叶建造的，后经多次被毁和重建，最终于1985年在埃及政府的主持下修缮竣工，因此，该清真寺保持了多个时期的建筑和装饰风格。艾资哈尔清真寺始建于法蒂玛王朝，是当时的宗教政治活动中心，因兼顾教学研究性质，后期逐渐发展成为宗教性学府，1961年埃及政府103号法令的颁布使得艾资哈尔大学成为一所真正意义上的综合性大学。

独立后的埃及紧跟世界发展潮流，许多建筑为了符合社会发展需求，体现了与国际接轨的特色。20世纪的典型的现代建筑以基础设施建设为主，例如阿斯旺水坝。地标性建筑中最著名的当属开罗塔。

阿斯旺水坝始建于1960年纳赛尔政府时期，在苏联的援助下于1970建成，由主坝、溢洪道、发电站三部分构成，建成的阿斯旺水坝具有灌溉、供水、防洪、发电等多重功能，消除了被苏丹控制尼罗河的忧虑，是20世纪水利工程的代表。

开罗塔于1961年建成开放，总高187米，共25层，镶嵌有250万块黄色瓷砖。该建筑仿照埃及国花睡莲外形建造而成，入口处上方坐落有雄鹰雕塑，是埃及共和国的标志。开罗塔是当时全北非最高的建筑，站在开罗塔顶，不仅可以俯瞰大半个开罗，还可以看到远在吉萨的金字塔群，它是埃及工程能力的象征，也是开罗的地标性建筑之一。

进入21世纪，随着国际化程度日益加深，埃及各类新型建筑不断涌现。最值得期待的建筑包括由设计师扎哈·哈迪德（已故）设计的尼罗河塔和新开罗建筑群。新开罗计划于2015年提出，选址为开罗东部沙漠地带，距离迈阿迪15千米、纳赛尔城10千米处，是融住宅、服务、工业、旅游和休闲为一体的现代化卫星城市，计划容纳人口为400万~500万。尼罗河塔因坐落于尼罗河边而命名。该建筑高340余米，共有70层，底层为高端消费区，中层为酒店，2019年建造完成，成为埃及新的地标性建筑。

🌸 二、音乐

音乐是古埃及文化中许多仪式的重要组成部分。据史料记载，法老时期的埃及已经产生了丰富的音乐文化。与建筑艺术一样，古埃及音乐亦讲究和谐之美，相信"声音无限"的概念，将声音分为乐音、噪音、静音三种类型并将其进行有规律的排列组合，组成不同的音阶，由专员进行演唱。例如"第四王朝的文献中留下了第一个职业音乐家的名字，她叫赫姆莱，是国王的后妃。以后，文献记载中相继出现了多位著名男女音乐家，有些享受极高的待遇。自中王国时期起，更多见的是民间音乐家，他们受聘在节日喜庆场合演奏，这是音乐生活走向大众的标志。新王国时期还产生了流浪艺人和乞丐音乐家"[1]。

作为打击乐器的叉铃、弹弦乐器的竖琴是考古所知埃及人最早使用的伴奏乐器。最早期的叉铃用芦苇编制而成，拴有贝壳，整体呈U形，靠摇动发出声音伴奏使用，中王国时期出现了木头、陶瓷、金属材质的新型叉铃，外形类似封闭的字母Y，内部有小金属片或其他物体，晃动时会发出声音。早期的竖琴外形似弓箭，仅具有按自然音阶排列的弦，演奏者通常采取用左手拨弦、右手按弦止音的方式进行演奏。新王朝时期出现了从亚洲传入的新型利特琴、鲁特琴、梳特类乐器等多种乐器。

对于古代埃及而言，对音乐的喜爱不仅体现在王公贵族阶层的日常生活中及祭祀活动中，普罗大众在节日或者农耕时也会吟唱不同节拍的音乐，配以乐器，以表达自己对生活的感恩。

近代埃及，随着他国入侵以及宗教变迁，埃及音乐逐渐发展成为阿拉伯伊斯兰音乐的重要分支，出现了以乌德、卡农为代表的典型伊斯兰乐器。"乌德"一词是阿拉伯语"木头"一词的直译。埃及乌德琴琴身似梨形，类似中国哈萨克族的冬不拉。20世纪初，埃及开始掀起保护本民族特色文化的潮流，1923年成立的阿拉伯音乐学院是当时阿拉伯世界第一所音乐类的学院，1952年最高音乐委员会成立，随后又相继成立开罗音乐学院、黎达歌舞团、开罗交响乐队，具有努比亚人、埃塞俄比亚人和贝都因部落特色的民间音乐风靡一时。不少埃及

---

[1]　赵克仁：《古埃及音乐文化探析》，《西亚非洲》，2009年第12期，第52-56页。

作曲家从传统民间音乐中汲取营养，借鉴西方音乐的作曲技法，创作了许多优秀作品。到了20世纪70年代，埃及流行音乐在埃及文化中变得越来越重要，特别是在埃及青年中间有广泛的受众，但是在婚礼和传统节日期间，依旧播放埃及民间音乐。到20世纪80年代，电子音乐发展成为埃及流行文化的一部分。

三、舞蹈

最早有关埃及舞蹈方面的记载体现在古代法老陵墓文物及各类建筑浮雕中，著名学者伊莲娜·莱克索娃在其研究成果《古埃及舞蹈》中提出，古埃及的舞蹈大体上可分为11个类别，分别是：早期纯动作性舞蹈、杂技性舞蹈、模仿性舞蹈、双人舞蹈、集体舞蹈、战争舞蹈、戏剧性舞蹈、抒情性舞蹈、滑稽舞蹈、丧葬舞蹈、宗教舞蹈。古埃及的舞蹈表演通常伴随着音乐和节拍，主要为祭祀、宗教仪式、婚庆等场合服务，舞蹈服饰由早期的赤身裸体逐渐向绚丽服饰化过渡。

伊斯兰时期，"《旋转的裙子》是法蒂玛王朝时期广为流行的舞蹈作品，舞蹈动作蕴含深刻的哲学意义，体现人们对世界的看法，即世界的运动源于一点终归于一点，运动是轮回的。人们把自转的舞者比作太阳，把绕其旋转的舞者比作群星。旋转象征四季的变换和日出日落。舞者高举右手，放低左手，象征沟通天地；自转时象征超脱一切，舞动的带子象征生命的纽带"[1]。

现代埃及，东方舞（肚皮舞）是女性舞蹈的代表性名片。该舞蹈多为单人独舞，通过跟随节奏摆动臀部及腹部，同时手部动作也会随着节拍而有相应的变化，最常见的手势是波浪式、自然式及旋转式。男性舞蹈的代表是"太哈提布"。该舞蹈起源于古埃及，现通常流行于埃及南部的男性之间，以单人持棍或者双人持棍的方式进行击棍表演，以此展现勇敢、和善的男性形象。

四、雕刻和绘画

通常来讲，埃及的雕刻技艺和绘画艺术是互存共生的关系。在可见的埃及人物雕刻及绘画艺术中我们可以发现，追求形式上的完整

---

[1]　王岚：《埃及民间艺术揽胜》，《阿拉伯世界》，1997年第3期，第50页。

性、巩固统治和为宗教服务是其基本特征。神像、法老是经常被使用的创作形象，在雕刻和绘画时尽力美化法老，使其具有神一般的高大形象。雕刻的人物造型通常采取直立、端坐的形象。正面律和对称律是在刻画人物形象时被经常使用的艺术法则。雕刻作品中的正面律通常采用人物头部、躯干、腿部均保持正面垂直的方式呈现，若是端坐形象则采取上半身端正、两腿紧闭的呈现方式。绘画作品中的正面律一般情况下同侧面形象结合使用：人物头部、腰部以下为正侧面，肩、面部器官为完全正面的形式，目的在于突出人物的面部轮廓和整体形象。

在构图方面，埃及绘画区别于今天广泛使用的透视法原则，采用的是散视法的表现形式，即"在真实确切地反映所要描绘的对象的基础上来提高和夸大所描绘对象的地位、形象和各个局部的准确特征，不在意它在画面上的科学的实际的位置，也不在乎人物的位置是否能符合画面整体的大局观，而是采用扩大人物比例的手段对画面中的重点人物形象加以强调和突出，或采用缩小主要人物周围的其他次要人物形象的方式，以此来衬托出主要人物身份地位的伟大和高贵。例如作品《沼泽捕鱼狩猎图》就很好地体现了散视法的原则"[1]。

新王国时期是埃及绘画的黄金时代，阿玛尔时代则达到了顶峰。在色彩使用方面，古埃及的绘画和雕刻艺术具有强烈的色彩感。在雕刻艺术中，"没有着色的艺术品被认为是不完整的。在埃及语中，'颜色'和'自然'是同一个词'jwn'。古埃及造型艺术用色统一，无明暗变化，不求光影效果。颜色并非只是为了美观，而且也是图解某种信息的手段。男性身体一律涂红棕色，女性则用黄色。前者表明他们常从事户外活动，后者则显示其深居简出、养尊处优的生活"[2]。

此外，不论是古埃及的雕刻艺术还是绘画艺术，均体现了森严的等级观念。作品中占比最大、色彩最艳的通常是神或者法老的形象，其次依次是权贵、官员、底层农民和奴隶。

古埃及雕刻和绘画技艺对古希腊乃至中世纪后的欧洲产生了深远的影响。但随着法老王朝灭亡，希腊人、罗马人、阿拉伯人的入侵使

---

[1]　毛鸿达：《古埃及绘画和雕塑造型法则研究》，广西师范大学硕士学位论文，第14页。

[2]　雷钰、苏瑞林著：《中东国家通史·埃及卷》，商务印书馆2003年版，第99页。

得埃及的雕刻、绘画艺术经历了一段不稳定的发展时期，失去了特有的连贯性。进入近代以来，虽然政府曾鼓励发展美术，但是在西方现代艺术的冲击下，本土化的雕刻和绘画技艺仍旧难以再现辉煌。

第六章　社会

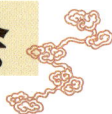

第一节　人口与民族

一、人口

据埃及中央统计局统计，截至2003年1月1日，埃及全国人口总数为69 213 274人，其中67 313 045人定居国内，1 900 229人暂时在国外谋生。国内居民中男性34 444 473人，占51.2%；女性32 868 572人，占48.8%。2002年人口自然增长率由上一年的2.04%降至1.99%，新增人口1 327 196人，即每日增加3 636人。贝都因人增长最快，其次是农村，最后是城市。全国约有1 400万个家庭，每户平均人口4.9人。全国出生时预期寿命69.7岁，男性由1996年的60.1岁上升至2002年的67.5岁；女性由同期的69岁延长到71.9岁。全国人口年龄结构是：15岁以下人口占37.8%，15~40岁人口占40.6%，40~65岁人口占18.1%，65岁以上人口占3.5%。埃及正处于由儿童社会向青年社会过渡阶段。全国人口分布不均，下埃及14个省集中了4 671.9万人，占国内人口总数的69.4%；上埃及7个省和1个省级市有2 028.5万人，占国内人口总数的30.13%。即全国99.5%以上的居民仍聚居在三角洲和尼罗河河谷地区，仅大开罗（包括开罗省、部分吉萨省和盖勒尤卜省）的人口就多达1 500万，占国内人口总数的22.5%。而占全国土地面积95%的5个边境省，人口总数只有95万，占国内人口总数的1.4%。

一般来说，从高出生率、低死亡率的出现到低出生率、低死亡率的到来这一时期，是人口急剧膨胀时期。埃及在过去半个世纪里经历了这个阶段，1955—2000/2001财年，人口从2 324万激增至6 648万，增长了1.86倍。埃及各届政府历来关心人口问题，宣传"组织家庭"（即自觉节制生育）的社会意义和经济意义，并通过卫生部各级服务中心采取切实可行的节育措施。1980年制订了全国自觉节制生育计划。一些民间有识之士成立了埃及自觉节制生育协会，协助政府工作。经过多方努力，人口自然增长率由1987年的2.88%降至2000年的1.99%，接近世界人口年综合增长率1.9%的水平。2002年年底埃及卫生和人口部部长穆罕默德·阿瓦德·塔吉丁称："如果不实施组织家庭计划，今年埃及人口会变成7 250万，比现在的人口多出500万。"但目前的人口增长率仍然偏高。1981/1982—2000/2001财年人口由4 391.4万上升到6 648.4万，20年间增加了2 247万，年均增长率为2.2%。其原因是埃及人普遍存在着早生贵子、多生贵子的传统观念，加之一夫多妻和女子早婚（不足法定结婚年龄16岁的女子占新婚女子的11.4%）现象长期存在，因此解决人口问题难度不小。这势必会给食品、住房、教育、就业、人口流动以及环境和自然资源带来巨大压力。为了应对这一挑战，2002年卫生和人口部制订了未来15年自觉节制生育计划，由8个部委、艾资哈尔清真寺和科普特教会共同参与实施，目标是到2017年把妇女的避孕率增至74%，将育龄妇女的生育率降至2.1胎，从而将全国人口控制在8 600万之内。根据计划，有关部门将为全国各地的医学院、护士学校、高中和中等技术学校的女生开设自觉节制生育和生育卫生课程；加强宣传，提高民众的自觉节制生育觉悟，着重对出生率高的棚户区、边缘地区和农村的居民进行教育，并免费发放避孕工具。艾资哈尔教长晓谕信徒，自觉节制生育是时代的需要，合乎伊斯兰教的教义，因为《古兰经》规定哺乳期为两年，实际喻意是自觉节制生育。科普特教教皇发布教令，宣称教会无需多子多孙，只要求教徒好好教育子女，保证他们的前途。宗教领袖的表态，为自觉节制生育计划的实施提供了合法保障。

二、民族

埃及政府1975年第26号法令规定，凡其父亲为埃及人，子女均为埃及人；凡埃及母亲所生子女，若其父亲的国籍不明或属无国籍者，亦为埃及人。2004年通过的《国籍法》修正案补充说，在本修正案颁行后，凡嫁给外籍人的埃及女子，其生在埃及的子女可毫无保留地享有埃及国籍。但在本修正案颁行前，凡嫁给外籍人的埃及女子，其所生子女如要获得埃及国籍，须向内政部提出申请，并获得批准。该修正案的目的，一是体现男女平等，二是解决一些嫁给外籍人的埃及妇女因种种原因被遗弃或滞留埃及，其所生子女在上学或就业等方面遇到的诸多实际问题。

埃及居民主要由穆斯林和科普特人两部分组成，据1994年官方统计，分别占全国人口的87%和11.8%。其余是占少数的努比亚人、柏柏尔人、贝都因人、希腊人和亚美尼亚人。绝大多数埃及人认为，穆斯林和科普特人不代表两个不同的民族，而是埃及民族的两个主要组成部分。贝都因人则是穆斯林的一部分。埃及的穆斯林和科普特人本属同祖同宗，均为古埃及人的后裔。伊斯兰初期，埃及人统称科普特人，大多信奉基督教。经过若干世纪的同化过程，绝大部分科普特人皈依了伊斯兰教，成了穆斯林，现在的科普特人仅指保持原有信仰的少部分人。这两部分人长期和睦相处，通过频繁往来、接触和通婚，相互影响，取长补短，如今在体形、外貌、语言上已没有区别。他们具有共同的禀性、一些相同的习俗（如祝贺婴儿诞辰7天、纪念亡人逝世40天等）和节日（如尼罗河泛滥节和闻风节等）。

穆斯林同科普特人以古老的埃及民族和光辉灿烂的埃及文明为自豪。同时，埃及穆斯林以是阿拉伯人为荣，认同于阿拉伯民族，自称是阿拉伯民族中不可分割的一部分，对阿拉伯历史和阿拉伯—伊斯兰文化十分珍视。

科普特人长期处于大分散、小集中的居住状态，遍布全国，但在上埃及多于下埃及、城镇多于农村。他们推崇古埃及的历史和文化，格外珍视纪元后6个世纪的历史，因为在这期间不仅形成了科普特教，而且科普特教徒为捍卫自己的信仰，反抗罗马统治者，进行了可歌可泣的斗争。科普特人将这段历史尊为"科普特史"。他们善于经商，精于鞣革，并在医药和药剂方面具有明显优势。

科普特人和穆斯林一样，深明大义，热爱祖国，在抗击西欧十字军东侵、抵御法国殖民入侵、抵制西方传教士、抗击英军入侵和1919年全民起义中同仇敌忾，和衷共济。综观埃及近现代200年的历史，穆斯林和科普特人总的说来亲如兄弟、和睦相处，但有时也会发生兄弟阋墙，主要是在20世纪10年代和70年代。20世纪10年代的宗教争端是英国殖民当局挑拨离间的结果；70年代的宗教纷争，除宗教激进组织的挑唆外，很大程度上与总统萨达特推行的宗教政策有关。穆巴拉克执政以来，重申1919年起义的口号"宗教属于安拉，祖国属于大家"，强调埃及民族两部分人的团结和合作，艾资哈尔教长和科普特教会积极响应。穆斯林和科普特人之间的裂隙得以弥合，摩擦基本平息。

努比亚人主要居住在上埃及，特别是现已被纳赛尔湖淹没的阿斯旺至瓦迪哈勒法地区，是一个历史悠久的古老民族，曾创建古埃及第二十五王朝（前716—前656），信奉伊斯兰教，以努比亚语为母语，同时操阿拉伯语。柏柏尔人自古以来就居住在锡瓦绿洲和靠近利比亚的边境一带，以种植椰枣树及饲养羊和骆驼为生。贝都因人是伊斯兰初期入据埃及的阿拉伯人的后裔，大多在绿洲和沙漠中过着游牧生活，一些人已定居在西奈半岛和红海沿岸。

此外，在开罗、亚历山大等大城市还居住着一些已加入埃及国籍的外国侨民，以希腊人居多，其次是亚美尼亚人。1956年苏伊士运河战争前，还有不少犹太人在埃及定居，现仅剩下百人左右。

第二节　宗教

伊斯兰教在埃及已扎根1 400余年，占人口绝大多数的阿拉伯人（包括贝都因人）以及努比亚人均为伊斯兰教徒（穆斯林）。埃及自7世纪起的历朝历代，除法蒂玛王朝信奉什叶派外，都笃信逊尼派，因此埃及穆斯林除极少数人以外均为逊尼派信徒。逊尼派自称正统派，承认四大正统哈里发为穆罕默德的合法继承人；除《古兰经》外，还根据《布哈里圣训实录》等六大圣训集建立自己的学说，并以此为立法依据。逊尼派在教法方面分哈乃斐派、沙斐仪派、马立克派和罕百里派四大学派。埃及早期是沙斐仪派的主要传播地之一，现今绝大多数人信奉哈乃斐派。该派在制定教法时，主要根据《古兰经》，审慎引用圣训，着重运用类比。对类比和公议的运用比较灵活，特别强调执法者的个人意见和判断的价值的必要，故又称"意见派"。

苏非派在埃及民间广泛流传。它是伊斯兰教内部衍生的一个神秘主义派别，在基本信仰和履行"五功"上与逊尼派别无二致。不同之处在于对《古兰经》经文和教义的神秘解释以及坚持苦行主义与禁欲主义，主张长时间、无节制地赞颂、祈祷真主，吟诵《古兰经》，自我修炼，以达到"神人合一"。苏非派中的里法伊、卡迪里、沙兹里、赛努西、苏哈拉瓦迪耶等教团都在埃及设有中心道堂。

埃及是伊斯兰现代主义的两大发源地之一。现代主义的奠基者当推出生于阿富汗的贾迈勒丁·阿富汗尼（1838—1897）。1876 年他应邀来埃及讲学，羁留 8 年。他受德国马丁·路德宗教改革的影响，主张改革伊斯兰教，抛弃鄙视自然科学的陈腐观点，提倡科学救国。其继承人是艾资哈尔著名学者穆罕默德·阿卜杜。他力图革新伊斯兰教，协调宗教和科学的关系，认为"科学如同信仰，为人类揭示自然的奥秘"，人们可以通过理性来认识和改造自然、推动社会的发展，从而印证在宇宙之外有一个无所不能、无处不在的创造者。他以埃及穆夫提（Mufti）的名义发布教谕，对银行利息、人寿保险、股份公司及其红利、摄影、电话、无线电等新生事物做了适应时代发展的诠释。他提议通过修改教学大纲和敞开创制（Ijtihad）大门来改造和发展艾资哈尔大学。

自 1923 年起，埃及颁布的各部宪法都确认伊斯兰教为国教。埃及共有大小清真寺 10 万座，神职人员达数十万人。逊尼派没有教阶，但艾资哈尔教长被公认为全国最高宗教领袖，大穆夫提是教法最高解释官，二者均由总统任命。艾资哈尔教长和大穆夫提在政治上竭力和政府保持一致，他们支持圣战，反对暴力恐怖活动，指责"9·11"事件是"胆怯的恐怖行为"；强调巴勒斯坦人民针对以色列占领军和犹太人定居点居民的同归于尽行为是殉教行动，而滥杀平民、妇女、儿童则与伊斯兰教毫不相关。对于伊拉克的萨达姆政权，先是反对美英发动伊拉克战争；战争爆发后，则号召圣战；战后，在谴责萨达姆政权滥杀无辜、伤害邻国的同时，敦促美英尽快撤军交权，支持伊拉克人民的反抗斗争。在非政治事务方面，他们通常持较为温和的务实态度，大力宣传不同文明之间的对话，反对文明冲突论。他们认定银行利息合法；妇女能出任法官；科学家可克隆动植物，但不能克隆人；经法律许可，即使死者生前未立下遗嘱，也可剥离其眼角膜；法国政府有权做出禁止学生在校佩戴宗教标志的决定等。萨达特执政期间，曾赋予艾资哈尔清真寺可以对埃及各大学进行宗教指导的权利。2004年6月，司法部部长授予艾资哈尔伊斯兰研究所知名学者以司法约束权。他们有权下令没收和禁止有悖于伊斯兰教教法及其准则和价值观的印刷品、录音带和演说稿。

科普特教1世纪中期经基督教圣人马可之手传入埃及，原崇拜偶像的古埃及人（即科普特人）纷纷入教，以示对敬奉多神教的罗马入侵者的抗拒。4世纪罗马皇帝改信基督教，主张基督神人二性并存。埃及科普特基督徒反其道而行之，接受基督神人二性合一的教义，以示与罗马和拜占庭统治者的抗衡。他们引用基督的圣谕"你们须将恺撒的事交给恺撒，将上帝的事交给上帝"来反对世俗政权干预科普特教会事务，保持教会的独立性。451年，卡尔西顿会议将一性论斥为异端，埃及科普特教会毅然和君士坦丁堡教会决裂，自成一派，属基督教东正教教会之一。科普特人在罗马人统治期间，特别是罗马皇帝戴克里先执政时期，深受迫害。为了生存，他们进行了坚持不懈的斗争。为了悼念无数英勇无畏的殉道者，将戴克里先登基之日（284年8月29日）定为科普特历的纪元。科普特教会有自己的牧首常驻亚历山大。20世纪60年代，开罗圣马可教堂落成，牧首改称教皇。现任教皇为舍努戴三世（1971年至今在位）。另有少数埃及人信奉天主教和新教。埃及籍希腊人和亚美尼亚人则属于东正教徒。

第三节　传统民俗和节日

❧ 一、传统民俗

（一）服饰

法老时代的服饰较为简单，用麻制成，遮盖部分身躯，裸露部分较多。伊斯兰教传入后，绝大部分埃及人受教规的影响，改变了服饰，衣物遮掩全身，特别是女子。在埃及漫长的伊斯兰历史时期，街巷里没有袒胸露背的妇女，也见不到穿着背心和短裤的男子。

在这种背景下，大袍（Gilbab）成了埃及人的民族服装，但不是正式场合的国服。它上部合体，下摆宽大，几乎长垂及地，两袖肥大，一般无领，前胸开口，套头穿着。男女样式大致相同，颜色有别：男式一般色泽较素淡；女式通常选用花布。面料以棉布居多，其次是丝绸和毛料。大袍穿着舒适，凉爽宜人，既符合教规和便于一般祈祷前的"小净"，又适合当地炎热的天气，便于通风，且价格低廉，因此经久不衰，持续至今。绝大多数农民和城市平民至今仍常年身穿这种大袍。一些富人贪图舒适，在家有时也穿这种无拘无束的衣服。下层男子头戴便帽，夏季防晒，冬季防雨。上埃及人在便帽外还缠上白色头巾。已婚妇女外出时一般头包黑色头巾，身穿黑袍。未婚女子则在花袍外披上轻薄的纱巾。

近代，西方文化渗入埃及。以王室为代表的上层社会在生活方式上首开欧化之先河，以穿戴西式服饰为时尚，但仍保留带有黑穗的无边土耳其红毡帽，以示其高贵身份。纳赛尔时代盛行世俗的阿拉伯民族主义，文化呈多元化倾向，西式服装在城市占主导地位。在知识阶层中，男人大多西装革履，土耳其红毡帽作为旧时代的象征渐渐退出历史舞台；女人涂脂抹粉，时尚新颖。穿短裙和紧身连衣裙的女青年举目可见，戴头巾的姑娘几乎是凤毛麟角，遑论以面纱掩面了。萨达特时代在宣扬伊斯兰思想的同时奉行文化开放政策，一些少女对凸显形体美的喇叭裤和牛仔裤情有独钟。20世纪80年代起，伊斯兰思潮在埃及和整个阿拉伯世界蔚然成风，恪守教规成了众多虔诚穆斯林的自觉行为，同时也形成一种相互影响的无形的社会压力。在这种氛围下，服饰和打扮骤变。包括部分风华正茂的姑娘在内的许多妇女放弃了西式时装，改穿仅露脸面和双手的"伊斯兰服饰"。据说，穿戴这种服饰会受到社会的敬重，不易遭到男性的骚扰，且不用化妆，深受家境贫寒姑娘的欢迎。但爱美之心人皆有之，渴望美、追求美更是每一个女性的天性。"伊斯兰服饰"不仅没有统一样式和色调，而且花样年年翻新，力图在不突破教规的基础上标新立异、引领时尚。男子的服装没有多大变化，知识阶层并未因伊斯兰思潮而改穿大袍上班或上学。唯一的变化是不仅留髭，还蓄髯。据说，圣训曾要求信徒以这样的形象出现，以区别于偶像崇拜者。20世纪90年代下半期起，伊斯兰思潮不如前一时期那样强劲，妇女的服装又有新的变化，穿全套伊斯兰服饰的人有所减少，穿1/2或1/4伊斯兰服饰乃至全部时装的人渐渐增多。留满脸大胡子的男子日趋减少。更有甚者，近年来以娜瓦勒·萨阿达维为代表的女权主义者在报上公开撰文对妇女穿戴"伊斯兰服饰"的必然性提出异议，认为穆斯林不论男女都必须知道廉耻和贞洁，穿戴"伊斯兰服饰"是伊斯兰政治集团强加于人的政治口号，而不是《古兰经》和圣训明文规定的一种宗教功课。

（二）饮食习惯

埃及穆斯林严守教规，饮食方面遵照《古兰经》的约束。

埃及饮食文化源远流长，受外来影响很小。一般说来，饮食不那么复杂。普通人家的早餐是大饼、面包，就着泡菜、奶酪或果酱，加上一杯红茶或牛奶。午餐和晚餐通常是蔬菜和肉类搭配、几张大饼和一点水果。食物的特点可用三组字词概括：油腻、辛辣、甜。餐具一般用刀叉和汤勺，但下层人民至今仍将大饼撕成小块，卷成勺状。

大饼被埃及人称为"尔希"（意即"生活""生存"），已有数千年的历史，是埃及人民不分贵贱一日三餐必备的主食。其原料是普通面粉，底部沾有麸子，由店铺统一制作，发酵后烘烤而成，呈扁圆形，有韧性，嚼起来筋道，营养价值高，且享受国家补贴，价格十分低廉。各家买回去后从不加热，习惯吃凉的。大米并不煮成米饭或稀粥，而是制成油炒饭，配上烤鸡或烤肉。

埃及菜肴品种不多，无菜系之分，以烤、煮、拌为主，多用盐、胡椒、辣椒、咖喱粉、孜然、柠檬汁和番茄酱作为调料，口感较重。富有特色的家常菜和风味小吃有：由西红柿、黄瓜、洋葱、青椒配制而成，再加少许柠檬汁等搅拌的生菜；将蚕豆、大蒜、洋葱焖至酥软后淋上一层油的焖蚕豆；把锦葵叶切成碎末，与羊肉汤、鸡汤、大蒜和香料一起煮制而成的浓绿黏稠的锦葵汤。此外，还有羊肉串、烤肉、葡萄叶夹肉馅等。最令人垂涎的珍馐当推烤羊羔。这是殷实人家婚庆喜宴和款待上宾时推出的最名贵的一道大菜。

埃及人喜欢吃甜食。斋月里，家家户户必备的甜食有用很细的面粉丝制作的夹杂着碾碎的榛子、花生、核桃仁的"库纳发"，以葡萄干等干果作馅、形似油炸饺子的"盖塔伊夫"，用杏仁制成果冻的"曼哈莱比耶"。埃及的甜食不仅糖分多，还掺上蜂蜜，且油性大，可谓是又甜又腻。

埃及人不喝绿茶，习惯将红茶末和少量水放在铝制或铜制器皿里煮成深红色，饮时需加糖，有时掺上一点牛奶或薄荷。咖啡分土耳其式和西式两种：前者呈暗褐色，味浓，用很小的杯子饮用；后者呈暗红色，味较淡，用较大的杯子饮用。饮时可加糖或不加糖，视个人爱好而定。

埃及饮食搭配不甚合理，含动植物油和糖分过多，不利于健康。据埃及卫生和人口部统计，全国有2/5的人体重超标，心脑血管病和糖尿病患者较多。

（三）居住

埃及人重视血缘，一家人祖孙三代聚居一堂，构成东方式的大家庭，已成传统。随着工业和教育的发展、社会流动的加快以及住房危机的突出，家庭趋于小型化已大势所趋，但保持大家庭的习俗仍不同程度地存在着。在农村，儿子娶亲，通常由父母腾出一两间房或在住宅边另盖新房。在城市，富裕人家父母与儿子、儿媳或兄弟两家同住一幢自建的别墅和公寓楼房并非罕见。一般家庭，儿女成婚后，大多另立门户。因为根据教规，媳妇和小叔子同住一个单元是忌讳的，何况婆媳不和会使家庭关系紧张。上门女婿则往往被人耻笑而感到无地自容。住房大多坐南朝北。埃及北临地中海，夏季多北风和西北风，每当下午四五点清风习习，朝北的房子渐渐变得凉爽宜人。

住房的另一个特点是窗户外大多增加一层百叶窗，目的有二：一是为了使外人不能看到室内的情形。伊斯兰建筑形式的住宅充分体现了这个特点，每扇窗外都有一扇固定或活动的由细小、密集的窗棂组成的木制窗户，把室内外隔绝起来。二是百叶窗在空调普及以前是最简便的消暑方法。夏季，热浪滚滚，室内温度达三四十摄氏度，开电扇也无济于事。人们习惯于在上午9时左右关上百叶窗和玻璃窗，保持室内前一天余下的较为凉爽的空气，直至下午海风袭来，再打开窗户换气。公寓房楼层高低不一。旧房一般为四五层，大多由个人自建；新房以高层建筑居多，由个人或房地产开发公司承建。许多已入住的楼房不封顶，以便随时加高和少纳税。别墅大多为二三层，由私人买地，请工程师设计，风格迥异；一般底层中央为大小客厅，两侧为餐厅、书房和厨房；二三层为卧室和女会客室；顶层有大阳台，白天用来晾晒衣服，晚上供全家纳凉休憩。1952年七月革命前，农村中大部分住房是十分简陋的土坯房，由一二间住房、一个牲口棚和小庭院组成。由于木材昂贵，只能以质地松软的椰枣树干充当梁柱，顶上铺些稻草或椰枣树叶。有的还建有别具一格的白色鸽舍，呈圆锥形，上上下下有无数圆孔，便于鸽子出入，其高度高出屋顶，成为农村一景。近半个世纪以来，随着农民生活水平的提高，土坯房逐渐为红砖房所取代。20世纪90年代，政府为保护农田，下令禁止铲土制砖。如今数层高的钢筋水泥房在农村中也举目可见。

作为虔诚的伊斯兰教信徒，埃及人十分重视个人卫生和室内整洁，从各家厨房用具常年保持锃光瓦亮可见一斑。有些穷人即使家徒四壁，睡在地上，但也保持地面整洁、物品摆放整齐。

（四）礼仪和禁忌

埃及既是一个热情奔放、风趣幽默的民族，又是一个因循传统、讲究礼仪的民族。敬老爱幼的习俗已蔚然成风。无论在家里还是在社会上，年幼者对互不相识的长者惯称"叔叔阿姨""爷爷奶奶"；长者则亲昵地叫晚辈为"我的孩子""我的儿子""我的女儿"。同龄人之间以兄弟姊妹或"我亲爱的"相称。埃及人以生动美妙的语言互致问候，见面的第一句话不是说"你好"，而是说"愿平安降临于您"，回答是"您也会获得平安"。人们也常用"早安"或"晚安"来致意；答复是"明亮的早安"和"明亮的晚安"。为了表达亲近和良好的祝愿，在"早安"一词后往往缀上一些充满芳香的形容词，如"茉莉花般的早晨""玫瑰花般的早晨"等，仿佛让你置身于竞相争艳的百花园中，心旷神怡。问候后，同龄同性人之间通常相互拥抱，亲吻脸颊；也有握手的，一般限于陌生人或不甚熟悉的人之间。同龄异性人之间很少握手，更不亲吻脸颊，仅相互问候而已。按教律规定，穿戴伊斯兰服饰的女性不可以同异性握手。公开场合接吻被视为伤风败俗。夫妻一方出远门，丈夫只能在机场或车站亲吻妻子的脸颊告别。晚辈见长辈、年轻人见长者、地位卑微者见有权有势的人，以亲吻对方手背表示敬重。

埃及人生活中有禁忌。他们相信右比左好，认为右是吉利的象征，一切行动须始于右，不仅就餐、握手、传递物品用右手，在阿拉伯语中将"左右"读成"右左"，而且穿衣穿鞋先穿右手和右脚，进家门和清真寺乃至学校和部队操练也先迈右腿；而用左手和左脚则被视为不吉利，究其原因，穆斯林上厕所时用左手冲洗，因此左手被认为是肮脏的，用左手与他人握手或传递物品是极其无礼的。埃及人讨厌打哈欠，将它视为魔鬼附身。如情不自禁地在他人面前打哈欠，应急忙转身捂脸，并抱歉道："请真主宽恕。"埃及人忌讳每日下午3-5时卖针、买针和借针。据传，这一时刻天神下凡，赐福于民。越富者获赏赐越多，越穷者获赏赐越少。穷人整天用针缝补破衣烂衫，势必得不到天神的恩宠。因此为避邪，绝不卖针、买针和借针。针有时成了一些妇女相互咒骂的口头语，妇女如被骂成针，无异于蒙受奇耻大辱，痛不欲生。

（五）婚姻

埃及法定结婚年龄为男18岁、女16岁。穆斯林的结婚手续简单，一般由教法全权证婚人颁发证书，便宣告婚姻合法。按教法和民法规定，女子成年后有权否定监护人为她选择的对象；监护人不得以社会地位和聘礼数量等为由阻止被监护人完婚。自由恋爱增多，尤其在大城市，然而绝大多数婚姻至今仍取决于父母之命、媒妁之言，热恋中的情侣倘若得不到父母的认同，亦难以成为伉俪。在农村，表兄妹或堂兄妹之间结婚司空见惯，在一些地区甚至被视为首选，借以扩大本家族势力。埃及承认一夫多妻制，提倡一夫一妻制，规定丈夫欲另娶，须将婚姻状况如实地告诉妻子和未婚对象，不得隐瞒。埃及多数家庭特别是知识分子家庭由一夫一妻组成。男方在订婚和结婚前须依次给女方一笔聘礼。婚后，聘礼作为妻子的私人财产，丈夫不得动用，除非妻子自愿让与。男女双方登记后在法律上成为夫妻，但不能同居，尚须举行婚礼，婚礼规模视双方的社会地位和经济状况而定。婚后，夫权至上，妻子处于受支配地位。丈夫有义务赡养妻子，妻子须服从丈夫管束。如果妻子无故否认丈夫的夫妻权利或未经许可擅自离家，被认为是背叛和不服管束，丈夫可终止赡养妻子或诉诸法律，迫使她回到"屈从之家"。另一方面，妻子在夫权许可的范围内享有一些自由，如有权处置私人财产、回娘家省亲、因从事正当职业而外出上班；但截至2000年10月，妻子未经丈夫同意，仍不得私自申请护照出国。按传统法制，丈夫有绝对休妻权，无须征得妻子同意，也无须经法院判决。休妻分为可挽回和不可挽回两种。埃及法律不拘泥于哈乃斐学派的传统，明确规定丈夫在喝醉酒、受他人胁迫的情况下宣布的休妻一概无效；丈夫若无故休妻，且未经妻子同意，那么在待婚期间应继续向其被休妻子提供赡养费，并支付不少于两年赡养费的赔偿金。赔偿金无上限限制，但须考虑丈夫的收入、离婚的背景和结婚的年限。被休妻子所生子女归丈夫所有，但妻子有权照顾男孩到10岁、女孩至12岁；如法官认为有必要，可延长照顾期，男孩到15岁、女孩直至结婚。在被休妻子照顾儿女期间，丈夫应为她提供单独居所。

妻子提出离婚难以实现，只有在以下情况下可以获得不可挽回的离婚权：丈夫患有不治之症或长期丧失性功能；丈夫无故离家1年以上，使妻子受到伤害；丈夫拒付赡养费；丈夫被判刑3年以上，已服刑1年。1979年萨达特总统颁布革故鼎新的第44号令，规定丈夫再婚是对妻子的伤害，妻子无须提出其他理由即可要求离婚。这一法令在国内引起激烈争论，1985年被最高宪法法院否决。同年发布第100号总统令，限定丈夫再婚，如确实给妻子带来物质和精神上的有据可查的伤害，妻子有权提出离婚。2000年1月对该法令做了进一步修正，规定妻子因感到与丈夫相处不平等或无法继续与丈夫生活下去，可提出离婚。这些法令的颁布无疑对扩大女权起了积极作用，但付诸实施，仍障碍重重。丈夫可以用种种借口矢口否认妻子的指控，协议离婚便告无效。休妻有三种方式：一种是可挽回休妻，指丈夫在妻子"洁净期"（即非月经期）宣布一次休妻后，如连续3个月不与妻子同床，婚姻即行终止。如在妻子3个月的"待婚期"结束后，丈夫回心转意，休妻决定自行废除。其次是不可挽回休妻，指丈夫在妻子"洁净期"宣布一次休妻后，又连续在两个月内宣布两次，休妻就变成不可挽回。丈夫如想复婚，只能等妻子再嫁并离婚后才能和她破镜重圆。最后是非正规休妻，指丈夫连说三声休妻，婚姻即告终止。倘若诉诸法律，程序烦琐，需等待多年。纵然妻子按2000年修正法提出离婚，亦须退回结婚时男方付给的聘礼，甚至丈夫还可以提出巨额赔偿金来阻挠离婚。

此外，还有一种习惯婚姻，相当于受逊尼派谴责的临时婚姻。男子只要征得女子的同意，向她支付一笔钱，便可在约定的时间内公开合法同居。这种妻子名不正言不顺，提出离婚时无法得到应有的补偿。

科普特人的婚礼较为简便，在教堂举行，由神父询问男女双方是否愿意结为夫妻，在得到肯定答复后，诵读有关经文，并宣布"天子所配，人不能分离"，结婚仪式即宣告结束。

由于失业率居高不下、住房紧张、聘礼极重等原因，埃及35岁以上大龄未婚青年增多。据中央统计局统计，2001年大龄未婚青年人数达800万之多，其中300万是女性，成为一大社会问题。

二、节日

埃及人除星期四、星期五休息外，每周工作5天。埃及节日甚多，这些节日有的是世代相传的传统节日，有的是近半个世纪以来由官方或国际组织确定的。各种节日因性质不同，放假的范围也有所不同。有的是全国性的，有的属宗教性的，有的系行业性的，有的为省市性的。主要节日如下：

1. 国庆节

每年的7月23日，放假1天。1952年的这一天，以纳赛尔为首的自由军官组织在开罗起义，7月26日法鲁克国王逊位。1953年6月17日宣布废除帝制，成立共和国，从而结束了穆罕默德·阿里王朝长达一个半世纪的统治。埃及政府将"七二三"革命胜利之日定为革命节，也是埃及的国庆节。

2. 建军节

每年的10月6日，放假1天。1973年的这一天，埃及武装部队越过苏伊士运河，突破了被以色列吹嘘为"不可逾越"的巴列夫防线，并在西奈半岛与以军鏖战，消灭了大量敌军，收复了部分国土。埃及武装部队在这次战争中洗刷了屈辱，打破了以色列"不可战胜"的神话，军威大振。埃及政府特将战争爆发之日定为武装部队日，相当于建军节。

3. 西奈解放日

每年的4月25日，放假1天。根据1979年3月埃以两国签订的和约，以方保证撤离所占的西奈半岛，归还油田，拆除定居点；埃方则承诺与以色列建交，在西奈的军事部署受限制，尚须向以色列出售石油。1982年4月25日以军完全撤离。埃及政府将这一天定为西奈解放日。

4. 闻风节

科普特历每年的七月二十五日（公历3月下旬至5月上旬），放假1天。它是世界上最古老的节日，距今已有5 700多年的历史。古埃及人确认当太阳进入黄道十二宫的白羊宫时，昼夜相等，春分来临，万物复苏。届时，全家外出踏青，品尝象征着祝福的彩蛋、寓意生命的咸鱼、治病祛邪的洋葱和生菜、预示着丰收在望的青鸡豆。这一习俗传承至今。

5. 开斋节

每年斋月末日，如见新月，次日（即伊斯兰教历十月一日）便是节日，否则顺延，一般不超过3天，放假4天。中国新疆各族穆斯林称之为"肉孜节"。这一节日既是信徒积德行善的日子，也是人们欢庆的日子。清晨，穆斯林举行会礼，有钱者广施济众，自愿缴纳开斋税或站在街口分发钱物。各家设佳肴美馔宴请亲朋好友，邻里之间互赠食品。

6. 宰牲节

伊斯兰教历每年的十二月十日，放假5天。中国新疆地区穆斯林称"古尔邦节"，意即献牲节。节日当天，众信徒纷纷在家以牲口献祭，以示对真主的忠诚。宰牲之肉分成三份：一份自用，一份赠送亲友，一份施舍穷人。

7. 先知圣纪

伊斯兰教历每年的三月十二日，放假1天。这一天为先知穆罕默德的诞辰纪念日。埃及人在法蒂玛王朝时首创纪念先知圣纪习俗，继而传遍伊斯兰各国。埃及穆斯林特别是苏非派珍重这一节日，他们把街巷布置得富有浓厚的宗教气氛；响礼后举起赞美真主和使者的旗子，游行庆贺；晚上则聚在一起吟诵赞美词，聆听关于穆罕默德生平事迹的动人故事。

8. 圣诞节

每年的1月7日，放假1天。圣诞节是耶稣诞辰纪念日。科普特教会属东正教会，遵循儒略历，其12月25日相当于公历1月7日。节前，教徒吃素43天。节日当天，家中陈放圣诞树，挂满彩灯，人们去教堂祈祷，全家团聚，探亲访友，互赠礼物。2002年年底，穆巴拉克总统下令将此日定为全国法定假日，以体现穆斯林和基督徒之间的团结一致和密不可分。

9. 尼罗河泛滥节

每年的6月17日（科普特历十月十一日）。尼罗河是埃及的生命之源，河水泛滥预示着来年五谷丰登。埃及人民自法老时代起就欢庆这一节日，他们载歌载舞，向河里抛撒祭品，包括一名婀娜妩媚的少女。7世纪时这一陋习被废止，1940年起代之以石膏或石蜡制作的人像。阿斯旺水坝建成后，洪水被锁住，但庆典照常进行。

10. 登宵节

伊斯兰教历每年的七月七日。相传，621年的这一天，真主的使者穆罕默德乘神马由麦加疾似流星地飞抵耶路撒冷，登上七重天，拜谒了众先知，天使向他传谕了每天礼拜五次的时间和礼仪，黎明返回麦加。穆斯林由此将耶路撒冷视为仅次于麦加和麦地那的第三圣地，并在此日祈祷诵经，以示纪念。

11. 英军撤离日

每年的6月18日。1954年10月19日，英国政府被迫和埃及政府签署撤军协议，同意英军在20个月内全部撤离埃及。1956年6月18日最后一批英国士兵撤离，长达74年的英国占领宣告结束，埃及从此获得真正独立。当天，埃及举国欢腾，将这一天定为英军撤离日，又称埃及独立日。

12. 胜利日

每年的12月23日。1956年10月，英、法、以三国发动入侵埃及的苏伊士运河战争。埃及军民不畏强暴，坚持斗争。世界各国人民支持他们的正义事业。美苏两大国进行了干预。侵略国四面楚歌，被迫接受联大的停火决议。当年12月23日，最后一批英法军队撤离埃及。这一天被定为纪念埃及抗击三国入侵的胜利日。

此外，埃及还有非国民节日，包括警察节（1月25日）、航空节（1月27日）、医生节（3月18日）、母亲节（3月21日）、文化艺术节（10月8日）、石油节（11月29日）、儿童节和科研节（12月20日）等。一些省份把某些重大历史事件的发生日定为省纪念日。例如亚历山大省将1952年7月26日法鲁克国王逊位和流亡之日定为省纪念日；

米努夫省把1906年6月13日英国占领军杀害无辜平民的"丹沙维事件"确定为省纪念日；代盖赫利亚省的省庆日是5月7日（1250年的这一天，法国国王路易九世发动第六次十字军东征侵入埃及，最终以法国国王被俘和全军覆没告终）。

第四节　教育

🔸 一、穆罕默德·阿里之前的埃及教育概况

自古埃及人为创造文字而努力、用象形文字记载古埃及语起，埃及教育便开始传播了。古埃及人的家庭是自己的第一所学校。古埃及盛行继承教育，尤其是从父辈传给子孙后代的职业、手艺，这种职业的教育不受书写的约束。至于皇室的孩子以及贵族家庭的孩子，则在附属于皇宫的学校学习，从小学习文学、数学、天文学及其他学科。工人阶级等非贵族阶级，则送孩子去教师那里学习。机构、部门也有学校，特别是有关的国家部门，教授管理方面的事务，其中也包括附属于军队的学校，教授内容包括武术、使用武器的培训、军事知识等。学校教育大多局限于已被决定任命的人或担任文职行政职位的人，不分男女，受过教育的妇女也可以担任重要职务或在国家担任高级职务。

在托勒密时期，随着学校的建立和亚历山大图书馆的建立，埃及曾经是得到知识和教育的地方，有许多名声享誉世界的埃及学者，为世界贡献出科学、艺术、文学和各方面的知识。亚历山大大学的历史可以追溯到前300年，在与现今大学相似的系统下，阿基米德、欧几里得等著名学者在这里讲课。

基督教进入埃及60年后，埃及的一些教育现状也随着时代发生了变化，学校变成教会而不是清真寺，用语被简化，字母表变成了25个希腊字母加上7个埃及字母，这便是2世纪后期的科普特字母表出现的基础。亚历山大建立了教会学校，同时带有学徒性质的多神教学校出现，直接目的是为教会职位培养候选人。随着政治环境的改变，从罗马时期到379年承认基督教作为正式的国教，教会的目的是维护埃及

的国力，教授科普特语，将《圣经》翻译为科普特语，并且取代了希腊语。

伊斯兰教传入埃及之后，埃及开始出现了附属于清真寺的学校，奥马尔·伊本·艾勒阿斯清真寺是伊斯兰教时期第一个在埃及志愿授课的中心场所，奥马尔·伊本·艾勒阿斯清真寺里学习的地方被称为小清真寺，除此之外的另一所学校便是现在的艾资哈尔大学的前身——艾资哈尔清真寺。授课教师由国家委任，上课地点被称为"圈"。

阿尤布王朝和马穆鲁克王朝时期相继出现了真正意义上的学校，阿尤布时期的第一所学校是建立于伊斯兰教历566年、教授沙斐仪派教法的学校，并且在它附近建立了马立克派学校，接着在开罗等地建立了由王室、执政者、显贵人士管理的学校，并且大多集中建于7世纪和8世纪。起初这些学校的建立是基于特定教义或现代科学或《古兰经》，少有基于教授四大理论的学校，这类学校在伊斯兰教历641年由国王萨利赫·丁·阿尤布建立。在那一时期，艾资哈尔大学凭借着宗教基金和王室的扶持而具有竞争力，尽管由于其研究的领域范围宽广，包括其他宗教和语言学科的多样化，并且它也是其他伊斯兰教国家的学生求学之地，因此其学生数量一直庞大，但艾资哈尔大学也经历了衰落时期。

在马穆鲁克国家王朝时期，建筑业繁荣，除了其他学科以外，以宗教为目的的学校开设建立。例如伊斯兰教历683年建立的曼苏里亚学校、伊斯兰教历703年修建的纳赛尔学校。随后多所高等院校陆陆续续建立。伊斯兰教历8世纪，艾资哈尔大学享有国家王室的扶持，它的思想、科学成就处于鼎盛时期，它的学者也处于很高的地位，就职于最高司法职位。

随着穆罕默德·阿里统治埃及，教育制度开始随现代制度而改变，建立了军校、高等院校、预备学校等。1908年，在埃及开设了第一所现代大学——埃及大学（现为开罗大学），随后在埃及各地开办了越来越多的大学。

二、穆罕默德·阿里时代至今的埃及教育

随着1805年穆罕默德·阿里在埃及执政，教育开始作为他实现军事、政治、经济目的的手段。他广建了各类学校，主要分为军事学校

和非军事学校。其中军事学校如 1820 年在阿斯旺创办的第一所军事学校，1821 年在布劳克开办的工程学院，1833 年开设的弹药学校，1834 年开设的金属学校等。至于非军事的学校，如 1827 年在拉希德建立的兽医学院，1830 年在阿布·扎巴尔建立的药学院，1831 年开办维西亚化学学院、在布劳克开设的水利学院，1836 年开设的翻译学院、口语学院，1833 年在曼苏尔开设的农业学院，1840 年开设的行政法学院等。

阿拔斯一世时期，国家教育制度衰落。在穆罕默德·阿里执政之后，许多学校被关闭。在赛义德执政时期，大多数学校仍然是关闭的，同时由于上层对学校的施压，该时期的重点院校只有工程师学校和医学学校两类，这一举措直到 1854 年才被废止。伊斯梅尔时期，埃及的教育迎来了复兴，政府开始注重小学并且将它纳入教育制度中，成立了教育委员会来商议教育事务。1868 年 4 月 15 日，穆巴拉克主管教育部，他为了使想学习的人能够有机会受教育而不受歧视，制订了第一个国家教育项目的科学计划，被称为《拉贾布条例》。1872 年，教育部为艾资哈尔大学出台了第一个法律，组织学生获得博士学位证书。1880 年，政府成立了一个名为"教育委员理事会"的教育组织委员会。

英国殖民时期，英国人鼓励推行外国教育。此外，没有达到同一水平的其他各类学校也开始出现，这导致了伊斯兰慈善机构学校、科普特学校、初中和技术学校的出现。但尽管如此，英国人也热衷于节约旧的小学里的开支，并且在 1889 年将其纳入教育部，1916 年建立男女分校以及学习文化知识的预备学校。1915 年开始，用阿拉伯语教授英语、法语的教材。1925 年，制定了一项普及初等教育的项目，建立了义务教育学校。

建立埃及大学的想法遭到了英国当局的强烈反对，但尽管如此，爱国者委员会开始直接掌权，直到 1908 年 12 月 21 日，在埃及总督阿拔斯二世的主持下，埃及大学作为国立大学成立。1928 年这所大学在（现在的）吉萨设立了总部，1940 年 5 月 23 日该大学更名为埃及富阿德大学。在七月革命以后，准确地说，在 1953 年 9 月 28 日，法令规定将该校更名为开罗大学。当大学教育越来越被学生所接受后，开罗大学已无法接收所有的求学者，大学委员会在 1938 年决定建立包括法学院、文学院的分校，然后在1941年建立包括工程学院的亚历山大分校。1942年8月2日，法鲁克大学在亚历山大成立，最初包括文学、法学、医学、科学、工程学、农业学和商学，并在七月革命后，更名为亚历山大大学。1950年为满足大学教育的需求，在开罗的阿拔斯地区建立了易卜拉欣帕夏大学，1954年2月21日，该大学更名为赫利奥波利斯大学，同年又更名为艾因沙姆斯大学。

1952年七月革命将重心放在了教育和出版上，并且在1953年颁布了第210号法律。1953年颁布的第211号法律，使公共教育、妇女教育、工业教育、农业教育、商业教育各类中等教育实现一致，并且将学制定为三年，第一年为公共学习，第二年和第三年分为两科：文科和理科，在第三年年末进行全国性的统考，考试通过的人被授予高中文凭。高中面临着创新和实验，于是在1956年建立了一所有初中和高中两个阶段的示范学校，同年教育部在开罗建立了允许五校学生（仅男生）入学就读的高中，同样为女孩建立了类似的高中。

1956年出台了第213号法律，将教育进程基本定为小学六年、初中三年、高中三年，然后从1957年开始将小学归为初中，称之为"预备学校"，包含了文化预备和技术预备，但在1966年又被取消了。1963年，一些法律将技术教育规定为不同的几类，以至于不需要表格来区分这些技术教育。

1968年出台了第68号法律，包括之前所有的教育法，以确定总的教育义务，利用高中时候的分科（文科和理科）来安排教育阶段的转变，这一法律在70年代一直被应用。这一战略下，1981年出台了第139号教育法，以安排大学阶段之前的教育事务，并且废除了之前的法律，也就是有关公共教育的1968年第68号法律、有关特殊教育的1969年第16号法律、有关技术教育的1970年第75号法律。而第139号法律成为教育法中唯一一个管理大学以前阶段的法律，最重要的一点是将义务教育延长为九年，包含了小学和初中。自20世纪70年代起，对特殊教育的需求有所增加，学生人数多，有时导致一些学校工作量繁重。

至于高等教育，纳赛尔时期大力发展各类高校，例如艾资哈尔大学，将其定为世界的大学，除了教授宗教学科以外还教授人文学科，并且建立了伊斯兰研究城，以容纳上千名在艾资哈尔大学求学、来自伊斯兰教国家的学生，除此之外开罗大学、艾因沙姆斯大学、亚历山大大学等均得到了不同程度的发展。

埃及教育部门提供幼儿园方案，与国际教育制度分类的初级教育分类相对应，根据1996年修订的第12号《儿童法》中的第56条规定，幼儿园接收4岁以后的学生入学。但这不是"义务"基础教育制度的一部分，也不是进入小学的先决条件。所有私立学校和公立学校的幼儿园在学年的10月1日接收学生入学，私立学校和公立学校可以接收4~6岁的学生，私立学校可以接收6个月至3岁的低年龄儿童。

根据埃及宪法，在高中结束之前或者法律上与之相等的阶段结束之前，实行免费义务教育，政府在教育方面的支出至少占国内生产总值的4%。根据宪法第19条规定，将义务教育从九年延长到十二年，将中学纳入其中。其中现行《教育法》规定，基础教育包括两级中小学教育，共计九年。中等教育一般包括两种学习方式，即一般或技术学科（农业、工业、商业、护理）。中学之后的教育不再是义务教育，而是分成两部分：平均高于两年的教育和至少在公立、私立大学或学院学习四年，并且有资格毕业和获得学士、硕士、博士学位文凭的大学教育。除此之外，艾资哈尔还有专门的教育制度，学生有资格毕业且在中等教育结束后可就读于艾资哈尔或其在共和国各地的分支机构。同样，军事教育机构也分为隶属于武装部队的学院和研究所，以及隶属于内政部的学院和研究所。

第五节　科技与卫生

在当代天文学、建筑学、数学、医学领域仍在使用的一些技术和发明是古埃及人智慧的继承和延续。

从持续了数千年的传统中看古埃及人的科技创造，他们已经发明了许多基础的工具，如利用斜坡、杠杆来辅助建筑；用绳索加固船只，约公元前2400年制造出了可以通过收帆的方式迎风航行的帆；用纸莎草制造人工纸张并出口到希腊、罗马；用陶轮生产陶器；大规模制造战车，在新国王时期作为军事的核心技术广泛使用；用直角三角形和许多几何定理来测量土地面积和进行农田布局，使用天然湖泊蓄水，利用排水系统排污……

进入近代社会以来，特别是埃及共和国成立以来，随着人口的不断增加和社会的进步，埃及政府愈发重视科学技术的发展。首先是成立各类科技部门，例如：1963年成立埃及高等教育和科学研究部（MHESR），其主要职责之一是确定国家层面的研究战略，以支持和促进埃及的科技创新。1971年成立埃及科学研究与技术学院（ASRT），该学院是一个隶属于科学研究部的非营利组织，也是埃及负责科学技术的国家机构。此外，于1988年成立国家技术咨询和研究基金会，1994年成立埃及内阁科技最高委员会，研究制定国家科技发展战略。

埃及政府从1982年开始，由埃及科学研究与技术学院制订科研发展五年计划，"第一个五年计划包括250个研究项目，由7 200名研究人员和5 000多名助理人员参加，主要成果是培育和改良了农业新品种，提高了稻米、小麦、棉花的产量。通过新技术开发，大大改善了水利灌溉现状。第二个五年计划的重点是强调解决农村发展、灌溉和排水以及生态学、考古学等"①。

第六节　体育

从各种石碑、雕塑上可以追溯到古代埃及人进行体育活动的影子，包括需要团队合作的划船比赛、曲棍球、拔河以及单人捕鱼、狩猎等类型的体育运动形式。至于运动器材则多为就地取材，例如在古埃及人中流行的曲棍球运动，球棍用棕榈树枝打造而成，球体内部塞入纸莎草，外部用动物皮包封。

到了近代，埃及的国家体育部是负责埃及体育活动的主要部门。埃及积极参加各种国际体育赛事，例如奥运会、地中海运动会、阿拉伯运动会等。1910年埃及首次参加奥运会，是国际奥委会的第14个成员国。

足球被认为是在埃及人之间广泛流行的第一项体育运动。它普及较广，深受人们喜爱。埃及国家足球队是由埃及足球协会负责的专业

---

① 夏承凯、陈冠勤：《浅谈埃及科技的基本情况》，《国际科技交流》，1990年第8期，第4-6页。

足球队，代表埃及参加各种国际比赛。60多年来，在"非洲杯"比赛中，埃及队曾7次夺冠。开罗国际体育场是埃及足球的有力象征，体育场位于开罗国际机场以西约10千米处，距开罗市中心约30千米，几乎所有最重要的埃及比赛都在这里举行。

排球运动在埃及也是一项群众性较广的体育活动，在全国150个俱乐部里都有排球活动，参加活动的人数仅次于足球，居全国第二位。篮球在埃及的传播始于开罗的美国大学和基督教青年会，然后通过法国的Lycée学校又在亚历山大流行开来。

埃及的篮球赛事有美、法两种管理模式。其中，美国赛制模式适用于开罗，法国模式适用于亚历山大。1925年，首个篮球区在开罗成立，随后成立埃及篮球联合会。1930年成立四个篮球区，分别是开罗、亚历山大、阿西乌特和塞得港。1932年，埃及篮球联合会加入了国际联合会。随着篮球运动的更加规范，篮球在各大学校、机构、俱乐部中广泛传播，并逐渐涌现出专业赛队，参加各类比赛。

除球类运动之外，游泳也在埃及有广阔的受众群体。景色宜人的地中海、红海海滨和风景秀丽的尼罗河畔，均是广阔的天然游泳场。在1973年举行的第二届非洲运动会上，埃及选手几乎夺取了全部游泳项目的冠军。

总之，埃及人非常喜爱体育活动，大街小巷都可以看到埃及人运动的身影。

第七节　新闻

出于埃及特殊的地理位置、悠久的历史，以及综合国力的不断提升等诸多因素，埃及媒体在阿拉伯世界及周边国家有很强的辐射作用。

古埃及时期，传令官以口头汇报的形式向法老们报告重要信息，被认为是埃及新闻业发展的开端。埃及的现代新闻开始于埃及和中东最古老的报纸《埃及记事报》，1828年12月3日由埃及政府创办，旨在公布埃及的法令和新闻。1867年公开发行了新报《尼罗河谷》。在19世纪末20世纪初，埃及有了阿拉伯语和法语的期刊。在19世纪的大部分时间里，亚历山大是埃及新闻业的中心。大约在19世纪中后期，许多著名的文学期刊都在亚历山大建立，但到了19世纪90年代，新闻中心转移到了开罗。

埃及的新闻出版业开始真正的发展繁荣是在1952年七月革命之后，在此之前，广播是主要的媒体宣传途径，其传播范围和影响力都极其有限。随着1952年七月革命的爆发，大众和政府意识到新闻媒体的重要性，开始大力发展新闻媒体出版事业。纳赛尔时期进行了大刀阔斧的新闻业国有化改革，关闭《埃及人报》，合并小报刊，归并到出版社。其后的萨达特时期虽然相较于纳赛尔时期新闻政策有所宽松，但是同样在一定程度上延续了纳赛尔时期的限制新闻自由的政策。穆巴拉克时期出台了一系列鼓励新闻行业发展的政策，国有出版机构开始向商业化的方向发展，该时期埃及新闻行业处于阿拉伯世界领先地位。

拿破仑侵略埃及时期颁布了埃及历史上的第一部新闻出版法。1952年11月埃及成立了一个媒体和传播的特别部门，称为国家指导部，随后更名为文化和国家指导部，后又更名为国家指导部，这种情况一直持续到1970年。随着1982年第43号共和国法令的颁布，新闻部成为埃及一个独立的部门，成为除立法、司法、行政之外的第四大权力机构。1986年第31号总统令的颁布确定了新闻部在行政处理、法律、立法相关问题方面的具体职责定位。1996年《新闻出版法》的颁布是埃及延续至今的主要新闻立法。

目前埃及主要的新闻出版机构如下：

一、中东通讯社

中东通讯社成立于1955年，由当时埃及的多家报社共同出资建立，纳赛尔时期被收归国有。中东通讯社用阿拉伯、英、法三种文字发稿，并建有相应的官方网站，主要用于宣传政府政策。中东通讯社被认为是当今中东地区最大、实力最强的通讯社。

二、《金字塔报》

埃及的报刊种类繁多，内容丰富，其中传播面最广、发行量最大的报刊当属《金字塔报》，该报于1875年创刊于亚历山大，1900年总部迁移至开罗。虽然该报其后经历了停刊再复刊的过程，但借着纳赛尔时期国有化改革的东风，由最初只发行《金字塔报》一份报纸，发展成为综合性的报业集团，不但涉及出版阿拉伯、英、法三文的期刊，还兼顾翻译、出版、印刷、出口图书等业务，在阿拉伯世界具有重要地位，并且是他国了解埃及乃至阿拉伯国家的重要窗口。

除了《金字塔报》之外，共和国报业集团、新月出版社、消息报业集团也被认为是埃及重要的新闻出版机构。

第七章 外交

第一节 外交政策

1956年6月18日，最后一名英国士兵撤离埃及，长达74年的英国殖民占领结束。从此，埃及翻开了历史的新篇章。

在对外政策上，埃及主张阿拉伯国家团结、统一，阿拉伯世界是埃及外交的中心舞台。埃及积极支持世界各国的民族解放运动，特别是巴勒斯坦人民为恢复民族权利、收复失地和返回家园的正义斗争，二十世纪五六十年代埃及成为阿拉伯世界的中心。阿拉伯世界、非洲大陆和伊斯兰世界是埃及外交活动发挥重大作用的三个重要舞台，即构成所谓的"三个圈子"。"三个圈子"体现了埃及外交政策发展、变化和调整的轨迹，是埃及获取支持和协调行动的同盟军与重要外交资源。

埃及在对外关系上始终奉行"中立"和"不结盟"政策，埃及也是不结盟运动的创始国之一。萨达特执政后，为了打破冷战时期两个超级大国在中东地区进行争夺、控制中东的"不战不和"局面，他采取了"以战迫和"的战略。埃及与叙利亚等阿拉伯国家联合发动了第四次中东战争，重创了以色列，打破了以色列"不可战胜"的神话。这次战争后，埃及采取了"和平战略"，在1979年与以色列签订了和平条约。埃及也因此受到阿拉伯国家的抵制和制裁，被中止了阿拉伯联盟成员国资格，大多数阿拉伯国家断绝了同埃及的外交关系。穆巴拉克执政后，他积极改善同阿拉伯国家的关系，1989年埃及重返阿拉伯联盟，并恢复了同其他阿拉伯国家的外交关系，在中东和阿拉伯世界发挥着重要作用。

　　埃及总统在外交决策上有主导权，同时也听取下级和幕僚的意见。埃及成功地利用其外交资源，使外交力得到延伸，扩大了自身在地区事务和世界舞台上的影响，为本国社会经济发展赢得了可观的经济利益。

第二节　与美国的关系

❖ 一、埃美关系：从敌对到盟友

　　1970年以来埃及对外关系发生的重大变化之一就是埃苏关系恶化，埃美关系得到改善和发展。埃美两国的交往始于19世纪。到纳赛尔时期，埃及全面倒向苏联，埃美关系冷淡。受1967年"六五战争"影响，埃及与美国断交，两国关系处于敌对状态，但两国的信息传递并未中断。1973年十月战争后，埃美关系迅速改善，于1974年2月复交。此后直至当前，埃美两国关系飞速发展，埃及成为美国在中东的战略盟友之一，而美国则成为埃及对外关系的重点。

（一）1967年前的埃美关系

　　埃美两国交往始于奥斯曼帝国时期。1830年，美国与奥斯曼帝国签订了《友好与贸易条约》，美国开始在埃及享有治外法权。穆罕默德·阿里（1805—1848）时期，埃及向美国表达了增进友谊与贸易的愿望。早期双方的交往主要在贸易和文化领域。美国在亚历山大设立了贸易中心，1906年在开罗、亚历山大设立了领事馆与美国商会分会，但双方的贸易额不大。传教与建立学校是美国在埃及的主要活动。

　　第二次世界大战结束后，英国在修改1936年《英埃同盟条约》时以拒绝提供武器为要挟，埃及曾希望美国予以军事援助，但美国提出苛刻条件，被埃及政府拒绝。纳赛尔当政后，美国极力想把埃及拉入西方阵营，调解埃及与英国的撤军谈判，承诺向埃及提供经济援助，反对英、法、以发动的苏伊士运河战争。但埃及拒绝加入美国倡导的中东联合司令部和巴格达条约组织，反对艾森豪威尔主义，转而和以苏联为首的社会主义阵营发展关系，并和一些阿拉伯国家订立共同防御协定，以阿拉伯机制对抗美国谋求的中东机制。于是美国中断了对埃及承诺的援助，两国相互敌视，关系迅速恶化，但美国并未完全中断与埃及的联系。

（二）从断交到复交

"六五战争"是埃美关系的转折点，美国因为在战争中支持以色列而触怒了埃及，埃及断绝了对美外交关系。虽然断交，但埃及与美国的联系始终未中断。"六五战争"后，纳赛尔通过副外长艾哈迈德·哈桑·哈基与美国驻意大利大使保持联系，美国著名银行家安德逊以约翰逊总统私人代表的身份来埃及拜会纳赛尔。经过深思熟虑，纳赛尔接受了联合国安理会第242号决议，对美外交关系出现松动迹象。1970年4月，纳赛尔接见了美国助理国务卿约瑟夫·西斯科。同年5月1日，他在演讲中向美国发出和解信息。接着，埃及接受了美国提出的罗杰斯计划。萨达特上台后，埃及与美国的敌对情绪有所缓和。在萨达特上任不到三个月，美国就恢复向埃及提供粮食援助，并要求世界银行贷款给埃及。因美国未能说服以色列撤军，萨达特非常失望，随即与苏联签订了友好条约。1971年1月，在没有外交关系的情况下，埃及外交部与美国国务院建立了直接联系。虽然埃及与美国国务卿罗杰斯、总统国家安全事务助理基辛格通过各种途径举行了多次会晤，但美国对埃及的信息多不加理睬，埃美关系无多大改善。

真正推动埃及与美国关系发展的是十月战争。1973年10月6日，埃及、叙利亚、约旦等阿拉伯国家经过精心备战，向以色列发动突然袭击。虽然最后以色列取得了战争的胜利，但这场战争打破了以色列"不可战胜"的神话，洗刷了阿拉伯人的民族耻辱，萨达特成为民族英雄。战争中，美国及其盟国紧急军事援助以色列，再一次拯救了以色列。这次战争"证明了阿拉伯国家动员、结盟的能力，表明阿拉伯机制能成功挑战以色列的安全理念，是阿拉伯机制的胜利"[①]。阿拉伯国家动用"石油武器"，造成了50万美国人失业，导致美国国民生产总

---

①   Mohamed Haassnein Heikal, "Egyptian Foerign Policy," Foreign Affairs, Vol.56.,No.4,1978, p.723.

值减少了100亿美元以上，美国的联盟中出现了自从建立联盟以来最严重的紧张关系，考验了美苏关系的航向，使美国在一个短时期内濒临对抗的边缘。这次战争极大地震动了美国，国务卿基辛格认识到和平解决中东问题的紧迫性，认为应将以色列最终边界、对阿拉伯国家和平、巴勒斯坦人前途等一系列问题统统放在一起研究。[①]

基于埃及等阿拉伯国家在这次战争中所表现出来的惊人的震撼力，美国开始意识到介入阿以冲突的必要性。十月战争爆发后，美国为实现停火而在埃及、以色列间积极斡旋。美国国务卿基辛格立即与出席联合国大会的埃及外长穆罕默德·哈桑·扎耶特讨论停火问题。美国竭力避免埃军第三集团军被歼，向以色列施加了强大压力，要求以色列解除对该军团的围困，开放向第三集团军供应的通道。1973年11月6日，基辛格亲赴开罗斡旋，次日，双方即宣布将它们的利益监管处主任提升为大使级。在以色列坚持先释放战俘而使谈判陷入僵局后，美国国防部部长施莱辛格以"军事援助"和"斡旋中东和平进程"为由向以色列施压。在基辛格的努力下，埃以两国于1973年11月11日签署了六点协议，改善了埃及与美国的关系，为今后建立伙伴关系打下了基础。同年12月，经基辛格的多次斡旋，在苏联的帮助下，在日内瓦进行了阿以首次直接会谈，但因双方分歧严重，会议无果而终。会议决定先从解决埃以军事脱离接触问题入手。在基辛格的努力下，埃以于1974年1月18日签署了第一次军事脱离接触协议。美国在十月战争中及战后在中东的积极参与，使埃美两国关系有了显著改善。1974年2月，两国正式恢复外交关系。

埃及与美国外交关系的恢复，是两国战略调整的结果。埃及选择倒向美国，标志着"萨达特带领埃及从(以以色列为主要威胁与斗争目标的)阿拉伯机制进入美国倡导的(以苏联为主要针对对象的)中东机制"[②]。

美国的中东战略也发生了变化。尼克松上台后，对美国的对外政策做出调整，对中东予以高度关注。对阿拉伯国家的领头羊埃及，尼

---

① 钟冬编：《中东问题80年》，新华出版社1984年版，第423页。
② 同上，第111页。

克松把它看作"通往阿拉伯世界的钥匙"，并紧抓在手中。通过在十月战争中及战后的调解，埃及被引入美国设计的战略路径中。

二、埃美关系的全面发展

1974—1981年，是埃及与美国关系迅速发展时期。两国高层互访不断，美国全力投入埃及与以色列的和解之中，促成了《戴维营协议》与《埃以和约》的签订，埃及成为美国在中东的政治盟友。美国向埃及提供了大量的经济援助，1976年埃及废除《埃苏友好合作条约》后又开始提供军事援助，美国成为埃及主要的依赖对象。

对于美国给予的援助，埃及国内并非一片欢呼，而是遭到许多批评。美国的援助使埃及背上了沉重的债务负担。美国的援助对埃及私人企业开发项目的财政资助只使一小部分企业受益，获得资助的主要是开罗和亚历山大的大公司。随着普通公务员与因开放政策获益的新的寄生型资本家收入差距的扩大，美国的援助被指责为"使埃及经济背离了平等和公正的政策之路"[1]。美国国际开发署埃及使团（被称为"影子政府"）在美国对埃及的渗透中起先锋作用。[2]一些埃及知识分子认为，美国国际开发署的项目是对埃及"继19世纪法国入侵后的第二次入侵"，是对埃及安全的真正威胁。[3]

美国对埃及的援助效果也不佳。美国国际开发署的援助项目在一些方面发挥了效用，如增加了埃及港口、铁路、与电力系统的运输能力，革新了电信与英语培训项目。该机构还着力于技术转移与卫生保健项目，如水及污水系统；支持教育，包括向埃及高等教育部赠款7 500万美元。但总体来说，美国的援助是出于政治目的，而不是经济目的，其效果难如人意。

总之，到20世纪70年代末80年代初，埃美关系已经非同寻常，

---

① Marvin G. Weinbaum, "Politics and Development in Foreign Aid: U.S. Economic Assistance to Egypt, 1975-1982", p.651.

② Marvin G. Weinbaum, "Politics and Development in Foreign Aid: U.S. Economic Assistance to Egypt, 1975-1982", p.651.

③ Soheir a. Morsy, "U.S. Aid to Egypt: an Illustration and Account of U.S. Foreign Assistance Policy," *Arab Studies*, Vol. 8, No. 4, 1986, p. 374.

埃及全面倒向美国，具有丰富的内涵。其一，它将苏联势力完全赶出埃及，与美国一道力图将苏联排除在中东和平之外，使苏联在中东的影响受到沉重打击，为以色列与阿拉伯国家的和解提供了一种可能。其二，它使埃及由阿拉伯激进国家转变为温和国家。随着埃及转向美国，增强了阿拉伯温和国家的力量，实际上减小了美国在中东受到的威胁。

三、穆巴拉克政府时期的埃美关系

1981年10月，穆巴拉克继任埃及总统。执政之初，穆巴拉克面临着严峻的国内与国际形势。为此，穆巴拉克在内政外交上双管齐下，主动应对。外交上，他继承了萨达特的对外政策，又根据现实情况做了微调。穆巴拉克推行平衡外交战略，在继续发展与美国良好关系的同时改善与苏联的关系，既保持与以色列和平关系，又努力消除与阿拉伯世界的隔阂。当然，发展同美国的关系仍是埃及对外关系的重点之一。

（一）埃美政治关系的发展

穆巴拉克执政以来，埃美两国的盟友关系得到新的发展。首先，两国领导人会晤频繁。作为萨达特总统的得力助手，穆巴拉克早在任副总统时就已访美六次。当选总统后，美国之行几乎是他每年例行的外交活动。埃及其他高官也频繁访美并与美国官员会晤。与此同时，美国领导人也频频访问埃及。

通过互访，埃美两国探讨了两国关系及地区的许多问题，达成了许多共识，两国的合作、盟友关系进一步向纵深发展。如何推动中东和平进程，加强两国政治、经济、军事关系等是两国讨论的焦点问题。

整个20世纪80年代，由于中东和平进程停滞不前，埃及与以色列的关系处于"冷和平"状态，埃及努力向阿拉伯世界回归，而美国对中东事务热情降低，埃及与美国的关系已远不如萨达特和卡特时期那么亲密，但仍保持着不断向前发展的态势。1990年爆发的海湾危机及随后的海湾战争，是考验埃美合作关系程度的重要事件。伊拉克入侵科威特后，美国积极组织多国加入反伊同盟，这需要阿拉伯国家特别

是埃及的大力支持。为在中东地区事务中发挥积极作用，解决国内的
经济问题与维持社会稳定，埃及也离不开美国的支持。海湾危机给两
国关系的发展提供了新的机遇。在主张在阿拉伯范围之内解决受阻
后，埃及采取了支持美国的立场。穆巴拉克旗帜鲜明地反对伊拉克的
侵略行径，主张无条件恢复科威特的主权和领土完整，恢复萨巴赫家
族的统治。对美国组织的多国反伊同盟，埃及提出以以色列不干预为
加盟的条件。美国也担心以色列的参与会影响反伊同盟，接受了埃及
等阿拉伯国家的要求，对以色列施加了巨大压力，要求它保持克制。
在这次危机和战争中，埃及成为以美国为首的多国部队中阿拉伯国家
的主力军。由于埃及的积极斡旋，许多阿拉伯国家加入美国阵营，使
美国的行动在阿拉伯世界具有了合法性。可见，海湾危机加强了埃及
与美国的战略盟友关系。

1995年是埃及与美国关系发展的重要一年，穆巴拉克两度访美。
在4月的访问中，埃及、美国领导人就推动中东和平进程、美国与利
比亚危机及加强两国关系进行了会谈。在本次访问中，签署了《埃及
与美国伙伴关系》，全面加强两国的政治、经济合作。在本次访问中，
还召开了有20位实业界人士参加的两国元首会议，取得了6项重大成
果。

同年，美国总统克林顿、副总统戈尔也访问了开罗。克林顿称，
美国充分认识到埃及在维护中东和平与稳定等方面所发挥的作用，愿
意巩固两国在各个领域的友好合作关系。

（二）20世纪80年代以来的埃美经贸关系

20世纪80年代以来，埃及与美国的经贸关系有了进一步发展，美
国成为埃及的重要贸易伙伴。1984年，埃美贸易额为40亿美元，约占
埃及对外贸易总额的28%。[1]1990年，从美国进口的商品占当年埃及
总进口额的1.93%，美国是埃及粮食及制品、成套设备、粗钢、汽车
的主要提供国。[2]1991—1995年，埃及从美国进口总额近390亿美元，

---

[1] 世界知识年鉴编委会：《世界知识年鉴》（1985/1986），世界知识出版社
    1986年版，第156页。

[2] 安维华主编：《中东市场》，北京大学出版社1994年版，第347页。

对美出口总额达25亿美元。同期美国对埃及投资近56亿美元，约占外国在埃及投资总额的4%。[①]到2000年，埃及与美国的贸易额达25.09亿美元，其中埃及从美国进口额为21.06亿美元，出口额为4.03亿美元。[②]但埃及一直处于逆差地位，1991—1995年，年均逆差为23亿~25亿美元，2001年贸易逆差达17.03亿美元。美国是埃及的最大援助国。从70年代末到1997财政年度，美国对以色列和埃及的援助占美国整个对外援助预算的33%~43%，对这两国援助的大部分是安全援助。到1997财政年度，美国对埃及援助累计达490亿美元，其中安全援助占75%。[③] 在1999财政年度，美国国际开发署要求经济支持基金资助埃及8.15亿美元，分别用于支持其经济增长、农业、人口与保健、环境、民主和其他开发项目。[④]

美国的援助是埃及与美国关系中的中心内容之一。穆巴拉克总统每次访问华盛顿，都和美国领导人商讨美国援助的计划与执行问题。20世纪90年代后，虽然美国国内有人要求减少对埃及的援助，但对埃及的援助仍十分可观。到1992年，除军事援助外，美国累计向埃及提供经济援助超过180亿美元，其中约25%的经济援助计划致力于减少经济、社会领域限制的改革，25%用于货物进口项目，其余50%用于配套改革所需的资金。[⑤]1994—1995年，美国对埃及提供经济援助分别为5.92亿、9.74亿美元。[⑥]美国国际开发署仍是负责对埃及援助的机构，它支持的改革使主要农作物的产量提高，清除了大多数直接控制和价格干预。单是1980年以来，每公顷耕地的实际价值与每单位水的农业收益就分别提高了7%和6.2%。该署于1988年起开始资助小企业，到90年代末已创造了7万个工作岗位，超过12.1万人获得30万份

---

① 新华社开罗1996年12月18日电。

② 阿拉伯埃及共和国新闻部新闻总署：《埃及年鉴》(2002年)，第96页。

③ Duncan L. Clarke, "U.S. Security Assistance to Egypt and Israel: Political Untouchable?" The Middle East Journal, Vol.51, No .2, 1997, p.201.

④ Igor S. Oleunik ed., Egypt Foreign Policy and Government Guide, Washington D.C.: International Business Published, 2001, p.317.

⑤ Ibid, p.316.

⑥ 新华社开罗1996年12月18日电。

贷款，总金额达2.45亿美元。该机构还资助经济发展必不可少的基础
设施建设，生产、安装了50亿瓦的发电机组，估计超过埃及全国总装
机容量的40%。它所资助的通信项目使500多万埃及人受益。美国的
援助项目还包括援建小学、培训教师和技术人员。①美国的援助也促进
了埃及其他民生事业的改善，1/3的埃及人从中获益。②

（三）20世纪80年代以来埃美军事关系

同一时期，埃及与美国的军事合作关系有了深入发展。《戴维营协
议》签订后，美国对埃及的军事援助大规模增加。据统计，1979—
1984财政年度，美国向埃及提供了68亿美元，使埃及成为仅次于以色
列的第二大受援国。美国是埃及武器的主要来源国，据美国军备控制
与裁军署统计，埃及1979—1983年武器总进口额为56.45亿美元，其
中美国武器进口额为24亿美元，占40%以上。到1987年，美国向埃及
提供的军事援助达95亿美元，提供了包括F-4战斗机、F-16战斗机，
坦克、空对空导弹等在内的先进武器。③美国军事援助项目是由开罗的
美国军事合作办公室经办的。1988年4月，埃美两国国防部部长签署
了为期五年的《军事合作谅解备忘录》，确立了两国军事合作及加强军
事战略关系的原则。该协定给予了埃及原先只有以色列才拥有的防务
合同的特殊权利，从美国得到生产先进主战坦克等技术，大大加强了
埃及的国防工业。1982—1997年，美国为埃及军队的现代化已赠予了
近200亿美元，提供了一批美国的先进武器。另外，超过2 500万美元
用于在美国的埃及军官的教育与培训，还有大量的合作项目上。有资
料表明，埃及从美国获得的军事援助已达其国防支出的一半。④90年
代后，埃及在美国战略中的地位和以前相比发生了变化。苏联因解体
而对美国的威胁消失，约旦和以色列实现了和平，埃及丧失了以前与

---

①　Ibid, p.316.

②　Ibid, p.317.

③　Willian B. Quandt, ed., The Middle East: Ten Years after Camp David,
Washington D. C.: the Brookings Institution, 1998, p.144.

④　Phebe Marr,ed., Egypt at the Crossroads: Domestic Stability and Regional
Role, Washington D.C.: National Defense University Press, 1999, p.27.

以色列和平的唯一国家的地位。但埃及与美国在维和行动、保障海湾地区的安全军事关系等方面仍有合作的基础。埃及参加了美国关心和赞赏的波黑和索马里的维和行动。最为引人注目的是，在1991年海湾战争中，埃及出兵4万人，参加了以美国为首的多国部队，成为美国的坚定伙伴。90年代后，美国每年仍向埃及提供约13亿美元的军事援助。

（四）埃及与美国的摩擦

穆巴拉克执政后，推行全方位、独立外交政策，强调埃及地区性大国地位，并不处处唯美国马首是瞻。冷战结束和海湾战争后，中东和平进程全面展开，经济因素与发展问题对地区形势和国家关系的影响力上升，地区各国间重新组合，埃及在美国战略中的地位有所下降。特别是在90年代后半期，两国在一些问题上频生芥蒂。双方的主要摩擦如下：（1）中东和平进程问题，特别是巴勒斯坦问题，是双方的主要分歧点；（2）《不扩散核武器条约》的签署问题；（3）对两伊制裁问题；（4）利比亚问题；（5）反恐问题；（6）埃及国内事务问题。①

此外，两国还在非洲安全、联合国秘书长人选问题上有分歧。埃及反对美国想在非洲建立一支快速反应部队的主张。在埃及原副总理兼外交国务部长加利连任联合国秘书长问题上，埃及坚决支持加利连任，而美国坚决反对，最终加利退出竞选。此外，美国发动伊拉克战争，要将伊拉克设计为中东"民主化"的样板，作为重整中东秩序的开始，还将埃及作为可能的改造目标，这些均导致埃及的不满。

两国虽有摩擦，但从总体来说，埃及与美国关系的主流是合作的战略盟友关系。实质上讲，两国的分歧是超级大国与地区大国之间的分歧。作为世界唯一超级大国的美国，一心要将埃及拉入自己所设计的中东战略目标中；而积极发挥在阿拉伯世界中的领导作用，是埃及多年来的目标，这二者既对立又统一。它们的契合点是埃美关系合作的基础，而分歧则构成了双方的冲突。

---

① 王少奎、姜建华：《埃及及美国关系的是与非》，《当代世界》，1995年第10期，第21-22页；旭明：《埃美关系，亦亲亦疏》，《世界知识》，1997年第8期，第9页。

（五）21世纪埃美关系新发展

2000年以来，埃及与美国的关系仍保持良好态势。两国高层互访不断。2000年3月，埃及总统穆巴拉克、外交部部长穆萨访美，8月克林顿回访埃及，11月再次到埃及的沙姆沙伊赫参加多边首脑会议。6月、12月，国务卿奥尔布赖特两度访问埃及。美国向埃及提供21亿美元的经济、军事援助。2002年，穆巴拉克两度访问华盛顿，美国国务卿、贸易代表相继访埃。该年度美国向埃及提供经济援助13亿美元，军事援助6.55亿美元。在美国对埃及经济援助计划的框架内，两国就援助项目签署了11个协议。埃及与美国的经济关系仍然非常密切。"9·11"事件后，打击恐怖主义成为两国战略合作的重要议题。事件发生后，埃及外交部部长访问了美国，与美国总统及其他高级官员进行了会谈，向美国政府和人民表达了同情和慰问。

综观1970年以来埃美关系的发展历程，除了1974年前短暂的敌视外，友好、合作仍是主流。两国战略盟友关系的形成及不断深化，具有广阔的时代背景与深刻的原因。

首先，埃美关系的全面发展反映了两国战略的契合性。自1973年11月基辛格在中东斡旋以来，埃及与美国在四个战略目标上达成共识：在中东实现和平、实现海湾安全、致力于中东地区的稳定及埃及的发展上，埃及的发展是所有这些目标的基石。两国间的摩擦和冲突不是根本目标上的矛盾，而是实现目标途径上的分歧。

其次，埃美关系的发展与埃苏关系的恶化密切相关。埃美关系的发展，是在战后冷战的时代背景下进行的。埃苏关系的恶化，使埃及为实现其目的而向美国示好，这为埃美关系的发展提供了契机。而埃美关系的改善，也是苏联对埃及不满的重要原因之一。综上所述，十月战争是埃美关系的一个转折点。战后，对美关系成为埃及对外关系中最重要的双边关系，两国逐步形成了战略盟友关系，其主流是合作。两国关系的发展，是冷战格局下两国战略调整的结果，符合各自的根本利益。

与以色列的关系：
　　　　从战争到"冷和平"

　　埃及与以色列关系的剧变，是20世纪70年代以来埃及对外关系的第二个重大转变。从1948年以色列建国到1973年十月战争，埃及和以色列四次兵戎相见，无数将士血洒疆场，两国间充满了敌意和仇恨，一直处于战争状态。但颇富戏剧性的是，势不两立的两个对手却在十月战争后走上了政治谈判之路，并在1979年签订了和约，实现了和平。1981年2月，两国建立了大使级外交关系。在埃以实现和平后，两国关系并没有继续向前发展，而是被怀疑和不信任笼罩，长期处于"冷和平"状态。

一、埃及与以色列的和平之路

（一）埃及与以色列的早期接触

　　反对犹太复国主义存在于许多阿拉伯国家，他们坚决反对巴勒斯坦分治计划，更不承认以色列，但埃及人士与犹太复国主义者、埃及政府与以色列政府公开或秘密的接触却屡见不鲜。早在1913年，开罗分权党人萨利姆·纳贾尔就与犹太裔土耳其人萨米·霍克堡举行会晤，探讨双方合作问题。[①]1938年2月，埃及亲王穆罕默德·阿里·阿鲁巴在开罗会见犹太复国主义组织领导人魏兹曼，探讨犹太人在中东独立建国问题。[②]在1939年讨论巴勒斯坦问题的伦敦圆桌会议上，埃及首相阿里·马希尔建议犹太复国主义者应当放慢发展速度，为突破目前的僵局奠定自己的基础，放缓武力建国步伐。[③]但该建议被本·古里安拒绝。1946年犹太代办处向埃及政府递交备忘录，称如果埃及同

---

① 　徐向群、宫少明主编：《中东和谈史：1913—1995年》，中国社会科学出版社1998年版，第4页。
② 　同上，第56页。
③ 　同上，第57页。

意在巴勒斯坦实行分治，犹太方面将积极在美国等西方国家中游说，促使英国将在埃及的军事基地搬至犹太国中来。双方进行了接触，但因遭到英国反对而夭折。[①]

　　巴勒斯坦战争之后，埃及与以色列虽然处于严重对峙状态，但双方仍有接触。在苏伊士运河战争之前，埃以两国通过不同途径在欧洲各地多次秘密接触。[②]埃及试图通过与以色列接触来改善与西方国家的关系，而以色列则希冀在没有阿拉伯内部和大国干预的情况下与最大的敌人——埃及实现和平。以色列向埃及提出诸如提供交通与通信设施、难民赔偿、帮助获得美国援助等条件，但埃及并不想达成解决方案，声称和平是将来的事情，只有在国内与地区条件许可，至少部分难民返回及内格夫沙漠全部割让时才能实现。总之，纳赛尔政权认为和平时机不成熟，也对与以色列保持接触无多大兴趣，加之地区形势的急剧恶化，埃以间的接触无果而终。

　　"六五战争"后，埃及发动了对以色列的消耗战，但面对严峻的国内形势，纳赛尔对以色列的政策还是做出了微妙调整。1970年7月22日，他接受了"罗杰斯计划"，实现了埃以停火，同意与以色列进行直接谈判，以最终解决阿以问题。因纳赛尔猝然离世，双方分歧太大，该计划成为历史文件。萨达特继任后，虽然称战争是他唯一所能做的事，但他接连表态缓和与以色列的关系。1971年2月，他决定延长与以色列的停火期，接受雅林的新建议，表示若以色列答应从西奈和加沙撤军，他就在和平问题上做出妥协。在1972年年初，萨达特托罗马尼亚总统齐奥塞斯库向以色列总理梅厄夫人传递要求举行会晤的信息。萨达特设定十月战争的目的之一就是追求和平，"我们是为争取和平而战,我们是为争取值得称为和平的唯一的和平，即为争取建立在公正基础上的和平而战"[③]。虽然埃及频频挥动橄榄枝，但是由于以色列在"六五战争"后处于强势，追求在安全基础上的和平，对埃及的举

---

① 同上，第69页。

② Michael B. Oren, "Secret Egypt-Israel Initiatives Prior to the Suez Campaign," Middle East Studies, Vol. 26, No.3, 1990, pp. 351-370.

③ 钟冬编:《中东问题80年》，新华出版社1984年版，第196页。

动置之不理，埃以关系没有改善。

（二）十月战争对埃以关系的影响

1973年埃及发动的十月战争是埃以关系的重要转折点，它使双方都认识到"武装冲突不再是实现其政治战略目标的一种有效途径，必须找到另一种替代模式"[1]，有必要对自己的战略进行调整。

对埃及来说，战争的主要目的已经达到。一是萨达特利用这次战争初期胜利的威望在国内巩固了其权力和统治基础，在阿拉伯世界获得崇高威望，可以有效地推行其政策；二是打破了以色列"不可战胜"的神话，迫使以色列与美国等西方大国正视阿拉伯国家的力量，寻求解决阿以问题的途径。但是埃及又一次在战争中败给了以色列，埃及意识到以武力来收复失地不现实，这使萨达特更加趋于走政治解决的道路。

对以色列而言，十月战争同样使它遭受严重损失，造成上万人伤亡，要不是埃及军事战略的缺陷及美国的紧急援助，后果不堪设想。这次战争给时任总理梅厄夫人留下了痛苦的回忆，战争引发了以色列国内政治危机，最后迫使总理梅厄夫人辞职。更重要的是，它沉重地打击了以色列长期奉行的对阿拉伯国家的优势战略。战争给以色列留下了深刻的教训：战争不能带来持久的和平，也不能保证以色列的安全不受威胁。以色列看到了阿拉伯民族团结对敌的力量，特别是认识到埃及在阿拉伯世界的作用，开始调整对埃及的政策。以色列的策略是：以它占领的埃及领土为条件，让埃及从阿拉伯世界中脱离出来，单独与以色列实现和平。这为两国关系的改善与转变提供了可能。

（三）从停战到和平之行

十月战争迫使埃及和以色列走向了谈判桌。1973年11月11日，在美国国务卿基辛格的调解下，埃及与以色列达成六点停火协议。双方一致同意严格遵守联合国安理会要求的停火，立即讨论双方部队脱离接触问题，允许苏伊士城得到粮食、水和药品的供应，在开罗—苏

---

[1] Brain S. Mandell, "Anatomy of a Confidence-Building Regime: Egyptian - Israeli Security Co- operation, 1973—1979," International Journal, Spring 1990, p. 203.

伊士公路上设立联合国检查点后立即交换战俘。[1] 十月战争结束后，两国又同意参加美、苏共同主持的日内瓦和会。同年12月21日召开的这次会议是埃及与以色列历史上首次直接面对面的谈判，而且是外交部部长级的谈判。但由于双方相互指责，会议根本无法讨论问题。会后，在美国的斡旋下，双方主要就军事脱离接触问题进行谈判。1974年1月18日，埃及与以色列终于签署了西奈 I 协议（第一个军事脱离接触协议）。[2] 到1974年2月底，埃及和以色列军队撤退完毕。该协议的达成与履行使两国都获益。以色列因协议抑制了埃及突袭及战争的任意性而获得了动员军队的时间，使埃及有可能与以色列和解。而对埃及来说，该协议确保了第三军团的幸存，重新得到运河东岸的土地，意味着以色列从西奈半岛的撤军已开始。但在两国内部，对该协议看法存在很大的分歧。

为巩固埃及和以色列来之不易的军队脱离接触和推动中东和平进程，基辛格决心寻求埃以间第二个军事脱离接触协议。双方分歧严重，埃及要求以军撤退至米特拉山口和吉迪山口以东，归还阿布鲁迪斯油田。而以色列不仅拒绝了埃及的要求，还谋求埃及发布一个正式的非战宣言。经美国斡旋，两国于1975年9月1日签署了西奈 II 协议（第二个军事脱离接触协议）。到1976年2月22日，以色列按规定完成了撤军。该协议的签署与执行，使埃及向全部收回西奈领土又向前走了一步，和以色列的军事对峙局面进一步缓解，为疏浚和重新开放苏伊士运河提供了可能。两国建立了一种新的军事关系，双方关系进一步得到改善，为此后双方的直接谈判和实现全面和平奠定了较好的信任基础。

卡特上任后，力推"全面解决中东问题"的中东政策，埃及和以色列的和平旅程步入了快车道。1977年，以色列外长摩西·达扬和埃及副总理哈桑·图哈米举行了秘密会晤。

1977年11月19日，在全世界的关注下，萨达特开始了耶路撒冷之行。访问期间，双方政要举行了会谈，萨达特在以色列议会发表了

---

[1]　钟冬编：《中东问题80年》，第205-206页。

[2]　同上。

演说，提出了和平倡议。萨达特还具体提出了实现和平的途径。此外，两国领导人达成三点非正式协议：两国间将不再有战争；以色列同意将西奈半岛的主权移交埃及；西奈半岛大部分实现非军事化。在以色列撤出西奈半岛的前提下，萨达特承诺宣布蒂朗海峡为国际水道，同意对米特拉和克迪山口以东的西奈半岛实行非军事化。①

萨达特的访问，是埃以关系中的重大事件。对埃以和平历程而言，萨达特的行动克服了阿以实现和平长期存在的重大心理障碍。②这些心理障碍的克服，使埃以建立起基本的信任，为实现和平奠定了基础。

萨达特的举动，激起了轩然大波。卡特总统给予萨达特高度评价③，而阿拉伯世界谴责声一片。在埃及国内，萨达特的举动虽然得到大多数人的欢迎，但在政府内部也有不同的声音。

对于出访耶路撒冷的想法，萨达特在公开场合多次耐心解释、说明。萨达特的举动看似意外，实际上却是埃及政策调整的组成部分。十月战争后，埃及的战略已逐渐转变为以政治手段解决阿以冲突的和平战略。两次军事脱离接触协议的达成与实施，更加坚定了萨达特与以色列实现和解的决心。

萨达特的举动，也有解决国内困境的一面。1977年，埃及国内问题，如居高不下的国防开支、通货膨胀和债务危机等堆积如山。同年1月发生的食品骚乱就是埃及社会危机的总爆发。萨达特希望与以色列的和平行动能够解决国内经济和社会问题，同时使政治反对派沉默，创造条件为中东所有的国家和人民实现和平、安全、公正和稳定。

（四）埃以和平的实现

萨达特的和平主动行动获得了轰动性效应，但长期积聚在两国间

---

① 摩西·达扬著：《沙漠中的和平：达扬回忆录》，张存节译，上海译文出版社1986年版，第131页。

② 赵克仁著：《美国与中东和平进程研究：1967—2000》，世界知识出版社2005年版，第119-120页。

③ Ibrahim A. Karawan, "Sadat and the Egyptian-Israeli Peace Revisited," p.249.

的不信任、对峙的坚冰却难以在短时期内消融。从1977年11月到1978年8月，双方举行了多次会谈，均无法取得突破。1978年9月5日-17日，在卡特总统的邀请下，萨达特、贝京与卡特在美国马里兰州的戴维营举行首脑会晤。埃以双方进行了激烈交锋，会谈几度濒临破裂。双方争论的焦点是：其一，西奈的犹太人定居点和机场问题；其二，安理会第242号决议的引用问题；其三，约旦河西岸和加沙的驻军问题；其四，被占领土的主权和巴勒斯坦人的自治问题。

在卡特总统的全力斡旋下，埃及与以色列终于在最后一刻达成协议，并于1978年9月17日正式签署了《戴维营协议》。[①]该协议由《关于实现中东和平的纲要》和《关于签订一项埃及同以色列之间的和平条约的纲要》组成，附件是安理会第242号和第338号决议全文及9封埃、以、美三国领导人的互换信件。《关于实现中东和平的纲要》分为序言和纲要两部分。同年9月27日，以色列议会批准《戴维营协议》，该协议正式生效。

戴维营会谈与《戴维营协议》的签订，引起了国际社会的高度关注。美国等西方国家对协议的签署表示赞赏，诺贝尔和平奖委员会也将当年的和平奖授予了萨达特和贝京。而苏联则对该协议予以严厉谴责，称它是"一种勾结，是背着阿拉伯人民干的，首先符合以色列、美帝国主义和阿拉伯反动派的利益"[②]。在阿拉伯世界，该协议因回避巴解组织是巴勒斯坦人的唯一合法代表、巴勒斯坦人合法民族权利、耶路撒冷等敏感问题而遭到猛烈批评。在两国内部，关于这一协议也是议论纷纷。萨达特称该协议完全消除了战争或爆炸的威胁。埃及谈判代表乌萨姆·巴兹说，该协议"意味着以色列扩张主义的结束，意味着以色列开始从阿拉伯领土撤退，意味着以色列在西奈军事统治的结束"[③]。贝京称该协议"既确保了以色列的安全，又确保了它的荣誉"[④]。出于对协议的异议和不满，埃及外长穆罕默德·卡米勒在协议

---

① 摩西·达扬著：《沙漠中的和平：达扬回忆录》，张存节译，上海译文出版社1986年版，第445-461页。

② 郭河兵、朱玉彪、陈婉莹著：《加利传》，江西人民出版社1997年版，第73页。

③ 美联社开罗1978年9月18日电。

④ 路透社特拉维夫1978年9月22日电。

签署前辞职。以色列外长达扬也称协议是失望和利益并存。[①]尽管对《戴维营协议》的评价不一，但它是埃以和解道路上具有历史意义的重要文件，是埃以关系的基本原则，两国的和平就是据此实现的。

《戴维营协议》生效后，埃及与以色列开始了缔结和约的谈判。但谈判进行得非常不顺利，1978年10月12日—17日的布莱尔大厦会议、1979年2月20日—24日的第二次戴维营会谈均未能达成协议。双方在以下问题上存在争议：一是《埃以和约》的"优先义务"问题；二是《埃以和约》与巴勒斯坦自治问题捆绑问题；三是建交和互换大使问题。鉴于双方无法达成一致，卡特总统亲自赴开罗和耶路撒冷进行最后冲刺谈判。在美国的强大压力和积极推动下，埃及和以色列就和约条款达成妥协。1979年3月14日和15日，以色列议会和埃及内阁分别批准了和约文本。3月26日，两国在华盛顿正式签署和约。

《埃以和约》由序言、正文和附件组成[②]，和约序言重申了《戴维营协议》提出的和平原则，正文规定以色列从西奈半岛全部撤军的阶段目标，附件部分详细规定了以色列撤军、两国关系发展的步骤及条约批准程序。随着和约的签订与开始执行，埃及和以色列的关系迅速发展。1979年9月，埃、以、美三国就维持西奈和平和美国实行监督等问题达成协议。1980年1月25日，以色列提前完成第一阶段撤军，2月26日两国建立大使级外交关系。1980年8月，埃及和以色列正式签署关于以色列在1982年4月撤离西奈后向西奈半岛派驻多国维和部队的协议。1982年1月，双方又签署了关于以色列在1982年4月25日前如期全部撤离西奈半岛的协议。1982年4月24日，除塔巴外，以色列全部撤离了西奈半岛。这一时期，两国互派大使、高级官员互访，埃及向以色列出口石油，以色列船只使用苏伊士运河和埃及港口，开辟了定期航班，大量以色列人去埃及旅游，在开罗建立了以色列学术中心。两国在航空运输、农业、文化、旅游、贸易、交通等领域签订了50多个合作协议。两国间的贸易也有了起色。

---

① 摩西·达扬著：《沙漠中的和平：达扬回忆录》，张存节译，上海译文出版社1986年版，第275页。

② 同上，第462-496页。

《埃以和约》的签订与执行，是埃及和以色列关系史上的里程碑。它结束了两国三十余年的战争状态，实现了和平，建立了正常的国家关系，开辟了阿以政治解决争端成功的先河，拉开了中东和平进程的帷幕，具有十分重要的意义。

✿ 二、实现和平之后的埃以关系："冷和平"

(一) 埃及和以色列和平进程的继续

1981 年 10 月 6 日萨达特去世时，埃及处境艰难。继任总统穆巴拉克既面临着如何建立自己的统治权威，又面临着如何应对国内的经济与社会问题的严峻考验。而萨达特给他留下的最大难题还不是国内问题，而是对外关系问题。萨达特以非凡的胆魄去架设中东和平的桥梁，取得了很大的成功，也留下了很大的隐患。特别是和以色列寻求和解，在中东地区反响强烈。大多数阿拉伯国家视埃及为民族叛徒，将埃及排除在阿拉伯阵营之外，埃及在阿拉伯世界遭遇空前孤立。而埃及与以色列的关系正处于关键时期。在萨达特离世之前，埃及和以色列两国内部就对和平进程强烈不满。在他去世后，埃以面临着和平进程继续向前还是中止的严峻考验。

作为萨达特的接班人，穆巴拉克继承了萨达特的和平理念，继续推动和平进程。与埃及新领导人的政策不谋而合，以色列领导人也选择了继续和平事业。以色列总统伊沙克·拉冯、总理贝京也在不同场合对埃及领导人表示，将履行《埃以和约》中的各项义务。正是埃以领导人的和平信念，置诸多疑虑于不顾，使《埃以和约》顺利执行。此后，不论出现什么分歧，埃及和以色列两国都排除了诉诸武力的可能性，政治谈判成为两国交往的主要方式。

(二)"冷和平"的形成

埃及和以色列虽然实现了和平，但只是解决了两国长期处于交战状态的问题。从总体来讲，1982 年后两国关系的发展水平依然很低。埃及外交国务部长布特罗斯·加利将两国关系的水平定义为"冷和平"。

"冷和平"表现在以下方面：首先，巴勒斯坦自治问题停滞不前；其次，埃及反以情绪上升，埃以政治交往骤降；第三，埃以经济交往减少。

（三）1992年以来的埃以关系："冷和平"状态下的缓和与冷漠

1992年6月，拉宾以"和平"为口号赢得了大选，当选以色列总理。在就任总理后仅一周，拉宾便打破以色列新政府首访美国的传统，首访了埃及，与穆巴拉克总统讨论和平进程与双边关系问题。拉宾表示接受"以土地换和平"原则，同意联合国安理会第242号、第338号决议是阿以谈判的基础，称以色列将尽最大可能推动和平进程。拉宾的立场受到埃及的赞扬，称"拉宾的上台与以色列政策的变化为中东和平打开了大门"[1]。这次访问具有极其重要的意义，它标志着以色列对埃及的立场发生了重大变化，"以色列第一次准备将埃及看作和平进程的推动力量和可与其协调行动的伙伴"[2]。1993年4月，拉宾再访埃及，两国共商巴勒斯坦谈判事宜。拉宾表示以色列将接受同巴勒斯坦人"以土地换和平"的协议，将以联合国安理会第242号、联合国安理会第338号决议为基础进行谈判。正是在埃及的多次斡旋下，以色列和巴解组织的谈判不断取得进展。巴以达成《奥斯陆和平协议》后，埃及主持了巴以间的多轮谈判，使双方达成了《开罗协议》和《塔巴协议》，使巴勒斯坦自治成为现实。在这一时期，埃及和以色列的关系有所发展。除拉宾外，以色列其他高级官员也多次访问埃及。随着1992年两国关系有所改善，双方的贸易也有所增长，两国在交通运输、旅游、环保、农业等方面开展了一些合作。

埃及与以色列关系的改善是短暂的，很快又走向冷漠。1994—1996年，中东形势发生了一系列变化，地区形势走向缓和，埃及、以色列两国在核问题上的分歧使形势骤转，而拉宾对战争的暗示及以色列准备惩罚埃及的备忘录的被披露，使两国关系急剧冷却。

此外，以色列报纸披露了外交部的一份备忘录，称如果埃及再坚

---

① 蒋忠良、范洪庆、程友敏：《艰难的中东和平进程》，中原农民出版社2000年版，第54页。

② Epharim Dowek, Israeli-Egyptian Relations, 1980—2000, p243.

持消极政策，以色列应当采取惩罚性措施，包括在华盛顿干预美国对埃及的援助、在人权问题上批评开罗、谴责埃及违反联合国对利比亚制裁协议等。来自以色列的信息使埃及政府和公众十分愤怒。穆巴拉克对拉宾的态度表示遗憾，并以签署不扩散核武器条约相要挟，埃及外长穆萨也要求拉宾停止对埃及长期稳定性的怀疑。

虽然埃以关系紧张，但对以色列总理拉宾1995年11月4日的遇刺，埃及表现出了一个大国的风范。穆巴拉克立即发表声明，对拉宾为中东和平做出的贡献予以高度评价。一直拒绝访问以色列的穆巴拉克还亲自参加了拉宾的葬礼。1996年内塔尼亚胡政府上台后，推行强硬的"以安全换和平"的政策，中东和平进程陷入僵局。1996年9月2日，埃及向以色列发出最后通牒，称若在三周内不能实施巴以和平协议，埃及将取消定于当年11月在开罗举行的第三届中东北非经济首脑会议。以色列总理办公室发表声明，称埃及的威胁只会加剧中东地区的紧张形势[1]。但内塔尼亚胡不得不放弃原来不与巴勒斯坦领导人会晤的声明，于9月4日与阿拉法特举行会晤并握手，承诺推进和平进程。虽然埃及对以色列新一届政府十分不满，但为推动和平进程，仍继续与其保持接触。1996年6月，以色列总统魏兹曼访问了埃及。7月，内塔尼亚胡访问了开罗。9月到12月，以色列副总理兼外长利维、国防部部长莫迪凯也访问了埃及。

巴拉克1999年执政后，以埃关系得到改善。他效仿拉宾，就任后首先出访的国家也是埃及。2000年，巴拉克四次到访开罗，总统魏兹曼也访问了埃及。两国的经济关系也有所改善，在石油、天然气出口和与欧洲投资者合作建立炼油厂等领域开展合作。但埃及与以色列的关系依然冷淡。

2001年沙龙政府执政后，在和平进程上推行强硬政策，巴以爆发大规模武装冲突，中东和平进程濒临崩溃。埃及对沙龙政府严厉批评，虽然也有官员互访，但两国关系仍未走出冷淡。

从总体来看，实现和平后的埃及和以色列关系一直处于"冷和平"状态。90年代在拉宾和巴拉克政府时期，双方关系有所改善，但

---

①   Epharim Dowek, Israeli-Egyptian Relations, 1980—2000, p.338.

缓和程度有限，没有从根本上改变冷淡的态势。

（四）总结

如果说实现和平是两国长期战争后无奈的选择的话，那么"冷和平"就是长期对抗的后遗症仍然没有彻底清除的结果，即和平还未能消除两国的矛盾与隔阂，更未除去两国民众久埋于心底的那道无形的、难以跨越的不信任的墙。在某种程度上讲，"冷和平"还反映了两国对地区领导权的争夺。埃及与以色列和平的实现，改变了中东地区的力量平衡。作为传统的地区政治、军事大国埃及和新兴的地区经济、军事强国以色列，均企图获得地区事务的更大发言权。90年代后中东和平进程的向前推进，使地区形势的变化进一步加深，这最终导致了两国的碰撞。以色列积极谋求改善与阿拉伯国家的关系。如早在1990年埃及外长马吉德当选阿盟秘书长时，以色列驻开罗大使致信祝贺，但被马吉德在阿盟的办公室退回。1994年，以色列派出了总理拉宾、外长佩雷斯率领的庞大代表团参加在摩洛哥卡萨布兰卡召开的第一届中东北非经济首脑会议，还绕过埃及与一些阿拉伯国家建立直接联系，摩洛哥、突尼斯在以色列建立了联络处，拉宾于1994年12月突访了阿曼。对阿拉伯国家与以色列关系出现的新气象，埃及颇有微词，埃及外交部部长穆萨称之为"阿拉伯扑向以色列"[①]。埃及认为，以色列的举动将导致阿拉伯国家对以色列的经济抵制被静静地、没有仪式地埋葬，它将削弱埃及在地区和国际事务中的作用，是以埃及的地区作用为代价来控制本地区，这是在阿拉伯世界中具有传统重要地位的埃及所不能容许的。埃及认为，埃及应当继续充当阿拉伯国家与以色列的调停者。通过把阿以经济关系正常化与政治发展联系起来，埃及旨在减缓以色列的外交攻势。

以色列希望建立一个新的地区秩序——以中东秩序代替阿拉伯秩序。在1994年的第一届中东北非经济首脑会议上，以色列提出了雄心勃勃的地区经济合作计划，关于开凿连接红海和死海的运河及铺设经约旦到海湾石油管道的设想尤为引人注目。埃及认为，该计划将直接

---

① Phebe Marr, ed. , Egypt at the Crossroad: Domestic Stability and Regional Role, p.196.

威胁苏伊士运河的战略地位。在1995年的安曼经济首脑会议上，针对以色列提出的旨在使以色列成为地区技术和旅游中心的地区发展方案，埃及提出了开发西奈半岛的设想，并声明在以色列承诺执行有关从被占领土地撤军的决议之前，不准备实施有以色列参加的经济项目。在1996年开罗经济首脑会议上，埃及又提出阿拉伯市场先于中东市场的主张，强调阿拉伯国家间的合作，以抵制以色列提出的地区经济合作构想。以色列外长佩雷斯提出扩大阿拉伯联盟，将以色列和其他非阿拉伯国家也包括进去。他还对埃及在阿拉伯世界的领导权予以讽刺。这一言论被埃及看作以色列要以削弱埃及在本地区的作用为代价来获得地区的领导权。埃及认为，由于埃及不能和以色列进行经济竞争，拥有先进西方技术和美国大量支持的以色列将能够控制住新的中东经济秩序，而这将削弱埃及对阿拉伯世界的领导，损害国内的经济与政治，也将打破支持伊斯兰主义者和威胁现政府生存的力量之间的平衡。

第四节　　与阿拉伯国家的关系

　　合作与冲突并存。埃及与阿拉伯国家关系的曲折演变，是本时期埃及对外关系重大变化的第三个方面。埃及是阿拉伯世界人口最多的国家，在阿拉伯世界具有举足轻重的影响，被视为"阿拉伯阵营的领头羊"。自阿拉伯联盟酝酿成立时起，埃及就在该组织中起着领导作用，开罗是阿盟总部永久所在地，埃及人出任阿盟秘书长是阿盟的惯例。纳赛尔时期，埃及成为阿拉伯革命的堡垒，大力推动阿拉伯统一事业，是阿拉伯阵营的领头人，这些都使埃及在阿拉伯世界的威望登峰造极。然而，在萨达特时期，埃阿关系发生了剧变。经过十月战争短暂的团结之后，埃阿关系破裂，埃及被排除在阿拉伯大家庭之外。穆巴拉克执政后，埃及努力回归阿拉伯世界，埃阿关系恢复。

❧ 一、埃阿关系的演变

（一）十月战争时埃及与阿拉伯国家的合作

1952年的"七月革命"以及纳赛尔推行阿拉伯社会主义所取得的成就，使埃及成为阿拉伯革命的旗帜和源泉。一些阿拉伯国家的革命志士纷纷效仿埃及，建立"自由军官组织"，推翻封建君主统治，"七月革命"后，这些国家都成立了共和国。1956年埃及单独抵抗了英、法、以三国发动的苏伊士运河战争，在阿拉伯世界赢得了普遍尊敬，纳赛尔本人也成为阿拉伯民族英雄，被称为"当代的撒拉丁"。1958年埃及与叙利亚实现统一，成立阿拉伯联合共和国。虽然它仅仅维系了三年，但它在阿拉伯民族主义史上却写下了浓浓的一笔。然而，纳赛尔推行的阿拉伯民族主义也给埃及带来了隐患。纳赛尔把阿拉伯国家分成革命与保守两个阵营，卷入长达八年的也门战争，使埃及和阿拉伯君主国关系紧张。1967年"六五战争"的惨败，击碎了纳赛尔阿拉伯民族主义的梦想，纳赛尔本人在阿拉伯世界的威望急剧下降，阿拉伯人对埃及在抗以斗争中的军事能力和作用也产生怀疑。如在1969年拉巴特阿拉伯首脑会议上，纳赛尔请求是否参加与以色列的战争表态，结果未得到与会首脑的响应。

萨达特继任后所面临的迫切任务是巩固国内统治的权力基础，发动对以色列的战争以收复失地，洗刷阿拉伯民族的耻辱，重建埃及在阿拉伯世界的信心。为此，他着手改善与阿拉伯国家的关系。在纳赛尔时期，萨达特负责阿拉伯半岛和海湾事务，任伊斯兰议会总书记，在也门战争中也扮演领导角色，这些都强化了他对阿拉伯君主对埃及重要性的信心，与后来的阿拉伯君主们建立了良好的私人关系。他改变了纳赛尔以埃及的革命理论来划分阿拉伯世界的做法，认可亲西方、温和的阿拉伯君主国的合法性。萨达特任总统后，阿拉伯君主们也表示了对他的信任。

为恢复阿拉伯国家对埃及军事能力的信心，在阿拉伯国家对埃及充满疑虑之时，萨达特决定发动一场反对以色列的战争。为准备战争，萨达特精心筹划。他与苏联签订了《埃苏友好合作条约》，以获得苏联的武器供应。在苏联一再拖延武器供应，试图控制埃及之时，他驱逐了苏联专家。萨达特还积极在阿拉伯世界活动，以获取他们的支持。1971年4月，不顾国内萨布里集团的反对，萨达特与阿萨德、卡扎菲签订三国联合协定。与利比亚合作，是为了取得战略纵深和先进的苏联武器，二是为了开辟第二战线。在对以战争的目的上，埃及与利比亚存在分歧。卡扎菲认为只能是一场圣战，对敌人没有半点宽恕，而萨达特是要发动一场有限的战争。到1973年夏，利比亚停止参与军事计划，联合计划对其封锁，但仍保持阿拉伯同盟关系。1970年发动政变上台的阿萨德也亟须通过对以色列的战争来巩固他的统治，收复戈兰高地。经过协商，阿萨德同意了萨达特的有限进攻战略。两国还共同制订了精密的作战计划。阿萨德对与埃及发动对以战争寄予厚望。为构建广泛的阿拉伯阵线，萨达特于1971年夏开始修复约旦与巴解组织因1970年"黑九月事件"而恶化的关系。经过萨达特与费萨尔国王的不懈努力，约巴于1973年和解。1973年9月，埃及、约旦及叙利亚三国元首聚会开罗，埃及与约旦复交，约旦也加入战争阵营，阿拉伯对以阵线形成。萨达特还积极谋求其他阿拉伯国家的支持。1973年5月，阿尔及利亚总统布迈丁访问埃及，同意动员所有阿拉伯力量反对以色列。同年8月底，萨达特出访沙特阿拉伯、卡塔尔，就使用石油武器问题进行了磋商。费萨尔国王答应提供11.5亿美元的援助。到十月战争前夕，埃及与阿拉伯国家形成了团结、密切合作的关系，这为战争初期的胜利奠定了基础。1973年10月6日，埃及和叙利亚共同发动了十月战争。13日，约旦加入战争。伊拉克四个空军中队、巴勒斯坦游击队也参加了战斗。摩洛哥、利比亚、沙特阿拉伯、科威特、阿尔及利亚等国都派出了小分队。同时，阿拉伯产油国拿起了石油武器，采取统一步骤实行减产、提价、禁运和国有化，这对长期追随美国支持以色列的西方国家和日本是个沉重打击。欧共体9国和日本纷纷发表声明，表示尊重巴勒斯坦人的合法权益，在中东政策上与美国分道扬镳。正是埃及在战前的精心备战以及阿拉伯国家同仇敌忾，在十月战争初期阿拉伯人取得了胜利，洗雪了"六五战争"留给阿拉伯人的民族耻辱。可见，十月战争是埃及推动阿拉伯合作成功的结果。[1]通过这场战争，萨达特在国内建立起自己的统治权威，在阿拉伯世界重新树立起对埃及的信心，他本人也在阿拉伯世界赢得很高声望。同时，他还认识到埃及对阿拉伯世界的重要性。

（二）埃阿关系的破裂

十月战争给阿拉伯人留下了团结对敌的佳话，是阿拉伯人精诚合作的成功范例。但在战后，埃及与其他阿拉伯国家的合作关系并未有所延续。相反，随着埃及与美国、以色列关系的改善，埃阿关系越走越远，最后竟然破裂，埃及被排除在阿拉伯大家庭之外。早在战争还在进行之时，埃及与其他阿拉伯盟友的关系就出现了不和谐。面对危局，萨达特被迫于10月22日接受了联合国通过的停火决议，但他未与阿萨德商量，阿萨德是从广播中才得知的，所以非常生气，这给两国关系的发展留下了阴影。卡扎菲则对埃及和叙利亚接受停火决议十分不满，公开谴责停火决定。[2]

埃及与阿拉伯激进国家的疏远始于埃及与以色列签订的两个军事脱离接触协议。虽然以埃及为首的阿拉伯国家在战争初期取得了胜利，但最后仍遭受了痛心的失败。萨达特得出结论，一种使所有阿拉伯国家满意和巴勒斯坦人所要求的那种对以色列的全面胜利，已经被超级大国政治宣布是不可能的。离开美国，阿以问题的解决无从谈起。由此，埃及逐渐转向依靠美国，通过政治谈判来收复失地的和平战略。埃及与以色列两个军事脱离接触协议的签订与实施，使埃及收复了部分西奈领土，发展了埃美关系，又进一步增强了埃及推行和平战略的信心。为取得阿拉伯国家支持第一个军事脱离接触协议，萨达特出访主要的保守阿拉伯国家。在1973年11月的阿拉伯首脑会议上，阿拉伯国家赞成了埃及的行动。但该协议是埃及向和平战略迈出的第一步。西奈第二个军事脱离接触协议谈判时，埃及为取得阿拉伯国家的理解，进行了一系列外交活动。但协议达成后，除大多数海湾君主

---

①   Mohamed Hassanein Heikal, "Egyptian Foerign Policy," *Foreign Affairs,* Vol.56.,No.4,1978,p.273.

②   Salah EL Saadany, Translated by Mohamed M. El-Behairy, Egypt and Libiya from Inside, 1969-1976, London: McFarland Company, 1994，p. 124.

国、摩洛哥和苏丹对埃及的举动表示同情外，埃及遭到激进阿拉伯国家的批评。叙利亚媒体援引以色列官员的话说，叙利亚将在戈兰高地的任何政治谈判中持强硬立场。埃及与利比亚的关系也不断恶化。在埃及与以色列签署第一个军事脱离接触协议后，利比亚要求埃及归还十月战争中埃及使用的利比亚飞机。1974年8月，萨达特命令所有在利比亚的埃及工作人员立即返回，利比亚媒体对萨达特展开攻击，两国关系几乎破裂。萨达特也激烈批评其对手阿萨德和卡扎菲。埃及还指责叙利亚干预黎巴嫩内战。1977年，埃及与利比亚发生暴力冲突，利比亚驱逐了数千名埃及人，包括工人、物理学家、教授和工程师。埃及宣布不召回其驻利比亚大使，利比亚则召回其驻埃及大使及大多数使馆人员。同年7月，两国又发生边界冲突，萨达特称要教训一下卡扎菲。埃及与其他阿拉伯国家的关系也在恶化。在双方的相互指责中，埃阿关系的裂痕一步步加深。

虽然埃及与阿拉伯国家的政治裂痕在加深，但阿拉伯国家，特别是海湾产油国仍向埃及提供援助。随着埃阿关系的变化，埃及对获得的阿拉伯援助感到不满。1976年2月，萨达特出访沙特阿拉伯、科威特、阿联酋、巴林和卡塔尔，寻求对埃及在五年内提供10亿~120亿美元的支持，但海湾埃及发展组织仅同意提供20亿美元，还以埃及削减消费补贴作为条件。萨达特公开称这是不够的。1977年年初，在沙特阿拉伯首都利雅得召开的海湾援助会议上，当埃及外长法赫米发现会议不愿提供埃及所需的援助时，他出席会议不到半小时就退场。本次会议决定一年内向阿拉伯国家提供14亿美元援助，其中埃及获得5.7亿美元。[1]1973—1976年，埃及共从沙特阿拉伯、科威特、阿拉伯联合酋长国和卡塔尔获得51亿美元的双边援助，还有4亿多美元的多边援助。[2]

最终使埃阿关系破裂的是埃及与以色列实现和平。就在阿以关系的裂痕不断加深之时，萨达特于1977年11月突访耶路撒冷。埃及的举动在阿拉伯世界引起了激烈争论，主要分为三个阵营：

---

① Ibid, p.73.

② Ibid, p.83.

一是叙利亚、利比亚、阿尔及利亚、南也门、巴解组织和伊拉克强烈反对，组成"拒绝阵线①。

二是苏丹、阿曼、摩洛哥支持萨达特的决定。苏丹尼迈里政权需要埃及帮助镇压反对派。阿曼依赖伊朗武器以保持国内稳定，听从巴列维的意见支持埃及。摩洛哥一直鼓励埃及与以色列谈判。

三是突尼斯、约旦和沙特阿拉伯等海湾君主国，反对惩罚萨达特，但希望暂时孤立他。

《戴维营协议》的签订，进一步导致阿拉伯国家的反对。1978年9月20日—23日，坚定阵线大马士革首脑会议谴责《戴维营协议》，称萨达特是在同犹太敌人和帝国主义相勾结，破坏了阿盟宪章、阿拉伯共同防务条约与阿拉伯首脑会议决议，决定断绝同埃及的政治和经济关系，要求把阿盟总部从开罗迁出。同年11月5日在巴格达召开的第九届阿拉伯首脑会议上，与会国家达成一致，要求埃及废除《戴维营协议》，并向埃及发出威胁，称若签订《埃以和约》，将对埃及实行政治、经济制裁。连一向支持埃以谈判的摩洛哥也改变了立场，摩洛哥外长穆罕默德·布塞塔在与加利会见时指责埃及牺牲了巴勒斯坦人的权利。《埃以和约》签订后，只有阿曼、苏丹和索马里继续与埃及保持外交关系。索马里支持埃及，是希望从埃及得到更多的援助。其余阿拉伯国家则先后和埃及断交，阿盟总部也由开罗迁到突尼斯，并对埃及实行经济制裁。连私下曾与以色列秘密接触、曾准备跟随埃及行动的约旦也对埃及大加鞭挞。

此外，伊斯兰会议组织、不结盟运动也谴责埃及与以色列的单独和平。1979年5月在摩洛哥举行的伊斯兰会议组织会议上，埃及被取消会员国资格。同年7月，在古巴首都哈瓦那召开的不结盟运动首脑会议上，通过了谴责《戴维营协议》的建议，出席本次会议的49国中有23国赞成取消埃及的成员国资格。

对于阿拉伯国家的批评和反对，萨达特不屑一顾。他不厌其烦地列举他对阿拉伯人所做的贡献，宣布阿盟"已死亡"，将建立阿拉伯和

---

① 后称坚定阵线，伊拉克与其他国家发生矛盾，后退出。

伊斯兰人民联盟取代它。[①]他相信，如果他坚持自己的道路而不理睬对自己的诽谤，到将来某一天，即使强硬的反对者也将认识到他们错了，而自己是对的[②]。他呼吁阿拉伯国家加入和平进程，但没有得到阿拉伯国家的响应。侯赛因认为萨达特的想法是错误的，因为"它实际上导致在《戴维营协议》签署前把其他阿拉伯国家排斥在谈判大门之外。它产生一种不可避免的后果：在戴维营达成的任何协议都不会得到这些国家的认可"[③]。但直到萨达特遇刺去世，他始终没有改变自己的信心。

除政治、外交关系中断外，埃阿的经济关系也降至谷底。早在萨达特耶路撒冷之行时，就有一些阿拉伯国家提出对埃及实行经济制裁，但未被大多数阿拉伯国家接受。《戴维营协议》签署后，巴格达阿拉伯首脑会议向埃及发出经济制裁威胁。《埃以和约》签订后，阿拉伯国家首脑再次聚集巴格达，达成了包括6条主要内容的对埃及实行经济制裁的决议。到1979年4-5月，已有9个国家与埃及断交，12个组织与公司暂停了埃及的成员国资格。[④]阿拉伯国家的制裁给埃及造成巨大损失，主要涉及经济援助、资本流通和贸易领域，据估计损失达3亿~4亿美元。[⑤]

（三）埃及回归阿拉伯世界：埃阿关系的恢复

有人这样总结纳赛尔与萨达特时期的埃及："纳赛尔使埃及同许多民族问题、阿拉伯团结问题联系在一起。他失去了同美国和欧洲的联系，与以色列对抗，依靠苏联，仅同阿拉伯世界、非洲国家和不结盟运动打交道。而萨达特改变了纳赛尔时代的埃及政治外交状况，同美

---

①   William B. Quandt,ed., The Middlel East: Ten Years after Camp David, Washington D.C.:the Brookings Institution,1998,p103.

②   Raphael Israeli, "Egypt's Nationalism Under Sadat," p.15.

③   [英]詹姆斯·伦特著：《约旦国王侯赛因》，世界知识出版社，1992年版，第226页。

④   Victor Lavy, "The Economic Embargo of Egypt by Arab States: Myth and Reality," The Middle East Journal, Vol. 38, No. 3, 1984, p. 420.

⑤   R. D. McLaurin, Don Perentz, and Lewis W. Snider, Middle East Foreign Policy: Issues and Processes, p.52.

国与欧洲建立了强有力的关系，冷落和抛弃了苏联，与以色列媾和，但又失去了同阿拉伯、非洲国家和不结盟运动的关系。"①到穆巴拉克上任时，埃及的对外形势依然严峻，最突出的问题有二：一是与以色列的和平问题；二是与阿拉伯国家关系的破裂问题。如果穆巴拉克当时说萨达特是错误的，那么他就可以成为阿拉伯英雄，并很快返回阿拉伯世界。但他坚信萨达特的和平政策，认为它不仅为埃及提供了重要利益，也为整个阿拉伯和巴勒斯坦人提供了重要利益。他确信，和埃及一样，阿拉伯人能够通过谈判比战场上获得更多的东西。因此，在总体上继承萨达特政策的基础上，穆巴拉克开始对埃及的对外政策做出调整。他推行平衡外交战略，在重点发展对美关系的同时，改善与苏联的关系；既保持与以色列的和平关系，又注重改善与阿拉伯国家的关系，这为埃阿关系的改善创造了条件。

为回归阿拉伯世界，埃及的策略是：首先是改善与温和阿拉伯国家约旦、沙特阿拉伯等海湾国家的关系。其次，与大多数阿拉伯国家发展多种关系，孤立坚定阵线，降低对利比亚、叙利亚的攻击；再次，融入阿拉伯主流之中。埃及努力所取得的第一个重大成果是与约旦复交。②虽然埃及与约旦断交，但两国的有关官员的互访、贸易和文化交往却从未中断。1983年，穆巴拉克与侯赛因国王在印度新德里出席不结盟运动首脑会议期间举行了会晤。1984年2月，两位领导人又在华盛顿会晤。1984年9月25日两国宣布恢复外交关系。随后，两国元首实现了互访。埃约关系的恢复，是在1984年年初伊斯兰会议组织恢复埃及成员国资格的背景下进行的，也与两国在巴勒斯坦问题上的立场相近有关。约埃复交，是埃及回归阿拉伯大家庭的第一步，约旦对其他阿拉伯国家也起了带头作用。1985年，吉布提在约旦之后也和埃及恢复了外交关系。

在与约旦关系改善的同时，埃及与沙特阿拉伯的关系也得到改善。1983年3月，沙特阿拉伯王储就称与埃及的紧张关系已结束。1984年1月和10月，沙特亲王塔拉勒·本·阿卜杜勒·阿齐兹和石油

---

① 朱金平著：《穆巴拉克传》，东方出版社1998年版，第147-148页。

② 陆熙：《约埃复交与中东局势》，《世界知识》，1984年第21期，第5页。

大臣艾哈迈德·扎基·亚马尼分别以联合国儿童基金会和石油输出国组织代表的身份访埃，受到穆巴拉克的接见。1984年年底，沙特外交大臣费萨尔公开表示，希望埃及尽快返回阿拉伯队伍。1985年11月，穆巴拉克在参加阿曼国庆典礼时与沙特王储阿卜杜拉举行了长时间的会晤。埃及还公开支持沙特对1987年7月在麦加的伊朗示威者的处理。1987年11月，阿拉伯安曼首脑会议一结束，两国就复交。1987年1月，穆巴拉克参加了伊斯兰会议组织科威特首脑会议，本次会议决定恢复埃及在该组织中的席位。

　　1987年11月在安曼召开的阿拉伯首脑会议，是埃阿关系改善的转折点。在会议上，在约旦、沙特阿拉伯与伊拉克的推动下，会议决定在随后的三年中加强与埃及的合作，包括商务和贸易联系。会议还将是否恢复与埃及关系交由阿拉伯各国自行决定。到1988年1月，埃及已和14个阿拉伯国家恢复了外交关系。1988年，埃及总统穆巴拉克对海湾六国和伊拉克、约旦进行了成功访问。特别是在海湾国家，穆巴拉克受到热烈欢迎。在访问中，穆巴拉克与这些国家的领导人商讨阿拉伯"防务战略问题"、中东和平及巴勒斯坦问题，尤其是进一步研究和落实埃及与海湾国家在政治、经济和军事方面的全面合作问题。海湾各国高度评价穆巴拉克的来访，认为这表现出埃及回归阿拉伯世界。沙特阿拉伯《利雅得报》称访问使"整个阿拉伯世界有了灵魂"[1]。

　　对于坚定阵线国家，穆巴拉克上任后对其攻击低调处理。两伊战争为埃及与伊拉克关系的改善提供了机遇。1983年7月，穆巴拉克在庆祝"七月革命"大会上表示支持兄弟国家伊拉克保卫自己的领土和尊严。同年7月和10月，两国外长实现了互访。伊拉克总统萨达姆还表示愿意随时去埃及访问，也邀请穆巴拉克访伊。1985年，穆巴拉克正式访问了伊拉克。埃及向伊拉克提供军火，并与伊拉克的关系得到很大改善。1987年两国复交。对于巴解组织，埃及反对巴解组织内部的分裂活动，支持阿拉法特的领导地位，谴责以色列对巴勒斯坦武装

---

① 许林根：《埃及正在回归阿拉伯世界》，《世界知识》，1988年第4期，第7-8页。

力量的进攻。1983年12月，在阿拉法特从黎巴嫩特里波利撤离途经苏伊士运河时，穆巴拉克亲自迎接，并举行了埃巴自1977年以来的首次首脑会晤。次年3月，两人在几内亚首都科纳克里再次会晤，埃及同意巴解研究中心设在开罗。在穆巴拉克的斡旋下，约旦与巴解组织于1985年2月达成了《约巴联邦方案》。1987年11月，埃及宣布重新开放巴解组织驻开罗办事处。1988年巴勒斯坦建国后，埃及当即宣布承认，并建立了大使级外交关系。

最后与埃及恢复外交关系的是叙利亚和利比亚。穆巴拉克执政后，埃及与叙利亚基本上停止了相互攻击，频频向叙抛出橄榄枝。1984年穆巴拉克访美时表示反对对叙利亚的任何侵略，埃及还致电祝贺叙阿拉伯复兴党革命节，埃及外长阿里呼吁两国举行对话，但遭到叙拒绝。在1989年5月的卡萨布兰卡会议上，埃及、利比亚和叙利亚三国首脑举行了会晤，埃叙、埃利关系缓和。1989年12月底，叙利亚顺应阿拉伯国家与埃及和解的大潮，与埃及正式复交。叙埃两国签订了避免双重税收协定，贸易合作协定，两国协调、合作及农业一体化议定书。埃及与利比亚的关系在1977年后很僵。1984年埃及人民议会通过决议，退出1971年9月由埃、叙、利三国组成的阿拉伯共和国联邦。卡扎菲坚决反对埃以和解，他还致信埃及总统，愿以50亿美元的援助为条件，换取一封写有埃及准备撤销《戴维营协议》的信，遭埃及拒绝。两国相互指责，在两国边界陈列重兵，利比亚驱逐埃及劳工，造成关系一度非常紧张。但随着埃及与大多数阿拉伯国家关系的改善，埃利关系也随之缓和。1989年10月16日，穆巴拉克与利比亚领导人卡扎菲举行会晤，这是两国断交12年以来的两国元首的首次正式会晤。卡扎菲在会晤后对记者说："从现在起我们将是同一个立场，我与穆巴拉克总统将经常会面，以给两国人民带来好处。"而穆巴拉克也表示，"水正在流归其原来的渠道"[①]。次日，两位元首再次举行会谈，决定在两国首都互设办事处，并推出15个合作项目，决定两国人员自由进出，无须签证。虽然双方没有提及复交问题，但两国关系在

[①]　伏柏林：《埃利关系正常化的重大发展》，《瞭望》，1989年第44期，第45-46页。

正常化道路上迈进了一步，表达了和解的强烈愿望。卡扎菲在会谈后表示，"经验教育了我们，我们再也不落入分裂的陷阱"，"世界应该听到阿拉伯团结和自由的声音"①。穆巴拉克则强调，阿拉伯团结应高于阿拉伯的内部分歧，称两国以前的分歧是纲领和方法上的分歧，双方在阿拉伯事业上的目的是一致的。对埃及与利比亚关系的改善，阿盟秘书长卡里比予以高度评价，称"他们的会见是走向正常化和促进合作的认真步伐，是走向阿拉伯民族团聚和加强阿拉伯队伍的突出标志"②。1991年3月和8月，利埃两国分别宣布开放两国边界，正式达成协议，取消边卡和海关，两国人员凭身份证自由来往。

1989年2月，埃及与伊拉克、约旦、北也门共同建立了"阿拉伯合作委员会"，决定清除四国间的贸易壁垒，鼓励投资。同年5月，埃及总统穆巴拉克出席了在卡萨布兰卡举行的阿拉伯阿盟首脑会议，本次会议恢复了埃及的阿盟成员国资格，标志着埃及回归阿拉伯世界。1990年3月，埃及作为东道主主持了阿拉伯首脑会议。1991年3月，阿盟总部迁回开罗。同年5月，埃及外长马吉德当选为阿盟秘书长，埃及重返阿拉伯领导地位。

✿ 二、与海湾国家的关系

海湾国家是指波斯湾沿岸的伊朗、伊拉克、科威特、巴林、卡塔尔、沙特阿拉伯、阿拉伯联合酋长国、阿曼八国(埃及与伊朗关系不在讨论范围之内)。本地区不仅以丰富的石油资源而闻名于世，还是伊斯兰教的中心地带，是国际大国在中东关注的焦点地区之一。作为阿拉伯世界传统的政治大国，与海湾国家的关系是埃及-阿拉伯关系的重要方面。早在穆罕默德·阿里时期，埃及就出兵消灭了早期的第一沙特王国，征服了阿拉伯半岛西部的希贾兹地区。纳赛尔时期，埃及积极参与海湾事务，如支持伊拉克1958年革命，和沙特阿拉伯在也门战争中对抗。萨达特执政初期，纳赛尔时期埃及与海湾国家的紧张关系得到缓和，双方关系开始密切。在十月战争中，海湾国家不仅给埃及

① 同上，第43页。
② 同上，第445页。

以政治和财政支持，还以石油武器来打击一贯支持以色列的西方阵营。但由于埃及走上了与以色列的和平之路，除阿曼外，埃及与其他海湾国家的关系急剧恶化，双方关系破裂。尽管海湾国家猛烈抨击埃及，但萨达特仍然表示在海湾受到威胁时不会坐视不顾。穆巴拉克执政后，埃及与海湾国家关系得到了改善，特别是两伊战争和海湾危机，埃及深深地卷入了海湾事务中。

（一）埃及与两伊战争、海湾危机

萨达姆任伊拉克总统后，利用石油资源所聚集起来的财富，称霸地区的野心骤然膨胀。同时，伊朗伊斯兰革命后对海湾地区及整个阿拉伯世界的安全也构成威胁，加之和伊朗存在的宗教、领土争端，1980年伊拉克发动了两伊战争。这场延续达八年之久的战争，对中东地区产生了深远影响。对埃及来说，为改善自萨达特耶路撒冷之行以来一直恶化的埃及-海湾国家关系提供了良机。

埃及与以色列单独和解之后，导致阿拉伯世界的分裂，伊拉克成为最坚决的反对者之一。萨达姆在巴格达两度召集阿拉伯国家首脑会议，对埃及进行口诛笔伐，要求阿拉伯国家对埃及实行政治、经济制裁，将埃及开除出阿盟。虽然伊拉克对埃及采取强硬反对立场，但两伊战争一爆发，埃及就表示义无反顾地支持伊拉克。其原因是：第一，伊朗伊斯兰革命后，埃及对推翻巴列维王朝非常不满，萨达特不顾伊朗新政权的强烈反对，允许伊朗前国王巴列维在埃及避难，巴列维去世后还为其举行了国葬。这便导致埃及和伊朗关系恶化，埃及不可能在两伊战争中支持伊朗。尽管埃及对伊拉克以保卫阿拉伯民族共同利益的口号发动两伊战争存有疑虑，但与伊拉克同族、同教的同胞情谊，使埃及对伊拉克持支持立场，这也符合阿拉伯民族主义的传统。第二，伊朗伊斯兰革命后，主张对外输出伊斯兰革命，对海湾地区的安全构成严重威胁，对埃以和平持温和态度的海湾国家希望埃及支持伊拉克以减弱来自伊朗的威胁，同时也作为对伊拉克图谋海湾霸权的一种平衡力量。伊朗革命还激励着包括埃及在内的伊斯兰激进主义者反对现政权的斗争，对埃及的政治、社会稳定造成严重威胁和挑战。支持伊拉克对伊朗战争，也有益于埃及国内的稳定和维护在海湾的传统利益。第三，埃及支持伊拉克还有经济上的考虑。海湾国家有大量的埃及劳工，每年寄回巨额侨汇，是埃及外汇的重要来源之一。如果伊朗战胜并占领伊拉克，埃及的侨汇将受到严重影响。第四，埃及支持伊拉克，可向其他阿拉伯国家传递穆巴拉克新政权对阿拉伯国家友好的信息，有利于改善埃及在阿拉伯国家的孤立处境。此外，伊拉克也急需埃及等阿拉伯国家的帮助。萨达姆对自己的实力估计过高，速战速决的计划没能实现，战争变成持久战，若没有其他阿拉伯国家的支持，伊拉克将十分被动。这样，埃及与伊拉克关系具备了迅速改善的条件。

埃及对伊拉克的支持表现在两方面：其一，向伊拉克提供军火。埃及曾从苏联购买大量武器、弹药，这些武器与伊拉克的武器装备相近，伊拉克军队可以直接使用。据估计，埃及共向伊拉克提供了价值10亿美元的苏制武器。其二，向伊拉克提供劳动力。有资料表明，两伊战争期间，共有15万埃及志愿者服务于伊拉克军队，其中大多数为技术兵种，少数参加了战斗部队。另有15万埃及劳工在伊工作，使伊拉克经济得到延续和维持[1]。埃及在两伊战争中对伊拉克的支持，不仅对伊拉克支撑战争提供了有效的支持，改善了两国关系，还分化了坚定阵线，对埃及与支持伊拉克的其他海湾国家关系的改善也起到积极的推动作用，进而在一定程度上打破了埃及在阿拉伯世界的孤立境地。1982年，伊拉克司法部部长访问开罗。次年，两国外长实现互访。1984年，伊拉克副总理拉马丹提出一项旨在使埃及重返阿盟的提案，表明埃及对伊拉克的立场取得了成效。1987年，两国正式复交。

然而，埃及与伊拉克关系的正常化是短暂的，海湾危机的爆发又使两国关系恶化。1990年7月，伊拉克与科威特关系紧张，穆巴拉克亲自给两国首脑打电话劝解。7月24日，他对伊拉克、科威特与沙特阿拉伯进行了穿梭访问，正式提出四点建议：停止宣传和战争威胁；把问题局限在阿拉伯范围内，不使其以任何形式国际化；双方召开一

---

① 钱学文：《埃伊在海湾地区安全中的关系浅析》，《阿拉伯世界研究》，2001年第3期，第10-13页。

次有埃及和沙特参加的会议；暂不讨论边界问题[①]。科威特与伊拉克接受了埃及的建议，于7月30日在沙特的吉达举行了谈判，但在谈判破裂后的第二天，伊拉克即入侵了科威特，海湾危机随即爆发。埃及对危机立即做出反应，8月3日，在开罗召集阿拉伯国家外长会议，谴责伊拉克对科威特的侵略，要求伊拉克立即、无条件撤军，但反对干预危机，也拒绝科威特要求组建一支阿拉伯军队抗击伊拉克的建议。海湾合作委员会则发表声明，称外国干预是违背联合国决议的行径。在埃及的努力下，8月10日，在开罗召开了阿拉伯国家首脑紧急会议。阿拉伯各国意见不一。埃及与叙利亚、海合会六国等阿拉伯国家支持阿盟、伊斯兰会议组织及联合国安理会通过的决议，谴责伊拉克对科威特的入侵及吞并，要求解除伊拉克对海湾的威胁，支持海合会国家采取措施实施"合法防御权"，同意派遣阿拉伯军队以支持海合会"保卫其领土，反对任何外来侵略"。该方案暗示支持海合会国家有权邀请美国军队来保护自己以免遭到伊拉克的入侵。同一天，埃及即派首批军队赴沙特阿拉伯。穆巴拉克急切地要求阿拉伯国家对海合会国家进行军事援助，否则"我们将和死尸一样，将由此蒙羞，像战败一样接受指定的条款"[②]。为和平解决海湾危机，埃及外交部部长马吉德、外交国务部部长加利访问了法国、苏联、叙利亚、沙特阿拉伯，为和平解决危机而斡旋。穆巴拉克也和叙利亚、沙特阿拉伯领导人积极协商以化解危机。马吉德表示，"即使联合国通过一项使用武力的决议，埃及也仍为和平解决伊–科争端而努力"[③]。在海湾战争开始后，埃及拒绝伊拉克的有条件撤军建议，与叙利亚、海合会六国提出结束海湾战争的条件：伊拉克无条件完全撤出科威特领土、恢复科威特的合法地位、完全执行联合国安理会有关决议，切实遵守通过和平手段解决国与国之间冲突的原则。埃及政府的立场得到全国民众及朝野的支持。

[①]　朱金平著：《穆巴拉克传》，东方出版社1998年版，第183页。

[②]　Ann Mosely Lesh, "Contrasting Reactions to the Persian Gulf Crisis: Egypt, SYRIS, Jordan, and the Palestinians," The Middle East Journal, Vol. 45, No. 1, 1991, p. 38.

[③]　杨万清：《海湾战争中的埃及》，《国际政治研究》，1991年第3期，第96-100页。

　　海湾危机与海湾战争使刚刚实现团结的阿拉伯世界陷入重新分裂的局面，埃及和伊拉克再次走向对峙，但它使埃及重新恢复了在阿拉伯世界的主导地位。埃及成为在战争中出兵最多的阿拉伯国家，为许多阿拉伯国家参加以美国为首的多国部队立下了汗马功劳。当然，这次事件也大大加强了埃及与海合会国家的关系。1991年3月，海湾战争的硝烟刚刚散去，埃及与叙利亚、海湾六国的外长就在大马士革召开会议，发表了《大马士革宣言》，八国结成了海湾战后第一个阿拉伯新型政治、军事、经济合作的利益同盟。该宣言的基本目标是根据整个阿拉伯世界特别是海湾地区的安全需要，建设发展阿拉伯防卫力量，填补海湾地区的防卫空白。关于对海湾地区的安全安排，宣言指出，"与会的外交部部长(大臣)特别提到(关于阿拉伯共同防务的)阿盟宪章第九条，考虑派埃及和叙利亚部队驻在沙特阿拉伯和其他海合会国家，作为阿拉伯维持和平部队的核心。维和部队还可以用来实现一个有效的阿拉伯安全体系"[①]。宣言主张建立一支以埃及、叙利亚和海合会各国军队为核心的约10万人的维持和平部队，取代驻扎在海湾的外国军队；八国将根据地区和国际形势的变化协调其立场，保持阿拉伯立场的一致性；还将建立一项150亿美元的合作基金，向在海湾战争中支持科威特的埃及、叙利亚等国提供经济援助[②]。埃及对宣言非常重视，称其为"海湾战后为实现地区政治、安全、经济稳定所建立的阿拉伯新秩序的核心"[③]，"是适应阿拉伯安全防务需要的起点"[④]。但是，尽管发表了宣言，但海合会国家对埃及干预阿拉伯国家事务的历史心存疑虑，把自己国家安全的保卫权留给了美国而不是埃及，这引起埃及的不满。

　　海湾危机使埃及获益匪浅。在政治上，埃及发挥了阿拉伯盟主的

① 杨万清：《海湾战争中的埃及》，《国际政治研究》，1991年第3期，第96-100页。

② 王京烈：《冷战后的埃及外交》，《亚非纵横》，1996年第2期，第9页。

③ 杨鲁平：《海湾战争后埃及的"阿拉伯新秩序"浅析》，《西亚非洲资料》，1992年第2期，第39页。

④ 钱学文：《埃伊在海湾地区安全中的关系浅析》，《阿拉伯世界》，2001年第3期，第12页。

作用。在经济上，埃及也是获益颇多。海湾危机前，埃及债台高筑，
国内经济、社会矛盾突出。由于埃及坚决反对伊拉克入侵，联合其他
阿拉伯国家支持以美国为首的多国部队出兵海湾，自己也出兵，受到
美国及其盟国、海合会国家的高度赞赏。为答谢埃及的帮助，这些国
家不仅减免埃及所欠的债务，还提供大量的经济援助。据估计，海湾
危机导致埃及侨汇、旅游及苏伊士运河收入减少80亿美元，加上其他
损失共计310亿美元。而西方国家、海湾国家减免埃及债务共约200亿
美元，再加上提供的赠款、经济援助、科威特重建承包项目，总计达
500亿美元[1]，这给埃及摆脱沉重的债务负担和发展国内经济提供了大
好时机，既有利于提高政府的威信，也有利于减轻反对派对政府的压
力，促进政治稳定。正如一位埃及新闻记者所言："穆巴拉克应该给萨
达姆在解放广场中央塑一座金像，以表彰他对埃及经济所做的突出贡
献。"[2]

　　埃及虽然坚决要求伊拉克从科威特撤军并解除它对海湾国家安全
的威胁，但同时又主张保证伊拉克的安全，反对肢解伊拉克，拒绝西
方国家参与海湾地区战后的安全安排，主张伊拉克的国家主权和领土
完整应该得到尊重和维护，多次批评某些阿拉伯国家领导人呼吁伊拉
克人民推翻萨达姆政权的做法。对伊拉克人民因制裁遭受的苦难，穆
巴拉克多次呼吁国际社会解除禁运。埃及对伊拉克的政策看似矛盾，
其实有埃及深层次的考虑。伊拉克与海合会国家，特别是科威特的矛
盾，说到底仍是阿拉伯兄弟间的冲突。从阿拉伯国家之间分分合合的
历史来看，阿拉伯内部的关系有时是怒发冲冠，甚至大动干戈，但转
眼间又相互拥抱，化干戈为玉帛。在这变幻莫测、世人难以理解的背
后，是所有阿拉伯国家对其国家的阿拉伯属性的认同。在面临共同的
危险和敌人时，阿拉伯国家很快能够捐弃前嫌，达成共识。埃及、海
湾国家的关系也是如此。埃及和伊拉克在争夺地区领导权方面有斗争
的一面，但双方均面临着伊朗输出伊斯兰革命的威胁。埃及对伊拉克

---

① 　杨万清：《海湾战争中的埃及》，《国际政治研究》，1991年第3期，第
96-100页。

② 　Ephrain Dowek, Israeli-Egyptian Relations 1980-2000, p.307.

不顾阿拉伯兄弟情谊，公然入侵科威特表示愤怒，但它并不愿过分削弱作为与伊朗相抗衡力量的伊拉克，更不愿这一事件为一些国际势力制造可乘之机，对埃及在海湾的利益构成新的威胁。海合会国家也有和埃及类似的考虑，这是包括埃及、海湾国家在内的阿拉伯世界一方面反对伊拉克的武力行径，但又主张维护伊拉克领土和主权完整，与其发展关系的根本原因所在。

（二）埃及与海湾合作委员会国家的经济关系

阿拉伯国家之间的经济关系与阿盟的发展历程密切相关。不过，阿拉伯国家间真正的经济合作始于20世纪60年代阿拉伯经济统一协议签署后。同样，埃及与海合会国家的经济关系也是在此时，特别是在英国殖民主义者撤离海湾后才开始建立和发展起来的。双方的经济关系主要表现在三个方面：

其一，商品贸易。在一般情况下，埃及与海合会国家之间的商品贸易都是根据双方签订的经济贸易协议进行的。在阿拉伯对埃及实行经济制裁时期，海合会国家，特别是沙特阿拉伯与埃及的贸易额不断上升，占埃阿贸易的大多数，但绝对额不大。20世纪90年代后，埃及与海合会国家的贸易显著发展。

其二，投资和资本流动。到1995年年底，估计埃及从阿拉伯国家获得资金总数约为120亿埃镑，其中直接投资为60亿埃镑，另外60亿埃镑为贷款或赠款。海合会国家是埃及吸纳阿拉伯资本的主要来源国。在埃及所获贷款和赠款中，主要是沙特阿拉伯、科威特和阿联酋政府所设立的发展基金会提供的，而科威特阿拉伯经济发展基金会、阿布扎比阿拉伯经济发展基金会和沙特发展基金会是主要提供机构。1979—1989年，由于阿拉伯对埃及实行经济制裁，海合会国家中止了对埃及的贷款。1989年埃及恢复阿盟席位后，海合会国家又恢复对埃及提供经济援助。1990—1995年，埃及平均每年从阿拉伯国家获得贷款或赠款约10亿埃镑，用于能源、交通和农田水利等项目建设，其中主要来自沙特阿拉伯、科威特和阿拉伯联合酋长国三国。

其三，劳务合作。埃及是人口最多的阿拉伯国家，劳动力剩余，而海湾国家总体上是地广人稀，劳动力普遍不足，双方优势互补，在本领域形成密切合作关系。在海湾的阿拉伯劳工中，埃及劳工占1/3，估计有75万人，而埃及侨民达17.37万。[1]海湾国家大量的埃及劳工寄回的巨额侨汇，是埃及国民经济的支柱之一。

虽然埃及与海合会六国的经济关系不断发展，在埃及与阿拉伯经济关系中占重要位置，但受埃及与阿拉伯经济关系总体上处于低水平的制约，双方的经济关系发展程度依然很低。埃及与六国的贸易在埃及对外贸易总量中所占份额不大。

从以上可以看出，埃及与海湾国家政治关系发展的水平要远远高于经济关系。埃及是阿拉伯世界传统的政治大国，将海湾地区作为其在阿拉伯世界发挥作用、谋求地区领导权的重要区域。双方经济发展需求不一，加上经济结构的问题以及西方殖民主义的遗迹，使双方都把其经济关系主要面向西方国家，而双方之间的经济关系发展水平低下。不仅埃及与海合会国家，而且整个阿拉伯国家之间的经济关系水平都比较低。

❖ 三、埃及与中东和平进程

尽管埃以和平遭到大多数阿拉伯国家的反对，埃及也因此受到阿拉伯的政治和经济制裁，但埃及的和平战略取得了成功，它打开了中东和平进程之门。在20世纪80年代，虽然中东和平进程没有取得突破，但以政治谈判、和平解决阿以冲突已成为阿以双方及国际社会的共识。90年代以来，中东和平进程尽管步履艰难，但实现了历史性的突破。对峙数十载的阿以双方终于坐在马德里的同一张谈判桌前，巴勒斯坦与以色列签署了《奥斯陆和平协议》等一系列和平协议，约旦与以色列实现了和平。

（一）埃以和解以前的埃及与巴勒斯坦关系

巴勒斯坦与埃及在地理上相接，是埃及通往东方的必经之地，在古时候就有密切关系。埃及对当今巴勒斯坦问题的关注始于二十世纪二三十年代。随着犹太复国主义在巴勒斯坦的扩张，巴勒斯坦人与犹太人的矛盾日益激化，引起了埃及社会对巴勒斯坦问题的高度关注。

---

① 　同上，第24页。

1936—1939年阿拉伯大起义时，埃及的伊斯兰主义者和阿拉伯主义组织积极动员公众支持巴勒斯坦人，1936年建立了包括穆斯林兄弟会创始人哈桑班纳、华夫脱党前副主席哈米尔·巴萨尔在内的救济巴勒斯坦烈士高级委员会。而埃及当时在任的纳哈斯政府也开始注意巴勒斯坦局势，称"政府对兄弟的阿拉伯人非常关注，准备保卫他们的权利和安全"[①]。1938年，埃及内阁中成立了巴勒斯坦委员会，派代表参加了1939年解决巴勒斯坦问题的伦敦圆桌会议。1938年10月15日，埃及东方妇女组织讨论巴勒斯坦问题，强调巴勒斯坦人的斗争是为生存和作为一个整体的阿拉伯民族的未来而进行的斗争。同日，埃及议会委员会讨论并通过决议，要求立即停止犹太移民，维护巴勒斯坦在阿拉伯地区的统一和完整，建立巴勒斯坦自己的民族自治政府[②]。为应对巴勒斯坦严峻的形势及寻找阿拉伯统一的途径，在埃及的积极协调下，阿拉伯国家代表于1944年9月在亚历山大聚会，讨论成立阿拉伯联盟问题。巴勒斯坦人穆萨·阿拉米作为巴勒斯坦代表参加会议。埃及还批评英国的巴勒斯坦政策，与其他阿拉伯国家一道反对联合国巴勒斯坦分治决议。1948年5月15日，埃及等阿拉伯国家出兵巴勒斯坦以阻止分治决议的实施，但遭失败。战后，埃及一直管理着加沙地带，直至1967年被以色列占领。为对抗约旦对约旦河西岸的吞并，埃及帮助哈吉·阿明·侯赛尼于1948年10月在加沙建立了巴勒斯坦临时政府。侯赛尼政府对阿拉伯国家非常失望，在50年代初向以色列发动了游击战，这导致埃及与以色列的冲突加剧，成为1956年苏伊士运河战争的导火索。1948年战争失败后，由阿拉法特等建立并领导的开罗巴勒斯坦学生联合会是阿拉伯国家中唯一允许存在的巴勒斯坦人的组织。

纳赛尔时期，巴勒斯坦成为他推行阿拉伯民族主义的重要领域。纳赛尔本人亲自参加过巴勒斯坦战争，执政后采取了许多措施以实现他恢复巴勒斯坦人权利的承诺。1954年，纳赛尔建立了开罗巴勒斯坦

---

① J. P. Sharma, The Arab Mind: A Study of Egypt, Arab Unity and the World, H. K. Publisher and Distributors, 1990, p.44.

② Ibid.

电台。为有效统一巴勒斯坦各派别，在纳赛尔的努力下，1964年1月召开首次阿拉伯首脑会议，阿赫马德·舒克里为巴勒斯坦代表，这是巴勒斯坦人首次作为一个独立的团体出现在阿拉伯国家面前，决定建立巴解组织(由舒克里领导)和巴勒斯坦解放军，但实际上巴解组织被埃及所控制。"六五战争"后，埃及决定不支持舒克里，开始与阿拉法特领导的法塔赫接触。1968年，埃及允许法塔赫在开罗建立电台。次年，在埃及的支持下，法塔赫加入巴解组织，阿拉法特从此当选为该组织主席直至逝世。纳赛尔支持阿拉法特，是想利用他来与以色列对抗。在埃及的支持下，巴解组织向以色列发动了无数次袭击。纳赛尔还致力于协调巴解组织与其他阿拉伯国家的关系，如调解巴解组织与黎巴嫩政府的关系，调停约巴冲突。从以上可以看出，埃及对巴勒斯坦问题的关注与参与，除了出于阿拉伯民族兄弟情谊之外，还有利用它来为埃及的对外政策服务考虑。

（二）埃以和平与巴勒斯坦问题

"六五战争"失败后，埃及的对外政策发生了微妙变化，在积极备战的同时，开始考虑通过政治途径解决阿以矛盾。埃及接受了联合国第242号决议和罗杰斯计划，但遭到巴勒斯坦人的反对。巴解组织称"接受联合国第242号决议是对巴勒斯坦人的背叛，因为该决议不承认巴勒斯坦人是一个民族，而是作为难民问题对待的"。巴勒斯坦全国委员会谴责埃及接受罗杰斯计划，称"武装斗争是巴勒斯坦解放的唯一之路"。开罗的巴勒斯坦电台也因攻击纳赛尔而被关闭。

萨达特执政后，调整了埃及的内外政策，逐渐把关注点放在埃及自身，埃以和解就是"埃及第一"的表现。对埃以和解，大多数阿拉伯国家持反对态度，称"单独和平背叛了阿拉伯人的利益，特别是背叛了巴勒斯坦人的利益，是埃及以牺牲巴勒斯坦人的利益为代价而获得的"。毋庸置疑，萨达特与以色列实现和解有埃及自己的目的，就是要收复西奈半岛，为国内的经济、社会发展创造条件。同样不可否认的是，埃以和谈对巴勒斯坦阿拉伯人的权益造成了极大的损害。

公正地说，巴勒斯坦问题一直是埃以双方争论的焦点之一。早在萨达特1977年11月访问以色列时，就强调他不是为单独和平而来，而是为全面、永久、公正的和平而来，要求以色列撤出1967年占领的所有阿拉伯土地，包括东耶路撒冷在内的巴勒斯坦人的土地。他在以色列议会演讲时称："没有人能够否认巴勒斯坦问题是整个(阿以问题)的核心，没有人能够接受你们以色列人所宣传的巴勒斯坦人不存在或应安置在其他地方的观点。巴勒斯坦人及其合法权利不容否认，无论东方还是西方，没有人能够否认这个事实"，"没有巴勒斯坦人，就没有和平可言。你们将贝尔福宣言作为你们立国的基础，但如果你们发现把自己的家园建立在本不属于你们的土地上，你们就有义务理解巴勒斯坦人为重新在自己的土地上建立自己的国家的愿望。我告诉你们，不承认巴勒斯坦人、不承认巴勒斯坦人回归权的任何努力都是徒劳的。"[1]陪同访问的埃及代理外长加利也表达了埃及对巴勒斯坦人的感情。他对以色列外长达扬说："每当我们看到一名巴勒斯坦兄弟在自己的国家里被占领的沉重压力下生活，或被投入监狱的时候，我们就感觉像巴勒斯坦人一样被剥夺了权利，并能体会到他们失去祖国的愤怒与苦涩；阿拉伯世界应该是一个不可分的整体，阿拉伯人仍能感受到当年'痛失西班牙'的情感，失去巴勒斯坦是外部强国强加于阿拉伯世界的殖民主义。"[2]此后，萨达特多次强调解决巴勒斯坦问题的重要性。直到1981年8月他最后一次访美时仍强调："以色列要承认这样一个事实：巴勒斯坦问题不是第242号决议中所说的人道主义问题，巴勒斯坦人应当有自己的祖国，而巴勒斯坦人则必须承认以色列在其边界之内的存在。"[3]

在戴维营谈判时，萨达特仍为解决巴勒斯坦问题而不懈努力。巴勒斯坦问题是双方的主要分歧焦点之一。正是由于萨达特的坚持，《戴维营协议》才对约旦河西岸和加沙地带的谈判做出详细规定，由埃及、以色列、约旦和巴勒斯坦人的代表分三个阶段对巴勒斯坦的自

---

①　Joseph P. Lorenz, Egypt and the Arabs: Foreign Policy and the Search for National Identity, Westview Press, 1990, pp. 140-141.

②　布特罗斯·加利著：《埃及通向耶路撒冷之路——一位外交家为争取中东和平不懈努力的历程》，张晓译，上海人民出版社1999年版，第18页。

③　新华社联合国1981年8月9日电。

治、五年过渡期及最终地位等问题予以谈判解决[①]。

在《埃以和约》谈判中，萨达特力争把《埃以和约》的签订与巴勒斯坦问题联系起来。在《埃以和约》的序言中明确表达了这个思想。

在作为条约附件的埃及、美国、以色列三国首脑的信件中，贝京和萨达特向卡特表示，双方同意在交换和约批准书后一个月内就巴勒斯坦自治问题举行为期一年的谈判[②]。从1979年5月起，埃及和以色列就巴勒斯坦自治问题举行了十几轮谈判。以色列认为，给予居住在被占领土的巴勒斯坦人以有限自治是它准备做出的最大让步，以色列将拥有这些土地的主权，耶路撒冷不容谈判，不承认巴解组织，更不同它接触，否认巴勒斯坦难民回归权，将继续扩建犹太人定居点。而埃及认为，自治是为家园、主权和独立提供的条件，它将不可避免地趋向在1967年被占领的土地上建立巴勒斯坦国。埃及要求停止和扩建犹太人定居点，认为以色列必须承认并同巴解组织谈判。埃及官员多次重申，只要巴勒斯坦人在1967年被占领的土地上建立巴勒斯坦国的愿望没有实现，本地区就没有真正的和平。从长远来看，除了与巴解组织谈判外，以色列别无选择。埃及承认耶路撒冷问题的敏感性，遂建议暂时搁置争议，但遭到以色列拒绝。由于双方分歧严重，谈判没有任何进展，最后埃及中止了谈判。

可见，埃及的本意并不是要和以色列实现单独和平。但同样不容争辩的事实是，埃以和谈的结果是实现了单独和平，没有解决巴勒斯坦问题。

埃以实现和平后，巴解组织坚决反对，双方关系降到谷底，连双方的普通民众都相互怨恨。埃及人认为，巴勒斯坦人是自己的骨肉同胞，为他们将同以色列战斗到最后一个埃及人，但认为巴解组织是腐败的，脱离了巴勒斯坦大众，其领导人生活在由阿拉伯民族为其付费的高级宾馆里，而巴勒斯坦人却生活在难民营里。他们指控巴解组织领导人以百万计的金钱来从事勒索及恐怖活动。而巴勒斯坦人对埃及

---

① 摩西·达扬著：《沙漠中的和平：达扬回忆录》，张存节译，上海译文出版社1986年版，第447-450页。

② 同上，第493页。

不允许其获得在埃及的永久居留权不满，对埃及干预巴勒斯坦事务意见很大，指责萨达特为达成《埃以和约》而出卖巴勒斯坦人的利益。但值得注意的是，虽然埃及与巴解组织断交，但双方的高层往来并未中断。穆巴拉克上任后，双方关系迅速改善。

（三）埃及与巴以和谈

尽管阿拉伯国家对埃以和平嗤之以鼻，但从20世纪80年代起，他们还是逐渐认同了萨达特所开创的"戴维营模式"。阿拉伯世界先后推出了法赫德计划等多个中东和平方案，美苏两国也提出了自己的中东和平计划。阿拉伯立场的变化，一是埃及与以色列的和解，实际上使阿拉伯阵营丧失了以武力解决阿以冲突的可能，而埃及政治方式解决的成功对阿拉伯国家产生了巨大影响。二是国际社会普遍赞赏、支持"戴维营模式"。但由于以色列的坚决反对，这些计划都没能付诸实施。

20世纪80年代末90年代初，国际和中东地区形势发生重大变化，即冷战结束，苏联解体，国际形势趋于缓和。长达八年的两伊战争实现停火，1987年被占领土爆发了巴勒斯坦人起义，1988年约旦宣布断绝与约旦河西岸的法律联系。在新的形势下，巴解组织调整了斗争策略，逐渐放弃了武装斗争，将斗争重心放在政治斗争方面。1988年巴勒斯坦国成立时，宣布接受联合国第242号、第338号决议，承认以色列的生存权。海湾战争虽使中东动荡重现，但在以美国为首的多国部队的打击下又很快恢复了平静。在和平与发展成为地区、国际形势主流之时，一向对和平进程持强硬立场的以色列也顺应潮流，走上了与阿拉伯国家对话和谈判之路。在这一大背景下，中东和平出现了一线曙光。作为阿拉伯世界领头羊的埃及，在这一进程中的角色和作用尤为引人关注。

穆巴拉克时期，埃及仍然为谋求政治解决巴勒斯坦问题而不懈努力。他改变了萨达特时期代替巴勒斯坦人与以色列谈判的做法，居间调停，促使双方直接谈判。早在1982年4月，穆巴拉克便提出将"始终不渝地进行有关在西岸和加沙地带实行巴勒斯坦自治的谈判"的意愿。[1]后来虽然埃以关于巴勒斯坦自治的谈判无果而终，但埃及一直在关注着巴勒斯坦问题。埃以"冷和平"形成后，穆巴拉克提出改善两国关系的条件之一就是改善被占领土巴勒斯坦人的状况。在埃及的斡旋下，约巴达成联邦方案。随着埃及回归阿拉伯世界步伐的加快，埃及在阿以间的作用日益凸显。1989年2月，阿拉法特明确指出，巴解组织愿意在国际会议范围内与以色列举行直接或间接谈判，要求埃及居间斡旋，以实现巴以高级会谈。在埃及正式重返阿盟后，穆巴拉克决心发挥更大的作用。同年6月，埃及外交国务部长加利访问以色列，表示愿意充当巴以间的调解人。8月，穆巴拉克在访美时提出了《关于在以色列占领区举行选举的十点和平建议》[2]。阿拉法特在和穆巴拉克会谈后接受了埃及的建议。以色列工党在原则上同意了埃及的建议，派该党领导成员、时任国防部部长的拉宾赴开罗与埃及总统会谈，双方达成巴以直接对话的共识。但因利库德集团的坚决反对，埃及的计划被以色列政府拒绝。

海湾战争结束后，中东和会成为国际社会关注的焦点。1991年10月30日，在美国和苏联的斡旋下，长期对峙的阿以双方第一次坐在同一张谈判桌前，马德里中东和会开幕。埃及积极劝说阿拉伯国家参加这次会议，埃及自己也派团参会。虽然本次会议没有取得任何实质性成果，但它标志着中东和平进程进入了新阶段。到1993年9月，在马德里框架下，以色列与叙利亚、黎巴嫩、约旦联合代表团举行了11轮谈判。

1993年9月13日，巴以秘密谈判取得重大突破，双方正式签署了《奥斯陆和平协议》。此后直至1996年，虽然冲突和暴力袭击时有发生，但是巴以和谈仍频传佳音。以色列从加沙和西岸主要阿拉伯城镇撤军，巴勒斯坦人举行了历史上首次大选，巴自治政府建立并运转。巴以和谈的成功原因，首要的当然是双方的诚意与努力，但国际社会的努力，特别是埃及功不可没。从1993年1月起，巴以代表开始在挪威进行秘密接触，到3月后双方提高了谈判级别。在埃及的安排下，

---

① 钟冬编：《中东问题80年》，新华出版社1984年版，第233页。

② 闫瑞松主编：《以色列政治》，西北大学出版社1995年版，第206页。

以色列外长佩雷斯和巴解组织高级官员马哈茂德·阿巴斯（后任巴自治政府首任总理）、阿布·阿拉在埃及一架空军飞机上举行秘密会晤。这次会晤使双方摸清了对方的底牌，使佩雷斯下定决心直接与巴解组织打交道，巴解组织方面也认识到必须修改本方所设想的"斑豹计划"。在以色列提出《加沙—杰里科先行自治》的草案后，穆巴拉克立即分别与佩雷斯、阿拉法特会晤。在摸清以方底牌后，他否决了阿拉法特在加沙—杰里科之间建立一条"走廊"的要求，建议先接受该协议。在穆巴拉克的极力劝说下，阿拉法特接受了该协议。此后，埃及的开罗、塔巴、沙姆沙伊赫成为巴以讨价还价的主要场所。

巴以和谈中重大分歧的解决，离不开埃及领导人的智慧。在埃及的主持下，巴以在埃及举行了十多轮落实加沙—杰里科自治协议的谈判，最终达成了《开罗协议》。在该协议谈判的最后关头，是穆巴拉克的两次介入，才使谈判起死回生。在1994年5月4日的签字仪式上，拉宾和阿拉法特因附件问题发生争执，协议眼看就要告吹。这时穆巴拉克和其他出席签字仪式的领导人赶快退回幕后对两人进行劝说，最后才使协议得以签署。巴以关于巴勒斯坦大选问题的谈判，也是在埃及举行并达成一致意见的。1995年9月，在埃及等国的斡旋下，巴以又达成扩大巴勒斯坦自治的《塔巴协议》，巴以和平进程又向前迈进了一步。1996年一直声称反对巴以和平协议的内塔尼亚胡上台，巴以会谈屡屡受挫。为推动中东和平进程，穆巴拉克召集阿拉伯首脑聚会开罗，提出7点旨在实现全面、公正、和平的主张，强调必须恢复和继续和谈，和谈必须遵循马德里和会确定的基本原则，各方应忠实、准确地履行已达成的和平协议，恪守各自承诺和义务，反对无视他方合法权利及奉行地区扩张政策。[①]在1998年巴以怀伊协议谈判前，双方领导人均出访开罗，向埃及阐述自己的立场。巴拉克执政后，埃及积极支持恢复巴以和谈，一度使巴以和谈出现转机。但由于双方在一些关键问题上的分歧，会谈没能取得进展。2000年9月后，利库德领导人沙龙强行访问阿克萨清真寺，巴以爆发大规模武装冲突，加上沙龙

---

① 蒋忠良、范洪庆、程友敏：《艰难的中东和平进程》，中原农民出版社2000年版，第201-202页。

政府的强硬立场，中东和平进程濒临崩溃。

从以上可以看出，埃及在巴以和谈中起到了积极的调解作用，是双方信任的"桥梁"。美埃两国是推动中东和平进程的主要外部力量，其作用不能相互替代。在推动巴勒斯坦人参加和平进程方面，埃及有着独特的影响力。埃及的调解人角色也得到巴勒斯坦方面的认可。此外，埃及还是巴以实施已达成的和平协议的重要推动者。1996年7月，在各方的压力下，内塔尼亚胡访问开罗，并称遵守前政府与巴勒斯坦人达成的协议，但仍坚持"三不"政策。针对以色列新政府的强硬立场，埃及于9月2日向以色列发出最后通牒，称若以色列在三周内不实施它与巴勒斯坦达成的协议，埃及将取消定于当年11月在开罗举行的中东北非地区经济首脑会议。在埃及等国的压力下，内塔尼亚胡不得不与阿拉法特会见并握手，承诺要推进和平进程。当然，埃及在中东和平进程中的作用与美国所起的作用相比是属于第二位的。美国自身的国际地位和影响力，加上与以色列形成的战略盟友关系，是巴以双方都竭力争取的对象。美国对中东和平进程中阿以两方均具有举足轻重的影响，是对以色列唯一有决定性影响的国家。以色列屡屡为和平进程设置障碍，但当危及美国的中东战略利益时，在美国的压力下，以色列又不得不继续回到和平进程中来。埃及对和平进程的影响力主要是对阿拉伯国家，特别是影响巴勒斯坦参加和谈的立场。几乎在所有重大问题上，巴勒斯坦方面都是事先同埃及领导人协商，取得埃及的支持。但埃及对以色列在和平进程中的立场所能施加的影响是极其有限的，只能说以色列不能完全不考虑埃及的态度。

相对于巴勒斯坦而言，埃及对中东和平进程涉及的其他方面，如以色列与约旦、叙利亚和黎巴嫩的和谈影响力有限。这三国都比巴勒斯坦强大得多，在对以色列和谈中有自己独立行动的权力和能力。埃及虽然也支持他们与以色列和谈，充当这些国家与以色列的中间人，但仅仅限于政治和道义上的支持，对和谈的具体进程不能施加足够的影响。如在1994年约以和平过程中，主要是约旦和以色列两国谈判的结果，埃及的作用不突出。埃及支持叙利亚收复戈兰高地，但在叙以均持强硬立场，和谈难以突破时，埃及对双方无法施加直接影响。黎巴嫩的立场，则更受叙利亚而不是埃及的影响。

总之，中东和平进程为埃及在阿拉伯世界发挥作用提供了平台，埃及也一直将推动中东和平进程作为其对阿拉伯关系的重点，而埃及的作用主要是对阿拉伯方面，特别是对巴勒斯坦方面。值得注意的是，埃及对中东和平进程起积极推动作用的同时，其消极影响也不容忽视。其一，埃及与以色列单独实现和平严重削弱了阿拉伯国家在阿以对抗和谈判中的地位。从国际政治角度来讲，作为阿拉伯世界的大国，埃及在其他阿拉伯国家强烈反对的情况下，仍然与以色列和解，这虽然有利于阿以冲突的政治解决，但严重损害了阿拉伯利益。20世纪90年代后开启的中东和平进程，固然有多种因素，但在一定程度上是阿拉伯国家在埃及退出阿拉伯抵抗阵营后的无奈之举。埃及的行动，使阿拉伯方面无法以武力和以色列对抗，不得不走上政治解决的道路。埃及与以色列的单独和平，实际上是按照以色列所设计的阿以冲突解决方式，实现阿拉伯国家对以色列生存权的承认，这违背了阿拉伯国家一直坚持的阿拉伯统一的立场，分化了阿拉伯力量。在本来就是以强阿弱的阿以和谈中，埃及既不能对以色列施加决定性影响，又削弱了阿拉伯方面在谈判中的地位，这使阿拉伯国家在中东和平进程中不得不屡屡做出重大让步。阿拉伯世界之所以强烈反对《戴维营协议》，制裁埃及，埃方的举动对阿拉伯世界所产生的上述严重后果无疑是个重要的原因。

其二，埃及在一定程度上制约着巴勒斯坦问题的解决。巴勒斯坦问题事关整个阿拉伯民族和穆斯林的利益，没有阿拉伯国家的支持，巴勒斯坦问题不可能得到解决。但是，巴勒斯坦也为各个阿拉伯国家的争斗提供了舞台。就埃及而言，巴勒斯坦问题是它在阿拉伯世界发挥影响的重要领域。只要巴勒斯坦问题存在，埃及在阿拉伯世界、在阿以关系中的调解人角色就会一直存在。因此，埃及一方面致力于巴勒斯坦问题的解决，另一方面又考虑如何从中谋利。这一矛盾充分表现在它的政策上。埃及既对巴勒斯坦人的悲惨命运表示同情，支持巴勒斯坦人的斗争，又拒绝给予巴勒斯坦难民以埃及公民资格，使巴勒斯坦人成为无国籍、无公民权的特殊群体。另外，巴勒斯坦在巴以和谈中也受制于埃及。巴勒斯坦方面的任何重大让步，都要得到埃及的默许和支持，否则将难以成行。在2000年7月的巴、以、美三国首脑会议上，巴以距离达成协议只有一步之遥。但就在这紧要关头，埃及领导人出来发表讲话，称耶路撒冷是阿拉伯人的土地，任何领导人都无权放弃。顾及埃及及其他阿拉伯国家的立场，阿拉法特经过再三犹豫后，还是放弃了达成协议的念头，称放弃耶路撒冷的阿拉伯领导人还未出世，巴以失去了达成全面协议的良机。

其三，埃及对阿以全面和解具有一定的制约作用。实现中东全面、持久、公正的和平，是埃及自1977年以来的一贯主张。但埃及难以摆脱其努力所带来的两难困境。一方面，埃及需要通过推动和平进程并使其取得成果，向阿拉伯世界提供埃及的路线比阿拉伯国家曾坚持的武力路线能取得更大成果的事实依据，以证明戴维营道路的可行性，由此赢得阿拉伯人的支持，向阿拉伯世界和中东地区表明其领导作用。另一方面，埃及的努力也是在削弱其在阿拉伯世界和中东的国际地位。埃及在中东和平进程中的独特地位使其成为唯一和以色列有正式外交关系的国家，是阿以接触和谈判的桥梁。但在20世纪90年代，随着巴以和解、约以和平的实现，埃及不再是唯一和以色列有正式外交关系的国家，其阿以中间人的角色发生了一些变化。埃及对其作用的下降非常敏感，开始施加影响有意放慢阿以关系改善的步伐。如1994年后，埃及阻止阿拉伯国家与以色列建立外交关系，1997年联合抵制了多哈第四届中东北非经济首脑会议。在埃及的压力下，阿拉伯国家与以色列的交往降温。

综上所述，萨达特执政以来，埃阿关系经历了风风雨雨。双边关系发展的历程，从一个侧面反映了阿拉伯世界内部合作与冲突并存的现实。埃阿关系演变的这一态势，与埃及民族主义与阿拉伯主义的属性密切相关。

从纳赛尔时代末期起，埃及民族主义抬头，开始为埃及自身的利益考虑，如违背"三不"政策，接受联合国第242号决议，接受要求阿以和谈的"罗杰斯计划"。但纳赛尔仍继续致力于阿拉伯事业，对以色列发动消耗战，调解阿拉伯内部争端。萨达特执政初期，基本上延续了纳赛尔的政策，为阿拉伯团结而努力。他修复了与海湾君主国的关系，为准备对以色列的战争而广构阿拉伯统一战线。萨达特的努力取得了成效，成功发动了十月战争，使阿拉伯国家空前团结，这是阿拉伯民族主义的胜利。但十月战争后，埃及民族主义逐渐上升为主流，埃及为了自己的利益走上了与以色列和解的道路。埃以单独和平的实现，使埃及民族主义达到顶峰。和平收复了西奈半岛，为埃及国内的经济社会发展创造了有利条件，这是埃及利益之所求。但埃以和平却导致埃及民族主义与阿拉伯民族主义的严重冲突，使埃及被排除在阿拉伯世界之外，丧失了在阿拉伯舞台的影响力。可见，过分强调埃及民族主义，忽视阿拉伯民族主义，同样会给埃及造成严重困难。穆巴拉克上台后，重新调整了这两种属性的关系，采取了二者兼顾的政策。为了埃及的利益，埃及坚持与以色列的和平；为了阿拉伯利益，埃及又积极谋求回归阿拉伯世界。由此可见，埃及与阿拉伯关系的演变，体现了埃及民族主义与阿拉伯民族主义属性之间关系的变化。应该强调的是，埃及民族主义与阿拉伯民族主义不仅具有冲突的一面，还具有统一性。在同一时期，两种主义并存，只不过是其中一种占主导地位而已。对此最好的说明莫过于埃及在埃以和谈中的表现。埃及一方面为实现自身的目标而努力，这在一定程度上损害了阿拉伯人的利益，特别是巴勒斯坦人的利益，但另一方面又为阿拉伯人的利益着想，和以色列就巴勒斯坦问题讨价还价。这看似矛盾的背后，反映出埃及民族主义和阿拉伯民族主义两种属性的对立与统一。

第五节　　中埃关系

　　1949年中华人民共和国成立后，法鲁克王朝统治下的埃及政府对是否承认中华人民共和国举棋不定。1950年朝鲜战争爆发后，埃及迫于西方大国的压力，在对华政策上选择追随西方。

　　1952年"七月革命"后，埃及国内要求承认中华人民共和国的呼声很高，但因受到美国的警告而搁浅。

1954年12月，埃及通过印度驻华大使向中国非正式试探，周恩来总理称可考虑接受埃及派贸易代表以半官方身份常驻中国。

1955年4月，万隆会议的召开为中埃两国关系的发展带来契机。纳赛尔在赴万隆途中及在万隆会议上，与周恩来总理多次接触，达成两国从贸易开始逐步实现关系正常化的协议。

万隆会议后，中埃开始频繁交往，双方在政治、贸易、文化、宗教等领域建立起友好关系。到1956年年初，两国正式互设商务代表处。1956年2月和8月，两国宗教代表团实现互访。贸易和文化关系的发展推动了两国政治关系的发展。1956年5月，埃及内阁会议通过决议，决定撤回对台湾"政府"的承认。5月30日，中埃两国政府发表联合公报，宣布两国建立外交关系，互派大使。中埃建交是中国与非洲和阿拉伯国家关系的重大突破，此后，叙利亚、也门、伊拉克等一系列国家同中国建交，极大地改善了中国的国际环境，提高了中国的国际地位。

（一）中国支持埃及人民的反帝反霸斗争

中国人民始终真诚支持埃及人民争取独立、自由和捍卫国家主权的正义斗争。1956年8月15日，中国政府发表声明，支持埃及人民收回苏伊士运河的正义行为。针对英、法政府发表的武力威胁声明，中国政府发出警告，毛泽东等中国领导人在不同场合表明了支持埃及的态度，并赞扬"纳赛尔总统是民族英雄"。

英法伙同以色列出兵入侵埃及后，中国政府当即发表声明，强烈谴责英法两国政府这种赤裸裸的侵略行径，坚决支持埃及人民维护国家主权和民族独立的神圣斗争，要求英法立即停止对埃及的侵略，就苏伊士运河问题进行和平协商。11月3日，北京40万群众集会，支持埃及人民的反侵略斗争。

在历次的中东战争中，中国政府和人民无论是从道义上还是从实际行动上都给予了埃及人民坚定的支持。

（二）埃及支持中国人民的正义事业

两国建交后，埃及始终支持中国实现祖国统一，主张恢复中华人民共和国在联合国的合法席位。1958年9月纳赛尔总统发表声明，表示埃及和阿拉伯人民把中国人民的斗争看作他们自己的事业。

1960年9月27日，纳赛尔总统在联合国大会讲话，要求联合国对中华人民共和国敞开大门。1965年11月末，纳赛尔又在埃及议会讲话，谴责继续剥夺中华人民共和国的合法席位的错误行为。

近年来，埃及领导人多次表示坚持"一个中国"的立场。

在香港、澳门问题上，埃及领导人与中国领导人在外交场合交流时，也多次表示，埃及很高兴看到香港、澳门在"一国两制"方针下回归中国，圆满解决。香港回归后，时任埃及总理詹祖里电贺时任总理李鹏，认为"意义已远远超出中国的范围，埃及人民与中国人民一样感到欢欣鼓舞。因为这是真理的胜利"。

埃及也支持中国在人权问题上的立场，反对西方某些国家利用人权来干涉中国内政。1996年和1997年的联合国人权会议上，埃及作为人权委员会成员国，两次投票支持中国的动议，即主张对某些国家的反华提案"不采取行动"。

（三）扩大人文交流

中国和埃及都是具有悠久文化的国家，自古以来，两国之间的文化交流一直连续不断。20世纪50年代以来，两国之间的文化交往更是日益扩大。1955年5月，双方签订了《文化合作会谈纪要》，1956年4月又签订了《文化合作协定》。此后，两国在文化、教育、卫生、体育、艺术、宗教、广播、影视、考古等领域展开了广泛的交流合作。

阿拉伯文学一直为中国人民所喜爱，两国建交以来，中国翻译出版了埃及的《埃及的古代故事》、《短篇小说集》和《现代短篇小说集》等作品。在埃及，毛泽东的《在延安文艺座谈会上的讲话》和鲁迅等众多中国现代著名作家的一些作品被译成阿拉伯文出版。

1956年上半年，中国出访中东和非洲国家的第一个艺术团抵达开罗，受到埃及方面的热烈欢迎和友好接待。1989年12月，中国艺术团在访问埃及期间，与埃及艺术家在中国援建的开罗国际会议中心大厅同台演出。中国不仅派出艺术团访问埃及，还为埃及培训杂技、舞蹈演员。

1956年10月，埃及在华举行艺术品展览，周恩来总理亲自为展览会剪彩。这次展览加深了中国对埃及的了解。中国电影在开罗等大城市公开放映，轰动一时。反映中世纪阿拉伯民族英雄散拉丁反抗十字军东侵事迹的埃及电影《撒拉丁》来华放映时，也深受中国人民的喜爱。1992年，开罗举行第十六届开罗国际电影节，48个国家的影片参加展评。在正式参赛的14部影片中，中国影片《留守女士》赢得了最佳影片和最佳女主角奖。

教育是中埃文化交流的主要内容之一。1956年中埃建交后即开始互派留学生。埃及艺术家黑白和图玛德夫妇，就是1956年埃及第一批来华的留学生。他们在中央美术学院学习中国画和版画，曾师从著名画家李可染先生。留华五年，二人不仅学得一口流利的中国普通话，也对中国文化产生了浓厚的兴趣。1961年，夫妇二人曾回访中国，至今家中陈设还是传统的中国式样。中国在埃及的公派留学生通常每年为数十名，此外还有不少自费留学人员，主要学习伊斯兰教和阿拉伯语。

（四）拓展经贸往来

1950年，中埃之间就有民间贸易往来，贸易额为313万美元。1953年4月，埃及委托商人昆地访华，达成中国购买埃及棉花的协议，当年双方贸易额达1040万美元，其中中国出口63万美元，进口977万美元。1955年4月万隆会议期间，中埃开始商谈两国贸易问题，于8月签订了两国政府之间第一个为期三年的贸易协定。1956年年初，中、埃互设商务代表处，同时中国在开罗举办大规模商品博览会。

中埃建交后，两国贸易交往增多，贸易额稳定上升。1958年12月，双方签订第三个政府间三年贸易协定和支付协定。1959年两国贸易额达5 783万美元，比1956年的3 773万美元增长53%。

60年代，中埃贸易继续发展，但贸易额波动较大。1965年两国贸易额为7 752万美元，1969年急剧降至2 646万美元。其主要原因是，埃及经历了"六五战争"，中国从1966年起开始"文化大革命"，两国经济发展都出现了严重问题。

70年代后，中埃贸易关系重新加强。1977年3月双方签订了两个易货贸易函。1979年双方贸易达到了1.2592亿美元。从1985年起，两国开始把记账贸易改为现汇贸易。但由于双方有关外贸公司一时不能适应，以及受中国进口埃棉锐减、国际油价下跌等因素的影响，导致中埃贸易额大幅度下降，1985年降至4 427万美元。后经双方共同努力，情况好转，1986、1987两年连续增长，1988年达到1.65亿美元。

90年代是中埃贸易大发展时期。1992年6月，两国成立经贸混合委员会，并举行了首次会议。1993年天津市和塞得港两省达成在塞得港设立长期的出口产品展厅的协议。1995年6月和1996年10月，中埃经贸混合委员会举行第二、第三届会议，两个会议纪要认为中埃贸易尚有潜力，应在互利平等的基础上扩大贸易和合作领域。1996年中埃贸易额达到4.079 2亿美元，1998年进一步增至6.07亿美元。埃及成为中国最大贸易伙伴之一。

在发展贸易的同时，中埃也展开了各种形式的经济合作，1984年，中国承包了埃及"十月六日城"1 000套住宅工程，由于速度快、质量好，受到穆巴拉克总统的高度评价。1986—1989年，中国援助埃及开罗国际会议中心建设。该中心把埃及古建筑的粗犷和中国建筑艺术的玲珑精美糅合起来，造型别具一格，雄伟壮观，富丽堂皇，为中东地区最大的国际会议大厦，是中国对外援建最大的公共建筑项目。穆巴拉克赞扬说，"这座雄伟大厦如此完美地建成，是中埃两国人民合作的硕果，中埃友谊的象征"。

1994年穆巴拉克访华时希望中国在埃及自由工业区建立大型商品分拨中心，中国有关公司据此在塞得港创办了一个保税仓库，并在亚历山大自由区建立了一个分拨中心。

1993年3月，中埃签署科技合作协定和中国向埃及"穆巴拉克科学城"赠款300万人民币的协议。根据协定，中埃两国科学技术人员将在人造纤维、有机硅材料、等离子物理、激光和岩石矿石化学分析等领域开展共同研究和合作。

（五）迈进新世纪的中埃关系

中埃同为文明古国，近代都遭受西方帝国主义的侵略和奴役。为了民族独立和解放，两国人民都进行了漫长曲折、艰苦卓绝的斗争。在当今世界上，两国同属第三世界，都面临着改革发展、振兴国家的重任。共同的历史遭遇和共同的发展目标，奠定了两国关系的坚实基础。在过去的岁月里，两国人民相互支持、相互鼓励、相互帮助，结下了深厚的情谊。从纳赛尔、萨达特到穆巴拉克三任总统，与中国毛泽东、邓小平、江泽民三代领导人，都始终保持着友好关系。

随着中国经济的巨大发展和国际政治地位的提高、国际政治中影响力的显著增强，埃及更加重视发展同中国的关系，希望中国作为安理会常任理事国在解决中东问题上发挥积极作用，也希望中国改革经验对埃及经济发展有所借鉴。

埃及作为中东大国，同样受到中国的高度重视，两国在各个领域的友好合作关系更加巩固和发展。两国领导人互访不断，江泽民、李鹏、朱镕基等国家领导人都曾访问过埃及。而穆巴拉克已八次访问中国。1999 年 4 月 5 日—9 日，穆巴拉克与江泽民主席会谈后，确定了两国面向 21 世纪的战略合作关系。2001 年 1 月 22 日—26 日穆巴拉克访华时，再次与中国领导人讨论了战略合作问题，并就国际形势达成，广泛共识。2016 年 1 月，习近平主席访问埃及期间，中埃签订了《关于加强两国全面战略伙伴关系五年实施纲要》，并在阿盟总部发表演讲，全面阐述中国对阿拉伯友好合作方略。

可以预见，中埃之间的传统友好合作关系将在未来步入更高的阶段。

第六节　对外关系的大国与地区因素

从纵向角度来看，埃美关系、埃以关系、埃阿关系是埃及对外关系的主要方面，是埃及对外关系整体的有机组成部分，三对关系不是孤立发展和存在的，而是相互作用、相互影响、密切关联的。

❀ 一、埃美关系：埃以关系的推动力

十月战争后，埃及对内外政策进行了重大调整，实行开放政策，急需外部资金和一个和平的发展环境。埃及与苏联关系的恶化、美国

策略的变化及在十月战争中所表现出来的政治和军事能量，使埃及把美国作为其对外关系发展的重点，两国关系随之改善。发展埃美关系，其中一个无法回避的问题便是以色列。美国将以色列看作中东地区的"民主堡垒"、桥头堡。而在以色列，与美国关系是其对外关系的基石，如果没有美国的支持，以色列的生存、主权和繁荣就会面临崩溃。因此，美国与以色列形成了特殊的战略盟友关系。维护以色列的生存安全，是美国中东政策的基本目标之一。而要实现这个目标，作为阿拉伯领头羊的埃及是不容忽视的角色。此外，埃及要收复失地——西奈半岛，离不开以色列，更少不了唯一能对以色列施加影响力的美国。由此，埃及、美国、以色列三国形成了密不可分的关系。

在埃、美、以三边关系中，埃美关系在十月战争后不断发展，以美关系历来处于非常高的发展水平，而埃以两国则长期处于敌对状态。如果没有外力，埃以关系就无法改善。在埃以双方都信赖美国、需要美国的帮助、将与美国的关系作为各自对外关系的重点时，美国具备了成为双方中间人的有利条件。而美国出于自己的战略考虑，也乐意为二者架起沟通的桥梁，以两国实现和平为己任，以便将他们纳入自己的战略中来。始于尼克松政府，美国历届政府都将埃以实现和平、维持和平定为美国中东政策的重点。基辛格的斡旋使埃以走上和解之路，卡特总统的努力使两国实现了和平，而里根总统称美国对两国负有特殊的责任。

美国在实现埃以和平过程中的作用，是美国在埃以关系中的地位的绝佳注释。在十月战争以前，美国对阿以问题的解决实际上采取冷漠的态度。这次战争使美国认识到解决阿以冲突的紧迫性，美国开始全面干预中东和平事务，特别是把调解埃及与以色列的关系作为重点，试图使埃以实现和解，令埃及成为阿拉伯国家与以色列实现和平的带头人。正是在基辛格的不懈努力下，埃以首先达成六点停火协议，结束了十月战争，继而又签署并执行了两个军事脱离接触协议，使两国关系步入了政治解决的轨道。在卡特政府时期，美国成为埃以两国和平进程的有力推动者。对美国在埃以和平进程中的作用，埃以领导人予以高度评价。美国政府，尤其是卡特本人，为埃以和谈成功立下了汗马功劳。他接连邀请埃及和以色列领导人赴美商讨谈判事宜，亲赴中东斡旋，为双方传递提案。他常常为正在讨论的文件起草修正案，还将和谈与自己的政治命运挂钩，称一旦戴维营会谈破裂，他将不能再连任总统。卡特总统在埃以和平中的作用，在美国总统中是独一无二的，被认为是戴维营的主要设计师。

埃以谈判中许多难题的解决，都归功于美国的调解。在第二个军事脱离接触协议谈判中，以色列坚持在战略要地米特拉和克迪山口建立长期电子监测站，而埃及坚决反对。在美国的调解下，问题得以最终解决。在戴维营谈判时，双方在定居点问题上陷入僵局，卡特称定居点的存在是和谈的障碍，贝京表示他个人不会同意撤离，最后贝京同意把这一问题提交以色列议会批准，而萨达特以以色列议会是否批准撤离作为协议生效的前提条件，解决了这个棘手的难题。在《埃以和约》谈判中，卡特总统为促使以色列接受《埃以和约》文本，甚至破天荒地代替贝京主持审议和约文本的以色列内阁会议，督阵议会辩论，使以色列最终接受文本。从某种意义上说，美国的全力干预是埃及和以色列实现和平的关键。

美国在埃以新安全信任机制的建立过程中也起到重要作用。第一个军事脱离接触协议使美国开始成为埃以双方共同的依赖对象。埃及急于得到美国的援助和美国担保以色列将继续后撤，而以色列谋求华盛顿保证联合国紧急部队将不任意裁撤及苏伊士运河对以色列船只的开放。双方都害怕承担美国外交、武器与财政支持突然撤离的责任。在第二个军事脱离接触协议中，埃及和以色列对美国积极作用的信任进一步加强。美国负责监测缓冲区和埃以两国在米特拉和吉迪山口两侧的电子监测站。《埃以和约》签订后，因联合国否决了向西奈派驻维和部队的提案，美国又斡旋埃以双方达成了组建多国部队的协议。美国为这支多国部队提供了大部分装备，并承担其军事预算的1/3。美国在西奈的监测、核实作用更为重要。美国所采取的旨在使双方建立信任、缩小分歧的一系列措施，为协议的履行提供了政治、财政担保，降低了埃以合作与相互妥协失败的风险，成为埃以新的军事关系的有机组成部分。

为促使埃及和以色列和解，美国对双方既施加巨大的压力，又许诺援助，为《埃以和约》提供担保。早在基辛格谋求埃以达成第二个军事脱离接触协议时，就对以色列做出一系列秘密承诺[1]。为促使以色列与埃及达成和平协议，卡特总统许诺给以色列额外提供30亿美元的援助，承诺签署谅解备忘录，称如果埃及违背和约，美国将采取包括军事措施在内的救助行动，负责以色列长期的军事和经济要求，向以色列提供大量先进武器用于以军的现代化[2]。为支持以色列和使其致力于美国所制定的中东和平战略，美国对以色列的援助不断增加。1983年，美以签署《战略合作谅解备忘录》，给予以色列北约盟国的地位。1985年，两国又建立了"自由贸易区"，双方关系进一步加强。对于埃及，利用其对收复西奈和外援的迫切需求，美国对埃及提供大量的以埃以和平为条件的经济和军事援助，促使埃及实现与以色列的和平。可见，美国是埃以和谈中双方的桥梁和纽带，是双方谈判的正式伙伴，起了调解、施压、保证的作用。

埃及借助美国，成功地实现了与以色列关系的突破，这反过来又促进了埃美关系的发展。在埃以实现和平之时，也是埃美关系发展最快之时。到20世纪70年代末80年代初，在短短的几年时间里，埃美两国由相互充满敌意迅速发展为战略盟友关系，埃及成为美国在中东地区的重要支柱，这在美国扶植多年的中东战略支柱——伊朗巴列维王朝垮台后，重要意义不言而喻。而美国也几乎成为埃及唯一依赖的国家。但是，以色列也成为制约埃美关系发展的重要因素。在美国的天平上，埃及和以色列的重量是不一样的。在二者之间，无论是在政治、军事方面还是在援助方面，美国更多地侧重于以色列。对以色列的特殊地位，萨达特愤愤不平。[3]而美国虽然也认识到埃及的重要地位，但若与以色列相比较的话，埃及是居第二位的。埃美关系发展的一个关键基础在于埃及对和平的态度，即美国对埃及的高水平援助是

---

[1] James G. Abourzk, "U.S.-Israeli Relationship: A Historical Perspective", p.24.

[2] Ibid, p.23.

[3] 美联社开罗1978年2月18日电。

以萨达特的和平行动对稳定（以色列）这个目标和有助于这个目标的实现为前提条件的。许多埃及人也认识到，埃美关系的发展不仅要看他们国家对美国的所作所为，还要看他们对以色列的政策。在埃以和谈中，在遇到埃以双方都坚持不妥协时，美国更多的是竭力劝说埃及改变立场，导致埃及对美国的不满。

此外，在中东和平进程问题上，美国采取双重标准，不遗余力地偏袒、支持以色列的强硬立场，遭到埃及的严厉批评，使埃美之间的分歧和冲突加剧。从以上分析可以看出，在埃、以、美三方关系中，美国处于最强势，而埃及处于最劣势。

❧ 二、埃以关系：埃阿关系的晴雨表

20世纪70年代以来埃阿关系的演变，与埃以关系的发展态势直接相关。1974年以前，埃及是阿拉伯世界与以色列对抗的主力军。在历次阿以战争中，埃及都是阿拉伯阵营中出兵最多、损失最惨重的国家。为对抗以色列，阿拉伯国家极其需要埃及的人力、物力及军事力量，为此向埃及提供了大量的援助。同时，埃及也利用自己在阿以冲突中的重要地位与在军事上向以色列的积极挑战而在阿拉伯世界获得了崇高威望。因此，埃及与阿拉伯总体上是一种团结、合作的关系。十月战争初战告捷，就是埃阿团结一致、同仇敌忾的典范。十月战争后，随着埃及对以色列政策发生变化，埃阿关系一步步走向恶化。在埃以签订西奈第二个军事脱离接触协议时，就遭到叙利亚等国的反对。

1977年11月萨达特的耶路撒冷之行，是埃以关系上具有里程碑意义的事件，但却是埃阿关系的转折点。在埃及、以色列乃至西方国家都对这一举动叫好之时，却遭到阿拉伯世界的强烈抨击。叙利亚等五国与巴解组织组成拒绝阵线(后称坚定阵线，伊拉克后退出)，并与埃及断交。《戴维营协议》与《埃以和约》的签订，实现了埃以之间的和平，之后是埃以关系发展最快的时期，但同时却是埃阿关系急剧恶化的时期，最终使埃阿关系彻底破裂。除苏丹等三个阿拉伯国家外，其余阿拉伯国家全部和埃及断交，并对埃及实行经济制裁，将埃及驱逐出阿盟，埃及在阿拉伯世界空前孤立。而以色列本时期又采取了一系

列肆意挑衅阿拉伯的行动，更使埃及的处境尴尬，阿拉伯世界普遍认为这些事件与埃以单独和平有关。

80年代以来埃以关系形成冷和平局面。巴勒斯坦自治谈判无果而终，穆巴拉克总统拒绝访问以色列，对以色列对阿拉伯国家的挑衅行为严厉谴责，召回埃及驻以色列大使，冻结正常化协议的实施。在埃以关系趋冷的同时，埃及频频向阿拉伯国家示好。埃及降低了对阿拉伯国家的反击宣传力度，在两伊战争中支持伊拉克，提出改善埃以关系的三项条件，其中之一就是改善被占领土巴勒斯坦人的状况。埃及坚持冷冻与以色列关系的实际行动，赢得了阿拉伯国家的谅解，最终回归到阿拉伯大家庭中来。90年代以来，埃及与以色列的关系虽在拉宾政府和巴拉克政府时有所缓和，但两国的冷和平状态并未从根本上有所改观，而埃及在阿拉伯世界的作用突出。在海湾危机中，埃及同其他阿拉伯国家参加了以美国为首的多国部队，但反对将以色列拉入反对伊拉克联盟，警告以色列如若趁火打劫，埃及将采取另外的立场。在埃美两国的压力下，以色列在海湾战争中非常克制。在中东和谈问题上，埃及一方面积极充当阿以之间的中间人，另一方面又猛烈批评以色列表现出的强硬立场，并对以色列执行和平协议保持一定的压力。在不扩散核武器条约问题上，埃及与以色列尖锐对立，穆巴拉克还于1994年12月与叙利亚、沙特阿拉伯领导人在亚历山大举行首脑会晤，取得了两国对埃及立场的支持。对中东和平进程的停滞甚至倒退，埃及在积极挽救和平的同时，也不断批评以色列，埃以关系仍处于低水平发展状态。

由以上可以看出，埃阿关系是随着埃以关系的变化而呈反方向变化的。当埃以关系改善时，埃阿关系就恶化；而当埃以关系冷漠或恶化时，埃阿关系就得到加强。这是由埃及在埃、以、阿三方关系中的地位所决定的。埃及是传统的阿拉伯大国，20世纪以来就在阿拉伯舞台上起着举足轻重的作用，在埃以和解后，又在阿拉伯世界长期处于与以色列有正式外交关系的唯一国家的地位，加上埃美战略盟友关系，使得埃及在埃阿关系中居于主导地位。以色列方面，埃及被认为是阿拉伯对以战略选择的关键。埃及在阿拉伯世界的独特地位，特别是对巴勒斯坦人的影响力，使其成为以色列对阿拉伯政策的重点，是以阿之间的桥梁。这样，阿以双边均认可埃及在阿拉伯事务及阿以关系中的作用。但在埃及看来，以色列只是影响埃阿关系的因素之一，而且是一个消极因素，是埃及在阿拉伯世界及本地区领导地位的挑战者和威胁者，是防范对象。

此外，埃及对阿以关系也保持戒备心态。埃及对阿拉伯、以色列具有重要意义的一个方面是基于阿以对抗这一条件的。埃及一方面推动阿以关系，而另一方面又使这两者的关系处于自己可控制的范围之内。因此，在对巴以签署《奥斯陆和平协议》后以色列却绕过埃及同阿拉伯国家发展关系，埃及极力阻挠，并对阿拉伯国家施加压力，称在全面和平实现之前，发展与以色列的关系是不合适的。由于阿以双方处于对立的两极，埃及与以色列关系的改善打破了阿以关系的平衡，使阿拉伯在同以色列的关系中处于十分不利的境地，当然遭到阿拉伯世界的反对与抗议，导致埃阿关系的恶化。

从以上可以看出，在埃、以、阿三角关系中，埃及处于最有利地位，是阿拉伯与以色列关系方向的轴心。

❀ 三、埃阿关系与埃美关系的互动

作为阿拉伯世界的大国，埃及是东西两方的交汇点，是阿以对抗中的急先锋，所以埃及在阿拉伯世界的作用举足轻重。但正如坚定阵线发表的声明指出的，"如果说阿拉伯民族是由于埃及而变得伟大的话，那么埃及就只有由于阿拉伯民族而变得伟大。如果没有阿拉伯民族，它就会变小"[1]。因此，阿拉伯世界是埃及发挥其地区作用的舞台，对阿关系是埃及对外关系中不可或缺的环节。

埃美关系的重要地位也影响了埃阿关系的发展。美国要实现其中东战略目标，离开埃及是不可想象的。在美国的中东战略中，埃及历来是重要的一环。十月战争使美国充分认识到埃及在阿拉伯世界的能量和对以色列安全的意义，这为埃美关系的恢复提供了契机。

---

[1] 郭河兵、朱玉彪、陈婉莹著：《加利传》，江西人民出版社1997年版，第57页。

美国主导的埃以和谈，使埃阿关系与埃美关系发生密切关联。美国希望埃及能利用其在阿拉伯世界的影响力，将更多的阿拉伯国家带入美国所设计的与以色列和解的新战略中来，萨达特也信誓旦旦地表示阿拉伯国家将跟随埃及的和平步伐。但事与愿违，在埃以关系实现重大转折、埃美关系发展之时，埃阿关系却极度恶化，直至破裂。阿拉伯国家对埃美关系大加斥责，称埃及背叛了阿拉伯民族，向美国和以色列屈服来换取埃以和平。叙利亚、利比亚、南也门还和苏联签订协议，加强双方的合作，以对抗美国在中东的势力。另一方面，埃阿关系的破裂也对埃美关系有促进作用。为抵消阿拉伯世界对埃及制裁的消极影响，美国将埃及作为阿拉伯温和国家而大力扶植，加强对其援助与支持，使双边关系进一步向纵深发展。

海湾危机之时，埃阿关系与埃美关系并行发展。这场危机爆发后，为维护在海湾地区的石油和安全利益，美国筹组反伊联盟。出于合法性的考虑，美国急需阿拉伯国家的支持。作为美国阿拉伯盟友的埃及在美国谋求阿拉伯支持方面表现出色。埃及旗帜鲜明地反对伊拉克入侵科威特，召集阿拉伯特别首脑会议讨论解决危机的办法。在阿拉伯国家无法取得一致意见的情况下，埃及与海合会国家、叙利亚等国组成阿拉伯反伊联盟，并支持、参加以美国为首的多国部队，对海湾战争的胜利做出了贡献。海湾危机使埃及与海湾国家的关系有了积极发展，而埃及由于充当了美国在海湾行动中重要的阿拉伯伙伴，埃美关系也进一步发展。从某种程度上讲，埃及使埃阿关系与埃美关系、美阿关系实现了有机的结合。海合会国家和美国对埃及的举动予以丰厚的奖赏，为埃及提供大量援助，减免巨额债务。

巴勒斯坦问题是影响埃阿关系与埃美关系的重要因素。在埃以和谈中，埃及主张将巴勒斯坦问题的解决与埃以和平联系起来，反对实现单独和平，以改善埃阿关系。卡特政府虽然承认了巴勒斯坦人的权利，起初还认为以色列应该体谅埃及在阿拉伯世界的处境，但遭到以色列的强烈反对后，美国政府放弃了原来的立场，做出政策调整。由于美国的不支持，埃及不得不单独与以色列签署了和约，在和约之后再讨论巴勒斯坦问题。埃及的行动，招致阿拉伯世界的猛烈抨击，一个原因就是阿拉伯国家认为埃及在和谈中放弃了巴勒斯坦人的合法权利。在埃以就巴勒斯坦自治问题谈判时，按《埃以和约》规定应当充当正式伙伴的美国又对谈判不热心。缺乏来自美国的压力，以色列在谈判中拒不让步，巴勒斯坦自治问题谈判无果而终。如果说与以色列和平是导致埃阿关系破裂的主要原因的话，那么美国也应当承担连带责任。美国如若能够对巴勒斯坦问题的谈判产生积极的影响，巴勒斯坦问题就有可能取得进展，而埃及在阿拉伯世界的处境由此就会是另一种景象。

90年代以来中东和平进程取得了历史性突破，巴以走上了和谈之路并签署了一些和平协议，约以实现了和平，美国在这一进程中所起的作用是举世公认的。但是，美国偏袒以色列的立场并没有实质性的改变，以推动和平事业为己任的克林顿政府也被认为是美国历史上对以色列最友好的政府。在一系列重大问题上，如巴勒斯坦建国、犹太人定居点、巴勒斯坦难民、耶路撒冷等，美国或支持或默许以色列的立场。美国还频频对巴勒斯坦施压，要求巴方严厉打击对以袭击行动，而对以色列对巴勒斯坦人的肆意武力行动却不闻不问。可以说，正是美国的态度才使以色列的态度日趋强硬，有恃无恐。美国的双重政策，激起包括埃及在内的阿拉伯国家的强烈不满，对埃美关系产生消极影响。

从以上不难看出，在埃、阿、美三方关系中，美国依然处于强势，阿拉伯则处于最弱地位，这是由阿美关系与阿拉伯之间的关系在各阿拉伯国家对外关系中的地位所决定的。美国是当今世界唯一超级大国，在海湾战争中以武力恢复了科威特的主权，保卫了沙特阿拉伯等国家的安全，海合会国家对美国感激不尽。这次战争后，海合会国家的国家安全更依赖于美国，美国在这些国家驻扎大量军队，与美国的关系是这些国家对外关系的重点。由于美国与以色列的特殊关系，美国是中东和平进程的主要推动力，它对和谈的态度及对以色列施加压力的程度，直接决定着和平进程的进展及深度，这些都使阿拉伯国家实际上有求于美国。相反，阿拉伯国家之间的关系的发展水平却很低，在各阿拉伯国家对外关系中处于次要地位。这不仅表现在政治方面，在经济方面更甚。如海湾国家把巨额石油美元主要投资于美国等西方国家而不是阿拉伯国家，阿拉伯国家之间的贸易在各个阿拉伯国家的对外贸易中只占很小的比例，埃阿关系也不例外。这就决定了埃美关系与埃阿关系的发展水平差异很大。但应指出的是，埃美关系的发展只是对美国与（他认为的）温和阿拉伯国家的关系有些积极影响，而美国与激进的阿拉伯国家的关系依然日趋紧张。

综上，埃美、埃以与埃阿关系相互影响、相互作用，构成了埃及对外关系的主要方面。在互动、角力中，埃美关系占主导地位，对埃以关系起着推动作用，影响着埃阿关系的发展，而后两者又对埃美关系产生反作用。埃美关系与埃以关系、埃以关系与埃阿关系的作用力更强一些，而埃美关系与埃阿关系的影响要弱得多。在各个关系内部，各方的作用和影响也有差别。美国对埃以关系具有决定性的影响，以色列对埃阿关系影响深远，而阿拉伯对埃美关系的影响力相对要小得多。由此，在埃及对外关系中，三者的重要性从高到低可依次排序为埃美关系、埃以关系和埃阿关系。这一格局的形成，除了它们之间的相互角力外，还与埃及本时期对外政策的目标有关。通过发展埃美关系，埃及旨在使美国向以色列施压，以收复被以色列占领的西奈领土，还希望借美国的资本来应对国内经济的困境。与以色列的关系，一方面是为了发展埃美关系，另一方面是为了实现战场上没能实现的目的——收复西奈半岛。而埃阿关系的主要目标是实现埃及在阿拉伯世界的领导地位。这些基本目标决定了美国是埃及最重要的关注对象，其次是以色列，然后才是阿拉伯国家。

第八章 经济

第一节 经济概述

　　埃及是经济多元化的国家之一，拥有相对完整的农业、工业和服务业体系。据埃及中央公众动员和统计局数据，2016年埃及劳动力约有2 850万人，从业人员行业分布：50.4%从事服务业，27.5%从事农业，22.1%在工业领域。埃及的经济主要依赖农业、苏伊士运河通行费、旅游业、税收、文化产业、媒体、石油出口，以及主要来自海湾国家、美国、欧洲和澳大利亚的侨汇。埃及属于开放型市场经济，旅游、侨汇、苏伊士运河通行费、石油出口和外来直接投资是外汇的主要来源。外来直接投资主要来自欧盟、美国和阿拉伯国家（见表8-1），主要划拨到石油、天然气、新增投资领域、私有化进程和房地产行业。

表8-1　外来直接投资（单位：百万美元）

指数	2013/2014	2014/2015	2015/2016	2016/2017	2013/2014—2016/2017变化率/%
流入外来直接投资	10 856	12 546	12 529	13 349	23
流出外来直接投资	6 678	6 166	5 596	5 433	−18.6
外来直接投资净额	4 178	6 380	6 933	7 916	89.5
外来直接投资流入的地理分布					
美国	2 230	2 116	883	1 832.9	−17.8
欧盟	6 610	6 523	7 877	8 694	31.5
阿拉伯国家	1 290	2 668	2 278	1 800	39.5
其他	725	1 240	1 491	1 023	41

　　数据来源：埃及中央银行。

2011年埃及政局持续动荡，给经济造成严重冲击，增长幅度放缓。2013年7月临时政府成立后，埃及政局出现好转，又得到海湾阿拉伯国家大量财政支持，经济开始呈现恢复性增长。2014年6月，塞西政府成立，大力发展经济，进行了一系列的经济改革，多项产业出现稳步增长，宏观经济情况出现好转（见表8-2、表8-3）。2013年11月评级机构标准普尔将埃及主权信用评级由CCC+/C调升至B-，经济展望为稳定。2014年12月，惠誉公司将埃及主权信用评级从B-提升至B，经济展望为正面。2015年4月，穆迪公司自2012年首次将埃及主权信用评级提升至B3，经济展望为稳定。2016年11月，标准普尔将埃及主权信用评级保持B-，经济展望保持稳定；2017年11月，将埃及经济前景展望由稳定调至正面。

表8-2　各产业在国民生产总值中的比例（单位：%）

部门	2013/2014	2014/2015	2015/2016	2016/2017	2013/2014—2016/2017变化率
农业	10.9	11.3	11.9	11.7	6.8
矿业	15.9	12.7	8	9.6	−39.7
建筑业	4.3	4.8	5.4	5.7	32.7
制造业	16.2	16.5	17.1	16.7	3.3
贸易	12.4	12.9	14	13.9	12
苏伊士运河	1.7	1.6	1.5	2.2	33.3
电力	1.5	1.6	1.7	1.7	11
水利	0.6	0.6	0.6	0.6	3.7
运输、存储业	4.1	4.3	4.7	4.7	13
通信和信息业	2.4	2.3	2.3	2.1	−11
金融中介	3.7	3.8	4.1	3.9	5.3
保险和社会保障	0.7	0.8	0.8	0.8	7.3
旅游	2.1	2.4	1.8	1.9	−10.3
房地产	9.1	9.6	10.5	10.5	15.6
教育	1.7	1.8	1.9	1.9	10.5
卫生	2.1	2.2	2.3	2.3	9.9
其他服务	0.8	0.8	0.9	0.9	11.5
一般政府收入	9.7	10.1	10.3	8.9	−8.4

数据来源：埃及经济研究中心。

表8-3 宏观经济指数

指数	2011/2012	2012/2013	2013/2014	2014/2015	2015/2016	2016/2017	2013/2014—2016/2017变化率
实际GDP(按2011/2012生产要素成本价格计算)/亿埃镑	16 950.9	1 753	18 024	18 632	19 061.3	19 741.9	9.5/%
人均实际GDP(2011/2012价格)/埃镑	20 572	20 677	20 789	20 935	20 924	21 160	1.8/%
GDP(当年市场价格)/亿美元	2 763.3	2 859.67	3 015.7	3 307.8	3 327.92	2347	−23.2%
实际GDP增长率/%	2.2	2.2	2.9	4.4	4.3	4.2	44.8%
个人消费/GDP(当年市场价格)/%	80.7	80.8	82.9	82.4	83.1	86.8	4.7%
个人消费年增长率/%	6.5	3.3	4.4	3.1	4.6	4.2	−4.8%
国内储蓄率/%	8	7.9	5.3	5.8	5.8	3.2	−39.9%
投资率/%	16.2	14.3	13.8	14.3	15	15.3	10.7%
贸易顺差(亿美元)	−341.39	−36.95	−340.63	−390.60	−386.83	−354.35	4%
贸易顺差/GDP/%	−12.2	−10.7	−11.2	−11.7	−11.5	15.1	34.8%
人口增长率/%	2.5	2.8	2.4	2.6	2.4	2.4	0%
失业率/%	12.6	13.3	13.3	12.7	12.5	11.9	−9.9%
预算赤字总额/亿埃镑	1 667.05	2 397.19	2 554.39	2 794.3	3 394.95	3 795.9	48.6%
预算赤字占GDP比重/%	10.1	13	12.2	11.5	12.3	10.9	−10.7%
财政总支出/亿埃镑	4 710	5 882	7 015	7 334	8 178	10 319	47.1%
财政总收入/亿埃镑	3 036	3 503	4 568	4 652	4 915	6 592	44.3%
国际净储蓄/亿美元	155.34	149.36	166.87	200.82	175.46	313.05	87.6%

数据来源：埃及经济研究中心。

第二节　　农业

　　埃及是传统农业国。2015/2016 年，埃及可耕地面积为 1 580 万费丹（1 费丹≈4 200 平方米），占全国总面积的 6.6%，农业从业人口约占全国就业人口的 27.5%，农业产值约占 GDP 的 11.9%，主要农作物有水稻、小麦、棉花、玉米等。农作物种植有冬季、夏季和尼罗河季。主要冬季作物是小麦、大豆、大麦和洋葱。主要夏季作物是棉花、水稻、稷和甘蔗。小麦自给率为 47.7%，大米 99.7%，蔬菜 103.4%，水果 98.4%，玉米 56.6%，红肉 64.6%，禽类和鸟类肉 93.7%。[1]埃及的灌溉水资源来自尼罗河，气候条件适宜，全国各地可全年耕种。由于处在亚、非两洲交界处，埃及的地理位置具有明显的区域合作优势，已成为该地区主要的农产品出口国，主要出口产品为棉花、大米、土豆和柑橘。同时，埃及也是世界最大的食品进口国之一，每年需进口小麦 900 万吨。各届政府为了缩小粮食供应差距，大力推进农业政策改革，通过改善水利、道路等基础设施，提供优惠贷款、免征税收等途径吸引私人资本和外资，农业生产稳步增长。但随着人口增加，埃及仍需进口粮食，根据农业部报告显示，埃及 2015 年大米产量为 270 万吨，而消费量为 360 万吨。2015 年，埃及在吉萨、明亚、基纳、阿斯旺、新河谷、西奈、伊斯梅里亚和马特鲁 8 个省 17 个地区实施"150万费丹计划"，种植面积从 800 万费丹增加到 950 万费丹。费拉菲拉绿洲已经完成农业种植 7 500 费丹，其中小麦 1 500 费丹、大麦 6 000 费丹。2017 年已完成挖掘 1 060 口井，保证第一阶段地下水灌溉 25 万费丹，还有 17.2 万费丹依赖地表水灌溉。创造 25 000 个就业岗位，增加农产品年出口 1 000 万吨。[2]

---

[1]　Masrawy：《统计：2015-2016 年水稻种植面积增加，小麦和西红柿减少》（阿拉伯文），时间：2018 年 2 月 7 日，网站：http://www.masrawy.com/news/news_economy/details/2018/2/7/1258158/الإصدار-يزداد-ةحاسم-ةعارز-
2015-2016-يف-مطامطلاو-حمقلا-عجارتو-زرلأا
[2]　埃及经济统计手册2018

表8-4　2015—2016年耕种面积（单位：百万费丹）

类别	2014/2015	2015/2016	面积比例
可耕地面积	15.6	15.8	1.1%
小麦	3.5	3.4	−3.3%
水稻	1.2	1.4	11.3%
土豆	0.468 5	0.440 2	−6%
番茄	0.437 4	0.376 6	−13.9%
其他	9.994 1	10.183 2	11.4%

在农产品贸易中，埃及农作物出口委员会公布2016/2017年（3月至9月）农产品出口量229.3万吨，出口额13.12亿美元；2017/2018年出口258.1万吨，同比增长13%，出口额13.45亿美元，同比增长2%。其中柑橘出口量1 117吨，出口额5.02亿美元；新鲜土豆出口量48.3万吨，出口额1.41亿美元；大葱出口量30.3万吨，出口额1.07亿美金；西红柿出口量7万吨，出口额3 600万美元；干豆子出口量6.8万吨，出口额5 900万美元；芝麻、向日葵、苜蓿、西瓜等种子出口量4.8万吨，出口额5 500万美元；蚕豆出口量3.8万吨，出口额1 800万美元；鲜花、观赏树和椰枣树等出口量3.5万吨，出口额4 400万美元；鲜杧果出口量2.8万吨，出口额2 300万美元；地瓜出口量2.2万吨，出口额4 400万美元；花生出口量3.8万吨，出口额6 300万美元，比2016/2017年的4.1万吨，下降了0.3万吨，出口额增长了300万美元；草莓出口量2.7万吨，出口额6 100万美元；绿豆出口量1.8万吨，出口额2 600万美元，与2016/2017年持平。[①]

❦ 一、谷物

埃及主要谷物作物包括水稻、小麦和玉米等。水稻是主要农田作物之一，年种植面积约为500万费丹，出口量仅次于棉花。随着政府加大对农业基础设施的建设，水稻种植面积也在不断扩大。小麦是冬季生产的主要粮食作物，年种植面积约为60万费丹，种植面积在农作物中排名第三，主要在尼罗河三角洲以南地区种植，因为三角洲地区

---

① Alwasela：《农产品出口：埃及花生出口下降》（阿拉伯文），时间：2018年5月24日，网站：http://www.alwasela.com/221027。

土壤含盐量高，不适合小麦生长。玉米是夏季作物，主要分布在尼罗河谷地和三角洲地区，玉米产量的50%用于家禽饲料的加工。

🌸 二、长绒棉

棉花是埃及最主要的经济作物，有"白金"之称，主要为中长绒棉（35 mm以下）和超长绒棉（36 mm以上），因其绒长、光洁、韧性好，被称为"国宝"。2010/2011财年棉花种植面积为36.9万费丹，年产量约40万吨，占世界总产量的40%。但近年埃及棉花种植面积和产量大幅下降，据美国农业部公布的最新资料，2014/2015财年埃及棉花种植面积约为37.4万费丹，2015/2016财年降到23.8万费丹左右。据埃及棉花仲裁检验总局（CATGO）统计，2017/2018季埃及棉花种植面积约为21.6万费丹，其中上埃及23 810费丹、下埃及192 619.5费丹；2018/2019季埃及棉花种植面积约为33.6万费丹，其中上埃及33 447费丹、下埃及302 595费丹。2017/2018季埃及棉花种植品种有：吉萨86、94、95、92、93、96、45、87、88；2018/2019季品种有：吉萨45、96、92、94、86、90、95。（见表8-5）2018年上埃及吉萨90和吉萨95棉花收购价格为2 500埃镑/堪他尔，下埃及吉萨86和吉萨94棉花收购价格为2 500~2 700埃镑/堪他尔。（见表8-6）[①]2015/2016财年埃及棉花产量预计为32万包（约6.97万吨），而市场消费量预计为63万包（约13.7万吨），本地纱厂所需棉花的70%依赖进口，2015/2016财年埃及棉花进口量达到45万包（约9.8万吨）。2015年埃及从美国进口棉花从2014年的2 185包上升到4 643包，进口额从2 773万美元增加到4 000万美元。2015年前11个月埃及棉花出口量为14万包（约3.05万吨），印度、巴基斯坦、中国、土耳其和意大利是埃及棉花的主要进口国。[②]2018年9月从印度进口棉花31 167.9吨，占埃及出口棉花总量的55.62%，从巴基斯坦进口棉花6 207.4吨，占其出口总量的11.08%。

---

① 运河新闻：《2018年埃及棉花交易价格》（阿拉伯文），时间：2018年4月28日，网站：http://elqnah-news.com/46098/رعس-ةنطار-ةقطن-لتنجيد-اليوم-egyptian-cotton-prices/.

② 中华人民共和国驻埃及共和国大使馆经济商务参赞处：《重点/特色产业》，时间：2017年1月10日，网站：http://eg.mofcom.gov.cn/article/ddgk/zwjingji/201701/20170102499002.shtml.

表8-5　棉花种植面积（单位：费丹）

时间	种植	长绒棉				超长纤维棉				
2018/2019年	品种	吉萨95	吉萨90	吉萨86	吉萨94	吉萨92	—	吉萨96	—	吉萨45
	种植面积	28 084	5 363	88 175	196 426	8 679	—	9 092	—	18
2017/2018年	品种	吉萨95	吉萨90	吉萨86	吉萨94	吉萨92	吉萨88	吉萨96	吉萨87	吉萨45
	种植面积	15 352	8 458	67 977	110 236	5 000	832	5 369	3 061	58
2016/2017年	品种	吉萨95	吉萨90	吉萨86	吉萨94	吉萨92	吉萨88	吉萨70	吉萨87	吉萨45
	种植面积	5 461	14 563	52 524.5	1 730	295	308	0	3 991	0

数据来源：埃及棉花贸易总务委员会网站。

表8-6　埃及棉花指示性价格[1]

时间	品种	基本价格质量等级+1/4	细化率
2018/2019季	（上埃及）吉萨90，吉萨95	2 500埃镑/堪他尔	123%
	（下埃及）吉萨86，吉萨94	2 700埃镑/堪他尔	118%
2017/2018季	（上埃及）吉萨90，吉萨95	2 100埃镑/堪他尔	—
	（下埃及）吉萨86，吉萨94	2 300埃镑/堪他尔	—
2016/2017季	（上埃及）吉萨90，吉萨95	1 650埃镑/堪他尔	120%
	（下埃及）吉萨86，吉萨94	2 200埃镑/堪他尔	120%

数据来源：埃及棉花贸易总务委员会网站。

❖ 三、果蔬

埃及水果品种丰富，主要有西瓜、草莓、杧果、葡萄、香蕉、柑橘、椰枣等。柑橘种植区域主要集中在沿尼罗河流域的盖勒尤比省（Qalyoubia）、布海拉省（Beheira）、沙奇亚省（Sharqiya）、伊斯梅利亚省（Ismailia）和孟鲁菲亚省（Menufia）。脐橙的种植量最大，占柑

---

① 棉花贸易：《指示性价格》（阿拉伯文），时间：2018年8月11日，网站：http://cotton-committee.com/new/?p=21.

橘总产量的60%。2014年埃及继续保留世界第六大柑橘生产商以及第二大出口商的头衔，柑橘产量已达250万吨，其中110万吨用于出口，出口量比上一季度高出10%，出口额达33.65亿埃镑。2015年埃及柑橘出口量高达122万吨，是出口量最大的农产品，主要出口到欧洲、沙特阿拉伯、俄罗斯、伊朗、乌克兰、阿拉伯联合酋长国等国家和地区。柑橘种植面积的扩大以及良好的生长条件提高了整个柑橘的产量和出口量。由于埃及的经济和政治形势，水果和蔬菜的价格增长很快，但柑橘仍是水果中价格最便宜的。据埃及《每日新闻报》报道，埃及工贸部部长塔里克·卡比勒称，2016年埃及农业出口额增长17%，埃及是世界最大的柑橘出口国。2018年，脐橙以85%的总产量位居柑橘类水果之首，占水果总产量的50%。

埃及最主要的蔬菜有番茄、土豆、洋葱等，番茄生长在夏季、秋季和冬季，年种植面积约为40万费丹，占蔬菜种植总面积的1/3，位居蔬菜种植面积之首，其次是土豆。[①]

❧ 四、渔业

埃及水域面积为6 000平方千米，拥有世界第一长河尼罗河，以及纳赛尔湖、托什卡湖、里亚纳湖等湖泊。埃及的水产养殖业历史悠久，自有文字记载起，埃及就有了水产养殖。埃及现代水产养殖业始于20世纪30年代，发展于20世纪60年代，并得到了迅速发展。埃及的养殖品种包括14种有鳍鱼类和2种甲壳类，其中10种为本土品种，包括尼罗罗非鱼、奥利亚罗非鱼、非洲鲇鱼、平头鲻鱼、薄唇鲻鱼、蓝斑鲻鱼、欧洲鲈鱼、金头鲷、大西洋白姑鱼及对虾；6种为外来品种，主要为鲤鱼、草鱼、白鲢、鳙鱼、青鱼和罗氏沼虾。尽管鲤鱼和鲻鱼是埃及最早用于水产养殖的品种，但埃及最主要的养殖品种为罗非鱼，占水产养殖总产量的60%以上，2012年以来年产量均超过60万吨，位居世界第二；鲤科鱼类现多在稻田养殖，2009年产量约为7.4万吨，占当年养殖产量的10%左右。埃及水产养殖模式较为多样化，就养殖密度而言，包括粗放型的传统养殖、半集约化养殖以及现代集

---

① 埃及农业网：《在塑料薄膜下种植番茄》（阿拉伯文），时间：2017年3月13日，网站：https://www.agricultureegypt.com/Agenda/Articles/355/ زارع_مطامطلا_تحت_قافذلأا_ةيكيتسلابلا_ةخنملا./

约化养殖；就养殖场所而言，包括土池养殖、水泥池养殖、网箱养殖、稻田养殖等。其中，半集约化池塘（土池）养殖是埃及最基础、最广泛的养殖模式，集中分布在尼罗河三角洲北部和东部地区，主要为淡水和半咸水养殖。[1]埃及中央公共动员与统计局（CAPMAS）发布：2015年鱼类总产量为150万吨，2016年鱼类总产量为170万吨，养鱼场的产量排名第一，为79.5%，其次是湖泊鱼类产量9.3%，海洋鱼类产量6.1%，淡水鱼产量4.3%，稻田养殖产量0.8%。[2]2017年11月在埃及卡夫拉谢赫省开放渔业管理场，该项目投资17亿埃镑，第一阶段占地面积约为4 000费丹。该项目包括两项内容：第一，完成1 359个海鱼和淡水鱼虾池塘建设；第二，建立55费丹的工业区：日产100吨的鱼虾加工厂，年产18万吨的鱼虾饲料工厂，日产量900~1500千克的泡沫生产厂，容纳200名学习者的培训中心，80兆瓦的发电站，鱼苗、虾苗生产、孵化区，养鱼部门年产鱼苗2 000万尾，养虾部门年产虾苗20亿尾，还建有研究中心、监控中心、住宅区和行政区等。

表8-7 2008—2013年埃及鱼类产量、消费和对外贸易趋势

年份	国内产量		进口		出口		美元兑换价格/埃镑	人口/千	(2)消费量/千吨	人均年消费量/千克	(1)(2)自足率/%
	(1)数量/千吨	价值/千埃镑	数量/千吨	价值/千埃镑	数量/千吨	价值/千埃镑					
2008	1 068	10 814 353	137	2 034 893	6.73	59 510	5.53	75 097	1 198	15.95	89.14
2009	1 093	11 661 875	136	—	7.59	—	5.55	76 823	1 206	15.89	90.64
2010	1 305	14 494 759	257	2 780 594	10.60	85 695	5.96	78 728	1 551	19.70	84.13
2011	1 362	16 819 075	182	3 106 081	9.49	140 031	5.71	80 410	1 535	19.09	88.75
2012	1 372	17 651 950	335	4 768 902	15.81	112 627	6.00	82 305	1 691	20.55	81.12
2013	1 454	19 629 036	236	29 844 89	20.45	161 915	6.91	84 628	1 670	19.73	87.10

数据来源：埃及渔业发展总局。

---

① 张霖，明俊超，王芸，赵永锋，宋迁红：《埃及水产养殖业发展概况》，《科学养鱼》，2015年第5期，第16-17页。

② Masrawy：《统计：2016年埃及鱼类总产量170万吨》（阿拉伯文），时间：2018年2月14日，网站：http://www.masrawy.com/news/news_economy/details/2018/2/14/1263207/الأحداث-نوفمبر-7-1-نطن-مجان-إنتاجي-المسمك-في-مصر-الخلال-2016.

第三节　　工业

　　埃及是非洲国家中工业较发达的国家之一，工业体系初具规模，以纺织、食品加工等轻工业为主。[①]据埃及工商部消息，埃及制造业企业数量2012年33 793家，2017年38 279家，累计年平均增长率约为2.53%。产值由2012年的1.23兆埃镑到2017年的1.53兆埃镑，累计增长4.51%。投资成本2012年约为5 356亿埃镑，2017年约为6 562亿埃镑，累计增长4.16%。工人数量从185万到203万，累计增长1.89%。工人工资由261亿埃镑增加到295亿埃镑，累计增长2.48%（见表8-8）。[②]

表8-8　　2012—2017年埃及制造业发展

年	企业数量	生产价值/ 亿埃镑	投资成本/ 亿埃镑	工人数量	工资/ 亿埃镑
2011	32 773	11 955	4 941	1 810 668	248
2012	33 793	12 319	5 356	1 851 746	261
2013	34 277	12 619	5 486	1 877 117	266
2014	35 041	13 181	5 735	1 917 437	273
2015	35 921	13 740	6 169	1 958 461	280
2016	36 968	14 250	6 354	1 993 901	286
2017	38 279	15 347	6 562	2 033 662	295

---

① 王胜三，陈德正主编：《一带一路列国志》，人民出版社2015年版，第287页。

② 埃及工商部：《埃及制造业趋势》（阿拉伯文），时间：2018年2月6日，网站：http://www.mti.gov.eg/Arabic/DashboardsAndReports/Pages/Statistics.aspx?folder=احصاءات%2f2018.

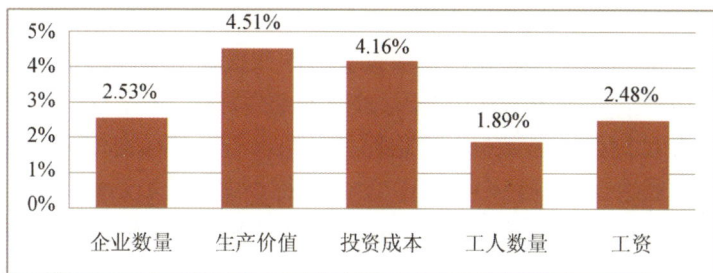

图8-1 2012—2017年埃及制造业平均年增长率

❖ 一、油气工业

埃及是非洲地区重要的石油和天然气生产国，石油和天然气的探明储量分别位居非洲国家第五位和第四位。埃及油气资源主要分布在苏伊士湾—尼罗河三角洲—地中海沿岸一线、西奈半岛、东部沙漠和西部沙漠等地区，其中苏伊士湾地区的蕴藏量占埃及油气资源的70%。根据英国BP石油公司报告，截至2015年年底，埃及已探明石油储量35亿桶，天然气1.8万亿立方米。2014/2015财年埃及生产天然气1.83万亿标准立方英尺（约5 182亿立方米），总销售量1.65万亿标准立方英尺（约4 672亿立方米）。天然气消费量1.66万亿标准立方英尺（约4 700亿立方米），其中电力消费占63%、工业消费占23%、石化产业占9%、居民消费占5%。天然气出口量124亿标准立方英尺（约35亿立方米）。从2009年起，埃及成为石油净进口国。

2015年9月意大利埃尼公司在地中海发现祖尔（Zohr）气田，根据已打的3口探井情况，该气田天然气蕴藏量可达30万亿立方英尺（约8.5万亿立方米），有可能成为地中海最大的天然气田。该气田于2017年12月开始开采，到2019年年底预计日开采量将达27亿立方英尺（7 600万立方米）。

埃及国家石油公司（EGPC）和埃及国家天然气公司（EGAS）采用开采权出让、产量分成协议的方式与投资者合作。在埃及投资开发石油的外国公司已达49家，分别来自美国、英国、意大利、德国、爱尔兰、希腊、法国、加拿大、日本等19个国家，石油日产量70万桶。埃及已与10余家外国公司签署了14个天然气勘探协议，天然气日产量

1.8亿立方米。受政局动荡影响，2010—2013年，埃及没有签署任何勘探开发协议。随着局势稳定，埃及政府现在已经重新开始勘探开发计划。2014年下半年和2015年第一季度已经签署了56个特许协议，投资额约为122亿美元。2015年3月，英国BP石油公司与埃及政府在埃及经济发展大会上签订协议，BP公司将投资120亿美元开发西尼罗三角洲油气资源，包括5万亿立方英尺天然气和5 500万桶凝析油。

埃及炼油能力居非洲大陆首位，现有10座炼油厂，日处理原油能力97.5万桶。现有4套天然气液化（LNG）装置，年生产能力1 870万吨。埃及于2004年制定了首个石化产业发展规划，计划在未来20年里，利用国内外100亿美元投资兴建14个大型石化企业，使石化产品年产能力达到1 500万吨，产值为70亿美元。[1]

二、纺织工业

埃及是拥有较为完整纺织产业链的国家，也是非洲大陆最大的棉花种植和纺织品生产集群地之一。纺织业的年产值约为100亿美元，占埃及全国GDP比重的3%左右，占制造业总产值比重的27%，其中服装业产值为32亿美元。埃及拥有7 150家纺织服装企业，占全国注册企业总数的20%以上，其中服装工厂超过1 500家。纺织服装业吸纳就业人数超过150万人，约占全国工业就业人口的30%，纺织品服装出口占埃及非石油天然气类货物出口的15%左右。2010/2011财年埃及各类纺织品出口额为22.5亿美元，占总出口额的7.7%，大部分销往欧盟和美国。

根据国际纺织工业协会（ITMA）数据，埃及纺织品每米成本为0.13美元，与印度和中国相当。不熟练工成本为0.5美元/小时，与中国相当，熟练工成本为0.8美元/小时，是中国的三分之一，比印度低0.3美元。有70余家土耳其纺织公司在埃及设厂，有214家企业在合格工业区（QIZ）设厂，以向美国出口免税纺织产品。GAP、Pierre Cardin，Marks & Spencer等知名品牌也在埃及设厂。

埃及国有纺织工业运营步履艰难。三家最大的纺织公司90%的订

---

[1]　南南合作促进会：《埃及重点特色产业》，时间：2017年4月28日，网站：http://www.cpssc.org/public/index.php/front/index/xiangqing/barcode/468.html.

单来自军方。沉重的债务负担、老旧的设备和僵化的劳工政策使其无法与进口产品和私营企业竞争。埃及东方纺织公司（Egypt Oriental Weavers Carpet Company）是世界上最大的机织地毯生产公司，年产量达1.1亿立方米。其产量占埃及市场份额的85%，占美国地毯市场的25%，欧洲的20%。[1]

三、汽车工业

法国（标致、雷诺）、意大利（菲亚特）、德国（奔驰、宝马）、日本（丰田、本田、三菱）、韩国（大宇、现代、起亚）等国的汽车在埃及占有较大比例。近年来汽车组装业发展迅速，现有轿车组装厂12家（14条生产线）、客车组装厂8家（8条生产线）、货车组装厂5家（9条生产线）。2011年埃及汽车产量受到动乱的严重影响，当年产量为8.1万辆，下降30%；2011年埃及汽车销量为17.6万辆，下降30%，但2012年的销量为19.5万辆，同比增长11%。2014年汽车销量为29.3万辆，同比大增49.6%，其中乘用车销量为20.8万辆，同比增长55%。2015年，埃及汽车业受外汇短缺影响出现下滑，销量为27.9万辆，销售额为300亿埃镑，较2014年下滑10亿埃镑。2015年埃及乘用车市场销售前十名的分别为现代（43 350辆）、雪佛兰（22 695辆）、尼桑（22 296辆）、雷诺（20 002辆）、起亚（14 736辆）、丰田（13 670辆）、三菱（8 988辆）、吉利（7 128辆）、铃木（5 785辆）和斯柯达（5 726辆）。整车进口因外汇短缺受限后，埃政府计划将组装厂作为汽车业发展的主要手段，雷诺等车企于2016年启动生产线。

埃及政府制定了汽车行业三步发展战略，即引进国外先进生产线试点组装—带动汽配行业快速发展—逐步进入自主设计和生产阶段，并为此出台了下调汽车零部件进口关税、限制整车进口和使用本地产零部件等鼓励措施。埃及整车进口关税税率很高，小于1.6升排量的关税为40%，1.6升以上排量的关税为125%。但根据WTO关税总协定，在2019年前，埃及必须将关税降至40%以下，根据欧盟与埃及双边减免关税的规定，埃及每年应降低关税10%。

---

[1]　南南合作促进会：《埃及重点/特色产业》，时间：2017年4月28日，网站：http://www.cpssc.org/public/index.php/front/index/xiangqing/barcode/468.html.

美国通用汽车、德国宝马汽车、日本丰田汽车和尼桑汽车均在埃及以独资或合资、CKD（Completely Knocked Down）等形式合作生产汽车。2006年以来，奇瑞、吉利、比亚迪等中国汽车企业分别与埃方合作，以CKD方式组装销售自主品牌汽车。吉利汽车计划向北非市场年出口3万辆汽车。此外，上汽通用五菱、郑州宇通等品牌的轿车、皮卡、客车在埃及少量销售。中国品牌在埃及市场占有率约14%。[①]

❖ 四、钢铁行业

埃及是非洲第二大生铁生产国，占非洲生铁总产量的10%。钢铁行业为埃及的支柱产业，产品主要应用于建筑、造船、汽车等行业。埃及钢铁公司基本为私有企业，国有钢铁企业由于技术落后、经营不善等因素多处于亏损状态。埃及每年生产钢铁产品约1 100万吨，包括110万吨螺纹钢、200万吨钢板材和60万吨其他钢材（不锈钢和特殊钢材等），消费约730万吨。2014年埃及粗钢产量为649万吨，全球排名第二十四位；2015年粗钢产量为550万吨，非洲排名第二位，全球排名第二十六位。产量下滑的主要原因是经济形势持续低迷，部分钢铁厂处于半生产甚至停滞状态。但随着近期多个大型基础设施项目的开始实施，埃钢材产量和消费量预计将出现回升。

埃及是中国对非出口钢材最多的国家，2014年中国出口103.5万吨，同比增长236%，主要是螺纹钢出口大幅增长，但仅占埃及钢材进口的7%。土耳其、乌克兰是埃进口钢材的主要来源国。2015年1—11月，埃及自土耳其进口螺纹钢2.54亿美元，占埃及总进口量的56.49%，自乌克兰进口1.3亿美元，占埃及总进口量的28.99%，从中国进口6 318.3万美元，占埃及总进口量的14.06%。[②]

---

① 南南合作促进会：《埃及重点/特色产业》，时间：2017年4月28日，网站：http://www.cpssc.org/public/index.php/front/index/xiangqing/barcode/468.html.

② 埃及工商部：《埃及制造业趋势》，时间：2018年2月6日，网站：http://www.mti.gov.eg/Arabic/DashboardsAndReports/Pages/Statistics.aspx?fold -er=احصائيات%2f2018.

第四节　建筑业

埃及欧瑞斯克姆建筑工业集团（Orascom Construction Industries，OCI），是埃及首富萨维尔斯（Sawiris）家族的大本营，现在已发展为埃及乃至中东地区最著名的大建筑公司和大建材供应商之一。该公司承担、参与的大型项目有苏伊士运河铁路开合大桥，一系列国际豪华连锁饭店，以及一大批电站、输气、输水管线工程。该公司还广泛参与了中东和阿拉伯世界的工程承包项目。

早在1954年埃及就成立了建筑方面的研究中心，政府一直关心并支持该中心的发展。该中心隶属于建设部，在全国设有分支机构，除承担住房与建筑方面的科研任务外，还负责建筑材料的质量及钢筋混凝土质量监测、建设科技人才培训（全国设有75个培训中心）、建设标准规范的制定，并参与全国区域规划、城市规划、新城规划、低标准住宅设计等工作。该中心实行零预算，经费主要由财政拨款，也可以通过技术服务和咨询服务收费补充经费不足，收费标准由建设部会同财政部制定，地方政府和外国基金组织也经常提供一些资金援助。

2018年埃及经济统计手册数据显示，2010/2011至2016/2017年度埃及建筑部门占国内生产总值的前五位，2013/2014至2016/2017年度增长率为32.7%（见表8-9）。随着塞西政府推出的一系列经济改革措施，埃及的建筑业迎来了新的增长期。欧瑞斯克姆建筑公司（Orascom Construction）与西门子公司计划建造两座发电量均为4 800兆瓦的联合循环电厂。第一座电站将建于卡菲尔谢赫（Kafr El-Sheikh）省，而另一座将建于新首都。每一座电厂的合同价值为20亿欧元，欧瑞斯克姆建筑公司在两份合同中所占份额价值为16亿欧元。2014年3月阿联酋的阿拉伯技术建筑公司（Arabtec Holding）与埃及国防部签署了一项谅解备忘录。根据备忘录，该公司将耗资2 800亿埃镑（约合402亿美元）为埃及的低收入人群建造100万套住房。该项目全部工程将于2020年前完工。阿拉伯技术建筑公司下属的子建筑公司阿拉伯建筑公司（Arabtec Construction）将负责该项目的实施。预计该项目将为埃及青年提供100万个工作机会。

表8-9 建筑部门占埃及国内生产总值份额   （单位：%）

部门	2010/2011	2013/2014	2014/2015	2015/2016	2016/2017	变化率（2013/2014~2016/2017）
建筑	4.6	4.3	4.8	5.4	5.7	32.7

数据来源：埃及经济统计手册2017

　　埃及正在积极实现现代化，新首都的建设、金三角地区的发展和苏伊士运河扩建等强有力的项目投资将支持当地建筑业的发展。埃及公共动员与统计局（CAPMAS）数据显示，2016年埃私营建筑企业创造产值为564亿埃镑，比2015年（398亿埃镑）增长41.7%。埃及在基础设施现代化建设和改造，尤其是电力、道路和居民住宅建设方面的发展促进了私营建筑行业的发展。2016年埃及居民住宅建造总值达126亿埃镑，比2015年（89亿埃镑）增加40.5%；工业用房建造总值为17亿埃镑，比2015年（13亿埃镑）增加26.1%；教育建筑建造总值为9 030万埃镑，比2015年（9 330万埃镑）减少3.2%；电站和电网建设达77亿埃镑，比2015年（55亿埃镑）增加39.4%；道路建设总值达43亿埃镑，比2015年（32亿埃镑）增加33.6%；水厂及水网建设总值为6.09亿埃镑，比2015年（6.48亿埃镑）减少6%。[①]2015年埃及用于国有建筑公司工人培训的资金投入为7 300万埃镑，而过去12年用于工人培训的费用总计为1 500万埃镑。2017年埃及建筑企业与政府部门合作，总计完成价值2 000亿埃镑的建筑和建设工程。埃及建筑业2010—2015年均增长率为3.9%，2016—2019年将达到7.64%。另外，为了满足埃及人口快速增长和城市扩展需求，政府计划在2020年前完成百万套经济适用房，总投资达400亿美元。

　　埃及现代建筑业的代表有夏宫和父子大厦等。夏宫，现为埃及国宾馆，坐落在亚历山大市东部，占地155.4公顷，密林环绕，是一个独具特色的花园。1952年前一直是皇室家族的消夏避暑地，现海滨向游人和垂钓者开放。夏宫的建筑风格主要以土耳其风格和文艺复兴时期风格为主，外墙面主体三层都是以尖拱和马蹄拱这种具有伊斯兰建筑

---

① 　驻埃及使馆经商处：《2016年埃私营建筑业产值达564亿埃镑，同比增长41.7%》，时间：2017年12月26日，网站：http://eg.mofcom.gov.cn/article/jmxw/201712/20171202690462.shtml.

特有的形式而建造。另一种极具埃及公共建筑特色的就是清真寺，清真寺的主体建筑是礼拜大殿，朝向麦加克尔白。较大的清真寺还有宣礼塔，塔顶呈尖形，一般清真寺有1~4个尖塔，其建筑装饰纹样不准用动物纹样，只能用植物或文字的图形。父子大厦是埃及最具代表性的现代建筑之一，位于首都开罗，是现代建筑和穆斯林建筑的结合体。建筑师将该地区的特性很好地反映在建筑中，同时也将生活的这一个时代的特征融入建筑设计当中。建筑主要分为三个建筑元素，包括形状、设计风格以及如何将绿色区域渗入设计中。建筑形状来源于当地的岩石形状，并以父子之间的关系为设计灵感。大楼高470米，整体的建筑设计表现了开罗市迅速发展的景象。

第五节　旅游业

　　埃及有几千年的历史，留下了很多珍贵、神秘的文化古迹，政府非常重视发展旅游业。埃及的主要旅游景点有金字塔、狮身人面像、卢克索神庙、阿斯旺水坝、沙姆沙伊赫等。旅游是埃及经济活动的基本支柱，旅游收入占国民收入外汇总额的25%。埃及旅游产品多种多样、全面发展，旅游区多，旅游范围广泛。进入2000年的埃及旅游产业成绩辉煌，国外游客人数达530万，旅游收入为43亿美元，旅游收入净增长率为11%。

　　埃及的旅游发展条件得天独厚，旅游资源十分丰富。文化、古迹和历史旅游是埃及最重要和最古老的旅游资源。埃及旅游业主要包括宗教旅游、自然景色、治疗疾病项目，当地的服务业也根据当地特色独具一格，并发展相关产业延长产业链，增加收入项目。主要名胜古迹有开罗的金字塔、卡法拉水坝、亚历山大的罗马剧场、萨瓦里柱、罗马浴池、黑头神庙，位于上埃及的卢克索市的卡尔纳克神庙、木乃伊博物馆以及阿斯旺市的菲拉岛、西奈半岛的摩西山以及各个古老的绿洲。科普特古迹主要包括教堂和修道院。教堂有悬空教堂、圣母玛利亚教堂、圣徒米那教堂、亚历山大的圣马可大教堂，还有圣安东尼斯修道院等。伊斯兰古迹有多种多样的伊斯兰清真寺和伊斯兰城堡。

❧ 一、自然景色旅游

尼罗河群岛保护区旅游：该保护区有144座岛屿，分布在818个村庄，集中在15个省市（阿斯旺－基纳－索哈杰－艾斯尤特－明亚－贝尼苏韦夫－吉萨－开罗－盖卢比尤－西卡夫拉谢赫－代盖赫利耶湖－杜姆亚特）。从阿斯旺到三角洲有55个岛屿，拉希德分支30座岛屿，杜姆亚特分支19座岛屿，岛屿总面积约为155平方千米，岛屿上有珍贵的野生动植物。[①]沙漠探险游：埃及拥有大面积的沙漠和山区，给沙漠旅游爱好者提供了欢乐与冒险的好去处。这些地区包括凯瑟琳山、摩西山、达赫莱与哈里杰绿洲和艾因·苏纳赫温泉。在这些地区旅游者可以观赏沙漠动物和候鸟。另外，沙姆沙伊赫周围的山区里，旅游公司为旅游者提供帐篷和贝都因人生活所必需的其他用品。旅游者能在沙漠山地环境中享受到简朴而又充满野趣的生活。体育旅游由各体育俱乐部组织安排，包括高尔夫、赛马、水上运动等。此外，还有休闲与海滩旅游、环保旅游等。

❧ 二、医疗旅游

埃及分布着许多含硫磺和矿物质的泉水，硫磺泉中的沙土和黏泥所含化学成分适合治疗骨骼、消化系统、呼吸系统和皮肤等方面的多种疾病；同时，这些地区的沙子也具有医疗功效，吸引来自世界各国的患者。这些景点主要位于阿斯旺、西奈、新河谷、法尤姆和萨法杰等地。埃及最重要的疗养旅游目的地情况：

（一）哈勒旺

哈勒旺距开罗市中心30千米，毗邻尼罗河东岸，距离约4千米，海拔约40米。哈勒旺空气干燥，湿度不超过58%，拥有不少矿泉、硫化温泉，其洁净程度和治疗功效堪称世界无双。该地区已建立了硫化理疗中心，可治疗关节疼痛和风湿病。

（二）拜哈里耶绿洲

拜哈里耶绿洲紧邻吉萨省，距离吉萨市区东南方向约365千米。

---

① 阿拉伯旅游者：《埃及旅游业》（阿拉伯文），时间：2014年4月6日，网站：http://artravelers.com/c/69956.

拜哈里耶绿洲有400多处矿泉、硫化温泉和冰泉，其治疗功效得到了埃及高校与国家科研机构、外国科研中心的研究报告证实，能治疗风湿、类风湿、皮肤病，成为世界最重要的治疗基地之一。该地区气候干燥、温度适宜，全年阳光普照。拜哈里耶绿洲在中欧、西欧、北欧游客群体中享有盛誉，他们前来疗养，尤其喜爱哈勒法温泉地区（其水温高达45℃）和卡萨温泉地区（水温为30~40℃），还有一些遗留下来的罗马温泉。著名的博西姆水井，其两大水源一冷一热，最终汇入同一个岩石深谷。

（三）锡瓦

锡瓦位于马特鲁港西南部约300千米处，被认为是埃及理想的康复疗养旅游目的地，这里安静迷人，空气洁净，气温适宜。

锡瓦绿洲遍布着大量富含矿物质的温泉，能治愈多种疾病，如牛皮癣、消化系统疾病和风湿病。

（四）德克鲁拉山

德克鲁拉山位于锡瓦山谷东南方向，自古以来该地区就是重要的治疗基地，能治愈风湿病、关节疼痛、肌无力。从事理疗服务的专业人士用沙砾（埋沙治疗）覆盖患者全身，在夏季每天大约15分钟或半个小时，持续两周，一般选择在白天特定时间进行。

（五）新河谷

新河谷全年气候干燥，湿度很低，阳光普照，空气非常纯净，没有繁华都市地区的污染物。该地区遍布着细腻漂亮的沙砾，草木可用来做药，提炼植物油和香精；有诸多的温泉和天然水井，其温度高达34℃，富含功效显著的多种矿物质。

（六）阿斯旺

阿斯旺被认为是埃及南部之花、世界最理想的避寒地，拥有诸多疗养旅游基地，如大象岛，其中多个浴场从每年3月到10月使用沙砾提供治疗沐浴；又如伊西斯岛，由于其紫外线照射强烈，空气干燥，是治疗风湿性疾病、呼吸系统疾病（如哮喘）等的理想之地。

（七）霍尔格达

霍尔格达位于苏伊士南部295千米，其自然资源为康复疗养创造了理想条件，成为埃及疗养旅游最重要的目的地之一。霍尔格达的海水不仅具有治疗功效，其珊瑚礁、阳光、富含矿物质的沙砾、富含矿物质的土壤都堪称特色。霍尔格达拥有诸多旅游胜地以及不同档次的宾馆。

（八）萨法加

萨法加地区之所以成为全世界治疗牛皮癣最理想的地方，归结于几大因素：该地区被高山环绕，有着阻挡大风与沙尘暴的天然屏障，空气纯净，对于紫外线照射没有遮挡，这是治疗牛皮癣的关键。这一地区的海岸类似于海湾形状，平静的水面有利于紫外线折射。对萨法加沙粒的实验分析证明，其中含有三种无害放射物质，即铀、钍、钾，含量占到40%，另外还含有绝大多数常见金属元素，尤其用于治疗骨骼疾病的金盐含量较高。

（九）西奈

西奈地区有诸多温泉浴场，如法老浴场、摩西浴场，不仅有着重要的历史价值，而且泉水富含硫磺，具备治疗功能。此外，西奈地区宜人的气候、位于苏伊士湾岸边的独特地理位置，以及在三大宗教信徒心中的神圣地位也是西奈地区受人们欢迎的重要因素。

此外，埃及还有其他形式的旅游，如节日旅游，埃及旅游议程中包括30个节日，有效地促进了旅游业的复兴；会议旅游，近些年吸引了许多国际性会议及各类比赛在埃及举行。埃及旅游的独特性及其形式的多样性为国家的经济发展做出了贡献。2014年，埃及旅游收入为75亿美元，同比增长27%，游客数量约为1 000万人次。2015年，埃及旅游收入约61亿美元，游客数量为930万人。2016年，埃及旅游收入约34亿美元，游客数量为540万人。2017年，埃及旅游收入约53亿美元，游客数量为830万人。2018年，埃及旅游收入约98亿美元。2012—2016年埃及外国游客数量见图8-2。

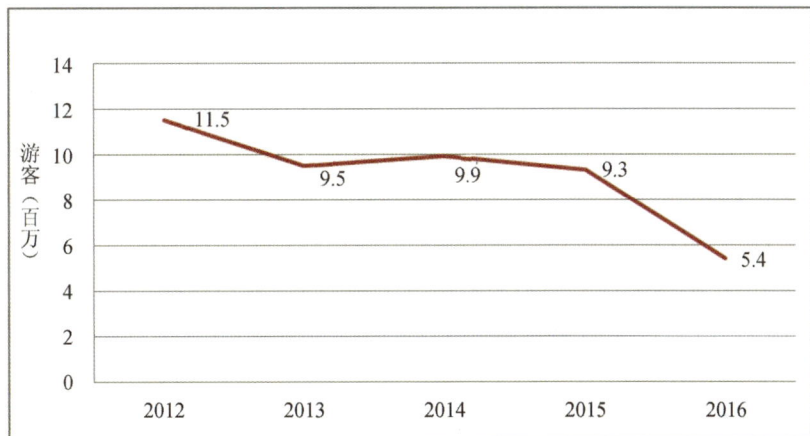

图8-2　2012—2016年埃及外国游客数量

数据来源：埃及经济统计手册2018。

第六节　交通物流

埃及的交通运输十分便利，海、陆、空运输能力增长较快，铁路全长10 008千米。开罗地铁全长77.9千米，公路全长约4.9万千米。埃及有国际机场11个，其中开罗机场是联结亚、非、欧的重要国际航空港。在世界经济论坛公布的"全球竞争力指数（2017—2018）"排名中，埃及港口基础设施的全球竞争力排名第四十一位（共137个国家和地区）。在2017年劳氏（Lloyd's List）世界港口集装箱吞吐量前百位排名中，塞得港和亚历山大港分列第49位和第87位，吞吐量分别达303.59万个标准集装箱（TEU）和163.36万个标准集装箱（TEU）。2019年8月，塞西总统在与政府官员会晤时强调"埃及运输业的本地化"。

❖ 一、公路

埃及近几年来海、陆、空运输能力增长较快。埃及公路总长4.9万千米。2003年埃及境内年货运量达3.2亿吨，其中3亿吨由陆路运输完成，占货运总量的94%，200万吨由河道运输完成，占货运总量的0.7%。2002年的货运量为3.128亿吨。2002/2003年度客运总量为113.57万人，货运总量为41.45万吨。在这一时期完成的公路工程有：

（一）开罗—艾斯尤特沙漠公路，位于尼罗河西岸，长587千米。

（二）连接图什卡、艾尔巴以那交叉路口和阿维纳特东部的公路，长370千米。

（三）埃尔迈纳至哈里加绿洲的公路，长240千米。

（四）建设了开罗—亚历山大农业区的第三街，长220千米。

（五）盖塔米亚—艾因苏赫纳公路，长120千米。

（六）凯里马特—扎法拉纳公路，长164千米。

（七）埃德福—马尔萨公路，长225千米。

（八）盖纳—萨法加公路，长160千米。

（九）在尼罗河西岸长485千米的埃斯尤特—阿斯旺公路和长95千米的阿斯旺—巴尔尼斯公路交叉线上建设了长580千米的新公路。

2002年10月，埃及完成了历史上里程最长、投资最大的北部高速公路。这条沿地中海南岸的公路东起拉法，西到塞卢姆，穿越埃及8个省份，总长度达到1050千米，耗资约26亿埃镑。这条双向双车道的公路路面宽28~30米，中间有隔离带和安全岛。全线建设有66座高架桥和立交桥，桥长合计达35千米。

❧ 二、铁路

埃及是阿拉伯国家中铁路发展最早、规模最大、设施最完整的国家之一。埃及的第一条铁路开罗—亚历山大线1851年就开始运行，介于开罗和亚历山大之间，全长209千米，是居英国之后的世界第二条铁路。之后，又开通了苏伊士—开罗线。2004年，埃及铁路总长度已达9525千米。埃及铁路在运送旅客和货物方面发挥着重要作用，每年运送旅客达7.5亿人次，年货运量为1200万吨，每天有1100列火车运行，可提供63万个座位。埃及有3100节普通和空调客车车厢，有10600节货车车厢，有671辆机车。[①]

1981/1982至2003/2004年间埃及铁路的发展情况：铁路总长度由

---

① 外交部：《埃及国家概况》，时间：2018年8月，网站：https://www.fm-prc.gov.cn/web/gjhdq_676201/gj_676203/fz_677316/1206_677342/1206x0_677344/.

4 882千米延长至9 525千米；新建了长度为1 540千米的路线，改造了近2 000千米的铁路。

2007年，埃及的铁路全长为9 528千米，由28条线路组成，总长10 008千米，共有796个客运站，日客运量约200万人次。2012年铁路运输乘客数量2.35亿人次，增长6.6%；客运收入10亿埃镑，增长12.8%；货运量12.79亿吨，货运收入1.5亿埃镑，下降24.6%。

开罗是非洲地区最早修建地铁的城市。截至2014年，开罗地铁有1号线、2号线和3号线，共60个车站，线路总长77.9千米，每天运送约400万名乘客。2018年，埃及执行新的收费标准，此前地铁票价统一为2埃镑。开罗地铁的运营时间：夏季为5：30至次日1：00，冬季为5：30至次日晚间12：00，斋月和其他官方节日期间营运时间延长1小时。

开罗地铁的1号地铁线，标志色为红色，是开罗最早的地铁线，全长43千米，1987年开始营运，有35座车站，连接火车站至赫勒旺和来蒙桥至麦尔吉的两条交通干线，由宰奈白站经解放广场的萨达特站和纳赛尔站，到拉姆西斯广场的穆巴拉克站。1号线线路分为地上段和地下段，地铁在城市中心的地下部分长4.7千米。1号线运行列车47列，运行时速80千米，每列有9节车厢，发车间隔为3分30秒至4分钟。①

2号地铁线，标志色为橙色，自北部的夏伯拉、海依曼，经市中心折西，到西部的开罗大学和吉萨地区，全长21.6千米，车站20座。地铁将开罗、吉萨和盖尔尤比省联结起来，总长62千米。2号线运行35列电车，运行时速80千米，每列有8节车厢，发车间隔为2分40秒至3分钟。

3号地铁线，标志色为绿色，自1996年开始规划兴建，阿塔巴至金字塔段，通往大开罗西北地区的延长线尚在建设当中，最终东能够连接开罗国际机场，西达开罗大学和因巴拜（Imbaba）地区。路线将会下穿两条尼罗河的支流，总长约30千米，开罗形成地下东西南北交通网。地铁3号线分四期修建，有效地缓解了道路拥堵，年节省5.64亿小时，挽回每年损失时间的价值19.63亿埃镑；为每年改善环境花费节约3.5亿埃镑；可创造年27.24亿埃镑的经济价值，占国民生产总值

---

① 开罗地铁：《1号线运营信息》（阿拉伯文），时间：2019年1月2日，网站：http://cairometro.gov.eg/UIPages/firstlineworking.aspx.

的17.4%。①3号线日运送旅客300万人，部分新站通车后运送旅客人数将达到500万人。

❀ 三、海洋运输

埃及有7条国际海运航线，有亚历山大、塞得港、杜米亚特、苏伊士等62个港口，分布在地中海、红海和亚喀巴湾。海洋运输是埃及的一个重要产业，对本国经济有着重大影响，对游客出游和贸易作用更大。2002/2003年度埃及对海运的投资为5.038亿埃镑。2002/2003年度进出埃及港口的游客为264.6万人次，海上运送货物1 044.9万吨，埃及港口每年可周转200万个集装箱。年吞吐总量为800万集装箱，海港贸易量为1.01亿吨。苏伊士运河是沟通亚、非、欧的主要国际航道。近年来，埃及对运河进行了大规模扩建，使过运河船只载重量达24万吨，可容纳第四代集装箱船通过。2015年苏伊士运河收入51.7亿美元，2016年为50.05亿美元，2017年为53亿美元。②

埃及在1981/1982至2002/2003年度期间海运的发展情况：

海港吞吐量由1 510万吨增至6 680万吨；海港码头数量由95个增至141个；船只数量由80艘增至126艘，载重量由53万吨增至1 800万吨；对艾达比亚、科尔迪格、努维比亚、萨法加等海港进行了改进；建设了杜米亚特新港、达西来港、阿里什港；完成了赛德港东部港口一期工程，耗资7.5亿埃镑；完成了艾因·苏赫纳港一期工程，耗资5.5亿埃镑；埃及各海港接待的旅客人数由1.2万人增至62.7万人；货运量由290.3万吨增至1 044.9万吨。

❀ 四、内河运输

尼罗河也在埃及的运输和旅游活动中发挥着重要作用，尼罗河在埃及境内水道总长度达3 500千米。2003年内河运输投资额为1.35亿埃镑。2002/2003年度内河的运输情况：疏浚了长960千米的开罗—阿

---

① 开罗地铁：《开罗地铁3号线》（阿拉伯文），时间：2019年1月2日，网站：http://cairometro.gov.eg/UIPages/thirdline.aspx.

② 外交部：《埃及国家概况》，时间：2018年8月，网站：https://www.fm-prc.gov.cn/web/gjhdq_676201/gj_676203/fz_677316/1206_677342/1206x0_677344/.

斯旺河道和长 228 千米的开罗—杜姆亚特河道，将杜姆亚特港和河运网连接在一起。此外还完成了疏浚开罗—亚历山大航运线上段河道，长达 220 千米。为了更好地利用尼罗河水道，在 1981/1982 至 2002/2003 年度这一时期内实施了许多工程，使水路总长达 2 157 千米，运输量达 2 309 吨。已完成的主要工程有：开罗—杜米亚特水道延长了 228 千米，耗资 2.25 亿埃镑；开罗—阿斯旺水道延长了 960 千米，缓解了水道上交通拥挤的问题；对纳赛尔湖的水道进行了延长，并提高了运输水平和安全性。

🌸 五、空中运输

埃及航空公司是中东北非地区最大的航空公司，共有民航飞机 58 架，机场 30 个（其中国际机场 11 个），开通了 83 条国际航线和 41 条国内航线。开罗国际机场是世界著名的空港，中东地区最重要的航空中转站，大部分旅客都是由开罗进入埃及的。2000 年运送旅客 2 140 万人次，2001 年受 "9·11" 事件影响，运送乘客只有 1 740 万人次，2002 年运送乘客 1 802 万人次，2003 年则猛增到 2 872 万人次。另外，埃及还有 4 家私营航空公司。1981/1982 至 2002/2003 的 22 年间，埃及在空运方面的发展：

民用飞机由 17 架增至 58 架；

实施 15 亿埃镑的投资，改造了 17 座机场，并增加了容纳能力，实现了现代化；

改造国内机场为国际机场，如卢克索机场、阿斯旺机场、艾斯尤特机场及阿拉伯塔机场；

开罗空港出入的飞机由 51 100 架次增至 84 400 架次；

开罗空港运送旅客量由 600 万人次增至 870 万人次；

空运货物量由 60 万吨增至 270 万吨。

2002/2003 年度，开罗机场扩建一期工程结束，包括建一个过境大厅、在 2 号候机楼建一个国内航线大厅、更新老候机楼 3 号大厅、建一个新的入境大厅；为了加强空运的实力，新购了 5 架空客飞机；改造了卢克索机场和沙姆沙伊赫机场；实施了总造价为 21 亿埃镑的 3 号候机楼工程，候机楼建筑面积为 16.4 万平方米，每年可接待 1 100 万旅客。

第七节   商业与服务业

❖ 一、商业

埃及投资和自由区总局发布报告称，2013年首个季度埃及共新成立企业2 420家，总资本金额达89亿埃镑。新企业所在行业主要为工业、农业和服务业，所在地主要集中在开罗、东方省和吉萨省。埃及投资与国际合作部发布，2017年4月6日—12日新建公司325家，总资本585百万埃镑，其中埃及资本540.7百万埃镑、阿拉伯资本36.6百万埃镑、外国资本8.1百万埃镑。这些公司主要涉及农业、工业、旅游业、服务业、建筑业和信息技术行业。①埃及投资总局（GAFI）公布数据显示，2018年1—7月份，新设立企业13 011家，同比增加12.2%；新增企业投资额559.4亿埃镑，相比去年同期539.6亿埃镑增长3.7%。从投资领域看，服务业是吸引投资最大的部门。1—7月份服务业吸收投资209亿埃镑，相比去年同期152.9亿埃镑增长36.8%。从投资地域看，开罗是新增企业数最多的地区。1—7月份开罗新设立企业6 357家，相比去年同期4 856家增长30.9%。随后是吉萨省，新增企业2 250家。其中埃及国内投资1—7月份投资额达448.28亿埃镑，比去年同期上涨5%。外国投资总额达57.07亿埃镑，同比下降10.5%。其中，来自中东阿拉伯国家投资额达54亿埃镑，同比增长10.2%。

埃及商会数字经济总务科执行主任在2019年表示，88%的小型和微型企业通过数字平台运营，1 700万埃及人使用价值21亿埃镑的数字技术。②电子商务销售额约占埃及商业总额的3%。据埃及通信和信息技术部（MCIT）2017年报告称，埃及网络用户达5 500万，互联网普及率超过57%。埃及年轻人口占比很大，其中45%的互联网用户为

---

① 祖国报：《一周期间服务业建立108家公司》（阿拉伯文），时间：2017年4月13日，网站：http://www.elwatannews.com/news/details/2004300.

② 祖国报：《技术专家：88%的埃及公司依靠数字科技》（阿拉伯文），时间：2019年3月3日，网站：https://www.elwatannews.com/news/details/4035506.

16—35 岁，他们当中 36% 的人每天上网 8 个小时。2017 年，埃及的电商渗透率为 0.5% 左右，整个埃及的电商交易额为 50 亿美元，比上年增长 22%；埃及有 2 030 万的互联网用户年龄在 15 岁以上，这部分用户是电商购物的主力军。埃及已有 150 多个电商平台，电子商务市场每年增幅 40%。埃及总共有约 450 家电商网站。埃及的电商平台有 AliExpress，OLX Arabia，Souq，Jumia，Amazon，Modanisa，Opensooq，Jollychic，B.TECH，Noon，以及 ZAFUL，Wish 等，但是综合电商平台仅有 2 家，即亚马逊收购的 Souq 和非洲电商 Jumia，Souq 和 Jumia 分别于 2011 年和 2012 年进入埃及市场，埃及站一直是其流量最大的市场，占了 Souq 全网 5 200 万月访问量的 42%。Souq 埃及站产品有 31 个大类，热销品有 3C 数码、Fashion 类、手表、假发、小家电、个人护理、户外运动产品等。Jumia 在埃及已经占有了 48% 的市场占有率，超越 Souq 成为最大的电商平台。

❧ 二、服务业

埃及拥有较完整的工业和农业体系，但服务业比重尤为突出，约占国内生产总值的 50%，范畴主要为金融和保险、批发、零售和旅游等。其中旅游业收入占 GDP 的 13%，吸纳就业人数 400 万，约占劳动力总人口的 14.6%。旅游业每年创造的外汇收入占全国外汇收入的 1/5，位于埃及四项主要外汇收入之首。2019 年埃及旅游业收入对埃经济增长（GDP）的贡献率为 20%，旅游从业人数约为 300 万。

2015 年埃及服务业各公司发行资本增加，其中埃及公司资本增加 3 638 810 埃镑、其他阿拉伯公司资本增加 466 210 埃镑、外国公司资本增加 1 429 180 埃镑，总增加资本为 5 534 200 埃镑。[1]2017 年 4 月 6 日—12 日，服务业新建公司 108 家。

埃及公共动员与统计局（CAPMAS）公布的 2017 年存款和银行信贷统计年度公告，公共服务部门的银行存款为 3 843 亿埃镑，增长了 40.4%。2018 年 8 月 26 日，各行业股票交易情况：金融服务业在交易量方面处于领先地位，其中以 6 590 万张成交，价值达到 1.271 亿埃

---

[1]　祖国报：《中央公共动员和统计局（CAPMAS）：2015 年服务业发行资本总额 5 百万埃镑》（阿拉伯文），时间：2016 年 10 月 13 日，网站：https://www.elwatannews.com/news/details/1494524.

镑。建筑材料部门排名第三，成交量为3 180万张，价值为3 380万埃镑。排在第五位的是旅游和娱乐业，成交总量为1 170万张，价值为2 540万埃镑。①

　　埃及首都开罗被评为2009年全球十大外包服务城市之一，排名从2007年的第十一位上升为第七位，这也是中东北非地区唯一入围全球外包服务十强的城市。同时，亚历山大首次入选全球外包服务五十强城市。埃及作为中东北非地区外包服务中心的地位得到进一步巩固。埃及在过去的15年中，建立起了一个以出口为导向的信息通信技术（ITC）服务中心，特别是商业流程外包（BPO）和知识流程外包（KPO）服务，2010年获得了EOA年度离岸外包目的地奖，2011年外包服务收入达11亿美元。埃及外包服务业受到2011年埃及局势动荡的影响和冲击，在世界前100名外包目的地排名中，开罗从第四十九位降至第五十八位，亚历山大的排名降低了4位，为第七十七位。虽然政局动荡，埃及外包服务的质量和价格竞争力并未受到影响，当地劳动力、土地、能源和人员工资相对低于国际标准，使服务外包的成本具有竞争优势。此外，埃及具有较强的熟练技术人员队伍，阿拉伯语和英语通用程度高。据估计，埃及从事该领域服务的人员约43 000人，每年埃及有技术和商务专业的大学毕业生273 000名，能熟练掌握西方语言的毕业生31 000名，这些毕业生都是适合从事服务外包领域业务的人员。教育部门还在16所大学成立了专门培训机构，培训6 000多名BPO从业人员，确保他们能胜任外包服务中的中层管理工作。由于具备广泛而专业的技术能力，有竞争力的价格优势，埃及已成为受世界信息通信技术公司青睐的服务外包目的国。埃及还与乌干达政府签订备忘录，为乌干达商业流程外包工业提供支持和指导。2013年春，埃及派培训团队赴乌干达提供技术支持，同时还在埃及为乌干达培训3 000名BPO从业人员。随着欧洲市场的恢复和稳定，欧盟对服务外包的需求增加，埃及服务外包从业人员的语言优势将帮助埃及获得更多的项目机会。②

① 清晨报：《金融服务业占据当日股票之首》（阿拉伯文），时间：2018年8月26日，网站：https://www.elfagr.com/3226085
② 驻埃及经商参处：《埃及的外包服务业》，时间：2014年5月6日，网站：http://eg.mofcom.gov.cn/article/r/201405/20140500574322.shtml

第八节　对外贸易

　　埃及同120多个国家和地区有贸易关系，主要贸易伙伴是美国、法国、德国、意大利、英国、日本、沙特、阿拉伯联合酋长国等。由于出口商品少，外贸连年逆差。为扩大对外出口，减少贸易逆差，埃政府采取了以下措施：发展民族工业，争取生产更多的进口替代商品；限制进口，特别是消费性制成品的进口；争取扩大出口，特别是原油、棉花以外的非传统性商品的出口。

　　埃及主要进口商品是机械设备、谷物、电气设备、矿物燃料、塑料及其制品、钢铁及其制品、木及木制品、车辆、动物饲料等。主要出口商品是矿物燃料（原油及其制品）、棉花、陶瓷、纺织服装、铝及其制品、钢铁、谷物和蔬菜等。埃及出口商品主要销往阿拉伯国家。[①]

　　2011/2012财年，埃及对外贸易额达856亿美元，同比增长5.6%，其中出口额为269.75亿美元，进口额为586.25亿美元。欧盟是上财年向埃及出口最多的地区，出口额高达192亿美元。亚洲国家向埃及的出口额为116亿美元。在出口方面，欧盟也是埃及出口额最大的国家，上财年的出口额达109亿美元。埃及向亚洲和美国的出口分别为46亿美元和34.3亿美元。能源出口在埃及的出口中占有重要地位。上财年埃及的原油出口额为71亿美元，在所有出口商品中占首位。此外，石油产品的出口额为60亿美元。[②]

一、埃及与阿拉伯世界的经贸关系

　　2019年1月至4月，埃及与约旦双边贸易额达4.09亿美元，增幅为108.2%，埃及贸易顺差为3.26亿美元。其中，埃及对约旦出口3.67亿元，增幅为126.4%；从约旦进口额为4 150万美元，增幅为22.7%。

---

① 外交部：《埃及国家概况》，时间：2018年8月，网站：https://www.fm-prc.gov.cn/web/gjhdq_676201/gj_676203/fz_677316/1206_677342/1206x0_677344/.

② 和讯网：《上财年埃及对外贸易总额升至856亿美元》，时间：2012年10月22日，网站：http://news.hexun.com/2012-10-22/147036699.html.

埃及出口商品主要为橙子、奶酪、电视机、鸡肉和冷冻薯条；从约旦进口商品主要为天然钾盐、兽用疫苗、矿物肥料和药品。

家具业是埃及最发达的产业之一，2004年家具业出口额为4 500万美元，2011年出口额增至3.30亿美元。在全球范围内沙特阿拉伯是埃及家具最主要的进口商，埃及对沙特家具出口额占埃及家具出口总额的25.3%；埃及对阿联酋家具出口额占9.23%，排第2位；埃及对意大利出口额占6.24%，排第3位；埃及对伊拉克出口额占5.94%，排第四位；埃及对黎巴嫩出口额占5.79%，排第五位；埃及对卡塔尔出口额占5.25%，排第六位；其次是摩洛哥、约旦、苏丹、阿曼、科威特、荷兰、美国、比利时和利比亚；最后是英国、法国、叙利亚、突尼斯、巴西、阿尔及利亚、巴基斯坦、瑞典、土耳其、西班牙、印度和德国，埃及向以上各国的家具出口额在埃及家具出口总额中所占比例不超过1%。沙特阿拉伯也是埃及农作物的主要进口国，2017/2018年（3月至9月）以50.2万吨，2.24亿美元的进口额排在第一位；第二是俄罗斯，进口约48.4万吨，2.16亿美元；第三是阿拉伯联合酋长国，约16.1万吨，0.73亿美元；第四是荷兰，11.7万吨，0.64亿美元；第五是伊拉克，约10.1万吨，0.54亿美元；第六是美国，8.8万吨，0.62亿美元；第七是中国，约8.0万吨，0.47亿美元；第八是阿曼，7.9万吨，0.29亿美元；第九是科威特，7.6万吨，0.32亿美元；第十是黎巴嫩，约7.2万吨，0.29亿美元。[1]

2019年科威特在埃及投资的注册额达47亿美元，有1 302家公司。埃及与科威特非石油产品贸易额2017年达到5亿美元，油气贸易额超过3亿美元。

❀ 二、埃及与欧洲的经贸关系

欧盟是埃及重要的贸易投资和旅游业合作伙伴。2012年，埃及与欧盟双边贸易总额达238亿欧元，占埃及贸易总额的32%。欧盟是埃及外国投资的主要来源之一，埃及近50%的外资来自欧盟国家。多年来，埃及从欧洲投资银行得到了超过60亿欧元的投资，相当于欧洲投资银行对地中海南岸国家总投资的1/4。同时埃及也是欧盟推行"地中

---

[1] Alwasela：《农产品出口：埃及花生出口下降》（阿拉伯文），时间：2018年5月24日，网站：http://www.alwasela.com/221027

海投资计划"的重要合作国家，在该计划对地中海南岸国家的投资合作项目中，埃及获得了近40%的份额。

✿ 三、埃及与非洲的经贸关系

埃及与非洲之间的贸易额在2016年的记录中为12亿美元，占其全球贸易额的6%。2018年，埃及对加纳出口额为9 060万美元，较2017年的6 330万美元增长43%。埃及从加纳进口额为1 050万美元，比2017年的1 100万美元有所下降。两国进出口金额为1.01亿美元，同比增长36%。

埃及在肯尼亚建立了物流中心，下一阶段将在东非其他港口以及西非设立物流中心。埃及积极寻求与非洲银行和非洲工业联合委员会的合作，扩大对该地区的出口。2017年的非洲工业联合委员会会议是非洲企业界的一次大型会议，埃及代表团参加了本次会议，并与非洲代表团举行了许多富有成果的会议，这为与非洲其他国家开展合作奠定了基础。

埃及与非洲各国支持"三方自由贸易区"的合作，该贸易区由东南非共同市场、南部非洲发展共同体和东非共同体的26个成员国组成：埃及、利比亚、吉布提、厄立特里亚、苏丹、埃塞俄比亚、肯尼亚、乌干达、布隆迪、卢旺达、坦桑尼亚、马拉维、赞比亚、津巴布韦、安哥拉、刚果民主共和国、毛里求斯、马达加斯加、科摩罗、塞舌尔、莫桑比克、博茨瓦纳、莱索托、纳米比亚、南非、斯威士兰。三方自由贸易协定于2015年6月10日在埃及举行的第三届首脑会议上签署并生效。贸易区北起埃及开罗，南到南非开普敦，占整个非洲经济总量的一半以上，覆盖6亿人口，GDP总值超过1万亿美元。该贸易区实现贸易一体化，促进各国间的全面经济和贸易合作。

✿ 四、埃及与美国的经贸关系

埃及与美国2017年贸易额达56.18亿美元，与2016年贸易总额49.74亿美元相比，同比增长13%。埃及对美国主要出口商品为成衣、纺织品、化肥、钢铁、纸张、蔬菜、水果和塑料等，同样，埃及进口的主要商品为民用飞机、零件、豆子、煤、丁烷等。美国已在埃及投资24亿美元，投资涉及领域包括工业、服务业、建筑业、金融业、农业、通信和信息技术等，占美国在非洲大陆直接投资的35.4%，占美国在中东投资的46.2%。

美国国际开发署（USAID）2019年7月21日发表声明，其与百事埃及公司（PepsiCo Egypt）签订一项谅解备忘录，以扩大双方支持埃及农民的合作。此项合作将提高土豆供应链的透明度和可持续性，通过建立可靠的市场联系、提高土豆质量和产量、帮助农民实现可持续农业标准等方式增加农民收入。

🌸 五、埃及与中国的经贸关系

自2006年11月埃及宣布承认中国完全市场经济地位以来，两国政府积极鼓励和推动双方企业扩大经贸合作，双边贸易额持续增长。2013年，中埃贸易额首次突破百亿美元，达102.13亿美元。2014年，埃及与中国双边货物进出口额为79.37亿美元，增长5.75%。其中，埃及对中国出口3.29亿美元，下降42.34%，占埃及出口总额的1.23%，下降0.74个百分点；埃及自中国进口额为76.07亿美元，增长9.71%，占埃及进口总额的11.16%，提高0.66个百分点。埃及与中国的贸易逆差为72.78亿美元，增长14.39%，中国是埃及最大的逆差来源国。2015年，双边贸易额为128.8亿美元，同比增长10.8%，其中我国出口额为119.6亿美元，同比增长14.3%，我国进口额为9.2亿美元，同比下降20.9%。我国向埃及主要出口机电产品和纺织服装等，自埃及主要进口原油、液化石油气和大理石等。中国已成为埃及第一大贸易伙伴和第一大进口来源地。2017年，中国作为埃及第一大进口来源地，出口目的地，从2016年的第十四位升至第九位。双边贸易额达108.28亿美元，同比下降1.4%，其中我国出口额为94.88亿美元，同比下降9.1%，我国进口额为13.40亿美元，同比上升142.1%。我国向埃及主要出口机电产品和纺织服装等，自埃及主要进口原油、液化石油气和农产品等。

2018年埃及与中国双边货物进出口额为80.57亿美元，下降9.08%。其中，埃及对中国出口额为6.69亿美元，增长35.35%；埃及自中国进口额为73.88亿美元，下降11.71%，占其进口总额的12.67%，下降0.87个百分点。埃及与中国的贸易逆差为67.19亿美元，下降14.67%，占其贸易逆差总额的20.18%。

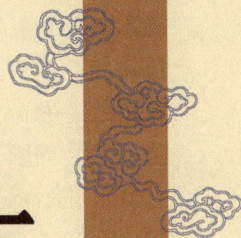

下

篇

第九章　塞西政府的经济战略

　　塞西政府之前，埃及的经济形势十分严峻。2008—2013年埃及国民生产总值平稳上升，但人均国民生产总值一直处于低收入国家水平。从2006至2012年埃及一直处于严重的通货膨胀期，到2013年稍微缓和一些，但膨胀率也达到9%（见表9-1）。自2011年起，此起彼伏的动荡已令原本对这个人口最多的阿拉伯国家抱有热切期望的外国甚至本国资本纷纷撤逃，穆巴拉克时代晚期兴起的一些支柱产业，如面向西南欧的制造业、通信业等，早已元气大伤，且在欧洲经济复苏迟缓的背景下，一时也难见大的起色；传统的支柱产业，如曾吸附大量青年劳动力的纺织业和旅游业，也在一次次"革命"和动荡中不复往日之兴旺。

　　同时，埃及严重的腐败现象加剧了经济问题。透明国际发布的世界各国清廉印象指数报告显示：2013年在177个国家中埃及以32分排到一百一十四名，2014年在174个国家中埃及以37分排到九十四名。（见表9-2）上述经济问题使国内民众的生活水平不断恶化。2010—2011年度和2012—2013年度，埃及民众年消费额在3 000埃镑以下的比例分别占24.3%和25.1%，在3 000～4 000埃镑的分别为19.9%和23.7%，这表明埃及一半人口日均消费在世界公认的2美元（约14埃镑）贫困线以下。[①]2012—2013年埃及财政赤字达到2 049亿埃镑（约292.5亿美元），占GDP总量的11.8%，远高出3%的国际警戒线。2014年4月，预算赤字高达GDP总量的14%；每日生活费不到2美元者占

---

① 戴晓琦：《塞西执政以来的埃及经济改革及其成效》，《阿拉伯世界研究》，2017年第6期，第37-51和第119-120页。

总人口的比例从穆巴拉克时代晚期的18%升至约45%；2013年6月军方推翻穆尔西政府之初，埃及通胀率一度高达12.97%，2014年有所回落，但仍高达11.4%。

表9-1　2012—2018年"透明国际"发布的世界廉政报告中埃及廉政指数排名

时间	2012年	2013年	2014年	2015年	2016年	2017年	2018年
得分	32	32	37	36	34	32	35
排名	118	114	94	88	108	117	105
国家和地区数	176	177	174	168	173	180	180

数据来源：透明国际。

塞西在角逐总统大选时也表示埃及经济形势极其严峻，当代甚至当下两代的埃及人很有可能生活在黑暗中。自2014年6月塞西执政以来，为应对严重的外汇短缺、巨大的财政赤字以及经济凋敝等困境，通过强化治安、恢复社会稳定，把效益多且快的短线项目，如旅游产业、运河经济等先搞起来，以充实埃及捉襟见肘的金库，然后再设法恢复国内外投资者信心，将其他产业逐步恢复、发展起来，从而改善财政、金融和就业状况。总体上可以概括为"开源节流，长短期政策相结合，改革资源配置方式，在力保社会稳定的前提下集中力量发展基础设施建设"。本章主要概括2014年至2018年期间塞西政府所提出的经济战略。

表9-2　2008—2013年埃及经济概况

埃及	2008年	2009年	2010年	2011年	2012年	2013年
人口/百万	78.98	80.44	82.04	83.79	85.66	87.61
GDP/十亿美元	162.82	188.98	218.89	236	276.35	286.01
人均GDP/美元	2 061.61	2 349.29	2 668.04	2 816.67	3 226.13	3 264.45
GDP年增长率/%	7.15	4.69	5.14	1.82	2.19	2.11
人均GDP年增长率/%	5.29	2.78	3.09	−0.31	−0.04	−0.17
按GDP平减指数衡量的通货膨胀/%	12.21	11.17	10.12	11.61	18.23	9
总失业人数占劳动力总数的比例/%	8.7	9.4	9	12	12.7	13.2

数据来源：世界银行。

　　埃及国家信息服务中心对塞西总统2014年至2018年间在国内外各种场合中的讲话进行了分析（见表9-3）。研究样本显示，"经济因素"在稳定国家支柱中以32.47%的比例占据第一位，主要在于埃及经济遭受了几十年的挑战，迫切需要发展，只有经济发展了，民生才会得到改善，现代化埃及的建设目标才能实现。

　　"政治因素"以28.33%的比例排在第二位，当前国家机构还不稳定，作为主要行为的国家角色失衡，社会对国家机构的信任动摇。而且穆斯林兄弟会的支持者进行政治暴力、从事破坏和制造恐怖事件。此外，自2011年，埃及不利的国际地位突出。

　　至于"安全因素"，即国家需履行的安全职能，以21.60%的比例占据第三位。国家如此重视安全是因为塞西总统一再强调，埃及过去以及现在经历的这些恐怖活动旨在推翻埃及国家政权。

　　"社会因素"以17.60%的比例占据第四位。社会部分占据的高比例则是因为塞西总统重视埃及人民的发展，把提升埃及人民的生活水平视为国家的头等大事。[①]

表9-3　2014—2018年塞西总统讲话中关于维护国家稳定支柱比重统计表

序号	类别	次数	百分比
1	经济因素	666	32.47%
2	政治因素	581	28.33%
3	安全因素	443	21.60%
4	社会因素	361	17.60%
合计		2 051	100%

数据来源：埃及国家信息服务中心。

　　在塞西的领导下，2014年至2018年"经济因素"占据维护国家稳定的首要位置，主要体现在八个方面，在国内外各种场合中的声明、演讲、发言、对话中均有所强调。据表9-4中显示，"吸引外资"是用于稳定国家经济的首要因素，以28.53%的占比位居经济影响因素的首位。位居第二位的"振兴经济部门"占比28.08%，在埃及经济长期发展纲领的框架下具有重要的指导意义，在GDP中占比颇大。此外还提

----

　①　埃及国家信息服务中心：《稳定国家支柱——塞西总统观点分析》，埃及国家信息服务中心，2018年9月，第9页。

供了大量工作岗位，解决了青年就业及外商合作问题。居于第三位的是占比14.71%的"经济改革"，目的是帮助埃及经济在历经了过去数年的危机后重获新生。以微弱差距排在第四位的是占比14.26%的"开展大型国家项目"，这一举措旨在改善民生，为青年提供就业机会。"基础设施现代化"以8.11%的比例排在第五位。首先它在改善民众生活方面有着重要意义，比如优化道路网有利于民众出行和交通，还能助力国家发展。此外还有供电和饮用水工程，发展和更新铁路网及其他基础设施建设。"发展西奈"以2.40%的比例排在第六位，该项目可以给青年们提供就业岗位，并实现该地区的长治久安。同样以2.40%的占比排在第六位的还有集中精力"发展中小型项目"。其重要意义在于实现综合发展，同时也能够提供新的工作岗位，以此来解决青年的失业问题。最后一个因素"武装部队在发展中的作用"，占比1.50%。纪律严明是部队的标志，这使得它可以在保卫国土、守卫人民方面发挥极大的作用。本章主要从前七个因素，概述塞西政府的经济战略。[①]

表9-4 "经济因素"所包含主要要素比重统计表

序号	类别	次数	百分比
1	吸引外国投资	190	28.53%
2	振兴经济部门	187	28.08%
3	经济改革	98	14.71%
4	开展大型国家项目	95	14.26%
5	基础设施现代化	54	8.11%
6	发展西奈	16	2.40%
7	发展中小型项目	16	2.40%
8	武装部队在发展中的作用	10	1.50%
	合计	666	100%

数据来源：埃及国家信息服务中心。

---

① 埃及国家信息服务中心：《稳定国家支柱——塞西总统观点分析》，埃及国家信息服务中心，2018年9月，第10页。

第一节　吸引外国投资

塞西上任后制定了一套经济发展路线图。一方面，提出要大幅削减能源补贴，减少财政赤字；另一方面，计划修建新的行政首都、扩建苏伊士运河、推动苏伊士运河经济区发展，希望大型工程能够在两年内提振经济、增加就业、改善民生。该经济路线图旨在解决近年来所面临的经济发展危机，对于埃及实现发展指标空前激增有着积极的影响。此外，吸引外资是落实该经济路线图的重要保障。

2015年5月13日至15日在沙姆沙伊赫召开的"推动和发展埃及经济：埃及的未来"会议，邀请了来自90多个国家的2 500名政商界人士，这次会议提供了大量油气和矿产资源开发、制造业、信息及通信产业、交通、房地产、电力和新能源产业等领域的投资机会。

2016年2月25日，塞西宣布"埃及2030愿景"战略，旨在吸引投资并在安全稳定的大格局下鼓励投资。该战略强调将发展与环保、就业与提升劳动力素质相结合，以公平公正、平衡多样的方式全面推进埃及经济和社会同步发展，建成善于创新、注重民生、可持续发展的新埃及。

2017年6月，埃及颁布新《投资法》，确定了平等、公开、透明、可持续发展等招商引资原则。新《投资法》有利于吸引外国投资，拟在优化土地出让模式、减免所得税、保障投资、增加本地雇员数量等方面提供优惠政策。

塞西几乎不错过任何一个外交场合，无论是总统的首脑会议，还是与商人或经济官员的会面中，他都强调吸引外国投资是经济支柱的重要因素，也是维护民族和发展国家支柱的重要经济活动。他在访问中，总是邀请对方增加对埃及发展项目的投资。例如：

呼吁英国公司加大对埃及的投资。在2015年1月15日会见英国代表团期间，塞西呼吁英国公司加大对埃及的投资，这对推动国家的经济发展产生积极的影响，进而促使地区稳定。

欢迎中国投资。赛西于2015年1月22日在达沃斯经济论坛中说，很高兴邀请所有寻求新的投资机会的合伙人参加埃及的投资会议，并表示埃及欢迎中国在不同领域的投资，强调中国的实业家们当前一段时间内在埃及实施项目时，应明确三点，即资金赞助、创造速度、管理项目的能力。并强调中方在埃及的投资绝不会遭受任何损失，尤其对于任何一个想要在埃及劳动力中获利的投资人来说，埃及都是一个有希望、有竞争力的市场。

请求欧洲发展银行支持增加在埃及的投资。2015年3月13日至15日在沙姆沙伊赫召开的"推动和发展埃及经济：埃及的未来"的会议间隙，塞西会见欧洲银行行长苏曼时表达了增加在埃及投资的请求。

增加新加坡的投资。在2015年8月31日亚洲新闻频道对话节目中，他表达了对新加坡的访问旨在号召投资人来埃及工作或投资，从而为年轻人提供工作机会，也消除了投资者们对埃及极端主义和恐怖主义的畏惧。

欢迎法国投资。2015年10月10日塞西在会见法国总统奥朗德期间表示，埃及欢迎法国投资，并强调了增加法国投资的重要性。

增加印度投资。2015年10月28日塞西在与印度总统普拉纳布·慕克吉会见期间提出增加印度投资的愿望，尤其是希望印度在埃及当前实施的项目中投资，竭力提供有吸引力的投资环境，吸引先进的印度技术。

吸收韩国投资。2016年3月2日塞西在韩国纸质新闻媒体中的讲话称，2015年10月29日至31日在埃及沙姆沙伊赫举办非洲论坛，由埃及发起和实施的投资项目，初期是在苏伊士地区，包括工业区、后勤和港口中心，欢迎韩国公司和投资方对其进行投资和建设，助力埃及发展。2016年4月4日塞西和韩国总统朴槿惠的扩大座谈会议期间，他表达了埃及希望收到更多的韩国投资，并邀请韩国公司参与埃及投资项目、苏伊士运河地区发展项目框架下的一些项目、建设新行政首都的项目、150万费丹项目等，并强调埃及政府将帮助韩国公司克服在埃及遇到的所有阻碍，指出了在埃及投资的优势，如埃及因自由贸易协议与非洲、中东、欧洲联结起来的市场所提供的优势。

2013—2014年外国对埃及直接投资总额约41.78亿美元，2014—2015年，外国对埃及直接投资总额为63.8亿美元，同比增长52.7%。2015—2016年，埃及吸引外国直接投资达69.33亿美元，同比增长8.67%。2016—2017年，埃及外国直接投资额为79.16亿美元，同比增长14.18%（见表9-5）。

　　埃及政府继续努力在各个行业吸引更多的外资，使其提高国民经济实现可持续发展的能力。政府也将继续改善埃及的商业投资环境，心系投资者，携手共行动，消除他们可能面临的任何障碍。

表9-5　外来直接投资（单位：亿美元）

指数	2013/2014	2014/2015	2015/2016	2016/2017	2013/2014—2016/2017变化率
流入外来直接投资	108.56	125.46	125.29	133.49	23%
流出外来直接投资	66.78	61.66	55.96	54.33	−18.6%
外来直接投资净额	41.78	63.80	69.33	79.16	89.5%
外来直接投资流入的地理分布					
美国	22.30	21.16	8.83	18.329	−17.8%
欧盟	66.10	65.23	78.77	86.94	31.5%
阿拉伯国家	12.90	26.68	22.78	18	39.5%
其他	7.25	12.40	14.91	10.23	41%

数据来源：埃及中央银行。

第二节　振兴经济部门

　　塞西政府为了发展经济，将一些重要部门和迫切需要改善的部门作为振兴经济的重点。这些部门主要包括石油和能源部门、农业和土地改良部门、旅游部门、工业部门、通信和信息技术部门。2011年至2013年，这些部门大多受国内局势的影响，因此生产产值占国内生产总值的份额有所下降（见表9-6）。

表9-6　塞西政府重点振兴部门占国内生产总值份额　（单位：%）

部门	2010/2011	2013/2014	2014/2015	2015/2016	2016/2017	变化率（2013/2014—2016/2017）
农业	14.5	10.9	11.3	11.9	11.7	6.8%
矿产	14.9	15.9	12.7	8	9.6	−39.7%
制造业	16.5	16.2	16.5	17.1	16.7	3.3%
电力	1.3	1.5	1.6	1.2	1.7	11%
给水排水	0.4	0.6	0.6	0.6	0.6	3.7%
通信	3.1	2.4	2.3	2.3	2.1	−11%
旅游	3.2	2.1	2.4	1.8	1.9	−10.3%

数据来源：埃及经济统计手册2017。

一、石油、能源部门

　　能源供应与需求管理是埃及经济发展议程的关键优先事项。埃及非常重视其能源需求，无论是满足当地公民的需求，还是满足在埃及建立的投资和新项目的需求。埃及约有9 000万人口长期遭受电力短缺的困扰。埃及自20世纪80年代以来便有意建设核电站，但相关磋商时断时续，1986年苏联切尔诺贝利核电站事故以后暂时搁置相关计划，2006年穆巴拉克执政时期讨论发展核电，2011年穆巴拉克下台后再度停滞。2015年2月，俄总统普京访问埃及期间，埃俄两国就首座核电站建设项目达成谅解备忘录。塞西在2015年11月12日同埃及总理以及电力部部长、可再生能源部部长、财政部部长、财政委员会委员长、埃及国防部部长的会议中强调，在实施建设核电站的过程中确保最高标准的核安全的重要性。塞西还强调了核能源的重要性，作为一个未来充满活力的能源种类，它有助于埃及的发电工程，以满足越来越多的国民和工业部门的需求。11月19日，塞西宣布将由俄罗斯建设埃及首座核电站。塞西在对接仪式致辞时强调，该计划是一个和平的用于发电的核计划，和平这一点是不会改变的。

　　此外，在满足埃及日益增长的电力需求和经济发展计划的同时还应保护石油与天然气资源，因为在一些工业领域，例如在肥料制造与石油化工领域，它们是无法替代的重要能源。埃及已经与国际石油和天然气领域的公司合作，以增加这些公司在埃及的活动和投资，其中包括意大利ENI石油公司和俄罗斯Ros石油公司。2015年11月26日塞西在与意大利ENI石油公司首席执行官克劳迪奥的会议上，表示希望对方增加在埃及的投资，实现双方共同利益。他还强调必须在有限的时间内加快油田的勘探工程，并与各石油公司继续密切合作，定期跟进该领域的工作。同时，2016年12月12日塞西在与俄罗斯的主要石油公司主席的会晤中强调，埃及重视同俄罗斯石油和天然气公司在不同领域的合作。鉴于俄罗斯公司的广泛经验和巨大的潜力，埃及欢迎俄罗斯石油公司在埃及实施各项相关工程。

2016年4月26日，塞西在与埃及电力部部长以及和可再生能源部部长会议上强调了要努力使获取电力资源途径多样化，尤其是通过创新手段和先进的技术，用可再生和新型能源进行发电，以满足日益增长的电力需求和经济发展的需要，这需要石油部门同电力部门共同努力并扩大合作，确保可持续性和安全供应。2018年7月24日，塞西在红海附近的杰百利扎耶德（Gabal El-Zayt）地区成立了阿拉伯最大的风力发电场，风电场容量580兆瓦，总产值为120亿埃镑（6.25亿美元）。该项目分为三个部分：第一个部分具有120个涡轮机，其容量为240兆瓦；第二个部分具有120个涡轮机，总容量为220兆瓦；第三个部分包括60个总容量为120兆瓦的涡轮机。

埃及不断增长的人口和经济的发展导致对能源产品的需求大幅增长。埃及的目标是到2022年可再生能源满足20%的能源需求，到2035年将会达到40%。埃及需要通过每年增加5.5千兆瓦的发电量来弥补缺口，每年需要约50亿美元的新增投资。私营部门的参与是必不可少的，所以政府提供资金、土地分配和许可证、担保和关税等优惠政策支持外国投资。例如，埃及政府为200千瓦以内的项目提供4%的贷款，为规模在200~500千瓦的项目提供8%的贷款，超过20兆瓦的项目将获得购电协议的国家担保。该国拥有合适的自然条件利用太阳能和风能发电，以满足大部分的能源需求，其中几乎90%的土地适合建立风力涡轮机。在苏伊士湾，平均风速达到10.5米/秒，在尼罗河畔和东西部沙漠大部分区域，以及西奈半岛的部分地区，风能资源的可获得性都很高。根据埃及新能源和可再生能源局（NERA）的调查，埃及

2018年的总装机容量约为50吉瓦，其中包括40.1吉瓦热电、2.8吉瓦水电、0.95吉瓦风电和0.14吉瓦光热电（CSP），可再生能源产能占总产能的2.5%左右。

埃及的石油和天然气虽然不是国民经济的重要支柱，但同样有助于吸引国外投资并且提供新的就业机会。2016年11月15日塞西在同埃及总理以及石油部长的会议中强调，有必要在未来一段时间内将埃及变成区域石油和天然气贸易的流通中心，加快中东天然气勘探工作的发展。埃及继续发展石油和天然气相关部门，确保为所有发电站和满负荷发电站的运行提供足够的能源供应。在国家采取的全面新计划框架内，加快完成埃及电力系统升级和基础设施发展的计划。加快向国内输送天然气工程，改善国民生活条件。过去几年，在石油天然气产业的工厂和网络的开发建设上取得了进展，加快完成了这一重要部门的基础设施工程。

二、农业和土地改良部门

埃及农民代表了52%的劳动力，但只贡献了14%的产值。农业部门作为国民经济基本支柱的潜力，必须继续努力改善埃及农民的条件，确保农业增收和优化田间灌溉方法。2014年6月8日塞西在就职典礼的讲话中，重申了农业在下一发展阶段中的重要作用，并对埃及各个省进行重新划分和创造良好的农业条件。此外还发布农业制度，旨在将农作物产量翻番。在2014年9月17日的埃及代表团及部门欢迎会上，塞西强调在下一阶段提高国民贸易产业中，农民对国家支持和奉献的重要性。在2014年12月31日的埃及农民代表会议中，塞西再次强调促进国家农业发展和农民进步的重要性。改善埃及农民的状况在埃及发展过程中发挥着重要的作用。同样，改善埃及农村低收入人群的生活条件也很重要。因此，政府启动第一阶段计划，其中包括填海养殖100万人，增加农业种植面积和应用现代灌溉系统，以及为农业部门的年轻人提供就业机会，建立综合城市社区，包括建立住房、提供服务和基本设施、农产品和包装及加工工厂等。改善埃及农民的生活条件和现代化农耕方法，提高农产品的质量，通过依靠制造业实现最佳经济回报，最大限度地提高这些产品的附加值。还有多个项目，为增加埃及的耕种面积和农产品收入，特别是战略性计划，其中包括：一年期间改良100万费丹土地；在500万费丹土地上完成农田灌溉系统，每年提供100亿立方米的水，该项目的成功为三角洲增加45万费丹的面积；150万费丹项目，费拉菲拉区是该项目的第一期，占地1万费丹，耕地面积为7 500费丹，种有小麦、大麦和柠檬，该区域的三个村庄已完成相关基础设施的配备。该项目旨在走出尼罗河峡谷，实现20%的农产品自给，从而创造大量外汇，埃及儿女通过自力更生来实现埃及的战略安全。

三、旅游部门

埃及旅游部门一直在为国库的收入做贡献，并在刺激与旅游业有关的许多其他经济部门中发挥着作用。埃及拥有多种吸引游客的旅游项目，尤其是文化旅游领域，在国际旅游活动比重中占据了相当大的份额。同时埃及也致力于恢复旅游产业，以达到2011年之前的收入水平。埃及提供了各种各样的休闲方式，欢迎世界各地的游客前来旅游，特别是地下建筑部分，专门铺设了专用道路以确保交通安全。

发展考古区项目。为了保护埃及文物遗产，突出文物部门在经济活动中的作用，2016年8月14日和埃及文物部长的会议中，塞西指示持续关注所有考古区项目发展，并在规定的期限内完成。推动埃及旅游地销售。2017年2月7日塞西主持首届埃及旅游最高委员会时强调，要加大对埃及旅游业的投入，提出旅游地的多样性，研究以发展西奈南部公路网，在南西奈建立社会住房单位，为该地区旅游部门的工作人员服务。

把振兴旅游业和打击恐怖主义、极端主义联系起来。埃及期待加强与世界旅游组织的合作，支持埃及旅游业的发展。2018年5月7日塞西接待世界旅游组织秘书长祖拉布·波洛利卡什维利时指出，促进旅游业是反恐怖主义、反极端主义的关键因素，因为它有助于增加人与人之间的理解，提供繁荣稳定的环境。

埃及旅游部门还提出以人为本的理念，大力宣传埃及旅游产品。埃及旅游部2018年下半年提出"从人到人"的口号，希望全体埃及人行动起来，通过自己的行为展现埃及安全稳定、丰富多彩的形象，打消游客顾虑。埃及旅游部门接连邀请体育界、文化界名人到埃及旅游，用"口口相传"的方式拓展旅游推广渠道。邀请社交媒体名人前往埃及著名景点游玩，通过社交媒体平台展现埃及的魅力。

2015年塞西在接待世界一些主要旅游公司的董事会负责人和代表时表示，旅游业长期在就业和经济回报中具有重要作用，国家十分关注旅游业，并积极努力应对任何可能阻碍埃及旅游工作发展和旅游活动的障碍。

恢复法国游客前往埃及旅游。2014年11月26日塞西访问法国时与当地旅游公司及一些精选旅行社进行商谈时强调，埃及重视旅游部门，并致力于恢复法国游客到埃及旅游，同时也在努力消除法国旅游资源回归埃及市场的所有障碍。

吸引中国游客。2014年12月24日塞西与中国国家旅游局局长李金早和多家中国旅游公司负责人会面时，提及要找到一个简单的方式使中国游客能够更容易获得埃及的签证。他强调埃及人民带着最真挚的感情，付出了最大的努力吸引中国游客的到来，政府也积极研究讨论在埃及与中国一些城市之间增加航班。2016年，埃及航空公司从广州飞往开罗的航班，已由原来的每周5班增加至每周7班；北京飞往开罗每周3班的航班已无法满足游客的需求。中埃双方协调增加埃及航空公司往返北京与开罗间的航班数量，并与海南航空公司洽谈，恢复其北京至开罗每周两班的航线，以满足中埃人员不断增加的往来需求。来自埃及旅游部的信息显示，2015年中国赴埃及游客达13.5万人次，远高于2014年的6.5万人次。2016年，赴埃中国游客人数近10万，蹿升至当年埃及接待外国游客人数排名第五。

希望日本游客赴埃及旅游。埃及安全状况得到改善，2015年1月7日塞西在开罗与日本首相会晤的新闻发布会中，希望日本游客赴埃及旅游，深化两个友好民族之间的文化交流。2017年3月1日在日本皇室接待期间，塞西肯定了旅游对两国文化和文明交流的重要性。

恢复与韩国的旅游合作。2016年3月2日，在韩国的媒体采访中，塞西强调埃及有意恢复对韩国的旅游事业，并强调埃及及其人民热烈欢迎韩国游客，并提供舒适和安全的旅游环境。在2017年3月3日，塞西在与韩国总理黄教安进行安全问题的讨论中指出，埃及欢迎韩国继续与埃及发展旅游业，并为韩国游客提供安全便利的旅游项目。

自2014年至2018年，埃及实施振兴旅游业以来，入境旅游人数呈增长趋势，2014年入境旅游人数达987.9万人次，至2018年达1 134.6

万人次。旅游收入逐年增长，由2014年的62.22亿美元，增至2018年的114亿美元。这五年中唯有2016年旅游人数相对较少，主要原因是俄罗斯客机在埃及西奈半岛失事、埃及航空公司MS804号客机在地中海坠毁、"伊斯兰国"等激进组织和恐怖组织在西奈半岛等地实施袭击，还连续发生多起外国游客遇袭事件，导致埃及当年的旅游受到了一定的影响（见表9-7和图9-1）。

表9-7 2014—2018年埃及入境旅游人数

年份	1~12月入境旅游人数（单位：千人）												入境旅游人数合计
	1	2	3	4	5	6	7	8	9	10	11	12	
2018	712	730	942	987	819	855	1 101	1 096	995	1 081	996	1 032	11 346
2017	544	539	655	716	574	533	781	820	733	826	779	793	8 293
2016	364	347	441	425	432	329	529	503	473	506	500	552	5 401
2015	678	640	835	924	895	820	912	915	802	909	559	440	9 329
2014	642	617	755	860	768	786	886	998	884	1 003	898	782	9 879

数据来源：全球经济指标数据网。

图9-1 2012—2018年埃及旅游收入

数据来源：全球经济指标数据网。

四、工业部门

工业部门对振兴国家经济起到了很大作用，通过增加出口货物和减少进口货物，对增加外汇做贡献，同时还为青年提供工作机会。在这种背景下，2015年9月8日塞西在埃及的一次会议上向共和国经济发展理事会成员强调，工业是发展国家经济、发展地区及国家产业的火车头，指出依靠本土产品和重工业建立一些中间互补产业的重要性，有利于生产要求和实现进口合理化。为了适应人口增长，缓解拥挤，计划在各个领域建立新工业城市，克服投资者的障碍，以实现埃及工业基础所需的多样化，创造新的工作机会。工业产品除了从埃及出口优势中获益之外，还有机会凭借有竞争力的价格进入阿拉伯市场。2016年3月12日塞西在与总理、国内贸易部部长、供给部部长、贸易部部长、工业部部长的会议中指出，在全国建立新工业区的重要性，尤其是在上埃及地区，在致力于该地区复兴、创造就业机会的框架下，正在研究建设法尤姆省北部的工业区。利用相关国际经验，成立专门的管理公司，投资和推广杜姆亚特省家具城项目。

2017年计划在布海拉省（Beheira）占地1 000费丹的工业区多个项目已经结束，此外，还在奈特伦谷（Wadi Natrun）地区用地57费丹建农业交易所。2015年实施的杜姆亚特家具城项目是根据2015年总理第999号法令设立的，它是杜姆亚特省的第一个工业项目，所以得到塞西等国家重要政界人士的重视。该项目位于沙塔地区（Shata），占地331费丹，公司董事长由乌萨迈·萨利哈担任。它是一家100%的埃及股份公司。该项目可提供10万个临时工作岗位和3万个长期工作岗位，对该地区的工业发展起到了重要作用。[①]

塞西在2017年五一劳动节的致辞中肯定了国家对劳动密集型工业的重视，特别是纺织工业。这个行业的工人超过100万，很大程度上解决了失业问题。从长计议，应致力于由高产能转向高技能技术发展方式，对工人进行必要的培训，从而可降低生产成本，提高本土纺织工厂对外出口。同时，向该行业停工的工厂或无法更新机器和设备的

---

① 埃及《七日报》：《你不知道的22条杜姆亚特家具城信息》（阿拉伯文），时间：2017年10月21日，网站：http://www.youm7.com/story/2017/10/21/22-3472519/معلومة-لا-تعرفها-عن-مدينة-دمياط-للأثاث-بتعريفها-لها.

厂子提供必要的资金。塞西在2017年7月10日同工商部部长、公共事务部门等农业和土地改革领导的会见中指定，在一个新区建立纺织业综合实体，从事棉花种植，通过其他加工工业提高附加值，如棉籽油、饲料等。国有部门和私有单位都应参与实施这个行业的项目，竭尽全力支持这些项目。塞西在2018年1月15日萨达特城开发项目开幕式期间发表的致辞中表示，国家准备在一年或半年期间，完成萨达特城纺织项目50%的融资。萨达特工业城占地9 063费丹，可容纳30万工人。

🌸 五、通信和信息技术部门

通信和信息技术行业有助于为青年人创造就业机会，为促进埃及发展起重要作用。在此背景下，塞西宣布启动的两项倡议被认为是青年人建设埃及未来的基石。第一项倡议是"电子设计与工业"倡议，该倡议的重点是通过两个主要部门鼓励埃及的工业，这两个部门，即基于创新和技术的电子系统公司和劳动密集型电子制造服务部门加强工业建设；第二个倡议是"技术教育"倡议，其目的是培训埃及大学毕业生中的年轻干部，通过面对面教育受益的学员每年有5 000名，通过现代混合式教育受益的学员每年有11 000名。这两项倡议是塞西2015年12月13日在开罗国际信息通信技术大会开幕式演讲中宣布的。他还强调发展通信业，培养青年人使用现代技术、提高电子服务的重要性，使他们得到就业机会，适应市场发展要求。还有发展通信和信息技术行业基础建设的重要性，延伸其在全国的服务，特别是在上埃及地区，发现新的工作机会，吸引外资，鼓励和加强年轻人在该领域的创新。

通信和信息技术行业将为新首都"知识城"提供信息系统和技术产品。"知识城"占地约301费丹，提供50万个就业岗位，将成为先进技术研究和开发的总部，包括一所信息技术和通信领域的专业大学。国家非常关注在各领域优先使用人工智能，如医疗保健服务、农业生产、智能城市管理等。[①]

埃及与国际运营公司在通信和信息技术领域上进行合作，推动了

---

① 埃及《公民报》：《埃及如何在新首都知识城收益》（阿拉伯文），时间：2017年9月21日，网站：http://www.elmwatin.com/306680.

埃及的就业，尤其埃及倾向于进一步发展信息技术领域的产业，加强各工业领域的数字化转型。2018年3月3日，塞西在接待华为终端中国区总裁朱平和维萨（VISA）公司首席执行官兼董事会主席阿尔弗雷德·凯利（Alfred F.Kelly，Jr.）时说道，期待在未来一个时期加强与两家公司的合作，增进交流。埃及正在进一步发展信息技术领域的产业，促进各行业的数字化转型，最大限度地利用通信和信息技术行业的巨大潜力。

2015—2018年塞西连续参加开罗电子、信息及通信展（CAIRO ICT），亲自组织国内知名国企到展会现场与买家促进合作。展会刺激了埃及经济增长，给埃及带来GDP增长并且增加了就业。开罗电子、信息及通信展已成功举办过22届，是中东及北非地区顶尖的展会，涵盖了电脑、信息技术、电子工业、移动（手机）应用、集成系统、安防、国土安全、公共安全、金融包容性、智能城市方案、广播、硬件及软件、因特网、移动业务以及相关领域。①

第三节　　推进经济改革

以2015年3月召开的沙姆沙伊赫投资大会和2016年2月发布的《埃及2030年愿景》为标志，塞西拉开了经济改革的大幕。根据《埃及2030年愿景》，塞西政府积极致力于稳定宏观经济，实现经济可持续发展，增强经济竞争力、经济多元化以及知识经济，提高工业附加值，适度增加就业机会，并将非正规部门纳入国民经济之中。②

埃及政府与国际货币基金组织合作，全面实施经济改革，集中完成四点：第一，公共基金政策，旨在降低公共债务和平衡逆差。第二，现汇政策，旨在提高外币市场运行能力，实施兑换现金灵活制度，加大竞争和直接吸引外资，尤其是降低货币膨胀比例方面。第

---

① 六盛展览：《2018 第二十二届埃及开罗电子、信息及通信展（CAIRO ICT）》，时间：2018 年 7 月 13 日，网站：http://www.showseye.cn/Article/2018d22jaj.html.

② 戴晓琦：《塞西执政以来的埃及经济改革及其成效》，《阿拉伯世界研究》，2017 年 第 6 期，第 35-51 页和第 119-120 页。

三，社会保障措施，旨在提升补助制度、网络、社会保障制度以及家庭稳固方面的能力。第四，结构改革，加大反腐斗争，旨在推动和吸引资金。已经完成了多项改革措施，如2016年11月埃及央行放宽埃镑的兑换政策，此举措有利于满足运营公司的需求，增加外币储蓄，改善了埃及兑换制度，平衡了政府亟须提高补助的部分；同时完成了一系列税务改革措施，意在制定稳定的税务制度。

2016年11月，国际货币基金组织执行理事会在中期贷款（EFF）框架下批准了对埃及120亿美元三年贷款计划，以支持其经济改革计划。国际货币基金组织2017年7月13日公布了对埃及经济改革计划的首次评估，埃及经济改革举措取得了一定成就，实行浮动汇率制起到了取消平行市场（黑市）、增加外汇储备的作用。能源补贴改革、新增值税和限制工资水平等财政紧缩政策有助于减少财政赤字，扩大社会支出增长的空间。控制通货膨胀仍然是埃政府的首要任务。埃及央行采取的上调利率、吸收多余流动性等政策对于控制通货膨胀发挥了积极作用。工业许可法、新投资法和新破产法的制定使得埃及结构性改革取得明显进步，这些立法将会进一步促进增长、增强竞争力，并可以支持私有经济部门的发展。虽然埃及宏观经济稳定性依然脆弱，改革进程面临一定困难，但埃及政府依然表现出一定的决心去应对各种风险。2019年7月24日国际货币基金组织同意向埃及拨放最后20亿美元贷款，完成三年120亿美元贷款计划。

2018年1月17日，塞西在《国家故事——愿景与成就之间》的开幕式中，肯定了埃及已经实现了史无前例的经济发展指标，比如：第一，现金储蓄从2014年的160亿美元增长到370亿美元；第二，过去两年贸易逆差减少了200亿美元，其中40亿美元是埃及的出口增长，160亿美元是降低的进口量；第三，失业率从13.4%降低到11.9%，大型国家项目提供了许多工作机会，解决了350万人的就业问题；第四，2018年1月通货膨胀率从35%降到22%，目标是达到13%；第五，公共预算赤字占国内生产总值的比重从2013年的16.7%降至2017年的10.9%；第六，在2016/2017财年外商直接投资提升14%。

2016/2017财年埃及经济增长率为4.2%，高出此前预期（3.5%），埃及间接投资达160亿美元，外国直接投资增长13%。埃及通货膨胀率在7月份达到峰值（33%以上）后开始逐渐回落，2018年年底通货膨胀率降至约13%。受非石油产品出口增长以及旅游业复苏的影响，埃以美元计算的账户赤字下降，总体赤字占国内生产总值的10.9%，扣除国债利息之后的基本赤字占国内生产总值的1.8%。埃及财政部部长穆艾提表示，2018/2019财年公共财政预算基本财政指标显著改善，经济增长率增至5.6%，预算赤字占GDP比例有望降至8.4%，公共债务降至GDP的90%（目标为93%），并拟实现基本财政盈余占GDP 2%的目标。

2018年10月31日世界银行发布最新一期《营商环境报告》，埃及在世界190个经济体中的排名为第120位，相比上一年跃升8位。报告从开办企业、办理施工许可证、获得电力、登记财产、融资渠道、保护中小投资者权益、纳税、跨境贸易、执行合同和办理破产10个方面衡量包括埃及在内的190个经济体的营商难易程度。报告指出，埃及营商环境有明显改善，特别是在开办企业、融资渠道、保护中小投资者权益、纳税和办理破产5个主要领域有明显改善。去年埃及实施的改革数量是过去10年来最高的，也是去年阿拉伯地区实施了最多经济改革的国家。

2018年5月7日，塞西在接见国际货币基金组织代理总裁戴维·利普顿时强调，经济改革是国家一直坚持奋斗的目标，埃及需数十年的奋斗来提高国家经济水平，改善埃及人民生活水平，实现建设现代化发达国家的愿望。塞西在2018年5月19日与新型电力能源部部长、石油煤炭部部长、金融部部长、公共情报局局长以及埃及金融部部长代表共同出席的部长会议中强调，将继续实施经济改革计划，在加强全面发展卫生部、教育部、基础体质部等方面达成共识，尤其是社会保障局。2019年埃及将继续实施全面经济改革方案，改善经济和财政指标，特别是增加就业，减少预算赤字和公共债务，提高经济增长率等，提升民众生活福利水平和质量，减轻贫困人口负担。

第四节　开展大型国家项目

塞西2015年4月22日在印度尼西亚首都雅加达举行的亚非峰会的发言中，提到埃及政府开始建设多个大型开发项目。新苏伊士运河项目于 2015 年 7 月竣工，8 月 6 日正式开通，被认为是在国家和世界两级经济和贸易的巨大飞跃。同时埃及政府 2015 年 3 月在沙姆沙伊赫组织了埃及经济发展会议，吸引了世界 120 多个国家 2 000 多名政商界人士参加，签署了多个协议，涉及埃及大型经济项目的基础设施、能源、农业、旅游、信息技术、房地产投资等领域。在促进埃及经济国家发展计划的框架下，多个大型国家项目启动。

新行政首都项目：埃及政府为了减轻首都开罗的压力，在开罗以东约 40 千米处建造一座新行政首都，并将其打造为商业中心城市，占地面积约为 50.5 万平方米，有 110 万套住房，能够居住 500 万人，有 175 万个长期工作职位。该计划于 2015 年提出，并已开始实施，计划整体项目 2022 年竣工。新首都建在开罗和红海之间，能很方便地连接重要的水路运输航线，使之成为开罗东部地区的经济和商业重点。

150 万费丹项目：开发该项目的想法产生于 2014 年，2015 年 12 月 30 日正式提出，包括吉萨、明亚（Minya）、基纳（Qena）、阿斯旺、新谷、西奈、伊斯梅鲁里亚和马特鲁 8 个省的 17 个地区，项目中 65% 的面积在上埃及实施。该项目可使 800 万费丹的农业用地增加到 950 万费丹，增长比例为 20%；人口居住面积从 6% 增加到 10%；农产品年出口 1 000 万吨；提供 2 500 万个工作岗位。该项目旨在走出尼罗河峡谷，实现 20% 的农产品自给，从而创造大量外汇，通过自力更生来实现埃及的战略安全。费拉菲拉区是 150 万费丹项目第一期的重中之重，它占地 1 万费丹，2017 年已完成耕地面积 7 500 费丹，其中 1 500 费丹小麦、6 000 费丹大麦。同时，该区域的三个村庄已完成相关基础设施的配备。①

苏伊士运河枢纽开发项目：苏伊士运河工业区占地 460 平方千米，它是吸引外国投资的世界工业和物流集散中心。此经济区包含 6 个大型港口，分别是：西塞得港、东塞得港、阿代比耶港、阿里什港、艾尔托港、苏赫奈泉港。此外，还有东塞得港工业区、北伊斯梅利亚科技谷和苏伊士湾西北部工业区。另外，还计划在运河底部开凿 6 条隧道连接西奈半岛和尼罗河三角洲。这些项目将于 2027 年完成。范围涵盖：苏伊士运河东部 7.7 万费丹土地的农耕、复垦和水产养殖；

---

① Muhtwa：《一百五十万费丹项目信息》（阿拉伯文），时间：2019 年 4 月 10 日，网站：http://www.muhtwa.com/223182/مشروع-المليون-ونصف-فدان.

萨拉姆西部、萨拉姆东部、苏伊士西部、东湖区、苏伊士东部、塞得港水域及苏伊士东西两侧的萨拉姆新扩展畜牧和养殖，以及苏伊士和塞得港两个省的高附加值水产品。

苏伊士运河区域开发项目：该项目于2014年8月开工，第一期于2015年8月完成，项目在保留原有运河的基础上开凿了一条长35千米的新运河，并对原有运河中的72千米进行加深和拓宽。此外，还为运河各部门配备了精良的现代化硬件装备，使得整个通行过程更快、更安全。对总长192千米的运河中的115千米进行拓宽，从而使得船只能双向通行。该项工程完成后，航道将允许更大体量的船只通过，还可有效缩短经航船只的行驶和等待时间。苏伊士运河是世界上最重要的海运通道之一，也是埃及主要外汇来源之一。埃及政府计划未来沿苏伊士运河建设"苏伊士运河走廊经济带"，包括修建公路、机场、港口等基础设施，以及多个高科技工程项目，预计经济带全部建成后每年将为埃及带来1 000亿美元的收入。

杜姆亚特市国际粮食仓储和销售物流中心：该中心将成为中东、波斯湾和非洲国家粮食供应的重要中心。该项目成本25亿美元，将在313.5万平方米的面积上建造新的仓储设施，第一阶段年粮食存储量为750万吨，未来将提高到6 500万吨粮食和其他食品。[①]

西北海岸开发项目：该项目是2052年国家发展战略计划中一系列国家级项目的第三大项目。将西北海岸从阿拉曼拓展500千米至萨卢姆，纵深280多千米至沙漠地区，占地约16万平方千米。西北海岸地区物产丰富，埃及希望未来40年在此安置3 400万人口。根据计划，截至2052年，此项目的实施将创造1 100万个就业岗位。

公路和贾拉拉（El-Galala）城市项目：该项目包括国际性都市贾拉拉、阿卜杜拉国王大学和苏伊士湾沿岸的旅游度假村建设，以及开辟贾拉拉山，修建苏赫奈泉到扎法那（El-zafaraana）的公路。该项目由武装部队工程局负责，由53家民企协助合作完成，其中有40家埃及企业负责公路方面的建设，5家企业负责大型工程、隧道、下水道、加油站、收费关卡等方面的建设，另外8家企业则负责苏伊士湾沿岸

---

① 驻哈萨克斯坦经商参处：《埃及建议哈萨克斯坦使用新的粮食出口物流中心》，时间：2014年12月26日，网站：http://kz.mofcom.gov.cn/article/jmxw/201412/20141200848200.shtml.

的拉斯阿布达基区域的旅游度假村建设。共有15 000名工人、技术人员和工程师，在武装部队工程局的带领下参与该项目。[1]

地中海达巴（El Dabaa）[2]核电站：该电站是埃及首座核电站，位于埃及首都开罗西北130千米的马特鲁省达巴地区。核电站建设周期为8年，预计将创造5万多个就业机会。[3]有200多家埃及公司参与核电站建设，包括测量、建筑工程、安装、设备原材料采购供应、设计和现场工作协调等。核电站计划建设8个反应堆，分8期建成。俄罗斯承担此项目的一期工程，将包括4个核反应堆建设，每个反应堆可发电1 200 MW，总发电量为4 800 MW，使用符合最高安全标准的俄罗斯第三代VVER–1200型反应堆。俄罗斯工业和贸易部副部长格奥尔基·卡拉马诺夫表示，俄方于2020年中将获得参与修建核电站的许可证。2015年11月19日，俄埃在开罗签署两份政府间合作协议，商定按俄方技术在地中海埃尔达巴地区建设运营埃及首座核电站，并商定俄方贷款条款，贷款金额为250亿美元。2017年12月，俄罗斯和埃及签署了修建核电站商业合同生效的文件。预计将于2026年启动核电站1号机组。[4]

阿斯旺自由贸易区：该贸易区是埃及的第十个自由贸易区，是地方发展部计划于2022年开放的7个新自由贸易区之一，其启动资金高达120亿美元。总体计划旨在满足埃及地方发展部在埃及所有省平等分配自由贸易区的目标，以发展经济和创造就业机会。埃及投资与国际合作部部长萨哈尔·纳斯尔预计，阿斯旺自由贸易区将为埃及贡献0.4%的国内生产总值。除国内影响外，该区旨在促进埃及与苏丹和其他尼罗河流域国家的贸易。从宝石、花岗岩到纺织制造业等行业都将

---

① 埃及国家信息服务中心：《大型（国家）项目》，时间：2019年5月1日，网站：http://www.sis.gov.eg/section/0/7384?lang=zh-cn.

② "达巴"，是埃及马特鲁省的一座城市名，该词阿语"الضبعة"，英译"El Dabaa"，国内对该词的汉语翻译有三种："达巴""塔巴""埃尔达巴"。

③ 国家能源局：《埃及将建首座核电站》，时间：2017年4月25日，网站：http://www.nea.gov.cn/2017-04/25/c_136232265.htm.

④ 商业时报：《俄罗斯或于2020年开始建设埃及核电站》，时间：2018年8月10日，网站：http://www.businessnews.cn/2018/08/10/9517.html.

成为主要受益者。①

努韦巴自由区：2018年埃及内阁同意在南西奈省的努韦巴设立自由区，该区占地面积达226费丹（95.1万平方米）。该自由区建设将耗资4 000万埃镑，预计两年内完工，建成后将提供1.4万个直接就业岗位。努韦巴自由区建成后，埃及自由区数量将达11个（2005年开始设立）。自由区对埃及出口贡献率达24%，提供各种就业岗位100万个。②

第五节　发展基础设施

现代化基础设施在改善公民服务上扮演着很重要的角色，例如道路网络的发展不仅可方便人民的活动，而且在推进经济发展的进程中也起着很重要的作用。在此背景下，2014年6月8日塞西在就职典礼的演讲中指出，将建设国家道路网，多个机场、港口、自由区，几个新城市和新的旅游中心。根据埃方与中方签署的协议和谅解备忘录，有多个项目是服务于埃及现代化技术的发电、铁路、道路等基础设施。塞西称，埃及热衷于支持所有非洲联盟倡议，旨在发展非洲基础设施，并在非洲基础设施发展计划（PIDA）的框架内建立道路网络。计划项目主要解决能源、运输、水资源管理和通信领域不断恶化的基础设施条件，实现非洲各国家之间的合作。

水质量：塞西在2015年6月10日三大经济集团峰会开幕式上强调，需要特别注意改善饮用水和灌溉水质量的过程，这个提议在饮用和灌溉水资源部部长会议上通过。在2015年6月24日埃及农业和土地开垦会议上，他再次强调必须要重视改善饮用水和灌溉水质量的过程，指出水资源对公民健康的影响，改善水质项目的措施需尽快完成。

---

① 中国与世界缘聚于此：《埃及和卡塔尔的自由贸易区》，时间：2019年6月1日，网站：http://www.chinagoabroad.com/zh/article/free-zones-in-egypt-and-qatar.

② 驻埃及使馆经商处：《埃将在南西奈省的努韦巴设立自由区》，时间：2018年4月3日，网站：http://www.mofcom.gov.cn/article/i/jyjl/k/201804/20180402727919.shtml.

铁路：2017年埃及时任住房部部长穆斯塔法·马德布利称，埃及将利用三年时间建设新行政首都至开罗市中心以及十月六日城至吉萨两条单轨铁路。第一条：新行政首都单轨列车项目，全长52千米，共有22个车站；第二条：十月六日城单轨列车项目，全长35千米，共有10个车站。部分线路与地铁三号线3期并行。这两个项目将采购27列单轨列车，时速达80千米，每小时可运送约2.4万名乘客，行程时间为35分钟。

地铁：2014/2015财年政府预算中交通部门的预算为119亿埃镑，其中46亿埃镑（34.1%）用于修建地铁。2018年，开罗地铁3号线三期项目开始实施，该项目全长17.7千米，总成本为960亿埃镑，欧洲投资银行和法国开发署（AFD）为该项目提供9亿欧元优惠贷款（约占总成本的60%），其余由埃财政承担。埃及交通部部长阿拉法特称，地铁4号线的合同于2018年7月份签署，到2030年将有6条地铁线连接开罗、吉萨和新行政首都。开罗地铁1号线投资为19亿埃镑，2号线为97亿埃镑，3号线为960亿埃镑，4号线为530亿埃镑。1号线维修和开发成本约为300亿埃镑。到2022年地铁建设和维护成本将达1 400亿埃镑。[①]

通信：2014年年底，固话用户达到628万户，同比减少8%，主要固话运营商为Telecom Egypt。2014年年底，埃及手机用户达到9 567万，比2013年年底下降了4%。现有的三家最大的手机运营商为Mobinik Vodafone（沃达丰）、Orange和Etisalat，这三家公司都能够提供2G和3G等相关服务。

电力：埃及的发电能力在非洲及中东地区居首位。埃及总装机容量达到31 090兆瓦。2012/2013财年，埃及发电量达1 484.2亿千瓦时，跨国购电149.6亿千瓦时，新能源发电15亿千瓦时，通过800T项目发电量134.3千瓦时；总消费电量为1 408.7亿千瓦时，其中工业用电427.3亿千瓦时、商业用电39.6亿千瓦时、居民用电598.4亿千瓦时、其他用电336.8亿千瓦时。平时能满足工农业生产的基本需求，但夏季用电高峰时期电力供求关系紧张。据有关机构预计，2011—

---

① 驻埃及使馆经商处：《开罗地铁3号线3期项目开始实施》，时间：2018年 5 月 24 日，网站：http://eg.mofcom.gov.cn/article/jmxw/201805/20180502747944.shtml.

2016年间，埃及电力需求年均增长率为4.59%，理论上2016年埃及电力缺口为0.14太瓦时。电网已经基本覆盖全境，并基本实现家家通电。埃及的电力主要产自燃油和天然气的火力发电厂。天然气发电约占总发电量的77.3%。阿斯旺水电站是埃及现有唯一的水电站，一批风能、太阳能、核电站正在筹建中。①

第六节　西奈半岛项目

2014年塞西总统宣布开发绿松石土地"西奈"的综合性国家项目，以作为埃及城市发展国家战略计划的一部分。他强调全体埃及人民都能从国家实施的发展中受益；无论是西奈还是埃及都不会放弃西奈这一地区，而是会不断地发展，给青年人提供更多的就业机会；强调实施西奈项目有利于反恐，给西奈的人民带来就业机会的同时，会改变现在的安全局势。2016年3月23日，正值西奈解放34周年纪念日，塞西总统在讲话中强调，国家开始实施发展自由经济贸易区，其中17%为住宅、30%为农业群。除此之外，还有为所有地区尽可能提供灌溉，国家还继续实施其他项目，包括完成网络道路和隧道的建设，苏伊士运河连接西奈山谷等其他项目，为西奈青年在采矿、农业和渔业等领域提供就业机会。

2015年8月17日塞西总统颁布法令，通过了对与西奈半岛发展有利的第14/2012号法律的修订。此次修订涉及该法律的十个条款，这些修订可以使埃及国家机构避免与2012年前签署合同的投资者发生任何司法纠纷。②截至2015年6月，西奈半岛在建项目的总投资已达8.34亿埃镑，包括西奈半岛北部和南部地区的道路、电力、住房和贝都因聚集区等项目。西奈开发局称2015/2016财年上半年，埃政府对西奈地区投资达38亿埃镑，其中35%的项目得到全面落实。2016年3月，

---

① 信达雅：《埃及基础设施状况》，时间：2016年3月24日，网站：http://www.shindaya.com/info.php?cid=41&id=1080.

② 驻埃及使馆经商处：《塞西总统通过西奈发展法的修订》，时间：2015年5月20日，网站：http://www.mofcom.gov.cn/article/i/jyjl/k/201508/20150801087335.shtml.

沙埃两国政府在沙特首都利雅得签署价值15亿美元的优惠贷款协议，该协议以沙特国王萨勒曼命名，旨在协助埃及政府开发西奈半岛和用于采购沙特石化产品，其中还包括在阿尔托市（Al-tor）兴建萨勒曼国王大学，资助一系列农业和灌溉项目，并升级西奈半岛北部地区现有的道路网络。截止到2017年6月，沙特已累计向埃方提供贷款近9亿美元。2018年埃及投资与国际合作部部长萨哈尔·纳斯尔称，西奈开发项目融资已达160亿美元，埃及与沙特各提供50%。

南西奈省发展项目是由一些阿拉伯基金组织资助的，是西奈半岛开发计划的组成部分。截止到2017年10月，埃及投资与国际合作部向南西奈省提供9.47亿美元用于当地发展项目建设。这些项目包括建设7个贝都因村落、7个农业区、图尔（Al Tur）大学、5个海水淡化厂、阿依努穆萨（Oyoun Mousa）至沙姆沙伊赫公路以及图尔渔业码头等。埃及投资与自由区管理总局（GAFI）批准在努韦巴（Nuweiba）设立自由区以及面积为8 000费丹的投资区。[①]埃及政府将斥资2 500亿埃镑用于实施相关开发项目。这些项目主要集中在水资源和基础设施建设上。

第七节　中小型项目

塞西总统在2015年的世界经济论坛中强调了中小型项目的重要性。他指出，中小型项目的存在是实现全面发展的最重要的要素之一，是可在中东和北非地区迸发出创新能量的部门；中小型项目可以在整个中东和北非实现创新创造领域的突飞猛进，可以提供大量的就业岗位，从而解决年轻人的失业问题。他还强调了国家对中小型项目的重视，中小型项目为国民经济的增长做出了很多贡献。在2015年10月3日举办的由央行行长、改革与规划部部长参与的会议中，塞西总统进一步指出了政府关注中小型项目发展的重要性，督促有关各方加强对中小型项目和夕阳产业的投资力度，拨款2亿埃镑扶持夕阳产业，从而解决失业率居高不下的问题。

---

① 驻埃及使馆经商处：《埃及投资与国际合作部向南西奈省提供9.47亿美元用于发展项目建设》，时间：2017年10月25日，网站：http://www.mofcom.gov.cn/article/i/jyjl/k/201710/20171002658775.shtml.

第十章　中埃人文交流

　　国内外学者对"人文交流"这一概念有不同的解释和定义。本章涉及的"人文交流"是相对于政治、军事、经济领域的交流而言，其中主要指的是国家间官方和民间开展的各种文化交流活动，包括文教、旅游、广播影视、艺术、学术研究、民间交往等。"人文交流"与"人文外交"有相近之处，后者更加突出政治属性，前者为后者的具体内涵。我国"人文外交"这一术语首次于2008年在时任中国外交部部长杨洁篪发表的《奥运后的国际形势与外交工作》中提出。2009年《中国外交》白皮书中进一步明确："中国将大力开展'人文外交'，积极扩大对外文化、体育、旅游等领域的合作和民间交流。"自从2013年国家主席习近平提出"一带一路"倡议以来，我国与其他国家，特别是"一带一路"沿线国家的"人文交流"越发密切与频繁。

　　"丝绸之路是沟通世界文明之路"，被比喻成地球经济、文化交流的大动脉，使古代的中华文明、印度文明、波斯文明、两河文明、埃及文明、希腊罗马文明互通有无。它是沿线各个文明交流互鉴的重要桥梁。中国与埃及都拥有灿烂的文明和上下几千年的悠久历史，同是促进古代丝绸之路繁华的缔造者、参与者。"一带一路"倡议提出以来，双方在各个领域的交流，特别是人文交流，均达到了历史最高点。埃及成为中阿、中非人文交流的典范。因此我们很有必要一起回顾一下两大文明的人文交流历史，共同回顾双方所取得的成果，共同描绘新时期双方通过"一带一路"开启的人文交流新画卷。

第一节　　古代中埃人文交流历史回顾

一、阿拉伯帝国以前中埃人文交流历史回顾

公元2世纪下半叶起，埃及成为海上丝绸之路通往欧洲的中转站，转口贸易较为兴旺。其转口贸易中包括大量的中国丝绸、茶叶及瓷器，包括唐代的唐三彩、青瓷、白瓷，明清的青花瓷、彩瓷等。考古学家们曾在开罗古城弗斯塔特发掘出的大批中国文物是最有力的物证。公元前139年和前119年，张骞两次奉汉武帝刘彻之命出使西域，历经艰难险阻终于为后人"凿空"西域，开辟了闻名世界的"丝绸之路"，从此世界几大文明有了直接与间接地联系与交往。据史记《史记·大宛列传》记载，公元前120年汉武帝派使臣到达犁轩，即现在埃及的亚历山大。《后汉书》中也记载了公元120年海西（亚历山大城古称）的杂技演员到达洛阳进行表演。[1]甚至相传托勒密王朝末代女王克里奥帕特拉（人称"埃及艳后"）很喜欢来自中国的丝绸，她曾穿过用中国丝绸做的衣服。也有西汉年间埃及的竖立弹拨乐器"琼克"经丝绸之路传入中国的说法。埃及的史书《地理志》最早对中国有所记载，作者托勒密在书中将中国称之为"秦尼国"或"塞里斯国"。公元6世纪在埃及出生的科斯马斯所写的《基督教各国风土记》中也曾多次出现"秦尼国"的名称。中国与埃及很早便在自己文字中记载了对方的信息，这对早期的中埃人文交流来说也是有力的佐证。可以说，自从有了"丝绸之路"，中埃就有了人文领域的交流。

《史记·大宛列传》记载："然张骞凿空，其后使往者皆称博望侯。以为质于外国，外国由此信之。"被汉武帝取"广博瞻望"之意，博望侯张骞可谓为中埃人文交流做出贡献的第一人。这里值得我们注意的是，《史记》作者司马迁把张骞的这些开通与西域各国的外交活动说成"凿"空，其中有着人文因素。这里我们还需注意这些中国名垂

---

[1]　雷钰、苏瑞林著：《中东国家通史:埃及卷》，商务印书馆2003年版，第389页。

青史的古代外交家，他们也是丝绸之路的开通者，开辟中国与中亚、西亚等国的交流之路的过程也是艰辛的、行程也是漫长的。如今中埃交流，特别是人文交流已经步入快车道。

人文交流不是在单一交流活动中进行的，商业贸易活动往往也会伴随着人文交流活动，两者是相辅相成，互为补充与促进的。早期中埃之间的商贸交往，必然也会促进双方互相学习对方的先进文化。特别是中国的四大发明、技艺传到埃及后，便在埃及生根发芽，开花结果，并且传播到其他国家。与此同时埃及的天文学、音乐、医学等对中国也产生了一定的影响。中埃两国通过丝绸之路进行的贸易活动，促进了双方的文化交流活动，丰富了各自的文化，增进了彼此的了解。

有关早期的中埃文明交流，随着考古等学科的发展也会有更多的发现。特别是中埃在考古、文物等领域已经开始了合作与交流。我们相信在国内研究古埃及史的学者队伍壮大与研究课题的深入之后，我国的埃及学发展也会有更大的进步，我们相信挖掘中埃文明早期人文交流的史料和成果也会越来越多。

无论如何，值得我们肯定的是中埃两大文明从上古时期，就从文字的起源、宗教的早期形态、科学与艺术，乃至民俗等各个方面均有一定的相似性，这为两大文明深层次交流交往，提供了牢固的根基与和谐交往的土壤。"中国与埃及远隔重洋，相距万里，在古代时期中埃两国直接来往较少，但古埃及的造型艺术曾流传到中国，构成了两国文化交流的重要篇章。"①我们相信随着国内埃及学的发展，以及中埃人文交流持续的推进，中埃人文交往的历史在不久的将来必然还会有更多的发现。

❖ 二、阿拉伯帝国时期中埃人文交流历史回顾

自从汉朝卓越的外交家张骞打通与西域各国的经济与人文交流之路以后，汉朝和中亚、西亚诸国间的经济文化交流也日渐频繁，同时这"凿空"对丝路另一方的各国也带来了中国产品，以及中华文明与智慧，这是凿空的重大贡献之一，有着积极的历史作用。自公元7世纪中期埃及成为阿拉伯帝国的一部分。由于埃及的历史积淀、人文基

---

① 李长林：《古埃及造型艺术在中国的流传》，《寻根》，2004年第2期，第116页。

础以及丰盛物产资源、农业优势，很快便成为帝国的重要组成部分。这个时期中埃人文交流的经历，往往就是我们所说的中阿人文交流活动的一个组成部分。虽然两大文明的交往随着两个地区王朝的更迭与帝王的轮换、战争与和平的交替，以及古代丝绸之路的繁荣与间歇的停滞而有所变化，但很多史料都证明世界最古老的两大文明总是迸发着趋于相互了解与合作热情之光，并且在彼此最需要对方时总能默契地走在一起。

　　这个时期中埃人文交流是从两个方面开始的，即官方层面和民间层面，我们可以称之为"官民并举"式交往。我国与阿拉伯世界的交往划分为两种层面的多重交往模式。古代官方层面上的中阿交往主要包括以朝贡方式进行的官方政治交往，以贡赐贸易、市舶贸易、互市贸易为主的官方经济往来。双方在政治、经济交往中所推行的相关制度与举措，又带动了中阿人文领域的交流与合作。两大文明官方层面中以朝贡方式进行的官方政治交往可以从已有的文献中查到很多相关的资料，如自开宝元年（968年）至乾道四年（1168年）200年间，大食遣使48次，差不多平均每四年就有一次朝贡，可见在此期间官方层面的接触很频繁。民间层面上的中阿文明交往主要包括阿拉伯传教士与中国朝觐者双方撰写的宗教之旅见闻游记，为中阿文明交往提供了史料佐证，往来于陆、海"丝绸之路"上的中阿商贸之旅，蕴含着丰富的人文理念和人文精神，为中阿文明交往提供了原动力。

　　在唐、宋、元、明、清时期中埃均有一定的人文及其他领域的交流与交往。根据史料记载，唐代杜环是第一个到达埃及并在埃及生活的中国人。公元751年，唐玄宗派兵征战石国（今塔什干一带），杜环随军出征。后因唐军战败，他被阿拉伯军队俘虏，随军队西行，公元762年搭乘商船返回中国广州。回国后，他将被俘时在埃及、苏丹和摩洛哥等地的经历写入《经行记》。因此书失传，我们在《通典》引文中找到部分原文，另外唐代段成式著的《酉阳杂俎》中记有"勿（古音密）斯离国"。宋代赵汝适著的《诸蕃志》广泛吸收来自海外商家、海员及前人的记述，对阿拉伯世界有详细的记载。

　　我国的大量古籍多有对埃及的提及，这是两大文明古国相互交流互通往来最好的见证。

　　中埃民间层面的贸易交往十分密切，且相关文献资料翔实充分。

中埃人民早期的互相学习、互相借鉴的资料比比皆是，值得我们继续挖掘、宣传与研究，以便助力新时代中埃人文交流。

第二节　近代以来的中埃人文交流

中国与埃及古代历史相仿，都拥有几千年的悠久历史和灿烂文明，近代史也相近。近代以来双方均遭到帝国主义的侵略，致使在此期间两大文明的官方交往严重受阻。但是这个期间中阿双方的文化交流并未中断，尤其是双方在文教领域还有密切交往，这为解放后重启两国人文交流打下了民间基础。近代有很多中国学者、文人，甚至官员开始关注埃及。他们大都积极主动了解埃及，特别关注埃及的历史、地理，甚至是文物。1841年林则徐主持编译的《四洲志》发行，在第八章依揖国中全面地记载了埃及第十八王朝雅赫摩斯二世至穆罕默德·阿里王朝时期的历史、地理、政治、军事、宗教等情况。康有为在1908年至1909年游历埃及，游览了埃及多处名胜古迹，还写下了多首游记诗，描述了埃及的金字塔与雕刻建筑艺术，还拍下了许多照片，后来刊登在1913年发行的《不忍杂志》上，共15幅，包括胡夫金字塔、狮身人面像、梯形金字塔、拉美西斯二世与王后的巨像、卢克索神庙、斯芬克斯雕像等，并且每张照片上有康氏亲笔题记，有的还有康氏的诗句。从18世纪起，中国很多宗教人士、官员、学者访问埃及，并留下大量的文字记录，这些都对中埃人文交流留下了珍贵的史料。

19世纪就有中国穆斯林青年赴埃及游学。此时我们可以归纳为中国穆斯林学子赴麦加朝觐后转道埃及游学探路阶段。根据庞士谦《埃及九年》的记载，1841年，本名马德新，字为复初的云南回族穆斯林在其赴麦加朝觐后，转道前往埃及艾资哈尔大学，在那里进行了短期学习。马德新是中国近代史上有文字记载的第一位赴埃及留学的学生。他在自己的《朝觐途记》中详细记载了穆罕默德·阿里时期的改革与发展，这在当时对中国有着重要的参考、借鉴价值。1898年，埃及还出版了马德新的《中国概览》，主要介绍了中国的地理、历史、宗教与习俗等。1859年，郭连成去欧洲时途经埃及，他在《西游笔略》

中记录了在开罗的所见所闻，书中讲述开罗的大金字塔是"加以罗城内最奇之古迹"①。1865年，张德彝作为随团翻译出国访问时，在《航海述奇》中赞叹埃及金字塔"天下第一大工也"。1876年，清末第一位驻外公使郭嵩焘赴英上任途中途经苏伊士运河，在日记中也详细介绍了苏伊士运河的开凿情况。回族穆斯林学者、河南桑坡人丁锡忍也曾经在朝觐途中到埃及并在那里进行过短期游学。马德新、丁锡忍等回族学者通过游学埃及，学习伊斯兰宗教文化知识，并且还将当时新思想带回国，为早期伊斯兰教的中国化带来新思想、新动力，推动了这个时期的中国伊斯兰文化的发展。这些活动为后来中国西部门宦（中国化苏菲派）创始人赴阿拉伯地区游学开辟了道路。这个时期赴埃及游学活动是间接转道前往埃及的，可谓是近代中国学子探访埃及探路之旅。

1922年，伊斯兰教学者王静斋入埃及艾资哈尔大学学习，1924年回国，后在天津创办中阿大学。据统计，20世纪30年代共有六批36人前往该校学习。1932年和1936年，北京阿訇马松亭两度赴麦加朝觐，事后前往埃及等国考察伊斯兰教育和文化，曾谒见埃及国王福德一世、国王法鲁克以及艾资哈尔大学校长，力促派遣来华阿拉伯语教师以及给予20名中国学生奖学金等事宜，回国后创办了福德图书馆等。由此可见，中埃的官方及民间中埃交往中宗教领域的人员交流也是常见的。

20世纪初，埃及已经从名义上摆脱了英国的殖民统治，取得了民族的独立，这个时期许多中国爱国人士就开始关注埃及，梁启超主编的《清议报》多次刊登了有关埃及的文章，《帝国主义铁蹄下之埃及》《怒吼吧，埃及！怒吼吧，中国！》等文章均是在日本侵华战争爆发后创作的。②

有组织的中埃教育交流阶段：20世纪初人数较多且有组织地赴埃及留学的活动在一定程度上是受到五四新文化运动的影响，这个时期受"教育救国"以及国外伊斯兰改革运动新思想的影响，一些回族教

---

① 张赫名：《穿越时空的相遇——近代中国人对埃及的认知与研究》，《南京政治学院学报》，2017年第1期，第110-112页。

② 张赫名：《穿越时空的相遇——近代中国人对埃及的认知与研究》，《南京政治学院学报》，2017年第1期，第110-113页。

育家倡导兴办民族教育，发展新时期伊斯兰文化，提倡培养儒学、经学两通的宗教人才，还设立了文化社团和新式伊斯兰学堂，为中国穆斯林学生提供更好的教育，这些有志之士主动联系外界，寻找出国求学深造的机会。这个时期还发展了新式回族学校，如北平成达师范学校、云南明德中学、上海伊斯兰师范学校等。这些学校均开始组织选拔留学生送往埃及留学。从1930年到1938年间，短短的八年共有33名中国学生前往埃及留学。这是国内首次有组织地派人前往埃及进行人文交流。

有组织选派赴埃及留学的学生一般都是经过严格的考核遴选出来的优秀青年，他们大多阿拉伯语基础扎实、汉语优秀，具有新文化运动精神，爱国、积极向上、拼搏是他们的座右铭。起初在埃及留学物质条件艰苦，环境陌生，外语学习压力大，但是他们多数都坚持了长达八九年的学习，并且最终学业有成，满载归国。他们虽然人数不多，但很多人回国后在教育、外交、翻译、学术研究等领域独当一面，开辟了一些领域的新天地。他们中的佼佼者是纳忠、马坚、纳训、林仲明、林兴华、张秉铎、马金鹏、马宏毅、王世清等。其中纳忠先生为中国著名阿拉伯历史学家、阿拉伯语教育家，还被誉为中国阿拉伯文化泰斗和中阿文化交流友好使者。1995年，在纪念抗日战争胜利50周年时，他还荣获"抗日老战士"称号。马坚是中国著名教育家、翻译家、现代伊斯兰学者，也是北京大学阿拉伯语专业的奠基者，为中国现代阿拉伯语教学打下了坚实的基础，完善了教学体系和阿拉伯语教学术语。马坚及其所带领的具有远大抱负的北大第一代阿语人，为我国阿拉伯语高等教育做出了巨大贡献。他们的开拓进取与创新精神，使我国阿拉伯语高等教育把握发展时机，为国家乃至中阿、中埃友谊培育了优秀的阿拉伯语人才。阿拉伯语不仅仅是联合国的六大官方语言、几亿阿拉伯人的母语，对我们当时刚刚成立中华人民共和国而言，它还是重要的战略语言，是与同处第三世界阿拉伯语兄弟国家交流的重要语言。马坚与北大早期的阿语人在中国国家领导人的直接关怀和教育部门的具体支持下，按照全新的教学大纲进行教材和《阿拉伯语汉语词典》的编写工作，这些成就使全国50多所高校阿拉伯语专业学子，成千上万的阿拉伯语学习者至今还在受益。值得一提的是，老先生还是第一位将中国儒家经典《论语》及民间著作

《茶神》《河伯娶妇》等译成阿拉伯语出版，并介绍给阿拉伯世界的学者。他是较早推广中国文化走向阿拉伯世界的先行者，除了译作外，老先生用阿文写作的《中国回教概况》等书在开罗出版，深受阿拉伯人民赞赏。可以说以纳忠、马坚等为代表的早期赴埃及留学归国的才俊，为建国后阿拉伯语高等教育，甚至是中阿关系和阿拉伯伊斯兰文化研究都做出了应有的贡献，开辟了中国阿拉伯语教学的新时代，为日后中国阿拉伯语的教学与研究奠定了良好的基础。

这个时期赴埃及的人文活动还有爱国图存、抗日宣传的特征。日寇发动侵略战争后还不断派遣浪人前往中近东各伊斯兰国家做活动，企图颠倒是非，歪曲美化入侵的真实情况，骗取国际社会的同情。这个时期我国在中东地区也缺少争取国际舆论的宣传活动。为了展开国际宣传，积极引导国际舆论，得到第三世界的声援与支持，达浦生阿訇筹借路费 3 000 元，于 1937 年 12 月只身出国，开启爱国抗日的国际宣传活动。达浦生阿訇还与中国穆斯林的近东访问团一道参加了"世界伊斯兰大会"。他两次会见了沙特国王伊本·沙特，阐明了中日战争的真相。达浦生阿訇还在伊斯兰世界大会上向 15 万参会者揭露了日寇侵华的罪行，并且介绍了中国穆斯林与全体中国人同仇敌忾、共赴国难的英勇事迹。值得一提的是，他在埃及期间用阿拉伯语撰写共 100 余页的《告全世界回教同胞书》，还将多数刊印本发给伊斯兰各国的政府及相关部门。此书后来被译成多种文字，在中东和南亚地区引起了重视和关注，赢得了全世界穆斯林的理解和支持。达浦生阿訇的活动在《金字塔报》《埃及邮报》等报纸上有过报道，引起中近东各国的关注。

值得一提的是，这一批学子在留学期间，还将在埃及的所见所闻发表到国内的报刊上，同时也向埃及和阿拉伯世界介绍中国文化和中国抗日战争的真实情况。学生们积极对外宣传，部分消除了因缺乏了解而带来的消极影响及误解。

埃及方面，1932 年，埃及福阿德一世国王颁布法令在艾资哈尔大学设立特别部门接待中国的使者，并向中国成达师范学校赠送了 400 册阿文宗教书籍，派遣艾资哈尔学者到中国帮助提高教育水平。1933 年艾资哈尔大学派两名教师前往北平成达师范学校，教授阿拉伯语和宗教学。

1933年，埃及艾资哈尔大学中国学生还成立了学生部，沙国珍、庞士谦先后担任主任。留学生部为组织和联络留埃中国学生，开展外宣著作的撰写与出版工作做出了贡献。这些著作为阿拉伯世界了解中国做出了积极贡献。在当时阿拉伯世界人民对中国情况不甚了解，甚至还有隔膜的大背景之下，为中阿关系的发展打下了基础。特别是这些学子回国后，在各自的领域为国家和民族的各项事业做出了较大贡献，这既是中埃文明共同浇灌与培育的茁壮秧苗，也是中埃文明交往、交流的共同成果。

近代以来中埃人文交流活动为双方建交后的正式外交活动奠定了人文基础。近代以来中埃人文交流的主要特点有：富有追求新文化的时代特色；回族爱国青年或中转游学埃及，或有组织赴埃及游学，人数初具一定规模，对国内及阿拉伯世界均有积极影响；双方这个时期的人文交流带有反对西方列强、救亡图存的特征。值得一提的是，有组织的留学生派遣活动也为后来中埃政府层面的交流往来提供了较好的前期基础与外语、外交人才的储备。他们的留学活动为中埃乃至中阿人文交流做出了巨大的贡献。

第三节　中华人民共和国成立初期的中埃人文交流

1955年4月，周恩来亲自率领中国代表团出席在印尼万隆召开的第一届亚非国家首脑会议，其间会晤了埃及总统纳赛尔，双方就发展两国关系和文化交流达成了一系列共识。同年5月，埃及政府派出宗教基金部部长艾哈迈德·哈桑·巴库里率领的友好使团到中国访问，寻求发展两国关系的具体途径。访问结束时，双方签署了互助合作和文化交流协定，决定互派留学生和教师，这也是新中国成立以后与阿拉伯国家签订的第一个文化交流协定。中国教育部开始组织学生赴埃及留学的选派工作，至当年12月底，新中国首批赴埃留学的8名学生名单公布，他们是杨福昌、顾中和、夏珊安、郑守一、余章荣、温亮、李振中、金家祯。周恩来还在中南海亲自接见了这批留埃学生，勉励这批学生努力学习，为中埃、中阿友谊架设桥梁。

新中国第一批有组织赴埃及留学的学生就读于开罗大学。在埃及求学期间，他们不忘周总理的嘱托与勉励，认真学习，刻苦钻研，以优异的成绩和良好的道德操守赢得了埃及师生的赞扬和尊重。这一批赴埃及留学生的表现与良好的口碑，为我国向埃及派遣更多的留学生创造了条件，推动了中埃人文交流，特别是教育交流的深入发展。

这一批学子中不乏有为中国阿拉伯语教育方面做出卓越贡献的教育家、翻译家，其中余章荣、李振中在阿拉伯语教学及研究方面做出了巨大贡献。

除了公派留学生活动外，这个时期中阿人文交流主要表现在"宗教领域的人员往来上"。据记载，1956年82岁高龄的当代杰出的少数民族人士、著名学者、教育家、社会活动家、回族穆斯林中享有盛名的四大阿訇之一达浦生先生担任周恩来总理的顾问，一同赴印度尼西亚参加万隆亚非会议。

1955年身为中国伊斯兰经学院院长的达浦生，又任第二届中国伊斯兰教朝觐团团长，率团赴麦加朝觐期间先后访问了埃及、巴基斯坦和印度等国。1956年万隆会议后，达先生再去访问埃及，受到纳赛尔总统接待，并赠送由总统亲自题名的精装《古兰经》。

在新中国成立初期，西方资本主义国家极力对我国加以围堵与丑化。在这样的国际背景下，当时新中国急需国际社会的认可与支持，特别是需要同属第三世界的最新独立的发展中国家的支持与认可。然而此时大多数阿拉伯国家还没有从英法等西方列强的殖民魔掌中挣脱，多数阿拉伯国家受控于这些殖民势力，他们对红色中国还持怀疑，甚至是反对和排斥的态度。1950年阿拉伯国家联盟（当时只有7个国家加入阿盟）还通过一个决议，宣布只承认"中华民国"，反对中华人民共和国在联合国的合法席位。虽然新中国成立前期我们没能取得当时的阿盟成员国的支持，但是随着1955年29个亚非国家共同参加的万隆会议召开，中国与中东各国的关系随即好转，因为此次万隆会议不仅对各国民族解放运动意义深远，而且对我们打破以美国为首的西方国家的孤立、封锁，同时增进中国与亚非国家间的友谊，相互扩大了解，甚至建立正式外交关系都有着重要影响。埃及宗教事务部部长艾哈迈德·巴库里在万隆会议后于5月访问中国，就政治、文化、宗教、贸易等问题进行讨论，还签订了《文化合作会谈纪要》。根据此纪要，中国于1956年前派出教师与学生前往埃及任教、学习。1956年4月，中国政协副主席包尔汉率领文化艺术代表团前往埃及进行文化交流，并与埃及教育部部长侯塞尼签订了中埃政府《文化合作协定》。此协定是中国与埃及签订的第一个文化协定，是中埃人文外交的起点。此后中国与中东国家的关系持续不断地发展，特别是与埃及的关系有了很大的进展。此次会议的第二年（1956年）5月30日，中埃建立正式外交关系。埃及便成为第一个同中国建交的阿拉伯国家，这在阿拉伯世界意义深远，成为中国同阿拉伯国家关系的新起点。

据统计，1955年之后的50年间，根据中埃两国政府交流协议赴埃的中国公派留学生已超过了400余名。其中1982年3月，中国伊斯兰教协会选派10名穆斯林学生赴埃及艾资哈尔大学留学，这是继20世纪30年代以后，中国穆斯林留学生再次进入这所伊斯兰世界有名的高等学府。从此之后，我国穆斯林学生赴埃及留学的组织、选拔等工作走上正轨。1996年，双方教育部公派留学生名额已由最初的10名增至20名。除了公派留学生以外，还有大量通过个人申请前去留学的中国学生，据统计，2006年在埃及的中国自费留学生人数已达到300多人，他们以穆斯林学生居多，来自国内20多个省、市、自治区。留学生的身份也日趋多样化，甚至研究生以及高级访问学者的比例也在不断增加，所学的专业也从单一的阿拉伯语言文学扩展至理工、农学、商学、医学等科目。

另一方面，1957年"埃及首批留学生到达中国，黑白先生作为其中之一，在中国中央美术学院度过了4年的研究生生涯。之后，黑白先生多次访华，为加强中埃友好交往尽心竭力，作为一名来华留学生，黑白先生为中埃人文的交流做出了贡献"。[①]

埃及与中国建交后就非常重视中文教学。1956年，第一个设立中文系的艾因夏姆斯大学中文班正式开班，开启中文教学。经过多年的积累与发展，艾因夏姆斯大学中文系已经组成了实力雄厚的中文教学团队，有36名汉语教师，其中埃及教师有30人，这些教师大部分曾来中国进修过。开罗大学、艾资哈尔大学、苏伊士运河大学、法鲁斯大学、明尼亚大学等高等学府均设有中文系。此外，埃及很多中小学也

① 马丽蓉等著：《丝路学研究：基于中国人文外交的阐释框架》，时事出版社2014年版，第226-227页。

开设有中文课程。2009年纳尔曼·伊斯梅尔私立学校开设中文课程；2011年中埃友好示范学校中学部开设汉语课程。

目前埃及有2所孔子学院、2个孔子课堂。孔子学院与课堂在中埃人文外交中也发挥着重要作用。目前为适应埃及社会的需求，孔子学院课程也开始多元化，已经开设商务汉语、旅游汉语等课程。孔子学院与孔子课堂，还有中国文化中心，已成为中国文化走入埃及的骨干力量，同时也满足了埃及的汉语及中国文化热爱者的迫切需求。

第四节　"一带一路"倡议与中埃人文交流

2013年9月，中国国家主席习近平访问中亚，提出"丝绸之路经济带"；同年10月，习近平主席到访东南亚，提出"21世纪海上丝绸之路"。"一带一路"的各项合作由此开端。2014年11月，习近平总书记主持召开中央财经领导小组第八次会议，研究丝绸之路经济带和21世纪海上丝绸之路规划、发起建立亚洲基础设施投资银行和设立丝路基金。习近平总书记还发表了重要讲话，他强调："丝绸之路经济带和21世纪海上丝绸之路倡议顺应了时代要求和各国加快发展的愿望，提供了一个包容性巨大的发展平台，具有深厚的历史渊源和人文基础，能够把快速发展的中国经济同沿线国家的利益结合起来。要集中力量办好这件大事，秉持亲、诚、惠、容的周边外交理念，近睦远交，使沿线国家对我们更认同、更亲近、更支持。"

习近平总书记还在讲话中指出："'一带一路'贯穿欧亚大陆，东边连接亚太经济圈，西边进入欧洲经济圈。无论是发展经济、改善民生，还是应对危机、加快调整，许多沿线国家同我国有着共同利益。历史上，陆上丝绸之路和海上丝绸之路就是我国同中亚、东南亚、南亚、西亚、东非、欧洲经贸和文化交流的大通道，'一带一路'倡议是对古丝绸之路的传承和提升，获得了广泛认同。"[1]习主席还指出："推进'一带一路'建设，要抓住关键的标志性工程，力争尽早开花结

---

[1] 人民网：《习近平谈"一带一路"》，时间：2017年4月12日，来源：人民网－人民日报海外版，网站，http://politics.people.cn/n1/2017/0412/c1001-29203823.html。

果。要帮助有关沿线国家开展本国和区域间交通、电力、通信等基础设施规划，共同推进前期预研，提出一批能够照顾双边、多边利益的项目清单。要高度重视和建设一批有利于沿线国家民生改善的项目。要坚持经济合作和人文交流共同推进，促进我国同沿线国家教育、旅游、学术、艺术等人文交流，使之提高到一个新的水平。"[①]习主席还特别强调："推进'一带一路'建设，要诚心诚意对待沿线国家，做到言必信、行必果。"[②]在习主席这样的亲切指导与精心规划下，经济性质占主导的"一带一路"也承载着中国与沿线国家传承与发扬丝路精神，促进世界各国的人文交流的历史使命。"一带一路"各个重大项目与发展规划，以及一系列新成立的基金和银行提供的财政支持，不仅刺激经济合作与贸易往来，而且更重要的是，它还将促进文化间的交流以及思想上的相互理解与敬仰。习近平主席还说过："人文交流合作也是'一带一路'建设的重要内容。真正要建成'一带一路'，必须在沿线国家民众中形成一个相互欣赏、相互理解、相互尊重的人文格局。"[③]

　　埃及是非洲及22个阿拉伯国家中首个承认新中国政府并与中国建交的国家，其与中国的友好关系由来已久。特别是作为"丝绸之路经济带"和"21世纪海上丝绸之路"的重要交汇点的埃及，在中国对外交往的朋友圈中，特别是"一带一路"朋友圈中的地位是显而易见的。习总书记于2016年访问埃及期间，在卢克索出席活动时指出："中埃都是文明古国，我们有必要加强人文交流，深化民间友好，巩固两国合作民意基础，推动双方共同发展、共同繁荣。"[④]在习总书记的

①　人民网：《习近平谈"一带一路"》，时间：2017年4月12日，来源：人民网 – 人民日报海外版，网站：http://politics.people.com.cn/n1/2017/0412/c1001-29203823.html.

②　人民网：《习近平谈"一带一路"（2）》，时间：2017年4月13日，来源：人民日报海外版，网站：http://politics.people.com.cn/n1/2017/0412/c1001-29203823.html.

③　人民网：《习近平谈"一带一路"》，时间：2017年4月12日，来源：人民网 – 人民日报海外版，网站：http://politics.people.com.cn/n1/2017/0412/c1001-29203823.html.

④　中国经济网：《习近平和埃及总统塞西共同出席中埃建交60周年庆祝活动暨2016中埃文化年开幕式》，网站：http://paper.ce.cn/jjrb/html/2016-01/23/content_290225.html.

呼吁与号召下，特别是十九大召开以来，中埃在人文领域的交流越加频繁。中埃人文交流也展现出新的面貌。在传承与发扬丝路精神，共同构建人类命运共同体的倡导下，我国与埃及的各项人文交流活动都达到了历史的新高度。

为此，我们统计了中国文化中心网站2018年有关中埃人文领域开展的活动的报道。从2018年1月至2018年12月在中国文化中心网站上有关中埃人文领域的交流与活动的报道33篇，其中涵盖教育、文学、美术、音乐、舞蹈、体育、考古等多个人文领域的活动。与此同期2017年该网站报道的有关中埃人文领域交流活动的报道也近30篇。此外，我们也统计了开罗大学孔子学院网站的相关报道，其中2017年至2018年相关文化交流活动的报道有33篇之多。以上这些报道中，有关文学领域活动有6次；艺术类有27次，包括舞蹈、美术、音乐等；教育领域有17次；历史考古领域有2次；新闻媒体领域有13次；其他领域有1次。

这些只是笔者在两个网站内的有限统计，试想如果做全网人文领域的交流活动统计，数据肯定会庞大得多，这些也足以说明中埃人民在"一带一路"建立起的新互动机制与平台中将会在人文领域的交流与合作中收获更多的成果，同时频繁的交流活动也会进一步增强双方人文交流的热度、广度以及深度。

第五节　"一带一路"倡议与中埃人文交流主要项目

❖ 一、整体情况

2014年12月23日，也就是"一带一路"提出的第二年，中国国家主席习近平在北京与埃及总统塞西举行会谈，两国元首共同签署了《中埃关于建立全面战略伙伴关系的联合声明》，两国在此期间签署了经济、贸易、航天、能源等领域的合作文件。

2015年3月28日，经国务院授权，国家发展改革委、外交部、商务部联合发布了《推动共建丝绸之路经济带和21世纪海上丝绸之路的愿景与行动》（以下简称《愿景与行动》），具体说明了未来中国沿线各国的合作重点，提出了包括"民心相通"的"五通"。《愿景与行动》指出："民心相通是'一带一路'建设的社会根基。传承和弘扬丝绸之路友好合作精神，广泛开展文化交流、学术往来、人才交流合作、媒体合作、青年和妇女交往、志愿者服务等，为深化双多边合作奠定坚实的民意基础。"

《愿景与行动》指出："扩大相互间留学生规模，开展合作办学，中国每年向沿线国家提供1万个政府奖学金名额。沿线国家间互办文化年、艺术节、电影节、电视周和图书展等活动，合作开展广播影视剧精品创作及翻译，联合申请世界文化遗产，共同开展世界遗产的联合保护工作，深化沿线国家间人才交流合作。"

《愿景与行动》指出："要充分发挥政党、议会交往的桥梁作用，加强沿线国家之间立法机构、主要党派和政治组织的友好往来。开展城市交流合作，欢迎沿线国家重要城市之间互结友好城市，以人文交流为重点，突出务实合作，形成更多鲜活的合作范例。欢迎沿线国家智库之间开展联合研究、合作举办论坛等。"

《愿景与行动》还指出："加强旅游合作，扩大旅游规模，互办旅游推广周、宣传月等活动，联合打造具有丝绸之路特色的国际精品旅游线路和旅游产品，提高沿线各国游客签证便利化水平。推动21世纪海上丝绸之路邮轮旅游合作。积极开展体育交流活动，支持沿线国家申办重大国际体育赛事。"

《愿景与行动》文本提到"人文交流"共6次之多，可见"一带一路"既是经济交流的重要平台，也是人文交流的重要机制。"一带一路"倡议提出以来中国与埃及在人文领域交流广泛，为两国建立更为密切的外交关系奠定了坚实的基础。

2016年是值得中阿人民，特别是中埃人民关注的。2016年1月11日中国文化部和埃及驻华大使馆在北京共同举办了2016中埃文化年新闻发布会。13日《中国对阿拉伯国家政策文件》发布，这是中国政府制定的首份对阿拉伯国家政策文件。文件从政治、投资贸易、社会发展、和平与安全等领域详细阐述了中方全面加强中阿关系的各项政策举措，其中专门提到人文交流。同年1月20日至22日中华人民共和国主席习近平对阿拉伯埃及共和国进行国事访问。访问期间，两国元首出席了两国共同庆祝建交60周年纪念活动，宣布启动在埃及举办"中国文化年"及在中国举办"埃及文化年"。"2016年将给埃中两国关系带来新的开端，这不仅是因为习近平主席将以对埃及等中东国家的国事访问作为今年的首次出访，也不仅因为今年是两国建交60周年，还因为两国把今年定为埃及'中国文化年'和中国'埃及文化年'"①。互办文化年活动为两国的人文交流提供了互动的平台。2016年中埃发表了《关于加强两国全面战略伙伴关系的五年实施纲要》（以下简称《纲要》）。其中第五部分主要说明了人文领域具体实施内容。

2016年中埃文化交流突破了过去平均每年几十项的活动数量，在两国举办的各类文化交流活动达150场左右，其中在埃及举办的活动达90场以上。尤其是中埃两国一些带有时尚感的演出，获得两国观众的热烈欢迎。这一年中国的文化交流活动首次走进埃及6个省市之中，使中国文化面向了更多的埃及民众。2016年7月，中国第一次尝试以民间组织为主参与在埃及举办的中非艺术节活动；2016年11月，阿拉伯翻译家与汉学家联谊会在开罗中国文化中心成立，成为埃及第一个专门研究中国问题、从事中阿文翻译的机构。

在《纲要》发布的三年后，中埃人文领域的交流均取得了巨大的成就。有了《纲要》的具体规划与指导，可以说接通了两国双向人文交流"动车道"，中埃人文交流的动车已经向历史新高度出发。同时"一带一路"倡议提出以来，以及《纲要》发布后取得的这些成绩与硕果是有着历史基础与积淀的，同时这也是丝路文化合作开放精神的最佳诠释与典范。

"一带一路"倡议提出以来，中埃在人文领域的交流是在充分的前期基础与双方的长久以来的共同呵护下再次绽放与发扬的。其中包括多个领域的交流成果，比如文教、旅游、历史等方面。

❖ 二、文教领域

"一带一路"倡议提出以来在中埃人文交流的各个领域中，文教是其中最富有成果的项目之一。前面我们提到近代以来中埃人文交流始

---

① 21世纪经济：《习近平访埃及将讨论中东局势和反恐将签署合作大单》，时间：2016-01-12，网站：http://finance.jrj.com.cn/2016/01/12033120394540.shtml?formrss.

于文教，也兴于文教，并且收获了累累硕果。中埃两国各个时期文教领域的交流活动，均对我国阿拉伯语教学产生影响，使我国在成立初期就建立了系统规范的中国阿拉伯语高等教育，这也使得我国目前及未来的阿拉伯语高等教育影响及规模与大国地位基本匹配。目前我国开设阿拉伯语专业的高校有54所，阿拉伯语专业本科生每年毕业生人数也从十年前的上百人增加到上千人。未来开设阿拉伯语专业的高校和毕业生还会进一步增加。

"一带一路"倡议提出以来中埃文教领域交流项目中主要包括"互办文化年"、中埃文博会等。

互办文化年活动项目：中埃互办文化年是写入《关于加强两国全面战略伙伴关系的五年实施纲要》文件中的重要活动项目。2016年1月21日，国家主席习近平和埃及总统塞西在古老的卢克索神庙广场与中埃各界人士200多人共同出席中埃建交60周年庆祝活动暨2016中埃文化年开幕式，观看了由中埃演职人员联袂献上的《两个伟大文明对话》主题演出。大型开幕式各项文艺活动再现了两大古老文明在新时期热情交往交流的动人画卷。此前1月11日中国新闻网以《中国埃及2016互办文化年 共计百余活动》为题做过预报，还提道："中方将在全年陆续举办包括文化艺术、旅游教育、新闻出版广电、青年体育、文物档案等在内的60多项活动，北京、上海、甘肃、宁夏、广东、海南、安徽等省区市也将通过友城交流的形式积极参与其中①。"

2017年1月19日中埃文化年闭幕演出在广州大剧院举行，闭幕演出与上一年的开幕式一样精彩壮观。特别是狮身人面像、尼罗河、庄严的古埃及神庙等景观最后在舞台上的展现。其中两国歌唱家和演员们一同合作演出著名歌剧《阿依达》中精彩片段《凯旋场景》也精彩绝伦，再次展现了两大文明古国交融与共的华彩篇章。

据统计，"中埃文化年全年的执行项目量达100余项，地点覆盖两国25个重要省市，项目形式丰富多样，包括演出展览、论坛讲座、竞赛体验等，两国互访人员总数多达912人，活动直接受众逾2 000万，为夯实两国共建'一带一路'的民意基础、促进民心相通，创造了有

---

① 中国新闻网：《中国埃及2016互办文化年 共计百余活动》，时间：2016年1月11日，网站：http://www.chinanews.com/gn/2016/01-11/7711544.shtml.

利条件和良好氛围①"。另外，文化部网站报道："两国互访艺术家和文化人士达 1 012 人次。"②这些活动中共有 56 项活动在埃及举办，可以说不到一周就有一项文化类活动在埃及举办，这充分说明了两国人文领域的交流的热度已经达到历史空前水平。

互办文化年活动期间，在第四十七届开罗国际书展中中国图书也受到了埃及读者的广泛关注，同时我国以主宾国身份出席了第三十八届开罗国际电影节，有 20 多部获得过国际大奖的中国影片参加本次电影节，其中有《功夫足球》《英雄》《手机》《山河故人》《泰囧》《观音山》等中国观众特别喜爱的电影。

舞台艺术演出交流也是中埃互办文化年活动中的重要组成部分。其中北京现代舞团、河南少林武僧团在埃及的演出广受好评，同时埃及尼斯玛马林巴乐团、丽达民间舞蹈团等埃及知名特色舞乐团则为中国观众带来了热情的异域风情。同时埃及方面也积极参与京交会、深圳文博会等中国展会，双方在各个人文领域的合作与交流均达到了历史新高，实现文化互信、互相尊重、互相推介的互利共赢局面。

此外，埃及高校也积极举办各项中埃文化交流活动，2017 年及伊斯梅利亚的苏伊士运河大学举行"中国文化周"。该校孔子学院精心策划了一系列丰富多彩的"中国风"文化活动。该项活动吸引了不少在校学生和当地民众参加，活动项目包括中国书法、太极、中国民族服装、美食、中国结制作、演唱中文歌曲等互动体验式项目。同时中国电影展、书法展、汉语体验课以及乒乓球体验课和比赛等也将在校园内进行。

中埃文化产业博览交易会（简称中埃文博会）是由中华人民共和国文化部外联局主办，中国驻埃及大使馆文化处、深圳市文体旅游局承办，开罗中国文化中心、深圳国际文化产业博览交易会有限公司、深圳华荟国际文化传播有限公司具体执行的。目前中埃文博会已经举办了两届，第一届于当地时间 11 月 2 日—6 日在埃及开罗福斯特传统

---

① 新华网：《中埃文化年在广州闭幕》，时间：2017 年 1 月 20 日，网站：http://www.xinhuanet.com/culture/2017-01/20/c_1120348643.html.

② 中国文化报：《推动中阿文化旅游合作凝聚共建"一带一路"共识》，时间：2018-07-12，网站：http://epaper.ccdy.cn/html/2018-07/12/content_236682.html.

手工艺中心举办；第二届于2018年1月10日在开罗歌剧院哈纳吉尔艺术中心举办。中埃文博会是中埃人文交流的共同成果，为中埃文化交流搭建了友好互动平台，推动了两国间的文化产品交流与产业合作，深化了两国人民之间的传统友谊，为两国文化认同和理解，互相借鉴，互相尊重建立了桥梁和纽带，也使中国文博会走向世界典范，打响了"文博会"的品牌，增强了国际影响力。

中埃文博会受到中埃民众的热情欢迎，也得到双方文化部门等相关领导的高度重视，埃及文化部部长纳姆楠、中国驻埃及大使馆公使刘永凤、中国驻埃及大使宋爱国、印度尼西亚驻埃及大使赫勒米、埃及文化产业发展基金会主席尼薇恩、中国驻埃及大使馆文化参赞陈冬云和石岳文等出席了中埃文博会。一方面，中埃文博会也受到中国文化企业的重视与广泛关注。另一方面，埃及方面也积极组织埃及文化产业基金会并参加中国举办的各种文化活动，其中埃及方面已经参加了三届深圳文博会。

中埃文博会为弘扬丝路文化树立了典范，这将开启中国与埃及更加密切的人文交流新篇章。正如中国驻埃及大使宋爱国在第二届中埃文博会闭幕式上所说："中埃均是文明古国，早在2000多年前，古老的丝绸之路就将双方民众紧密相连。新时期，中埃人文交流亮点纷呈，成为两国全面战略伙伴关系的重要组成部分。今天开幕的第二届中埃文博会将展示两国各具特色的传统文化艺术，开辟两国文化产业交流的新天地，富有意义。相信中埃两大古老文明通过频繁交流对话，将使各自文化在新时期交相辉映，也使两国文化合作不断提升。"①

"一带一路"倡议提出以来，国内阿拉伯语专业发展方兴未艾，截至2018年全国开设阿拉伯语专业的本科院校与专科院校数已经达到54所，最近几年平均每一年新增2~3所高校开设阿拉伯语专业。阿拉伯语办学较早的高校均有阿拉伯语专业硕士研究生，北京大学、北京外国语大学、上海外国语大学、北京语言大学均有一级学科博士学位授予点。另外阿拉伯语办学较早、规模较大的高校均有阿拉伯学院或中东学院。近几年国内阿拉伯语专业本科生每年都有上千人毕业。除此

---

① 深圳晚报/深圳新闻网/埃及大使馆，搜狐：《第二届中埃文博会在开罗盛大开幕》，时间：2018-01-12，网站：http://www.sohu.com/a/216434036_99908530.

之外还有许多高校设有中东地区区域和国别研究中心。不少高校除了开设标准阿拉伯语外，还设有"埃及方言"课程，多数高校均聘有阿拉伯籍教师，其中埃及籍教师居多。

目前，我国在世界多地都设立了孔子学院或孔子课堂。据国家汉办官网显示，截至2019年6月，全球已有155个国家（地区）设立了532所孔子学院和1 129个孔子课堂。其中在埃及有2所孔子学院、3个孔子课堂，此外我国在埃及还设有1个中国文化中心。

目前，埃及共有15所大学开设了中文专业，正式注册的汉语学员达到了2 000多人，其中大多数学生毕业后将从事导游或其他旅游相关职业。这一数据正以每四年翻一番的速度变化，埃及对外汉语教师已经达到50多人。汉语学习人数的激增推动埃及旅游业健康快速发展，并且旅游促进就业，在一定程度上缓解了由就业引发的社会矛盾。据统计，截至2016年埃及汉语注册导游人数已由2012年的120人增加到1 000多人，有效地降低了埃及的失业率。

❧ 三、联合考古领域

得益于中非合作论坛与"一带一路"倡议，两国考古与文物领域的交流与合作也取得了不少成果，其中主要包括联合考古、文物修复等合作项目。"一带一路"倡议提出以来，两国联合考古队也实现了零的突破。中国社会科学院考古研究所赴埃及考古发掘与研究项目的实施促使中埃联合考古队成立。

2018年11月29日，在中埃两国考古学家的共同努力下，中埃联合考古队成立，考古工作地点在著名的卢克索孟图神庙。该联合考古项目第一个季度的工作围绕清理与记录展开，双方考古队员还利用全站仪和三维建模技术，对其完成了测绘和记录工作。本次联合考古中中国考古工作者主要研究了神庙最早的建造年代，及还原其与周围建筑的关系。两大文明古国共同开启联合考古项目对研究古埃及和古代中国，及其对比研究、探索两大古老文明之间的内在联系与各自特征、推动中埃文化交流与文明互鉴、强国地区间学术交流与合作等方面都具有重大意义。同时这是我国考古队员首次在埃及开展古代埃及文明考古研究工作，对我国埃及学、境外考古领域的发展均意义重大。中埃联合考古项目的实施预示着新时代我国考古学考古工作的新起点，也预示着我国考古工作将走向世界。

除了考古领域的相关合作外，埃及和中国历史文物海外流失问题均是两国文物保护领域中的重要议题。两国均有无数珍贵文物由于战争侵略、殖民掠夺、战乱和走私等因素大量流失海外。追索文物，甚至是联合追索文物也是两国未来文物保护领域的重要议题。埃及最高文物委员会成立了文物归还管理局，主要工作任务是追查流失在世界各地的珍贵的埃及文物，其中包括对全世界约40家主要经营文物的网站进行定向追踪，只要发现有埃及文物参与拍卖、展览等，就会与拥有该文物的机构或个人取得联系，要求其出示拥有该文物的合法文件。在归还文物方面埃及也做出了积极反应，2017年就有报道，"埃及首次向中国归还13件查获文物"①。

除了文物归还管理局以外，埃及在世界各国的使馆也是埃及文物保护以及追查流失文物的"前哨站"，埃及使馆密切关注驻在国涉及埃及文物的拍卖和转让等活动，一旦确定某机构或个人非法拥有埃及流失文物，埃及会通过外交等途径向其所在国施加压力，要求归还该文物。埃及在文物追讨方面成绩斐然，2009年就有报道："在过去的几年（6年），埃及从英国、瑞士、美国、西班牙等国追回了约5 500件流失文物，其中包括1972年从古埃及国王阿孟霍特普三世雕像上盗走的一只'法老之眼'。"②埃及成立专门的文物归还管理局，以及使馆作为"前哨站"的作用还有专门的文物保护理念与措施都值得我们借鉴。此外，我们建议双方应该在相关领域加强合作，在追讨文物技术手段、配套政策、法律支持、国际合作，甚至人员交流、成立民间相应联合追讨部门等方面给予规划。

2017年中国埃及文物展览研讨会在德国举行，中埃共同举办了《中国与埃及——世界的摇篮》展览。两大文明共同开展相关文物展览，向世界积极主动地介绍两大文明的悠久历史与灿烂文化，这也是

---

① 腾讯、《新京报》：《埃及首次向中国归还13件查获文物含光绪年间银票等》，时间：2017-09-11，网站：https://news.qq.com/a/20170911/001112.html.

② 新华网、中国经济网转载：《埃及追回流失文物不遗余力过去6年追回约5千件》，时间：2009年2月22日，网站：http://www.ce.cn/culture/news/200902/22/t20090222_18283547.shtml.

未来合作的趋势。

此外，自"一带一路"倡议提出以来，国际文物修护学会培训中心在故宫博物院成立，自2015年成立至今，该中心已经举办五期培训班。每年一期的培训班基本都有来自埃及的学员或者专家参加，中埃学员与专家分享经验，共同学习与探讨文物修复理念，取得良好效果。这些培训活动也为中埃考古文物修复等领域培养了人才，搭建了交流平台，为将来双方进一步在该领域交流创造了条件。

四、旅游领域

"一带一路"倡议提出以来，中埃旅游领域的交流合作越加频繁。中埃两大勤劳且富有智慧的古老民族的祖先创造了最辉煌的世界级文明与文化，并为后辈遗留了珍贵文明及历史遗产，两大文明古国的旅游资源也是世界级的，特别是历史遗迹旅游项目是世界其他地区不可比拟的。"一带一路"倡议使得彼此间的旅游产业得到进一步的升华。

习近平总书记在2018年9月3日中非合作论坛北京峰会开幕式上发表重要主旨讲话，强调"未来3年和今后一段时间要重点实施'八大行动'"[①]，其中包括"实施人文交流行动"即中国决定设立中国非洲研究院，同非方深化文明互鉴；打造中非联合研究交流计划增强版；实施50个文体旅游项目，支持非洲国家加入丝绸之路国际剧院、博物馆、艺术节等联盟；打造中非媒体合作网络；继续推动中非互设文化中心；支持非洲符合条件的教育机构申办孔子学院；支持更多非洲国家成为中国公民组团出境旅游目的地。

四大文明古国之一的埃及历史文化底蕴深厚，历史遗迹众多，这里不仅是古代埃及文明的见证，还是希腊文明、罗马文明、波斯文明、阿拉伯文明的汇聚地。埃及历史文物及遗迹数量庞大、种类繁多，人文旅游资源极其丰富，许多相关旅游资源遍布埃及全境。埃及自然景观资源集地中海与红海特色；世界最长的尼罗河由南向北纵贯全境；苏伊士运河连接两大洲、贯通三大洲，独特的地理位置，赋予

---

① 新华网、中国青年网转载：《打造更加紧密的中非命运共同体——解读习近平主席在中非合作论坛北京峰会开幕式上的主旨讲话》，时间：2018-09-04，网站：http://news.youth.cn/sz/201809/t20180904_11716634.html.

了埃及丰富的自然旅游资源。亚历山大等地被誉为"地中海新娘"，红海海岸碧波荡漾，遥望阿拉伯半岛。沙漠、绿洲、海岸、运河、尼罗河，陵墓、古庙、木乃伊、法老、金字塔，开罗、亚历山大、卢克索、沙姆沙伊赫均是埃及闪亮的旅游名片。旅游业是埃及四大经济支柱产业之一，为埃及全国提供了1/8的工作岗位，在国民经济中占有重要地位。同时埃及也是中国游客非洲旅游首选地。中国旅游研究院、文化和旅游部等发布的《中非旅游数据报告2018》数据显示："过去3年中非双边入出境人数保持稳定。2017年全年，中非双边旅客互访达142.6万人次，其中，中国游客旅非79.78万人次，非洲游客旅华62.83万人次。中国公民经由主要旅行商赴非洲出境旅游人数高速增长，旅游正成为中非人文交流的排头兵。[①]"埃及驻华使馆旅游参赞阿布表示，近年来，埃及一直不遗余力地在中国宣传埃及旅游目的地，并针对不同游客的需求，推出了很多有特色的旅游产品，如埃及文明之旅、尼罗河游轮之旅、红海休闲之旅等，受到中国游客好评。[②]2017年中国游客旅埃人数几乎占旅非人数的40%，未来"年均吸引100万中国游客"[③]将是埃及接下来几年可以预期的目标，这充分说明了中埃人文交流的高度和热度。

2019年6月10日，开罗中国文化中心举办了中埃旅游合作交流会。埃及旅游主管部门、当地旅行社、在埃华人旅行社、航空公司等代表深入分析了埃及游客赴华旅游的现状、困难以及存在的问题，提出了许多有益的意见和建议。与会人员一致认为埃及游客赴华旅游前景可观，潜力巨大，中埃旅游合作存在良好的前景。

中非合作论坛北京峰会承接与发展了约翰内斯堡峰会成果，为未来3年合作提出了行动纲领。实施人文交流行动，体现出中非人文交流合作进入了新阶段，文化旅游融合共振成为基本模式，中非文明互

---

① 搜狐：《"八大行动"为光伏和旅游业发展带来契机》，时间：2018-09-11，网站：http://www.sohu.com/a/253091172_115495.

② 第一旅游网：《旅游：深化中非合作的"非"凡力量》，时间：2018-09-04，网站：http://www.toptour.cn/tabid/2019/InfoID/259485/frtid/2006/Default.aspx.

③ 人民网：《成都—开罗直航促进中埃交流合作》，时间：2018年10月23日，网站：http://sc.people.com.cn/n2/2018/1023/c345167-32188239.html.

鉴有文旅内容支撑更为系统完善，优选文旅项目与"一带一路"对接互补并力争成为典范。以此为依据，中非"一带一路"合作中的旅游和人文合作，以及中非"十大合作计划"中的人文交流和旅游领域相关的交流将得到进一步深化和推进，中非人文和旅游合作将覆盖更多领域，迈出更稳健的步伐。从政治、经济、文化等各个领域来看中埃关系是中非关系的领头羊，随着埃及经济逐步稳定发展与回升，中埃旅游合作前景也将在"一带一路"及中非合作论坛搭建的平台之上更加广阔。

五、影视产业

随着"一带一路"倡议的提出，以及埃及等沿线国家的积极响应，中埃人文交流的内涵也愈加丰富。这也体现在中埃影视产业合作交流方面。2013年是中埃影视合作进入新时期的元年，中国数字电视运营商四达时代集团进入埃及市场。2013年12月21日，首部被翻译为阿拉伯语配音版的电视剧《金太狼的幸福生活》在埃及国家电视台播出，并得到好评。

"一带一路"倡议搭建的平台与便利，使中国电视剧走出国门走入埃及，已经有了常态化机制。2016年，中国国际广播电台与埃及广播电视联盟达成协议，双方同意将在埃及国家电视台合作开播固定板块"中国剧场"，规划每周六至周四播出6集中国电视剧。《父母爱情》阿拉伯语版就是在这样的背景与机制下在该栏目播出的，《医者仁心》《北京青年》《杜拉拉升职记》也已陆续播出。

中国影视作品在埃及受到好评，可谓是顺应天时、地利、人和等因素。"一带一路"背景下，两国在政治、经济、文化等领域的密切关系为影视等人文交流营造了良好的外部环境与政策支持，其为天时。两国历史文化悠久，同为古代陆路与海上丝绸之路的缔造者与见证者；新时期，"一带一路"倡议与埃及2030愿景互为补充与支持，其为地利。埃及人民与中国人民热情友善、文化积淀深厚、历史经历相仿，其为人和。

另一方面，中国影视作品在埃及热播，也恰逢其时。埃及市场长期充斥着来自英、美和土耳其等国的影视剧产品，大部分埃及观众已经产生审美疲劳，中国影视剧进入埃及恰逢其时、开局良好。目前最重要的是保持引进力度，巩固中国电视剧在埃及的口碑和影响力。

在相关机制制定及配套服务的跟进后，相信中国与埃及的影视作品相互推介会迎来更好的局面。同时影视作品也是最直接、最直观的中国文化走出去，以及积极主动树立中国国际形象的最佳途径之一。中国电视剧、电影在埃及的播放也改变了很多埃及人对中国错误的看法，可以让埃及人了解到开放、和谐、朝气蓬勃的中国。

此外，中国影视作品在埃及热播的原因还有，埃及在影视文化领域人才济济，理念先进，思想开放，其在影视领域取得的成就在阿拉伯世界均有较大影响。当地一些观众在接受采访时指出，配音地道、制作精良也是中国电视剧在埃及广受欢迎的重要原因。据了解，在埃及播出的阿拉伯语版中国电视剧均由当地团队配音，专业的配套阵容保证了配音的质量。

埃及国家电影中心主任哈立德·阿卜杜勒·贾里勒说："自2017年以来，埃中两国在电影领域开展了深度合作，仅共同举办的电影见面会就超过从前数量之和。埃及国家电影中心未来不仅要在中国举办埃及电影周，还将与中国企业合作拍片，并为两国共同拍摄影片提供设备及人员培训。"[1]

在埃及已经播出的中国电影有《大唐玄奘》《十二生肖》《被偷走的那五年》《那人那山那狗》《爱在他乡》《战火中的芭蕾》和《鲜花》等。纪录片有《你好，中国》等。配有阿拉伯语字幕的中国影视剧在埃及也有一定的影响力，如《微微一笑很倾城》《战长沙》《蛟珠传》等。

2018年6月30日为庆祝中华人民共和国成立70周年的电影展在埃及首都开罗中国文化中心开幕，《流浪地球》《开国大典》《甲方乙方》等6部中国电影在开罗、亚历山大等城市陆续上映。中国驻埃及大使廖力强在开幕式致辞。

此外，中国民族题材优秀影片也开始逐步走入埃及观众视野，2018年11月"2018年开罗中国电影之夜"在埃及开罗开幕，其中《家在水草丰茂的地方》《滚拉拉的枪》《香河》以及采集1 000多首传统侗

---

[1]　新华网：《埃及国家电视台下月起陆续播出7部中国电影》，时间：2018-08-30，网站：http://www.xinhuanet.com/culture/2018-08/30/c_1123350288.html.

族歌曲的音乐爱情片《侗族大歌》等中国少数民族题材优秀影片在活动中的播放也得到埃及观众的广泛欢迎。

2018年由埃及电影基金会、开罗中国文化中心和中国电影集团公司共同举办的"埃及中国电影展"也在开罗举办，开幕式上还举行了"中影集团开罗中国文化中心电影厅"揭牌仪式。由此中国影视作品也会像其他地区畅销作品一样，进入埃及寻常观众视野。

未来随着中国电影的口碑及拍摄技术与理念的提升，随着中埃在各个领域的互动与交流的持续升温，未来将会有更多的中国优秀影视作品走进埃及观众的视野，同时埃及影视行业也会借助我国在相关领域的优势，以及我国庞大的电影市场，埃及的影视行业也会得到受益，将来定会有许多埃及的优秀影视作品在我国上映。

近年来在"一带一路"倡议的号召下，中埃广播影视合作多点开花，已经成为埃及民众了解中国社会生活的一个窗口。"一带一路"同其他国际性倡议的最大不同点在于人民之间的交流奠定了牢固的基础，而不是仅仅依托于商品、基建项目的经贸性倡议。中埃共建"一带一路"得到了埃及人民的支持和拥护，这得益于中埃两国民众的密切交流。

但是我国的影视作品在数量规模和国际化程度上仍与西方有一定差距，特别是中国电影能够在埃及院线同期、同步上映的屈指可数，由此可以看出两国在各个领域的人文交流仍然存在更多发展空间并且可以取得更多成就。

第十一章 中埃经贸合作

第一节 中埃经贸合作历史

中埃经贸交往有着悠久的历史。公元2世纪下半叶始，埃及就是海上丝绸之路通往欧洲的中转站，转口贸易较为兴旺。考古学家们曾在开罗古城弗斯塔特发掘出大批中国瓷器，包括唐代的唐三彩、青瓷、白瓷，明清的青花瓷、彩瓷等，印证了中埃人民长期友好的经贸往来。

本节主要总结1955年至2014年中埃经贸合作概况。中埃自1955年8月两国签订政府间第一个贸易协定以来，已经签订贸易投资及相关领域的合作协议有20多项（见表11-1）。根据1955年协议，双方各自在对方国家设立商务处。1956年初，两国商务官员会晤频繁；1956年5月16日，埃及宣布正式承认中华人民共和国，为两国进一步增进经贸往来开启了广阔的大门。1960年2月，埃及政府与中国政府在北京签署贸易协议附加议定书，1961年11月15日两国贸易协定修订更新，1962年3月17日再次修订。1964年12月，埃中政府在北京签署经济技术合作协议，两国每年更新贸易协定，并互派商务访问团。1972年6月，埃中经济合作迈出新的一步，双方一致同意由中国提供援助，在埃及开设制砖厂。1982年10月，埃中技术与电力合作共同委员会在开罗成立。

表11-1　1955年至2016年中埃双方签订的贸易协定

时间	贸易协定
1955年8月	两国签订了政府间第一个贸易协定
1956年10月	两国政府签订了支付协定,规定两国贸易通过记账清算
1985年8月	双方政府签订了新的贸易协定,规定从1985年1月1日起由过去的记账贸易改为现汇贸易
1994年4月	两国政府签订了《投资保护协定》
1995年3月	两国政府签订了经济贸易协定,取代了1985年的贸易协定
1997年4月	两国领导人签署了帮助埃及规划建设苏伊士湾经济特区的《两国政府谅解备忘录》
1997年8月	两国政府签订了《关于对所得避免双重征税和防偷漏税协定》
1997年10月	两国政府签订了《经济技术互利合作意向书》,鼓励和推动中方企业来埃举办合资合作项目
1999年4月	中国农业部与埃及农业农垦部签订了《农业合作议定书》
2001年5月	两国政府签署了《中埃植物检疫协议》
2001年7月19日	中国核工业集团公司与埃及电力能源部签署了《和平利用核技术合作会议纪要》
2002年1月23日	穆巴拉克总统访华期间,两国签署了《中埃经济技术合作协议》
2002年1月23日	两国政府签署了《旅游实施方案》
2002年1月23日	两国政府签署了《关于在石油领域开展合作的框架协议》
2002年1月23日	两国政府签署了《和平利用核能协议》,以加强双方在放射技术在医疗及其他民用技术方面的合作
2002年4月	朱镕基总理访问埃及期间,两国政府签署了《动物检疫及动物卫生合作协议》
2004年1月29日	胡锦涛主席访问埃及期间,两国政府签署了《关于中埃双方加强在埃及苏伊士湾西北经济区投资合作的谅解备忘录》
2004年1月29日	中国石油天然气总公司与埃及石油部签署了《关于石油合作谅解备忘录》
2006年6月	中埃签署了《中埃两国关于深化战略合作关系的实施纲要》
2006年6月	中埃签署了《埃及柑橘输华植物卫生条件议定书》
2006年11月	中埃签署了《中国商务部与埃及贸工部关于埃及承认中国完全市场经济地位的谅解备忘录》
2006年11月	中埃签署了《中国商务部与埃及贸工部关于加强两国经贸合作的谅解备忘录》

续表

2007年5月	两国政府签署了《关于中埃经贸合作网站谅解备忘录》
2009年2月	两国签署了《工业品装运前检验的谅解备忘录》
2009年11月	两国政府签订了《海关行政互助协定》
2012年8月	两国政府签订了《中埃经济技术合作协定》
2012年8月	两国政府签署了《中国科学技术部和埃及农业与农垦部关于加强中埃农业技术研究示范基地合作的协议》
2014年12月	两国签署了《中埃关于建立全面战略伙伴关系的联合声明》
2015年9月	两国政府签署了《中埃产能合作框架协议》
2016年1月	两国政府签署了《中埃政府关于共同推进丝绸之路经济带和21世纪海上丝绸之路建设的谅解备忘录》
2016年1月	两国政府签署了《关于苏伊士经贸合作区的协定》
2016年1月	两国政府签署了《中国商务部与埃及航空部关于开展区域航空合作的谅解备忘录》
2016年1月	两国政府签署了《中国和埃及关于加强两国全面战略伙伴关系的五年实施纲要》

资料来源：根据中华人民共和国商务部网站资料整理。

1987年3月8日至10日，在开罗召开首届埃及中国科技合作大会，会议期间签署了十多项合作协议，包括埃中制药业与医疗装备产业、传统技术产业、农业部门的交流与研究协议，双方一致同意继续拓宽两国合作领域。1987年两国贸易额达1.35亿美元，其中中国对埃及出口额达1.25亿美元，埃及对中国出口额达1 000万美元。1989年12月19日，中国外贸部副部长与埃及国际合作部部长就中国在开罗建立国际会议中心事宜交换了文件。①

1992年6月，中埃第一届经贸混委会在北京召开，由埃及经贸部部长穆斯塔法同李岚清部长共同主持。1993年6月8日，埃及人民议会经济委员会组团访华，访问期间代表团与中国人大常务委员会下属的财政经济委员会副会长会谈，了解中国在开放、建设、经济改革等领域的经验。1995年3月21日，吴仪部长访问埃及，主持召开中埃第二届经贸混委会，并与埃及经贸部部长进行会谈，主要就如何推动并

---

① 埃及国家信息服务中心：《埃中经济关系》，时间：2016年1月19日，网站：http://www.sis.gov.eg/Story/116883/埃中经济关系?lang=zh-cn.

加强两国经济贸易合作进行探讨。访问期间，双方签署了经贸合作协议。同年，埃中贸易额达4.527 1亿美元，其中中国对埃及出口额达4.396 4亿美元，埃及对中国出口额为1 306万美元。

1996年10月，中埃第三届混委会在北京召开，吴仪部长与埃及贸工部部长戈维利共同主持了会议。1997年4月17日，时任埃及总理卡玛尔·贾特鲁利访华，并签署了中国参与投资苏伊士湾西北免税区协议、中埃贸易谅解备忘录、中埃贸易技术合作协议。中国电力部与埃及能源与电力部也签署了能源领域的合作协议。此外，双方也签署了家庭与农村发展合作协议，并就埃及公民免签前往香港特别行政区事宜交换了文件。同年，两国间贸易额达5.207亿美元，其中中国对埃及出口额达4.64亿美元，埃及对中国出口额则达5 670万美元。

1999年，两国签署了战略合作协议，这是两国关系的一座里程碑，此后两国开启了政治、经济、政府、文化、旅游、民间、政党间合作交流的新领域，开启了全面政治互信与政治协调。此后，两国间高官会晤访问不断，两国外长每年在联合国大会及其他国际场合定期会晤。两国间经济关系也不再局限于传统的进出口贸易领域，而是向双边投资、共建项目方向发展，包括合作建设苏伊士湾西部经济区；设立埃及企业驻华分公司，如东方织造公司等；中国企业在埃及设立分部或中心。双方的文化教育交流合作形式多样，不再局限于互派艺术团与留学生。

2000年6月，石广生部长率团访埃，主持召开中埃第四届经贸混委会；2001年9月，外经贸部副部长孙广相与埃及经贸部贸易代表处第一国秘萨伊德·贾西姆在北京共同主持召开中埃第五届经贸混委会。2001年，双边民间交流机制正式启动。2002年1月，穆巴拉克总统访华期间，中国贸促会和埃及工商联合会共同发起设立"中埃联合商务理事会"双边民间交流机制正式启动。2002年3月，中埃联合商务理事会第一次会议在开罗召开。同年10月，第二次理事会会议在北京举行。至2005年年底，中国在埃及投资项目达35个，主要集中在纺织、化工、建筑、食品、制鞋等领域，还包括其他如建材、石油、海运、冶金、信息技术等部门。2008年12月，中埃联合商务理事会商务论坛在埃及召开。

在两国政府的共同推动下，中埃双边经贸合作的规模不断扩大，合作领域不断拓宽。双边贸易额由1998年的6.06亿美元上升到2003年的10.9亿美元，年均增长率为12.6%，首次突破了10亿美元大关，增幅15.4%。其中中国对埃及出口额为9.37亿美元，增长9.9%；从埃及进口额为1.53亿美元，增长66.4%。特别是2004年以后，双边贸易额迅速增长（见表11-2）。2006年11月，埃及宣布承认中国完全市场经济地位，两国政府积极推动双方企业扩大经贸合作，双边贸易额持续保持增长态势。2010年，中国埃及双边贸易呈恢复性增长态势，根据中方统计，双边总贸易额达69.6亿美元，同比增加18.8%，其中中国对埃出口额为60.4亿美元，进口额为9.2亿美元，分别同比增长18.3%和21.9%。在中埃贸易中，中国向埃及出口的主要产品有：机电类产品、纺织类产品、轻工类产品、木制产品、化工产品、金属材料及制品等。中国从埃及进口的主要产品为矿产品、化工产品、植物产品、陶瓷、玻璃、纺织品及原料、皮革制品、箱包、塑料、橡胶等。其中矿产品、化工产品和植物产品是埃及对中国出口的主要商品。

表11-2　2004—2016年中埃双边贸易额状况统计表① （单位：亿美元）

年份	中埃贸易额	同比增长	中国对埃出口	同比增长	中国从埃进口	同比增长	中埃贸易差额	同比增长
2004年	15.76	44.70%	13.88	48.30%	1.88	23%	12.00	53.06%
2005年	21.45	36.10%	19.34	39.34%	2.11	12.23%	17.23	43.58%
2006年	31.93	48.86%	29.76	53.88%	2.17	2.84%	27.59	60.13%
2007年	46.73	46.35%	44.33	48.96%	2.40	10.60%	41.93	51.98%
2008年	63.03	34.88%	58.74	32.51%	4.29	78.75%	54.45	29.86%
2009年	58.45	−7.27%	51.08	−13.04%	7.37	71.79%	43.71	−19.72%
2010年	69.59	19.06%	60.41	18.27%	9.18	24.56%	51.23	17.20%
2011年	88.02	26.48%	72.83	20.56%	15.18	65.36%	57.65	12.53%
2012年	95.45	8.44%	82.24	12.92%	13.21	−12.98%	69.03	19.74%
2013年	102.14	7.01%	83.63	1.69%	18.52	40.20%	65.11	−5.68%
2014年	116.20	13.77%	104.61	25.09%	11.60	−37.37%	93.01	42.85%
2015年	128.80	10.84%	119.59	14.32%	9.18	−20.86%	110.41	18.71%
2016年	113.25	−12.03%	107.76	−9.92%	5.48	−39.76%	102.28	7.47%

---

① 中华人民共和国国家统计局：时间：2017年12月3日，网站：http://data.stats.gov.cn/easyquery.htm?cn=C01&zb=A06050202&sj=2015.

中埃承包工程合作发展势头良好，合作领域不断拓宽，规模不断扩大，前景广阔。据中国商务部统计，2010年中国企业在埃及新签承包工程和劳务合作合同金额为5.74亿美元。2010年完成营业额11.71亿美元，其中承包工程营业额11.69亿美元、劳务合作营业额124万美元；年末在埃及劳务人数2 200余人。截至2010年年底，中国在埃及投资合作企业累计达到1 066家，注册资本3.5亿美元，据中方统计，中国累计在埃投资3.35亿美元。投资领域主要集中于纺织、服装、箱包、文具和塑料制品加工等行业。据中国商务部统计，2010年，埃及对华投资设立企业11家，同比下降15.4%，合同外资1 416万美元，同比增长143.7%，实际投入803万美元，同比下降26.3%。截至2010年年底，埃及共投资设立139家企业，合同外资1.286 9亿美元，分别占中国吸收外资的0.02%、0.01%；实际投入5 198万美元。[①]

2011年，埃及对中国出口额增加了65%，中国对埃及新增投资8千万美元，两国贸易额增加至90亿美元。2012年11月23日，埃及与中国两国水利部签署合作备忘录，以推动并加强两国在水利及现代技术水利应用、节水战略与政策制定、经验交流与合作培训等领域的双边合作。2014年2月22日，中国企业家代表团在埃及6月30日革命后首次对埃及进行正式访问，来自中国国内大型跨国公司的12位投资家表示，埃及是中东地区最大的市场之一，埃及市场具有广阔的投资前景。

第二节　中埃经贸合作现状

本节主要概括2014年以后塞西政府执政以来中埃经贸合作取得的进展情况。塞西政府积极致力于稳定宏观经济，实现经济可持续发展，增强经济竞争力、经济多元化以及知识经济，提高工业附加值，

[①]　商务部：《中埃经贸关系》，时间：2011年8月17日，网站：http://eg. mofcom.gov.cn/aarticle/ddgk/zwjingji/201108/20110807699518.html.

适度增加就业机会，并将非正规部门纳入国民经济之中。①

塞西政府一上台就推出了"经济发展路线图"，一方面，他提出要大幅削减能源补贴，减少财政赤字；另一方面，他计划修建新的行政首都、扩建苏伊士运河、推动苏伊士运河经济区发展，希望大型工程能够提振经济、增加就业、改善民生。2014年12月塞西访华，表示中国提出的"一带一路"构想是中埃合作的"契机"，埃及愿意积极参与。2016年1月，习近平主席访问埃及，两国签署了21项谅解备忘录和合作协议；9月，塞西来华出席G20峰会。2017年9月，习近平主席在会见来华出席新兴市场国家与发展中国家对话会的埃及总统塞西时强调，双方要对接发展战略，利用基础设施建设和产能合作两大抓手，共同将埃及打造成"一带一路"沿线支点国家。中方支持中国企业赴埃及投资兴业，愿同埃方一道，促进贸易和投资便利化。塞西表示，埃方支持共建"一带一路"倡议，愿将自身发展战略同这一倡议对接，并加大同中方在投资、基础设施等领域的合作。2019年4月，塞西应习近平主席的邀请参加第二届"一带一路"国际合作高峰论坛。

随着"一带一路"倡议在埃及的推进，中埃经贸合作关系越来越密切。2016年1—3月出口额分别为7 281万美元、1 585万美元和1 177万美元，占埃及对中国出口总额的61.4%、13.4%和9.9%。在矿产品中，对中国矿物燃料出口额为7 025万美元，占其矿产品出口总额的96.5%。②中国对埃及出口的商品绝大部分为工业制成品，2016年中国对埃及出口产品主要包括：机电产品、车辆及其配件、钢铁及其制品、塑料及其制品、纺织品。中国从埃及进口的商品主要为初级产品，包括：原油、石材、润滑剂、柑橘、铁矿砂（见表11-3、表11-4）。

2018年，中国与埃及双边贸易额为138.3亿美元，同比增长27.7%，其中，中方出口额为119.9亿美元，同比增长26.4%，进口额为18.4亿美元，同比增长37.0%。截至2017年年底，中国企业对埃直接投资存量8.3亿美元。2018年，我国企业对埃全行业直接投资额为

---

① 戴晓琦：《塞西执政以来的埃及经济改革及其成效》，《阿拉伯世界研究》，2017年第6期，第37-51页和第119-120页。

② 中商情报网：《2016年1—3月埃及对中国出口主要商品排名》，时间：2016年8月11日，网站：http://www.askci.com/news/finance/20160811/17544352962.shtml.

7 422万美元，全部为非金融类。2018年，在埃新签工程承包合同额79.4亿美元，同比增长395.2%，完成营业额20.5亿美元，同比增长32.7%。①

表11-3　2016年埃及自中国进口主要商品构成（单位：亿美元）

序号	HS编码	商品类别	2016年	同比/%	占比/%
	章	总值	83.68	−7.99	100.00
1	85	电机、电气、音像设备及其零附件	18.34	−4.63	21.92
2	84	锅炉、机械器具及零件	12.49	6.57	14.93
3	54	化学纤维长丝	4.90	−0.62	5.86
4	72	钢铁	4.77	11.87	5.71
5	87	车辆及其零附件,但铁道车辆除外	4.21	−7.53	5.03
6	73	钢铁制品	4.11	−16.15	4.91
7	62	非针织或非钩编的服装及衣着附件	3.86	−47.48	4.62
8	39	塑料及其制品	3.40	−3.93	4.06
9	29	有机化学品	2.71	−0.75	3.23
10	55	化学纤维短纤	2.63	−0.12	3.15

资料来源：埃及全民动员中央统计局2018。

表11-4　2016年埃及对中国出口主要商品构成（单位：百万美元）

序号	HS编码	商品类别	2016年	同比/%	占比/%
	章	总值	493.38	16.04	100.00
1	27	矿物燃料、矿物油及其产品;沥青等	352.23	28.42	71.39
2	68	矿物材料的制品	41.64	−19.57	8.44
3	08	食用水果及坚果;甜瓜等水果的果皮	20.88	45.74	4.23
4	34	洗涤剂、润滑剂、人造蜡、塑型膏等	15.32	—	3.11
5	25	盐;硫磺;土及石料;石灰及水泥等	7.26	−59.29	1.47
6	53	其他植物纤维;纸纱线及其机织物	6.42	69.41	1.3
7	41	生皮(毛皮除外)及皮革	6.31	−47.54	1.28
8	57	地毯及纺织材料的其他铺地制品	6.00	51.31	1.22
9	39	塑料及其制品	5.88	52.17	1.19
10	26	矿砂、矿渣及矿灰	5.02	120.64	1.02

资料来源：埃及全民动员中央统计局2018。

---

① 商务部西亚非洲司：《中国——埃及经贸合作简况》，时间：2019年2月27日，网站：http://xyf.mofcom.gov.cn/article/tj/hz/201902/20190202838593.shtml

❖ 一、"2030愿景"与"一带一路"倡议高度融合，中埃经贸合作迎来新机遇

"一带一路"倡议的提出，赋予了新时期中埃关系新的内容，双方迎来了新的发展机遇。埃及外交事务委员会执行主席阿扎特·赛阿德认为，对埃及而言，"一带一路"倡议同埃及命运休戚与共，"一带一路"建设的具体工程也同埃及的国家复兴计划——"2030愿景"高度契合。埃及各界对于"一带一路"倡议大为赞赏，每个月在埃及都会举行有关"一带一路"的研讨会，这体现了埃及各界对于这项倡议的充分重视。①埃及是最为积极配合"一带一路"建设的国家之一。塞西政府将"一带一路"倡议视为自身发展的重要外部机遇，积极推动同中国进行具体项目的对接工作。2016年1月，习近平在与塞西举行会谈时指出，双方要将各自发展战略和愿景对接，利用基础设施建设和产能合作两大抓手，将埃及打造成"一带一路"沿线支点国家。会谈后，双方签署了《中华人民共和国政府和阿拉伯埃及共和国政府关于共同推进丝绸之路经济带和21世纪海上丝绸之路建设的谅解备忘录》以及电力、基础设施建设、经贸、能源、金融、航空航天、文化、新闻、科技、气候变化等领域多项双边的合作文件。在"一带一路"倡议和"2030愿景"框架下，中埃双方的经贸合作迎来新的机遇。

中国保持埃及主要商品进口来源国的位置。据联合国贸易数据库统计，2014年至2018年，中国居于对埃及商品出口来源国的首位。2018年埃及主要进口来源国前十位为中国、沙特阿拉伯、美国、俄罗斯、德国、意大利、土耳其、巴西、科威特和印度，其中，中国出口额115亿美元，占埃及进口额的14.2%，位居主要进口来源国之首（见表11-5）。埃及对中国的出口额10.4亿美元，占埃及出口总额的3.54%，位居主要出口国的第九位（见表11-6）。

---

① 光明日报：《埃及与"一带一路"休戚与共》，时间：2019年4月27日，网站：http://epaper.gmw.cn/gmrb/html/2019- 04/22/nw.D110000gmrb_ 20190422_4-12.htm.

表11-5　2018年埃及的进口来源前十位国家（单位：亿美元）

排名	进口来源国	进口额	占进口额比例
1	中国	115	14.20%
2	沙特阿拉伯	56.7	7%
3	美国	54.6	6.74%
4	俄罗斯	48.6	6%
5	德国	41.4	5.11%
6	意大利	35.1	4.33%
7	土耳其	33.1	4.09%
8	巴西	30.8	3.81%
9	科威特	23	2.84%
10	印度	22.9	2.83%

数据来源：联合国贸易数据库网站。

表11-6　2018年埃及出口目的地前十位国家（单位：亿美元）

排名	出口目的国	进口额	占比
1	意大利	20.5	6.98%
2	土耳其	20.1	6.85%
3	阿拉伯联合酋长国	19.8	6.76%
4	美国	17.2	5.88%
5	沙特阿拉伯	14.3	4.89%
6	英国	13.4	4.58%
7	西班牙	12.8	4.38%
8	印度	11.5	3.92%
9	中国	10.4	3.54%
10	阿尔及利亚	9.84	3.35%

数据来源：联合国贸易数据库网站。

据联合国贸易数据库统计，2018年埃及的进出口总额为1 103.76亿美元，出口额为293.84亿美元，进口额为809.92亿美元，贸易逆差为516.08亿美元（见表11-7）。2018年埃及进出口前十的商品如表11-8和表11-9所示。

表11-7　2012—2018年埃及进出口情况（单位：亿美元）

年份	出口额	进口额	进出口总额	贸易逆差
2012	294.17	698.66	992.83	404.49
2013	287.79	666.67	954.46	378.88
2014	268.12	713.38	981.50	445.26
2015	219.67	743.61	963.28	523.94
2016	225.07	580.53	805.60	355.46
2017	259.43	663.39	922.82	403.96
2018	293.84	809.92	1 103.76	516.08

数据来源：联合国贸易数据库网站。

表11-8　2018年埃及进口前十类商品（单位：亿美元）

排名	HS编码	进口商品	进口额	占进口额比例
1	2710	石油（原油除外）	70.6	8.72%
2	2709	石油原油（从沥青矿物中提取的原油）	35.6	4.39%
3	8703	汽车及其他运输车辆	26.9	3.33%
4	1001	小麦和杂麦	26.3	3.25%
5	2711	液化气及其他气态碳氢化合物	24.2	2.98%
6	3004	药品	19.9	2.46%
7	1005	玉米（玉米）	18.4	2.28%
8	7207	铁或非合金钢的半成品	16.2	2%
9	1201	大豆	13.8	1.71%
10	202	冷冻牛肉	11.5	1.42%

数据来源：联合国贸易数据库网站。

表11-9　2018年埃及出口前十类商品（单位：亿美元）

排名	HS编码	出口商品	出口额	占出口额比例
1	2710	石油(原油除外)	41.7	14.20%
2	2709	石油原油(从沥青矿物中提取的原油)	21.4	7.30%
3	7108	黄金制品(包括镀铂的金)	14.5	4.94%
4	3102	矿物或化学肥料,含氮	12.2	4.16%
5	805	新鲜柑橘类水果或果干	7.69	2.61%
6	2711	石油气和其他气态碳氢化合物	6.76	2.30%
7	8544	绝缘(漆包、电镀)电线和电缆	5.93	2.02%
8	8528	电视接收装置	5.56	1.89%
9	3901	初级形状的乙烯聚合物	5.14	1.75%
10	7208	未包层、镀、涂的铁或非合金钢扁轧制品	4.64	1.58%

数据来源：联合国贸易数据库网站。

二、中国对埃及投资开发规模保持增长

近年来，中国对埃及投资项目数量平稳增长（见表11-10）。据中国商务部统计，2015年中国对埃及直接投资流量为8 081万美元。截至2015年年末，中国对埃及直接投资存量为6.63亿美元。投资领域集中在工业、建筑业、金融业、信息技术产业以及服务业。中石油、中石化、国家电网、埃及泰达公司、埃及发展服务公司、中埃钻井公司、华晨汽车公司、中国港湾、巨石集团、新希望等公司在埃投资额较大。在中国驻埃及使馆经商参处备案并开展经贸活动的埃及中资企业机构共126家，其中在埃及合法注册设立境外企业70家，其余为办事处、项目部等。在70家境外企业中，其中采矿业公司4家，均为油气勘探开发和油田服务公司，占累计投资额的82%；制造业企业50家，主要分布在纺织、食品、建材、有机或无机化工材料、汽摩、电气设备、石油装备、五金、家电等行业，占累计投资额的12%；服务业企业16家，主要为港口航运、建筑业、通信与信息技术服务、贸易服务、房地产、住宿和餐饮及其他服务等行业，占累计投资额的6%。[1]

---

[1]　驻埃及使馆经商处：《双边投资》，时间：2017年1月10日，网站：http://eg.mofcom.gov.cn/article/f/201701/20170102499005.shtml.

表11-10　近5年中国对埃及投资统计 （单位：万美元）

年份	直接投资额	累计投资额
2012	11 941	45 919
2013	2 322	51 113
2014	16 287	65 711
2015	8 081	66 315
2016	6 671	—

资料来源：根据中华人民共和国商务部网站资料整理。

表11-11　重点中国投资企业

中国投资主体名称	境外企业(机构)名称	经营范围
中石化集团新星石油有限责任公司	中萨钻井公司	陆地、海洋钻井，修井工程服务，钻机设备贸易
振华石油控股有限公司	北方石油国际有限公司	油气勘探开发及生产
中非泰达投资股份有限公司	埃及泰达投资公司/埃及泰达特区开发公司	工业区开发、建设、运营和管理
巨石集团有限公司	巨石埃及玻璃纤维股份有限公司	生产销售玻璃纤维制品
华为技术有限公司	华为技术埃及有限公司	通信设备、信息技术产品和相关服务
中国西电电气股份有限公司	西电EGEMAC高压电气有限责任公司	高压开关、变压器、电容器、避雷器等输变电产品的制造、销售和服务业务
安琪酵母股份有限公司	安琪酵母(埃及)有限公司	干酵母、烘焙粉、生物化肥
新希望六和股份有限公司	新希望埃及有限公司	养殖和饲料加工

资料来源：中国驻埃及使馆经商参处。

埃及投资总局统计，截至2015年年底，在埃及投资的中国企业有1 249家，在外国投资国家中排第23位。近几年来，中国在埃及的投资额平稳上升。但与欧盟、美国等其他国家或地区在埃及的投资相比，中国在埃及的投资开发规模较小。欧盟依然是埃及直接投资的主要来源，2010/2011至2016/2017年，阿拉伯世界的投资额有所提高，美国的投资额有所减少，但仍然占据外来投资的主要份额。（见图11-1）与其他主要地区或国家的投资情况相比，中国的投资金额和领域还面临着挑战，特别是在大型国家项目上。

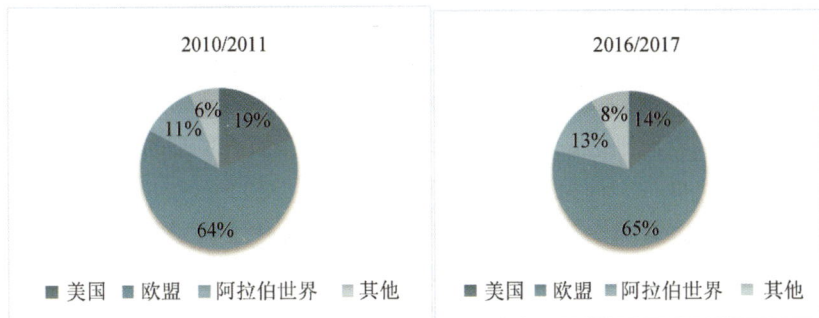

图11-1　埃及吸收外国直接投资地理分布

数据来源：埃及中央银行。

第三节　中埃经贸合作的主要项目

中埃在65年的经贸合作中取得了举世瞩目的成绩。中国已成埃及第一大贸易伙伴和第一大进口来源地，埃及是中国全球第四十七大贸易伙伴，非洲第三大贸易伙伴。中埃在贸易领域具有互补性，双方之间的贸易合作取得了进展。1970年至2014年，中埃合作项目共1 191项，2017年中埃合作项目1 320项。[①]

一、中埃农业合作

中国与埃及自建交以来，两国的友好合作关系一直在持续、稳定地发展。特别是1999年4月，埃及总统穆巴拉克访华期间，中国农业部与埃及农业农垦部正式签署了《农业合作议定书》，使两国农业交流与合作进入了一个崭新时期。

---

① 埃及国家信息服务中心：《埃中经济关系》（阿拉伯文），时间：2016年1月13日，网站：http://www.sis.gov.eg/Story/92484/الاقتصادية - الاستقلال - والاجتماعية?lang=ar.

中埃都是传统的农业国，农业都是两国的主要产业，在多方面具有互补性。埃及全国耕地面积为310万公顷，约占国土总面积的3.7%，农村人口占全国总人口的55%，农业从业人员约550万人，占全国劳动力总数的31%。[①]但农机化体系缺少国际先进水平的农机试验机构、设备和专业试验人员。而中国在农机化技术方面和国际先进水平接近，能够帮助埃及提高农机化水平。埃及是以灌溉农业为主的国家，由于水资源缺乏，埃及政府十分重视旱作农业的研究，注意培育和筛选抗旱良种、研究节水机械和改进节水技术，这些旱作农业技术适合中国的农业和农村条件。中埃在农业合作中有巨大的潜力。

中国与埃及农业项目合作不多。中非合作论坛框架下在埃及实施的农业合作项目有工业化秸秆气化技术项目、援埃蘑菇种植技术合作项目、援埃高级农业专家项目、苏伊士运河大学水产养殖实验室项目、农业技术人员培训项目等。

工业化秸秆气化技术项目：该项目是中国向埃及援助合作的优秀环保项目，是中埃两国最大的环境科技合作项目，该项目的实施对于改善埃及环境，尤其是避免因秸秆焚烧造成污染，具有重要的社会意义，而且还通过实际成果进一步丰富了双边合作的内涵。该项目的特点是，中国科研机构向发展中国家转让了科技含量较高的科技成果，同时也获得了巨大的经济效益，比如埃方为获得设备和培训服务向中方支付了30万美元，实现了合作的双赢效果。2004年6月，中国四川省农业机械研究设计院根据与埃及环境部签署的合同，为埃方建造、安装、调试完毕第一套SR300工业化秸秆气化设备。2006年10月，埃方已成功完成主体工程建设，将燃气送往50余家农户。

2011年7月山东省科技厅与埃及环境部在秸秆气化技术综合利用方面的合作取得实质性进展。双方商定，由山东省百川同创能源有限公司提供技术和关键设备，埃方提供土地、基础设施和部分资金，共同在埃及建设秸秆气化技术综合利用示范站。

援埃蘑菇种植技术合作项目：该项目于2005年7月开始实施，2007年7月完工，是1996年江泽民主席访埃时确定的农业援助项目之

---

① 中华人民共和国外交部：《埃及国家概况》，更新时间：2019年8月，网站：
http://www.fmprc.gov.cn/web/gjhdq_676201/gj_676203/fz_677316/1206_
677342/1206x0_677344/.

一，根据2004年商务部与埃及国际合作部共同签署的换文，在两年时间内，通过在埃及建立食用菌生产试验示范基地，将中国设施农业工程技术、食用菌适用生产技术与埃及的具体情况密切结合，探索出适合埃及的食用菌栽培模式，开展示范和培训，促进埃及食用菌产业的发展。此项目是我国对非技术援助的重要组成部分，充分体现了温家宝总理访埃期间"提供经济援助与促进技术合作相结合、提高非洲自主发展能力"的指示精神，是能起到"造血"作用的项目，意义深远。

该项目是中国对埃及无偿援助项目之一，由中国农业部派出的4名农业专家取得了平菇、草菇两个菇种栽培示范的全面成功，为埃及培训农业工程师、蘑菇专业种植户和蘑菇企业技术人员270多人，并积极进行消费调研，发展埃及蘑菇市场。该项目是中国对外援助项目成功合作的典范，被评为商务部援外标杆项目。

援埃高级农业专家项目：该项目是派遣援埃农机专家项目。中非合作论坛北京峰会之后，中国政府派遣农机维修、重机维修及拖拉机维修专家各一名，执行为期一年的农业技术援助任务。援埃3名农业专家2009年6月30日到达埃及后，提出了割晒机、秸秆粉碎机等农机的改进设计方案，指导制造、维修农机具多台；为了提高维修人员的技术素质，就相关的农业机械知识举办了三期培训班，进行了全面系统的讲解。3名专家在埃工作期间得到了埃方的充分肯定，圆满完成了在埃为期一年的工作任务。

苏伊士运河大学水产养殖实验室项目：中国援建埃及的渔业与水产教学培训中心项目于2009年6月由中埃两国政府立项，2011年5月16日，项目开工仪式在苏伊士运河大学举行。该项目占地面积为1.46公顷，总建筑面积为4 550平方米，主要包括教学与培训中心及实验大楼、苗种孵化培育车间、苗种中间培育车间、饵料培育车间及配套设施，并提供教学培训实验设备等。该项目由新疆国际经济合作公司承建，设计单位为北京大洋碧海渔业规划设计院，施工监理单位为广州万安建设监理有限公司，验收工作由中国土木工程集团有限公司承担。2012年11月6日，援埃苏伊士运河大学渔业与水产教学培训中心项目通过施工质量竣工验收。该项目的完成大大提高了苏伊士运河大学的渔业水产教学、培训和实验研究能力，增加大量的就业岗位，合理利用内陆河流和海洋资源，增加农民和渔民收入，普及渔业科学技术，有助于埃及培养出大批自己的水产渔业专家，还将对进一步推动和促进中埃两国在农业水产领域合作、巩固两国友好合作关系发挥重要作用。

中埃农业科技示范基地项目：该项目是在"中非科技伙伴计划"框架下开展的中国援外项目。该计划由温家宝总理于2009年11月在中非合作论坛第四届部长会议开幕式上提出倡议，并由中国科技部于当年11月在京启动。杨凌示范区作为中埃农业科技合作的中方具体实施单位开展此项工作。2010年9月，杨凌示范区管委会与埃及农业研究中心签订了《建设中埃农业科技示范基地工作方案》，进一步明确了中埃双方在合作期间的具体工作职责。根据该工作方案，中埃双方在埃及建立农业技术研究示范基地，双方农业科学家从事小麦、玉米、蔬菜的新品种引进、试验和示范，研究适合埃及当地的栽培技术，并进行相关技术培训，以提升埃及农业发展水平。管委会已向埃方引进优良小麦、玉米、蔬菜品种70多个，以筛选适合埃及气候及土壤条件的品种，并适时在基地展示中国小麦、玉米、蔬菜高产高效栽培技术体系。2011年5月，管委会组织中方项目执行专家及技术人员赴埃实施2011年项目任务，根据埃及农时，已完成玉米示范园的播种任务，玉米组技术人员仍在埃及指导埃方技术人员进行玉米示范园的日常田间管理工作。该项目第一阶段工作已顺利结束，2014年2月26日，埃及国家科研技术院院长舍比尼（Maged Sherbiny）博士来杨凌考察访问，双方就推进"中埃农业科技示范基地建设项目"第二阶段工作的相关事宜进行了座谈交流。

中国国机重工温室项目：2016年年初，埃及总统塞西提议进一步发展埃及现代农业设施，敦促大规模种植温室水果和蔬菜。2017年10月，中国国机重工开始在斋月十日城建造600个配备服务区和分类包装、储存设施的温室。2018年12月，作为埃及大型温室国家项目的一部分，埃及总统和中国机械工业集团公司总经理出席了在东方省（Sharqiya）斋月十日城举行的项目落成典礼。在2018年年末该项目竣工后，大多数温室都开始了种植和其他相关运营。在项目的实施过程中，中国国机重工和中国温室制造公司的技术人员在施工现场指导埃及工人进行安装，并指出安装材料重约55万吨，而这些建筑材料和技术支持都来自中国。这些温室主要生产西红柿、黄瓜、辣椒和豆类，其中大多数用于满足埃及国内市场需求，其余的15%被出口到邻国。温室里有分类和包装设施，埃及妇女可以在这里按照国际标准顺利完成工作，斋月十日城的项目可提供约6 000个就业机会。实际上，中国国机重工在埃及的现代农业温室项目还包括另一套2 350个温室的项目，正在埃及东北部伊斯梅里亚省阿布苏丹（Abu Sultan）村的3 900公顷的土地上建造。在阿布苏丹的项目建设完成后，两地总共将有2 950个温室，为埃及提供30 000个就业机会，并使大约45平方千米的埃及沙漠变成绿洲，这无疑将为埃及农业提供新的增长方向。①

表11-12　2011—2015年中埃农产品贸易额状况统计表（单位：万美元）

年份	中埃贸易额	同比增长	中国对埃出口	同比增长	中国从埃进口	同比增长	中埃贸易差额	同比增长
2011年	34 036.6	47.26%	23 834.2	44.13%	10 202.4	55.13%	13 631.8	36.86%
2012年	30 982.1	−8.97%	25 062.3	5.15%	5 919.8	−41.98%	19 142.5	40.43%
2013年	31 414.8	1.40%	27 368.1	9.20%	4 046.7	−31.64%	23 321.4	21.83%
2014年	25 328.6	−19.37%	22 447.8	−17.98%	2 880.8	−28.81%	19 567	−16.10%
2015年	28 588.6	12.87%	24 025.4	7.03%	4 563.2	58.40%	19 462.2	−0.54%

过去，由于受技术和其他因素的影响，中埃农产品贸易差额较大。近年来，随着两国农业合作的不断推进与深入，双方贸易差额开始缩小。自2007年，埃及的水果开始进入中国市场。埃及是世界上重要的水果生产国和出口国，水果种植面积达104万亩，年产量约为215万吨，其中柑橘类水果的种植面积为64万亩，年产量约为144万吨。埃及向中国出口柑橘始于2007年，近年出口势头迅猛，2014年中国进口埃及柑橘5 167吨，金额440万美元，2015年猛增至2.14万吨，金额1 880万美元。②埃及获准进入中国的柑橘品种有橙子、柚子、橘子、柠檬和葡萄柚等。其中，橙子占出口水果的大头，在2015/2016年度中，出口量达34 000吨，占柑橘类水果出口总量的94%。其次是葡萄

① "一带一路"中非智库：《中国近3000个温室项目落地埃及》，时间：2019年4月27日，网站：http://news.afrindex.com/zixun/article11760.html.

② 中华人民共和国驻埃及共和国大使馆经济商务参赞处：《重点/特色产业》，时间：2017年1月10日，网站：http://eg.mofcom.gov.cn/article/ddgk/zwjingji/201701/20170102499002.shtml.

柚，在上个季度，出口到中国的埃及葡萄柚达 1 300 吨。2016 年上半年，埃及柑橘出口中国总额为 2 400 万美元，与 2015 同期的 1 840 万美元相比，增加了 30%。

2016 年 11 月 20 日，中国国家质检总局副局长陈钢带队出访埃及，并与埃及农业部展开会谈，就加强两国口岸卫生检疫合作进行交流。11 月 22 日，中埃双方在埃及首都开罗共同签署了《关于埃及鲜食葡萄输华植物检疫要求的议定书》。①至此，继柑橘之后，埃及葡萄成为埃及第二个成功获准入驻中国消费市场的水果品种。

近年来，中国消费者对埃及水果的需求明显增加，为埃及水果进入中国市场奠定了坚实的基础。为重点发展中国市场，2014 年埃及果蔬贸易公司 EGCT 已在上海辉展果蔬批发市场设立了驻中国办事处。

❖ 二、中埃工业合作

埃及工业以纺织和食品加工等轻工业为主，重工业以石油化工业、机械制造业及汽车工业为主。工业约占国内生产总值的 16%，工业产品出口约占商品出口总额的 60%，工业从业人员 274 万人，占全国劳动力总数的 14%。埃及工业企业过去一直以国营为主体，自 20 世纪 90 年代初开始，埃及开始积极推行私有化改革。

2014 年 12 月，塞西总统访华，两国领导人提出了开展中埃产能合作的建议。随后双方通过电话会议就产能合作项目清单进行了梳理和磋商。2015 年 6 月，中埃产能合作工作组代表团访问埃及，中国发改委和商务部与埃及贸工部和投资部四部委在工作层面进行了大组会谈，梳理了优先项目，草签了中埃产能合作框架协议，确定了电力、交通和工业领域的 15 个优先项目清单。2015 年 9 月，塞西访华，两国四部委正式签署中埃产能合作框架协议。截止到 2017 年 1 月，在埃及的主要中资企业有 83 家，其中理事会单位 35 家、会员单位 48 家。中埃在工业领域的合作形式主要包括经贸合作区建设、企业合作和项目合作，其中具有影响力的是中埃·泰达苏伊士经贸合作区、埃及阿布吉尔电力项目、埃及国家电网升级改造输电线路项目和中埃 K8E 合作生产项目等。

---

① 《金字塔报》：《中埃关于葡萄出口合作协议》（阿拉伯文），时间：2016 年 11 月 22 日，网站：http://gate.ahram.org.eg/News/1312327.aspx.

中埃·泰达苏伊士经贸合作区：该合作区是中国政府批准的第二批国家级境外经贸合作区，是集中了国家级资源开发建设的重点境外经贸合作区，始建于2008年，由"中非泰达投资股份有限公司"实施运营。合作区位于亚非欧三大洲金三角地带的埃及苏伊士湾西北经济区，紧邻苏伊士运河，距离埃及第三大港口——因苏哈那港仅2 000米。合作区起步区面积为1.34平方千米，累计投资约1.05亿美元，已基本开发完成。建筑面积近8万平方米，拥有12栋标准厂房及小型服务中心和餐饮供应场所的中国小企业孵化园，已经全部建成投入使用，并有超过20家的中小企业入住，成为中国小企业走出去发展的孵化器和生长地。综合配套服务中心总体规划建筑面积10万平方米，分为3期开发建设，其中服务中心一、二期工程总建筑面积近5万平方米，包括一座8层的投资服务中心大楼、一座7层的四星级酒店、4栋员工公寓全部完工并投入使用。占地2万平方米的Teda Fun Valley乐园及环境、道路景观改造工程全部竣工，园区面貌发生显著变化，一个生态化、生活化的高标准现代工业新城区已形成。

截至2015年年底，苏伊士合作区起步区共有企业68家，其中生产型企业达到了33家（其中含中资成分投资企业29家），另有生产、生活配套型企业35家，其中包括苏伊士运河银行、法国兴业银行、中海运公司、韩进物流、阳明海运、苏伊士运河保险公司、广告公司等机构；此外，园区内还设有中餐厅、面包房，并修建了体育馆、健身房、员工俱乐部和图书馆等设施，丰富了入驻企业员工的业余文化生活。合作区累计吸引协议投资额超过9亿美元，现已初步形成了以宏华钻机和国际钻井材料制造公司为龙头的石油装备产业园区、以西电–EGEMAC高压设备公司为龙头的高低压电器产业园区、以中纺机无纺布为龙头的纺织服装产业园区、以巨石玻璃纤维公司为龙头的新型建材产业园区，以及以牧羊仓储公司为龙头的机械制造类产业园区在内的五大产业布局，并带动上、下游产业入区，快速形成产业集群效应。

浙江的巨石集团投资6亿美元，打造了年产20万吨的世界级大型玻璃纤维生产基地，填补了当地的产业空白。埃及原来没有玻璃纤维生产，中国给它建造了年产20万吨的基地，在世界上都算是非常大型的玻璃纤维生产基地。2016年年初，牧羊埃及项目正式投产。其项目投资总额约为7 400万美金，项目全部落成后，总产值为库容490万吨左右，预计总共为当地提供就业岗位近300个。整个项目分为两期，第一期于2015年10月试运营。①

2014年9月，中埃双方签订了合作区扩展区项目，扩展区面积为6平方千米，将分三期开发。2015年11月30日，中国泰达投资公司与埃方签署了《苏伊士经贸合作区扩展区一期土地移交协议》，从埃方接受了一期2平方千米的土地，基础设施开发建设已经于2016年1月正式展开，总投资2.3亿美元，扩展区一期可在3~5年内建成。扩展区全面建成后，可容纳200家企业入驻，吸引投资30亿美元，销售额达100亿美元，将创造更多的税收和就业机会。2016年12月18日，埃及泰达特区开发公司与因苏哈那汽车城物流公司签署土地销售合同，实现扩展区一期26万平方米的土地销售。特区开发公司执行董事魏建青和汽车城物流公司发起人莫哈默德·扎伊藤代表双方签署合同，标志着埃及第一家综合型物流公司入驻苏伊士经贸合作区扩展区。汽车城项目的入驻对于合作区意义重大，此类首创性、独创性项目的入驻极大地提高了合作区在埃及的知名度，大大地增强了埃及当地各企业对合作区的投资信心。

埃及阿布吉尔电力项目：该项目是中国首次承接非洲国家第一个最大的电建工程。阿布吉尔火电站位于亚历山大市10千米处，建设两台65万千瓦电站6、7号机组，执行期32个月、质保期24个月，由中航国际和浙江火电联合体承建，业主为埃及西尼罗河电力公司，合同额为7 100万美元，中国能建浙江火电承建管道及辅机安装标段（CP-118标段）等工作。2012年6月，阿布吉尔电站6号机组冲管顺利完成，从而为该机组整套启动及投产发电创造了有利条件。2016年1月，阿布吉尔电站获最终移交。业主方签发了"最终移交证书"FAC，标志着浙江火电合同责任范围内的工作全部结束并圆满完成两年质保期工作。工程的投产，缓解了埃及北部电网电力紧张的局面，对促进埃及经济的发展具有重要意义，也为中国企业在埃及乃至阿拉伯国家电力市场赢得了良好声誉。

---

① 中埃泰达苏伊士经贸合作区：《中埃泰达苏伊士经贸合作区简介》，时间：2016年11月2日，网站：http://www.setc-zone.com/news/detail?Type=1&id=10&nid=21

埃及国家电网升级改造输电线路项目：该项目是中国–埃及产能合作的首个成功签约项目。埃及当地时间2016年3月22日，由中国国家电网公司所属中国电力技术装备有限公司总承包建设的埃及国家电网升级项目56、57号塔基基础开挖，标志着该项目尼罗河大跨越段工程开始施工。距离埃及首都开罗300千米外的南部沙漠腹地贝尼苏韦夫地区是中电装备公司承建的埃及国家电网升级项目的施工点。项目建设以来，中电装备公司加大项目管控，强化统筹协调。埃及国家电网升级项目已完成9条线路中1条紧急施工线路的勘测和图纸设计审批工作，完成两批散货船、七批集装箱物资运输，完成70多基基坑开挖和近40基混凝土浇筑，施工进度总体符合工程里程碑计划。

埃及国家电网升级项目500千伏同塔双回路交流线路约为1 210千米，是埃及三角洲东部及西北部多座电站的送出配套工程。中电装备公司负责项目设计、设备供货和安装调试。线路工程包括4处尼罗河大跨越，进行基础施工的大跨越为贝尼苏韦夫—迈加盖段同塔双回500千伏线路工程在H056～H057档跨越尼罗河。尼罗河面宽600米，跨距约910米，跨河塔全高174.8米，单基铁塔重近400吨，为埃及跨越尼罗河距离最长、铁塔最高的500千伏双回路四分裂大跨越输电线路工程。2016年11月30日，该项目第一阶段就已高质量完工，3条线路已成功进入带电运营。该项目提升了埃及电力输出能力，不仅有利于未来与其周边国家电网联通，还拉动了就业，为其提供六七千人的就业岗位，为埃及电力部培训了输电工程施工和建设技术人才，同时更加强了两国产能合作，并且标志着中埃共建"一带一路"在基础设施建设领域向前迈出积极一步。

中埃K-8E合作生产项目：1999年12月27日，中国航空技术进出口总公司与埃及国防部装备部签署了80架K-8E合作生产合同。在此合同项目签署下，中埃双方开展了K-8E飞机的合作生产，并在埃及建立了飞机研发中心。2004年11月，当80架K-8E生产合同即将结束之时，中埃双方又签署了续购40架机的合作生产合同。此外，中埃双方还在飞机制造厂（ACF）建立了K-8E飞机大修线。2010年5月26日，中国和埃及合作生产的第120架K-8E型教练机交付仪式在埃及首都开罗南郊的阿拉伯军工生产组织（AOI）下属的飞机制造厂（ACF）隆重举行。这是中埃两国航空领域成功合作的又一重要里程碑。中埃

K8E合作生产项目是我国首次出口飞机生产线和对外输出飞机制造技术，标志着我国航空工业开拓国际市场取得了重大突破。合同至今已执行10年，跨越了从飞机总装试飞到初装/部装，最后到零件生产三个循序渐进的技术转让阶段。截至2010年，K8E机队已在埃及安全飞行近7万小时，完成了500余名飞行员的培训任务，埃及空军对K8E飞机的性能和中方的服务非常满意。

❧ 三、中埃旅游业合作

中国和埃及都是世界上历史较为悠久的国家，从文物古迹、文化遗产到迷人的海滩，两国的旅游资源十分丰富。近些年来，两国都在大力发展旅游业，并在相关领域取得了许多合作。2005年7月，国家旅游局局长邵琪伟和来访的埃及旅游部部长艾哈迈德·艾勒·马格拉比在北京签署了《中埃旅游合作谅解备忘录》，双方同意在加强对各自文化遗产保护的基础上进行扩大交流各自在旅游开发中对文化遗产保护方面的成功经验和做法，并为促进埃及金字塔和中国长城的旅游开发进行合作。根据此备忘录，中埃双方将进一步促进双方旅游界的交往交流，两国旅游主管部门派双方专业人员参加对方的旅游推广活动，鼓励双方的知名旅游企业相互签署旅游合作协议来推进中国和埃及旅游业及相关行业的发展，为培训所需要的旅游专业人才，备忘录双方同意进一步探讨协助对方国提供旅游业和酒店业培训课程的可能性。此类培训课程包括在中国境内培养埃及旅游和酒店业领域的汉语专业人员。积极鼓励两国投资者在对方国家投资旅游业和饭店业，表明双方之间的旅游交流进入了一个崭新的发展阶段。

旅游业在埃及经济中扮演着重要角色。国际旅行与旅游协会公布的报告显示，旅游收入在埃及经济中的比例高达13%，直接或间接创造了全国12%的就业岗位。2010年，埃及游客人数达1 470万人次，旅游收入为125亿美元。但自2011年年初以来，埃及政局陷入持续动荡，2011年埃及游客数量降至980万人次，降幅达33%，旅游收入为88亿美元，减少30%。2012年8月28日，国家主席胡锦涛与埃及总统穆罕默德·穆尔西出席了在人民大会堂举行的《中华人民共和国国家旅游局与阿拉伯埃及共和国旅游部旅游合作执行计划》签字仪式。中埃两国旅游部部长作为双方代表签署了该合作文件，主要涉及两国旅游部门在旅游市场宣传推广、旅游培训、旅游投资等方面的合作事宜。

2014年埃及总统塞西访华期间也和中国顶尖的25家旅行社进行了会面，他承诺未来会进一步推出更加便利的措施来吸引和鼓励中国游客赴埃旅游。埃及和中国也建立了全面战略伙伴关系，其中非常重要的一点便是双方继续加强旅游合作，鼓励两国游客互访，并支持在两国举行旅游推介活动。埃及为了吸引更多的中国游客，在开罗、亚历山大等城市开设了更多的中餐厅，建立更加优秀的硬件设施。在航线和签证上也给予了很多便利。从普通航线上，除已开通了埃及至广州、北京、上海的直航外，包机也是2015年的一个新的尝试。2014年12月埃及总统访华以后，埃及的一家航空公司 Air Leisure 也于2015年1月正式开通包机业务，开通了从中国深圳、上海、成都三个城市飞往埃及的包机。在签证的办理上，埃及大使馆鼓励中国游客以团队游的方式进入埃及。通常个人签的中国游客签证出签时间会等于或大于48小时，但以团队游形式赴埃的中国公民都会在48小时以内拿到签证。在埃及也可以找到中文导游，中国游客无须担心语言不通等问题。

为期3天的2016中国-阿拉伯国家博览会走进埃及，活动由中国宁夏回族自治区人民政府、埃及贸工部共同主办，旅游主题为"美丽中国·神奇宁夏"（埃及）。旅游推介会活动将宁夏的旅游资源深入到了埃及民众中。

2010年中国赴埃游客数量超过10万人，2013年为7万人，2015年为13.5万人，2016年中国赴埃游客人数近10万，在当年埃及接待外国游客中人数排名第五。

❀ 四、中埃金融合作

"一带一路"金融合作是由政府推动、民间跟进，与人民币国际化相辅相成的系统性工程。根据有关政策动向，"一带一路"必将涉及多方面的平衡、借鉴、协调与合作。建立灵活、有效的金融合作机制，将提高资金使用效率，消除制度壁垒对市场的约束，提升沿线国家整体利益，重构国际治理体系，实现区域共赢。

随着政府资金合作的启动，民间金融合作也将逐渐深入，中国业务柜台是中国银行拓展全球服务网络的一种创新模式。在尚未设立经营性分支机构的国家和地区，中国银行利用其丰富的海外代理行资源，通过向代理行派驻工作人员，利用代理行业务平台，为"走出去"中资企业、个人以及外国企业开展业务提供金融支持。2013年，中国银行与埃及商业国际银行合作，在埃及首都开罗设立了中国业务柜台，为"走出去"中资企业及当地企业提供投资咨询、国际结算、账户开立及项目贷款等金融服务，以促进中埃两国经贸投资的进一步发展。

2013年以来，中国出口信用保险公司着眼多双边和区域、次区域合作大局，在埃及电力部框架中，创新应用与中国进出口银行、国家开发银行及中国工商银行形成的"三行一保"合作模式，有力支持了中埃产能合作进展，6个月的时间内锁定了5个项目的融资保险条件，总合同金额超过80亿美元。2016年1月21日，中国出口信用保险公司董事长王毅、埃及电力与可再生能源部部长穆罕默德·谢克尔代表双方签署了关于电力重点项目融资保险合作框架协议，标志着中埃经贸合作在电力建设领域的融资工作取得了重要阶段性成果。该协议明确了中埃产能合作项下部分重点项目的融资保险合作机制和条件，有利于双方提高合作效率，扎实推进务实合作。

2016年2月，国家开发银行实现对埃及金融机构14.25亿美元贷款的发放，包括向埃及中央银行发放贷款9亿美元，向埃及国民银行发放贷款5.25亿美元，这是国开行落实习近平主席年初访埃成果的重要举措。其中，对埃及中央银行的授信项目是国开行首次开展对境外央行大额授信。

2016年12月6日，中国人民银行与埃及中央银行签署了双边本币互换协议，规模为180亿元人民币（470亿埃镑，约合26.2亿美元），协议有效期三年，经双方同意可延期。中埃两国达成本币互换协议，这在一定程度上取代了美元这一中间货币，使双方可以使用各自充足的本国货币支付双边贸易。此举旨在便利双边贸易和投资，维护两国金融稳定。

❖ 五、中埃通信业合作

中国中兴和深圳华为与埃及电信合作：国家主席胡锦涛在2004年年初访问埃及时提出，中埃两国应扩大在电子、通信等领域的合作。5月4日和6日，中国中兴通讯股份有限公司和深圳华为技术有限公司与埃及电信公司对CDMA无线接入网络协议举行签署仪式。此次中埃在电信领域的合作正是落实这一构想的有益尝试。本项目价值2 000多万美元，是埃及电信公司与外国公司签署的第一个CDMA项目合同。

华为与埃及电信运营商 Etisalat Misr 的合作：Misr 是阿联酋 Etisalat 集团在埃及的通信子公司，成立于2006年，是埃及首家提供3.5G业务的运营商。Etisalat Misr 在埃及已覆盖99%的人口，除了移动业务外，Etisalat 埃及还提供固定网络业务，是埃及唯一拥有国际关口局的运营商。2006年，华为与 Etisalat Misr 首次合作，为 Etisalat Misr 提供第一期网络设备。2008年，又为其部署第二期网络扩充和升级，提供无线接入网络、核心网络以及传输网络设备。至2010年5月，由一期的21Mb/s HSPA+网络平滑升级到第二期42Mb/s HSPA+网络成功交付并投入商用运营，为用户带来移动宽带体验的跃升。2014年6月，埃及电信运营商 Etisalat Misr 再次选用华为 NE5000E 400G 核心路由器建设全新的国家骨干承载网（IPBB）核心节点，以满足埃及通信部国家宽带的战略规划和宽带业务的快速发展，打造面向未来的大带宽、高可靠的融合骨干网络。这是在北非地区首次商用部署400G核心路由器，引领骨干网向400G超宽带时代演进。2016年3月 Etisalat Misr 与华为联合宣布，在埃及亚历山大完成微波解决方案 Super Dual Band 的全球首次现网应用。微波传输长期以来存在长距离下难以实现高效Gbit级别传输的瓶颈，而华为 Super Dual Band 则通过领先技术挖掘E-band设备潜力，在距离为3.37千米的链路上实现了高达 6.19 Gbps 的移动回传吞吐量。Etisalat Misr 的首席技术官海斯曼·阿布都·拉扎卡（Haitham Abudul Razzak）先生曾表示："通过与华为长期的合作，Etisalat Misr 成为埃及领先的移动宽带运营商。"①

TCL 与 ELARABY 达成策略合作：在"一带一路"发展策略的推动下，TCL 集团紧抓这一发展机遇，积极响应国家发展策略，2016年5月20日，TCL 多媒体科技控股有限公司（香港联交所股份编号：01070.HK）宣布与埃及家电龙头企业 ELARABY 签订策略合作伙伴备

---

① Donews：《华为携手 Etisalat 为埃及用户提供42Mb/s 移动宽带体验》，时间：2010年5月5日，网站：http://www.donews.com/tele/201005/72643.shtm.

忘录。通过此次策略性合作与埃及家电龙头企业强强联合，双方将通过这次合资项目在埃及建立生产基地，放眼中东、非洲市场，把握广阔的发展前景，这对 TCL 产业布局有战略性意义。凭借 TCL 在研发、供应链、高端产品线（如曲面、大屏幕、超薄、高色域量子点电视）、智能电视 TV+系统及互联网运营技术方面的强大优势，将有效结合 ELARABY 强大的多元化产品制造能力及销售网络实力，实现双方资源整合及优势互补，以充分发挥双方巨大的协同效益。此次合作将获得两国政策支持，享受出口退税等优惠。

兆盟集团与埃及 SICO 公司在深圳合作：兆盟集团总部位于深圳，是集电子精密结构件、手机平板整机集成、移动健康、智能硬件、新材料、新能源及大数据云计算多种业务的综合性跨国产业集团，年销售额达 20 亿元人民币。埃及 SICO 公司隶属于埃及龙头企业 Elsayed Salem 集团，在信息技术通信行业成为非洲以及中东地区的翘楚。2016 年 5 月 18 日，兆盟集团与埃及 SICO 公司在深圳签署战略合作协议。根据协议，兆盟集团与 SICO 公司将合作在埃及建厂，SICO 向兆盟集团长期采购每年不低于 3 000 万美元的通信技术产品，包括智能硬件、保密手机、追踪器、车载电子用品等，双方还将在智能手机和其他电子产品方面展开合作。

❀ 六、中埃其他领域的合作

斋月十日城市郊铁路项目：斋月十日城是埃及首都开罗市重要的卫星城，也是埃及政府在沙漠地区建立的第一个工业区所在地。自 2014 年项目框架协议签署以来，中埃双方政府高度重视，并于 2015 年将其纳入首批中埃产能合作优先项目清单。2016 年 1 月 19 日中航工业与中国中铁联合体与埃及国家隧道局签署了《埃及斋月十日城铁路项目 EPC 合同》。该合同约定由联合体以 EPC+F 模式承建斋月十日城郊铁路项目，负责合同项下的所有工程，包括工程设计、土建工程和轨道工程的实施、安装、集成调试和试运行、缺陷修复期的缺陷修复和维修期的维护工作等的相关管理及项目分包商的管理工作。合同总金额为 15 亿美元（约合 98.82 亿人民币），工期 30 个月。

2017 年 8 月 15 日，埃及斋月十日城市郊铁路项目签字仪式在埃总理府举行，中国中铁授权代表、中铁二院副总经理张雪才，中航国际公司授权代表张焱，埃及国家隧道局主席塔里克分别代表中国中铁和中航国际联合体与埃隧道局签署轻轨项目机电合同。该项目包括设计、建设时速120千米的双线电气化轻轨和11个车站，连接开罗市区、斋月十日城和新行政首都，总里程约66千米，合同金额为12.4亿美元。预计每天将运送乘客34万人，[①]该项目的建设将有效缓解开罗的交通压力，开罗至新行政首都、斋月十日城通勤时间将减少30%以上，极大便利10余个卫星城近500万居民的日常出行。这是中国在埃及的第一个轨道项目。中国轨道技术进入埃及市场，本身就是一个突破，这也表明埃及对中国轨道技术的认可，埃方还将使用中国的列车车厢。这对于拓展中国铁路技术在埃及的市场具有非常重要的意义。该项目的成功签署也标志着中埃在"一带一路"倡议下务实合作取得了重大成果。

2018年12月3日，中车四方股份公司与中国中铁－中航国际联合体签署了埃及斋月十日城市郊铁路项目车辆供货合同，提供市域动车组，以及为期12年的车辆维保服务。列车设计时速120千米，采用6辆编组，将根据当地环境量身打造，具有耐风沙、噪声低、载客量大等特点。该项目车辆合同的签署，也标志着中国轨道车辆走进"一带一路"沿线国家取得又一重大突破。同时，作为中车四方股份公司在北非的首个订单，该项目车辆合同的落地，将助力企业产品加服务"多元化"走出去，并为后续周边市场的开发起到良好的示范效应。这是中国轨道车辆装备进入"一带一路"沿线国家的又一新突破。

2019年1月16日，中国进出口银行与埃及国家隧道局在开罗签署埃及首条电气化铁路——"斋月十日城"市郊铁路项目贷款协议，协议总金额达12.39亿美元。贷款将用于轻轨列车和相关基础设施建设。埃及是"一带一路"沿线重要国家，在各领域积极参与倡议建设，斋月十日城市郊铁路项目是中埃在"一带一路"倡议下务实合作取得的重大成果。

---

① 中国中铁：《中铁二院、中航国际联合体与埃及隧道局签约斋月十日城市郊铁路项目》，时间：2017年8月30日，网站：http://gcb.crec.cn/ZTB/20170830/html/page_01_content_002.htm

第四节　　"一带一路"与中埃合作前景展望

埃及是非洲第三大经济体和中东地区人口最多的国家，也是区域性组织如非洲国家联盟①、阿拉伯国家联盟②和伊斯兰合作组织③等的核心成员国。作为传统上的地区性大国，埃及在非洲、中东地区乃至整个伊斯兰世界都具有举足轻重的影响力。埃及因其特殊的地缘位置和地区影响力而被中国视为在中东地区推进"一带一路"建设的支点国家之一。因此，以"一带一路"建设为抓手，积极发展与埃及的双边关系关系到中国在整个中东地区的竞争力和影响力。与此同时，在挺过肇始于2011年春天的中东变局之后，埃及政局趋稳。2014年6月，埃及新任总统阿卜杜勒·法塔赫·塞西推出旨在恢复埃及在阿拉伯—伊斯兰世界领头羊的地位的复兴计划。④在此背景下，中埃两国的发展战略能否实现有效对接，是未来发展双边合作关系的关键。

（一）埃及新发展战略的提出及其实施

2014年3月26日，塞西宣布辞去埃及武装部队总司令和国防部部长职务并发表书面讲话。在演讲中，塞西谈到了对埃及未来发展战略的思考，认为埃及"要恢复引领阿拉伯世界的力量、实力及影响

---

① 非洲国家联盟(African Union，AU)，简称非盟，前身是1963年在埃塞俄比亚首都亚的斯亚贝巴成立的"非洲统一组织"。2002年7月在南非改组，使用现名。

② 阿拉伯国家联盟(League of Arab States)，简称阿拉伯联盟或阿盟，是为了加强阿拉伯国家联合与合作而建立的地区性国际组织。

③ 伊斯兰合作组织（Organisation of Islamic Cooperation，OIC），原名伊斯兰会议组织，2011年6月改为现名。它是由伊斯兰国家组成的国际组织，为联合国常驻机构;该组织由遍及中东、中亚、西非、北非和印度次大陆的57个国家组成(2013年止)，覆盖的人口约为13亿。秘书处设在沙特阿拉伯王国的吉达市;现任秘书长是沙特（前社会事务大臣尤素福·欧赛敏2016年11月开始）。

④ Yousuf Basil，"Egypt's New President Vows to 'Correct the Mistakes of the Past,"CNN, June 9, 2014, http:// edition.cnn.com/2014/06/08/world/africa/egypt-presidential-election/index.html.

力"①。5月20日，塞西公布了其总统竞选计划（媒体称为埃及的"振兴计划"），提出了改善民生、建立现代政府和恢复国际地位等奋斗目标，并提出了具体的实现路径。②塞西当选埃及总统后在6月8日的就职演讲中，再次强调了埃及的复兴目标："我们要在未来建设一个强大、安全、繁荣的国家，埃及在未来的任务就是重担历史使命，维护伊斯兰世界和阿拉伯民族的稳定"，并将通过经济发展来"弥补所失去的"，"校正以往的过错"。③

作为埃及新的国家发展战略，"振兴计划"旨在使埃及摆脱近年来面临的现实困境，具体体现在以下几个方面：

第一，破解有增长但欠发展的经济困局。长期以来，埃及经济有增长但社会欠发展已成为一种常态，也是困扰历届政府的最大难题，更是近几年导致社会秩序和政局不稳的主要原因。1991年埃及接受国际货币基金组织的经济改革方案，开始加快推进私有化进程和市场经济改革。2004年埃及正式实行价格自由化和企业重组计划，经济进入高速发展期。但好景不长，全球金融危机使这一态势戛然而止。2008—2009年，埃及经济下行趋势明显，GDP增长率下降。2010年，埃及经济经历断崖式暴降，出现了历史最低点，GDP增长率仅为1.9%。④2011年"一·二五革命"后，埃及政局反复动荡，使该国经济增长一直在低点徘徊。在上述时期，人口增长、失业率和通胀率这三个完全抵消埃及经济实际增长率的联动指标一直如影随形，使埃及经济的有限增长根本无法满足巨大的社会需求，大批民众的收入实际上不升反降。有研究表明，上述三项指标是穆巴拉克政权更迭、穆尔西政权未能坚持长久以及影响塞西政权和埃及今后能否实现长期稳定

---

① "Sisi's Resignation Speech in Full," Al Jazeera, March 26, 2014, http://www.aljazeera. com/news/middleeast/ 2014/03/sisi- resignation- speech- full-2014326201638123905.html

② Scott Williamson, "Sisi' Vision for Egypt," http://carnegieendowment.org/2014/06/30/ sisi-s-vision-foregypt/ heud.

③ 国际在线：《埃及当选总统塞西宣誓就职称要使国家"重回历史使命"》，时间：2015年1月7日；Yousuf Basil, "Egypt's New President Vows to 'Correct the Mistakes of the Past'"

④ Central Bank of Egypt, Annual Report 2010-2011, p.53.

和发展最为重要的因素，①也是导致埃及长期陷入经济困局的主因。

第二，解决动荡频仍的社会困局。2011—2014年，埃及先后经历穆巴拉克政权垮台、穆尔西政权被强制解散、曼苏尔临时政权移交以及塞西政权建立等政权更迭。出于社会经济或宗教诉求，每一次的政权更迭前后都伴随着持续时间较长的游行示威、占领广场、暴力骚乱、集体抗议、罢工等社会事件。在穆尔西主政时期，其支持者和反对者之间的冲突几乎从未中断过。据统计，仅在穆尔西执政的第一年中，埃及记录在案的示威游行就高达9 400多次，创下“自法老时代之最”；而在2013年上半年，埃及人平均每月示威游行1 140次，且大多数伴随暴力破坏行为。②曼苏尔过渡政权时期，开罗、亚历山大、曼苏尔、苏伊士、卢克索、沙姆沙伊赫和伊斯梅利亚等埃及主要城市均发生了不同程度的游行示威或骚乱。仅2013年8月14日—19日，埃及各地抗议者与防暴警察之间的冲突就至少造成866人死亡。③在军方接管埃及最高权力后，埃及各地暴恐活动此起彼伏，使埃及社会出现了更多不稳定因素。据不完全统计，自军方废黜穆尔西总统后，埃及发生的较为严重的暴恐袭击事件就达数十起，死伤数百人。

第三，缓解国际地位衰落的战略困局。尽管埃及历任总统执政理念存在差异，但在谋求地区大国地位与主导阿拉伯世界以及独立自主方面的基本观念具有延续性。纳赛尔时期，埃及提出了“三个圈子”和倡导“不结盟”，即以阿拉伯圈子、非洲圈子和伊斯兰圈子为基础，奉行经济自给自足和政治独立自主的原则。根据这些原则，埃及不仅参与制定万隆会议“十项原则”，成为“不结盟运动”的发起国，还借助阿盟平台，获得在阿拉伯世界的主导权。④萨达特时期和穆巴拉克时期，埃及尽管在一定程度上仍遵循“三个圈子”原则和“不结盟和独

---

① 杨光：《埃及的人口、失业与工业化》，《西亚非洲》，2015年第6期，第124-137页。

② 凤凰网：《马尔萨斯魔咒——几乎无解的埃及》，网站，http://news.ifeng. com/world/ special/ egyptyxsw/content- 2/detail_2013_08/15/28644152_0. shtml.

③ 搜狐网：《埃及各地爆发流血冲突已造成至少866人死亡》，网站：http:// news.sohu.com/ 20130819/ n384466887.shtml.

④ 赵军：《埃及与阿盟的互动关系研究》，《阿拉伯世界研究》，2015年第5期，第94-100页。

立自主的外交政策"以及依据国家利益制定对外政策，①但由于埃及单独与以色列媾和，加之海合会国家的崛起，所以使其在阿拉伯世界的主导地位明显下降，国际影响力也衰势渐显，而这种趋势在后穆巴拉克时期更是彻底显现无遗。塞西在阐述"振兴计划"时，重申要发扬埃及共和国建国以来奉行的对外政策，试图将纳赛尔主义和穆巴拉克对外战略平衡思想相结合，以解决埃及面临的战略困局。因此，有评论认为，塞西对内通过激进手段稳定政治和社会秩序，对外执行完全以国家利益为导向的外交战略。②

为顺利实施"振兴计划"，埃及政府出台了一系列措施。在政治改革、稳定政局和社会秩序方面，塞西积极组建新内阁，支持新议会选举，力排众议，贯彻实施《新公务员法》；强力取缔穆斯林兄弟会活动，将其定性为恐怖组织；坚决打击恐怖主义，签署并实施新反恐怖主义法；限制西方非政府组织在埃活动，对街头游行施以高压，惩治腐败，等等。在处理对外关系方面，埃及新政府积极破解外交困局，重塑外交新格局，包括恢复埃及在非盟的成员国资格；争取到沙特阿拉伯、阿联酋和科威特等海湾阿拉伯国家的政治支持和经济援助；缓和与苏丹和埃塞俄比亚有关尼罗河水资源分配造成的紧张关系；全面调整对美、欧、俄、中政策，采取亲"东"疏"西"的"向东看"政策。在发展经济方面，作为"振兴计划"的重要内容，埃及政府实施"开源节流"的"经济发展路线图"。在开源方面，新政府制订国际援助和实行经济刺激计划，尤其是后者成为推动经济发展的核心内容和动力。塞西借上任之初的较高人气，正式启动苏伊士运河经济走廊建设计划、埃及新行政和商业首都的建设计划、高铁网建设计划以及旅游项目开发计划四项庞大的投资计划。在节流方面，埃及新政府大幅度削减能源补贴，旨在减少居高不下的财政赤字；使用智能卡监管粮食补贴，以减少在该领域的浪费和腐败，等等。

埃及政府在推进"振兴计划"的过程中，更加注重维护国内政治

---

① 王京烈：《埃及外交政策分析》，《西亚非洲》，2006年第4期，第27-35页。

② Dmitry Minin, "Will General al-Sisi Be a New Nasser?," Strategic Culture Foundation, http://www. strategic- culture.org/news/2013/08/22/will-general-al-sisi-be-a-new-nasser.html.

稳定和促进经济发展，并已取得一定成效。塞西上台后，埃及国内政局趋于缓和，对外关系得以理顺，尤其经济改革和大规模投资已产生明显的效应。2014年和2015年，埃及GDP增长率实现了大幅提升。但是，长期困扰埃及政府的人口增长率、失业率和通胀率居高不下等现实难题依然严重。此外，我们也应看到，庞大的经济刺激计划虽在短期内使经济困境有所缓解，但其建立在完全依赖外援和不可靠的预期收入基础上的刺激计划都陷入了困境。2016年3月，埃及央行宣布埃镑与美元脱钩的举措就是一个明确信号。因此，"振兴计划"能否将埃及顺利带出困境，前景不容乐观。

（二）"一带一路"与"振兴计划"的战略对接基础

埃及"振兴计划"与中国"一带一路"倡议几乎同期进入落实阶段。从内容上看，"振兴计划"旨在通过振兴经济实现国家发展和民族复兴，"一带一路"倡议旨在促进经济要素有序自由流动、资源高效配置和市场深度融合的互利共赢，二者存在极强的互补性。众所周知，中国政府提出并推进"一带一路"倡议以来，国际社会反应不一，特别是该倡议在具体实现路径方面还存在模糊性，因此亟须中国与沿线国家在战略对接方面提供示范。当前，"一带一路"的沿线国家大致分为反对派、支持派和怀疑派三类国家。[1]埃及是这三类国家中反应较为积极的中东伊斯兰国家。塞西总统曾在不同场合多次表示支持该倡议。2014年12月，塞西在首次访华期间就明确表示，"一带一路"倡议给埃及带来新的发展机遇，"埃及将竭尽所能与中国一道推动倡议的实施"[2]。2015年9月，塞西来华出席世界反法西斯战争胜利70周年纪念活动，再次表示积极致力于推进两国各领域的合作，愿意参与"一带一路"框架下的有关合作。[3]2016年1月，习近平主席访埃期间，中埃签署了《关于共同推进丝绸之路经济带和21世纪海上丝绸之路建设谅解备忘录》和《关于加强两国全面战略合作伙伴的五年实施

---

[1] 中国网：《重磅演讲深度解读"一带一路"战略》，网站：http://www. china. com.cn/opinion/ think/ 2015-03/27/content_35169987.htm.

[2] 中国中央政府网：《塞西："一带一路倡议"带来新机遇》，网站：http:// www.gov.cn/xinwen/ 2014- 12/23/content_2795518.htm.

[3] 赵成：《习近平会见埃及总统塞西》，《人民日报》2015年9月2日，第2版。

纲要》，为双方在"一带一路"框架下开展合作提出了更加明确的方向。此外，埃及国内对中国"一带一路"倡议有着不同于其他中东国家的积极反应。[①]不仅如此，埃及还用实际行动来支持"一带一路"倡议，积极申请并成为亚投行意向创始国。综合来看，埃及可列为共建"一带一路"示范国家的重要候选国，中埃实施战略对接存在许多的深厚合作基础。

首先，中埃政治互信度高。中埃建交60年来，双方几乎不存在影响两国合作的根本分歧和结构性矛盾，两国高层互访机制和对话交流机制不断加强，政治互信不断提升，主要表现在四个方面：

一是两国高层领导人互访频繁。据不完全统计，2000—2016年，中埃两国高层领导人部长级以上官员互访达六十余次。其中胡锦涛主席访埃一次，温家宝总理访埃两次，穆巴拉克总统访华两次，穆尔西总统访华一次。塞西就任总统后，已于2014年12月、2015年9月、2018年9月、2019年4月多次到访中国。2016年1月，习近平主席访问埃及。

二是中埃政治合作层次不断升级。1999年4月，中埃两国建立面向21世纪战略合作关系，为两国政治合作注入新的活力。2006年6月，两国签署关于深化中埃战略合作关系的实施纲要，为进一步全面落实战略合作关系发挥了重要的推进作用。2015年9月，基于两国对发展友好合作关系的积极态度和加强合作机制建设的需要，两国决定将双边关系提升为全面战略伙伴关系。2016年1月，中埃签订了《关于加强两国全面战略伙伴关系五年实施纲要》，意味着完成了双边关系未来5年发展的顶层设计。此外，中埃两国还超越双边合作，成为推动中阿合作论坛和中非合作论坛等多边合作机制的主要国家。

三是建立中国全国人民代表大会与埃及议会交流合作的机制。2007年5月，中埃双方签署了《中华人民共和国全国人民代表大会与阿拉伯埃及共和国人民议会建立定期交流机制的谅解备忘录》。双方商定每年在两国轮流举行一次会议。实践证明，两国自2007年10月启动这一机制后，定期交流机制为双方提供了直接、深入、有效的沟通渠道，成为双边政治交往的一个重要平台。

---

① 陈杰、徐沛雨：《阿拉伯媒体视域中的"一带一路"——兼谈中国对阿媒体公共外交》，《回族研究》，2015年第3期，第119-124页。

　　四是两国在重大国际事务中的相互支持。埃及始终奉行"一个中国"的原则立场，台湾是中国不可分割的一部分，在涉及中国主权和领土完整问题上，支持中国实现统一，反对外部势力干涉中国内政。中国始终支持埃及核心利益，尊重埃及人民独立自主选择政治制度和发展道路的权利，反对外部势力以任何名义干涉埃及内政，支持埃及政府维护安全稳定。[①]中国始终给予巴勒斯坦人民必要的政治和道义支持，认同埃及在解决巴以问题中的关键作用。此外，中埃两国在反恐、气候、人权和贸易等诸多国际事务中相互支持。

　　中埃两国在60多年的历史交往中，始终在相互尊重、平等互利的基础上发展两国的政治关系，被誉为"南南合作的典范"。[②]可以说，"一带一路"与"振兴计划"进行战略对接已存在深厚的政治互信基础，这也是双方进行和实现有效战略对接的政治前提。

　　其次，中埃两国经贸关系密切，直接投资稳中有升。在中阿合作论坛和中非合作论坛各项机制的推动下，进入21世纪后中埃两国不断拓展双边贸易领域，实现优势互补。在贸易领域，贸易合作是中埃经济关系的核心内容。中国当前是埃及第一大贸易伙伴。近十年来中国对埃及的出口经历短暂的起伏后，自2010年起呈持续稳定增长态势，埃及对中国的出口自2012年后呈现稳中有升趋势。中国向埃及出口多种类产品，如纺织品、手工小商品、机械设备及零件、电气设备、机动车、化工制品等。埃及对中国出口的产品类型渐趋多元，包括高档大理石、石油及其衍生产品、棉绒面纱和亚麻制品等。

　　在投资领域，中国对埃及直接投资逐年增长。2005年1月至2014年6月，中国对埃及累计完成各类直接和间接投资额达52亿美元，成为埃及第23大投资国。[③]中国对埃的投资领域包括工程承包业务、直接投资生产建厂以及各类金融业务等，尤其在中非发展基金建立后，中国对埃及的非金融类直接投资有所起色，涉及水泥、玻璃、化工、

①　《中国和埃及关于建立全面战略伙伴关系的联合声明》，《人民日报》2014年12月24日，第3版。

②　新华网：《综述：中埃关系——南南合作的典范》，网站，http://news.xinhuanet.com/ world/ 2004-01/29/content_1290591.htm.

③　"The China Global Investment Tracker," Heritage Foundation, http://www.heritage.org.

纺织、电力、高铁、建材、汽车、能源等。根据埃及中央银行统计数据，2009—2014年中国在埃完成非金融类的直接投资额累计2.9亿美元，位居在埃非金融类直接投资国第16名。中国在埃非金融类直接投资在2011年达到最高值，在经历2013年历史低点后，2014年中国在埃非金融类直接投资开始反弹，基本恢复到正常水平。如果不考虑通胀因素，2014年中国对埃非金融类直接投资额是2005年的76倍。

中埃双方在金融领域的合作也有所突破。2013年1月，中国国家开发银行国外分支机构开罗代表处挂牌成立，成为中国金融业在北非设立的首家分支机构。同年5月，中国银行与埃及商业国际银行合作在开罗设立中国业务专柜，为在埃中资企业提供投资咨询、国际结算、账户开立及项目贷款等金融服务。2016年2月，国家开发银行实现对埃及金融机构14.25亿美元贷款发放，包括向埃及中央银行发放贷款9亿美元，向埃及国民银行发放贷款5.25亿美元，以补充埃及的外汇储备。其中，对埃及中央银行的授信项目是国家开发银行首次开展对境外央行大额授信。

当前，中国的经济增长速度因经济结构调整出现下降，消费、国内投资和对外贸易能力持续走低。中国要摆脱经济下行趋势需要广阔的外部市场，埃及的经济发展需要大量资金和技术，而中国的优势恰恰是拥有大量资金和诸多实用的技术。这为"一带一路"与"振兴计划"的有效对接奠定了经济基础。

再次，中埃经济合作的制度建设有经验可循。中埃苏伊士运河经贸合作区建设经验为"一带一路"与"振兴计划"的有效对接提供了不可多得的制度对接基础。该合作区是高水平的全面经贸合作区，也被视为中埃合作的标志性项目，它更是中埃两国在不同政治制度、经济结构、管理模式以及文化差异背景下建立的合作典范。中埃双方在合作区建立过程中从项目合作的谈判、启动建设、招商引资、合作管理以及未来规划中均积累了大量经验。中埃经贸区已完成一期工程及招商工作。2015年12月，中埃两国完成第二期土地使用谈判。2016年1月，习近平主席和塞西总统共同为该合作区二期工程建设启动揭牌。目前，该合作区初步形成包括石油装备产业园区、电力设备产业园区、新型建材产业园区和机械制造产业园区的高标准现代化工业新城区。①中埃苏伊士运河经贸合作区的完全建成将成为"一带一路"与"振兴计划"对接的典范。

最后，中埃两国发展战略方向不谋而合。埃及是"一带一路"沿线国家，其"振兴计划"与"一带一路"在目标、宗旨、空间覆盖范围等方面存在诸多相同之处，具备战略对接和交融的区域基础。埃及实施的"振兴计划"，尽管更注重内部发展，但其"向东看"的对外目标已经明确，且其东向战略范围涵盖的区域与"一带一路"沿线相交叠。因此，埃及在政策落实过程中，与中国进行开放性合作，能获得预期的结果。中国"一带一路"以欧亚为区域大背景，兼及东非地区，将中亚、中东作为核心，在经济发展方面不仅整合欧亚大陆国家，而且整合海陆亚非欧沿线国家，以实现欧亚经济一体化为目标。当前，中国积极主导或深度参与中东地区与外部相连的基础设施及物流建设，更加注重贸易便利化和海关、金融等相关领域的政策调整。

（三）"一带一路"与"振兴计划"对接的路径选择

"一带一路"强调"五通"和"三同"，即通过"五通"，最终实现"三同"。鉴于埃及"振兴计划"和"一带一路"均处于初步实施阶段，在中埃双方实现战略对接的路径选择方面，可以考虑政策沟通和经济沟通先行，这两类如果能够实现有效对接，民心沟通就会水到渠成，进而才能为各类共同体的实现奠定坚实基础。因此，当前可以从以下切入点入手。

第一，建立能够使政策顺畅沟通的机制平台。中埃两国应在已有的政治共识基础上，有针对性地建立双边联合工作机制来推动双边无障碍沟通，以加强两国政府间合作，就经济发展战略和对策进行充分交流对接，共同制定推进两国合作的规划和措施，协商解决合作中的问题，共同为务实合作及大型项目合作提供政策支持。目前，中国已成立了"一带一路"建设领导小组，凭借中国的制度优势，已迅速调集资源来推动相关工作的开展。埃及新政府内阁也已设立了"中国事务组"，专门负责对华政策的评估和制定，解决中埃关系中出现的问

---

① 《中国日报》：《中埃加快苏伊士经贸合作区建设落实"一带一路"构想》，网站，http://www.chinadaily.com.cn/hqcj/zxqxb/2016-01-22/content_14502485.html.

题。两国可在现有的相关机构基础上，有针对性地建立指导委员会或管理委员会等机制，作为两国战略对接的抓手。

第二，深化贸易便利化，以实现贸易畅通。就当前而言，中埃需改变现行的经贸模式，尤其是中国应致力于改善两国严重失衡的进出口贸易关系，加大非金融类直接投资，帮助埃及全面实现产业结构升级。从长远来看，中埃应深化贸易便利化，建立起规范的贸易便利化体制机制，以实现贸易的真正畅通。贸易便利化旨在为国际贸易创造一个连续、透明和可预见的环境，从而简化和协调与贸易有关的程序和行政障碍，降低成本，推动货物和服务更好地流通。[①]中埃之间应该以现存双边和多边合作机制为依托，逐步建立信息、通关、监管、司法和政策便利化，以实现贸易便利化。

第三，实现双赢的投资对接。埃及"振兴计划"的落实需要巨额外资和先进技术来支撑，而中国需要为资金和先进技术找到栖息地。基础设施的工程承包和非金融类直接投资应是双方战略对接的核心领域。中国企业的强项之一就是基础设施建设，拥有强大的技术优势和工程经验。当前，埃及正在落实的大开罗建设计划、苏伊士运河经济走廊建设计划、亚历山大等港口改造、从亚历山大到卢克索的五省高铁网建设计划以及旅游项目开发计划等均属于基础设施建设，且需要大量资金，中企可在港口扩建、隧道挖掘、公路铁路修建、轻轨建设、新机场建设、新城市、新农村、旅游村、工业园以及海运公司等方面进行工程承包，或投资与大理石、白沙、石膏、棉花等丰富原材料相关的建材类产业项目。

第四，实现金融支持与产业规划的对接。"一带一路"倡议与埃及"振兴计划"的建设与对接需要资金。两国可以把丝路基金、亚投行、中非合作基金作为筹措资金的平台。亚投行正式运营将打开"一带一路"沿线国家的基础设施建设市场。埃及已正式成为亚投行的意向创始成员国，这将促进中埃以及相关国家的经济合作，增加对中东地区基础设施的投资机会。另外，中埃在"一带一路"与"振兴计划"战略对接过程中，应积极实现产业布局的有机对接，如埃及在农业、制造业、房地产业、物流运输业等领域进行布局。

---

① 付辰钢：《〈贸易便利化〉解读》，《中国对外贸易》，2015年第2期，第35页。

  第五，实现智力支持的对接。要实现"一带一路"倡议与"振兴计划"的有效对接，除保证上述物质层面的对接外，还应做好双边战略对接的顶层设计和合作研究工作。在顶层设计方面，2016 年 1 月，中国政府发布了《中国对阿拉伯国家政策文件》和中埃元首签订的《关于加强两国全面战略伙伴关系五年实施纲要》，这两份纲领性文件可分别视为对两国战略对接的长期和短期的智力支持。在合作研究方面，中埃双方应在上述两份纲领性文件的框架下建立合作的新机制、新模式以及应对可能出现的新问题，这些均需要相关研究成果的支持。因此，中埃两国除政府层面的政策沟通外，还应建立各类智库交流、数据分享、成果共享等对接机制和机构。

（四）"一带一路"与"振兴计划"战略对接的制约因素

  尽管推进中埃两国战略衔接的基础较为深厚，对接内容丰富且互补性强，但仍然存在不少变数会影响双边战略对接的效果。

  首先，埃及国内政治、社会、安全、经济存在不稳定因素。一是政局不稳。塞西政权采取与军方合作的方式暂时稳定了局势，但埃及社会处于一种"亚健康"状态，人口问题、失业问题、通胀问题及教俗矛盾问题等造成埃及动荡的根源仍未得到有效解决，这些问题随时都有爆发的可能。二是埃及国内恐怖主义依然泛滥。"基地"组织分支和"伊斯兰国"组织分支在埃及的蔓延势头尽管得到一定的遏制，但埃及境内尤其是西奈半岛的暴恐活动仍十分猖獗。三是市场环境急需改善。在 2015 年 1 月世界银行发布的《2016 年世界营商环境报告》中，埃及投资环境吸引力与宽松度属偏下水准，在 189 个国家中排名第 131 位，其投资市场存在的主要问题依然严峻，包括法律和偿付体系缺乏稳定性和透明度，外汇短缺、拖欠款项现象屡见不鲜，就业体制僵化，突然自行变更商业规程，合同违约频繁，清关过程存在问题，对外国企业进入埃及市场限制过多等。①四是埃及部分官员存在"等靠要"思想，过分依赖美西方和阿拉伯石油国家馈赠，自力自强和互利互惠观念有待加强。

---

  ① World Bank, Doing Business 2016, Economy Profile 2016 (Egypt), http://www.doingbusiness.org/reports/ global-reports//media/giawb/doing%20business/documents/profiles/country/EGY.pdf.

其次，双边贸易失衡，中国在埃投资不足并缺乏比较优势。中埃贸易长期失衡，埃对中逆差巨大，而与在埃主要投资国家相比，中国对埃非金融类直接投资规模偏小，且整体投资缺乏比较优势。从贸易领域看，中国是埃及第一大贸易伙伴，埃及是中国在非洲的第三大贸易伙伴，但仍处于中国全球第四十至五十大贸易伙伴的区间。2014年中国对外出口额为2.34万亿美元，进口额为1.96万亿美元。[1]中国对埃及进出口额度分别为51.95亿美元和7.36亿美元，仅占中国进出口额的0.22%和0.003%。2014年度埃及进出口总额为829.01亿美元，其中出口额220.58亿美元，进口额为608.43亿美元，中国对埃及的进出口额分别占埃及对外进出口贸易总额的3.3%和8.5%。[2]2015年1—8月，中埃双边货物进出口额为85.67亿美元，其中中国对埃出口额为78.66亿美元，从埃进口额仅为7.01亿美元。[3]不难看出，两国贸易严重失衡，埃及对中国的依存度较大，而中国对埃及的依存度几乎可以忽略不计。从对埃直接投资来看，中国远远落后于欧美国家和海湾阿拉伯国家。尽管近两年中国对埃非金融类直接投资量相对增加，但与在埃主要投资国相比，仍有巨大差距。如果中国对埃投资量为1.0，在埃主要投资国则分别为1.2~111.0不等。从全球金融危机后的形势来看，尽管中国对埃投资在各投资国中增长速度相对较快，但从净增绝对值看，中国的投资额仍较少，如英国对埃非金融类直接投资一直雄踞榜首，金融危机后曾大幅度下降，且回暖缓慢，但2014年度仍然高达42.56亿美元，而同期中国对埃非金融类直接投资仅为0.53亿美元。

另外，中国在埃的投资领域和投资主体整体上缺乏比较优势。欧美国家在资金和技术上占尽先机，处于绝对优势，长期以来主导着埃及的油气开发、汽车、通信以及金融等行业领域，而中国在埃参与投

① 中国国务院新闻办公室《2014年对外贸易稳定健康发展呈现四个特点》，网站：http://www.scio.gov.cn/32344/32345/32347/32348/zy32353/Document/1392427/1392427.htm.

② Central Bank of Egypt, Statistical Bulletins (2014—2015), http://cbe.org.eg/English/ Economic+Research/ Publications/.

③ 中国驻埃及使馆经商处《2015年8月中国对埃及出口增长42%，进口增长234%》，网站：http://eg.mofcom.gov.cn/article/jmxw/201510/201510011133470.shtml.

资的领域虽然涵盖工业、建筑业、金融业、信息技术产业以及服务业，但中国企业直接投资项目的行业分布主要集中在低附加值的纺织业、建材业、机电产品、汽车及配件业等传统产业，并在服装、鞋类、袜类、汽车装配、摩托车装配等行业中占据着较大的市场份额。与英、美、德、日、比利时、瑞典甚至韩国相比，中国生产的高科技产品及获得大型机电设备的项目都比较少。另外，有统计表明，从投资主体看，截至2014年6月，中国在埃及参与直接投资的公司及项目多达1 192个。①其中，不乏像泰达、中海运、山东电力、中萨钻井、安琪酵母、巨石玻璃纤维、中国港湾和吉利汽车等大型国企或私企，但绝大多数中国在埃投资的企业主体是民营企业，而且投资规模小，也比较分散，市场的应变能力和抗风险能力不高，导致整体投资缺乏比较优势，回报率相对较低。而英、德、美、瑞典、比利时、日、韩、法和荷兰等国在埃企业数目明显低于中国在埃企业数目，但其投资主体相对大而强，对埃及国家和社会产生重要影响，如埃及石油开采几乎被英国石油公司（BP）直接或间接垄断；韩国三星公司在埃投资甚至能促使埃及政府成立专门委员会以解决相关问题等。综上，中埃贸易失衡、中国对埃直接投资规模小、缺乏比较优势等问题，是"一带一路"与"振兴计划"实现进行有效对接无法回避的问题，也是必须突破的难点。

最后，中东地区域外大国可能对中埃战略对接产生消极影响。世界大国曾提出过不同版本的战略计划，这些战略规划均是为实现本国在某个地区的利益而出台的，有的与"一带一路"区域部分交叠。从内容上来说，诸多战略计划中的设想及后来的实践经验大多可以移植到中东地区进行尝试，因而存在潜在的竞争压力或负面影响，如日本的"丝绸之路外交战略"、俄印的"南北走廊计划"、印度的"季节计划"、俄罗斯的欧亚经济联盟战略、欧盟的"新丝绸之路计划"以及美国的"新丝绸之路战略"等。中埃两国在战略对接过程中，美国仍可能是最大的干扰因素。有研究表明，美国总体上对中国"一带一路"倡议存在较大疑虑，认为该倡议为中美之间带来广泛的竞争，尤其威

---

① 人民网：《埃及复苏之路漫漫，热盼中国企业投资》，网站：http://world.people.com.cn/n/2015/0325/c1002-26745011.html.

胁美国在欧亚大陆的利益和领导地位。[①]在中东地区，美国表现出同样的态度，尽管当前埃及塞西政府有些冷落美国，但事实上，美国仍然试图修补同埃及的关系。美国国务卿克里曾于2013年11月、2014年6月和2015年8月三次访问埃及。2014年6月，美国宣布解冻对埃及5.75亿美元的军事援助。2015年3月，美国又全面解除自2013年10月以来对埃及实施的行政禁令，允许向埃及交付F–16战斗机、"鱼叉"式导弹和M1A1坦克部件，并继续要求国会每年向埃及提供13亿美元的军事援助。此外，美国还一如既往地支持埃及解决卫生、边境安全和反恐等问题。2015年8月，美国国务卿克里访埃期间，与埃方进行六年来的首次战略对话，就埃美重启伙伴关系、打击恐怖主义等方面进行政策协调。

日本与埃及也形成了"非常牢固的友谊关系"[②]。双方不仅经贸关系牢固，而且日本在埃推广官方发展的援助项目（ODA）的时间长、投入大，且拥有先进而强大的技术支持。2016年2月，塞西总统在日本国会演讲时，称"埃及国民在日常生活中感恩于日本的支援"[③]。印度推出"季风计划"后，明确建立包括以东非、阿拉伯半岛等在内的由印度主导的印度洋秩序。[④]上述域外大国的各种战略规划势必会对中国"21世纪海上丝绸之路"的建设产生冲击和带来压力。

---

① 马建英：《美国对中国"一带一路"倡议的认知与反应》，载《世界经济与政治》2015年第10期，第104-132页。

② "Japan-Egypt Relations (Basic Data)," Ministry of Foreign Affairs of Japan, http://www.mofa.go.jp region / africa/ egypt/data.html.

③ 新华网：《埃及总统塞西首次在日本国会发表演讲》，网站；http://news.xinhuanet.com/ world/2016-03/01/c_ 128765503.htm.

④ 陶亮：《"季节计划"、印度海洋战略与"21世纪海上丝绸之路"》，《南亚研究》，2015年第3期，第95-110页。

参考文献

[1] 阿拉伯埃及共和国新闻部新闻总署. 埃及年鉴:1999—2000 年. 北京:埃及驻华使馆新闻处,2000.

[2] 毕健康. 埃及现代化与政治稳定. 北京:社会科学文献出版社, 2005.

[3] 陈天社. 埃及对外关系研究:1970—2000. 北京:中国社会科学出版社,2008.

[4] 陈万里,王有勇. 当代埃及社会与文化. 上海:上海外语教育出版社,2002.

[5] 刘中民. 民族与宗教的互动:阿拉伯民族主义与伊斯兰教关系研究. 北京:时事出版社,2010.

[6] 刘竞,张士智,朱莉,等. 苏联中东关系史. 北京:中国社会科学出版社,1987.

[7] 李光斌. 萨达特——中东和平进程的先行者. 长春:长春出版社, 1999.

[8] 雷钰,苏瑞林. 中东国家通史·埃及卷. 北京:商务印书馆,2003.

[9] 摩西·达扬. 沙漠中的和平:达扬回忆录. 张存节,译. 上海:上海译文出版社,1986

[10] 王铁铮. 世界现代化历程·中东卷. 南京:江苏人民出版社,2010.

[11] 王京烈. 当代中东政治思潮. 北京:世界知识出版社,2003.

[12] 王彤. 当代中东政治制度. 北京:中国社会科学出版社,2005.

[13] 徐向群,宫少明. 中东和谈史:1913—1995年. 北京:新华出版社,1993.

[14] 杨灏城,朱克柔. 当代中东热点问题的历史探索. 北京:人民出版社,2000.

[15] 朱金平. 穆巴拉克传[M]. 北京:东方出版社,1998.

[16] 郭河兵,朱玉彪,陈婉莹. 加利传. 南昌:江西人民出版社,1997.

[17] 毕健康. 当代埃及政治稳定问题研究(1971年至今). 中国社会科学院研究生院,2002年3月.

[18] 陈天社. 埃及对外关系研究:1970—2000年. 西北大学,2004年6月.

[19] 蒋灏. 埃及穆巴拉克政权对穆斯林兄弟会的政策研究. 上海外国语大学,2011年5月.

[20] 李娜. 埃及共和制时代政治变动的历史模式研究. 南开大学,2011年4月.

[21] 刘中民,张卫婷. "阿拉伯之春"后的埃及. 社会观察,2013(6).

[22] 刘合波. 论苏联对埃及的军事援助政策及其影响(1970—1974). 山东师范大学学报(人文社会科学版),2013(1).

[23] 沈鹏,周琪. 美国对以色列和埃及的援助:动因、现状与比较. 美国研究,2015(2).

[24] 应选光. 埃及的国防工业. 现代兵器,1986(1).

[25] 杨灏城. 从哈桑·班纳的思想和实践看伊斯兰原教旨主义与世俗主义. 世界历史,1997(6).

[26] 赵国忠. 中国与中东的军事外交. 阿拉伯世界研究,2010(2).

[27] 赵克仁. 古埃及音乐文化探析. 西亚非洲,2009(12).

[28] 周烈. 阿拉伯世界的民主进程[J]. 国际论坛,2006(1).

[29] 赵军. 埃及与阿盟的互动关系研究[J]. 阿拉伯世界研究,2015(5).

[30] 王岚. 埃及民间艺术揽胜. 阿拉伯世界,1997(3).

［31］　王京烈. 埃及外交政策分析. 西亚非洲,2006(4).

［32］　MAZRUI, Ali A. Africa Since 1935(General History of Africa Ⅷ), UNESCO,1993.

［33］　STEIN, Kenneth W. Heroic Diplomacy Sadat, Kissinger, Carter, Begin and the Quest for Arab-Israeli Peace. Routhledge, New York, 1999.

［34］　COLE , Juan R I. Colonialism and Revolution in the Middle East: Social and Cultural Origins of Egypt's Urabi Movement. The American University in Cairo Press, 1999.

［35］　RUBIN, BARRY, ed. Guide to Islamist Movements. M. E. Sharp, 2009.

［36］　AHARONI, R. The Pasha's Bedouin: Tribes and state in the Egypt of Nationalism, and the "Spirit of Internationalism": 1914—1932. Rice University,2011.

［37］　AL-AWADI, H. In Pursuit of Legitimacy: the Muslim Brothers and Mubarak, 1982—2000. Tauris Academic Studies, New York,2004.

［38］　BEININ J. , VARIEL F. Social Movements, Mobilization, and Contestation in the Middle East and North Africa. Stanford University Press, 2011.

［39］　SHARABI, H. B. Governments and Politics of the Middle East in the Twentieth Century. Greenwood Press, 1987.

［40］　LEWIS , B. The Crisis of Islam: Holy War and Unholy Terror. Random House,2004.

［41］　ROYLE, CHARLES. The Egyptian Campaigns, 1882 to 1885. London: Hurst & Blackett,1886.

［42］　SCHACHT, JOSEPH. An Introduction to Islamic Law. Oxford University Press, 1966.

［43］　WALLACE, D. MacKenzie. Egypt and the Egyptian Question. Mac-

Millan, 1883.

[44] QUANDT, William B. ed. The Middle East: Ten Years after Camp David.

[45] EL SAADANY, S. Egypt and Libiya from Inside, 1969—1976. London: McFarland Company, 1994.

[46] SHARMA , J P. The Arab Mind: A Study of Egypt, Arab Unity and the World. H. K. Publisher and Distributors, 1990.

[47] MADY , A. Islam and Democracy: Elite Political Attitudes and the Democratization Process in the Arab Region. Claremont, California, 2005.

[48] DENBERG , Jeffrey A. Democratization and Foreign Policy in the Middle East: A Case Study of Jordan and Egypt. University of Cincinnati, 2000.

[49] CHAMBERLAIN, M. E. The Alexandria Massacre of 11 June 1882 and the British Occupation of Egypt. Middle Eastern Studies 13, No. 1:14~39, 1977.

[50] DERINGIL, SELIM. The Ottoman Response to the Egyptian Crisis of 1881—1882. Middle Eastern Studies 24, No. 1:4~24, 1988.

[51] The Sufi Orders in Egypt During the Urabi Insurrection and the British Occupation (1882—1914). Journal of the American Research Center in Egypt 21:131-139. 1984.

[52] LANDAU, Jacob M. Prolegomena to a Study of Secret Societies in Modern Egypt. Middle Eastern Studies 1, No. 2, 1965.

[53] FUKUYAMA, F. Political Order in Egypt. The American Interest, May 1, 2011.

[54] GAUSE, F. Gregory, III. Why Middle East Studies Missed the Arab Spring: The Myth of Authoritarian Stability. Foreign Affairs, 90. 4 Jul/Aug 2011.

［55］ WEINBAUM，Marvin G. Politics and Development in Foreign Aid:
U. S. Economic Assistance to Egypt，1975—1982.

［56］ MORSY，Soheir A. U. S. Aid to Egypt: an Illustration and Account
of U. S. Foreign Assistance Policy. Arab Studies，Vol. 8，No. 4，
1986.